COMO SOBREVIVIR LA ADOLESCENCIA
DE SU ADOLESCENTE

Dr. C. Robert y Nancy J. Kolodny
Dr. Thomas Bratter y Cheryl Deep

Cómo Sobrevivir la Adolescencia de su Adolescente

javier vergara editor
Buenos Aires/Madrid/México/Santiago de Chile

Título original
HOW TO SURVIVE YOUR
ADOLESCENT'S ADOLESCENCE

Edición original
Little, Brown & Company

Traducción
Aníbal Leal

Diseño de tapa
Susana Dilena

ISBN 950-15-0886-2

Impreso en la Argentina/Printed in Argentine.
Depositado de acuerdo a la Ley 11.723.

Esta edición terminó de imprimirse en
VERLAP S.A. - Producciones Gráficas
Vieytes 1534 - Buenos Aires - Argentina
en el mes de febrero de 1992.

Introducción

La fascinación que la adolescencia ejerce sobre Estados Unidos es una antigua actitud sentimental que varía de una época a otra. En la actualidad las preferencias de los jóvenes se inclinan por la "Fiebre de sábado por la noche", el rock neoyorquino y los programas de televisión. De todos modos, nuestra fascinación cultural por la adolescencia se mantiene. Quizás esto es así sencillamente porque esa etapa, como la muerte y los impuestos, resulta inevitable. Pero es más probable que la complejidad de nuestra fascinación se base en el carácter de la adolescencia misma: su función de transición entre la juguetona tranquilidad de la niñez y las realidades más firmes de la edad adulta; su potencial de rebelión tumultuosa y de actos impulsivos en apariencia irracionales; sus momentos agridulces de descubrimiento y crecimiento; y lo último, pero no lo menos importante, su promesa de libertad y diversión sin limitaciones.

Aunque exaltamos de muchos modos a la adolescencia, también tendemos a conferirle un carácter trivial, a considerar que los años de la adolescencia conforman una comedia de situaciones que se prolonga unas pocas temporadas, y después existe sólo en nuestros recuerdos. Son pocos los padres que consagran cierto tiempo a prepararse realmente para los desafíos que afrontarán durante la crianza de un adolescente, tal vez porque creen que al haber superado con éxito su propia adolescencia están inmunizados frente a los extravíos y las catástrofes de la vida adolescente, y transmitirán a sus hijos la misma inmunidad. Otros padres miran con indiferencia el período adolescente porque tienen la impresión –cuando leen acerca de los adolescentes que se drogan, huyen de la casa y se embarazan– que "esas cosas no pueden sucederle a mi hijo". En consecuencia, hoy los padres de adolescentes a menudo se sienten seguros en sus manifestaciones de autoridad ante los hijos, y llegan a comprender demasiado tarde, cuando ya se han suscitado problemas graves, que pueden existir modos más eficaces de desempeñar la función de padre.

En el extremo contrario están los muchos padres para quienes la tarea de educar a un adolescente constituye un proceso temible e incomprensible. Estos padres a veces se sienten aterrorizados frente a sus adolescentes, a quienes no entienden, y es típico que se alarmen por los tipos de dificultades que los jóvenes en ocasiones afrontan en el complicado mundo moderno. Incluso sin quererlo, estos padres parecen afirmar que, como el terreno es resbaladizo y traicionero, el criterio más seguro consiste en mantenerse encerrados y esperar que todo pase. Tienden a la sobreprotección y a la rigidez en sus estilos de ejercer la función paterna, y suelen dejarse dominar por el pánico o reaccionar con exageración en las situaciones de crisis.

Felizmente, los padres pueden guiar a sus hijos a través de la adolescencia aplicando un método más realista y satisfactorio. Denominamos a este enfoque desempeño positivo de la función de padre o paternidad positiva, con tres partes esenciales: En primer lugar, la atención permanente consagrada a las actitudes y las formas de conducta de los padres que favorecen el desarrollo y el crecimiento; segundo, el conocimiento de las estrategias preventivas que pueden ayudar a los adolescentes a evitar los problemas graves en la vida, y tercero, el desarrollo de cualidades que permitan resolver las crisis y afrontar con eficacia los desastres cuando estos sobrevienen. Aunque la totalidad de esta obra desarrolla el tema del desempeño positivo de la función de padre, aquí esbozaremos brevemente alguno de los rasgos fundamentales, como anticipo de lo que vendrá a continuación.

El desempeño positivo de la función de padre comienza con el conocimiento de uno mismo, es decir, con la comprensión de lo que uno es como padre y de lo que espera de su adolescente. También exige un esfuerzo consciente para comprender quién es su hijo, y para alcanzar un conocimiento con empatía del mundo que él o ella vive. A partir de estos fundamentos, el aspecto de apoyo de la paternidad positiva implica no sólo amar al adolescente, sino también dar pasos concretos para fortalecer su autoestima. En general, esto significa alentar a los adolescentes a asumir riesgos cuando las posibles retribuciones son elevadas y los costos o las consecuencias probables son menores. También significa evitar la crítica venenosa y destructiva del yo a favor de un tipo más positivo de crítica constructiva, cuando uno se impacienta con el adolescente. Finalmente, exige que los padres alienten la progresiva independencia de sus adolescentes de un modo acorde con la disposición de ellos a asumir la responsabilidad de su propia conducta. Es decir, que los esquemas de carácter disciplinario deben modificar el eje, de manera que la disciplina impuesta por el padre se convierta en disciplina autoimpuesta.

El componente preventivo de la paternidad positiva es un factor que posee vital importancia, porque incluso el adolescente amado que posee una sólida autoestima puede caer víctima de numerosas calamidades. Aunque no existen garantías en el sentido de la prevención, estamos firmemente convencidos de que los padres informados, responsables y orientados hacia la acción, están en mejores condiciones de influir benéficamente sobre la conducta de sus adolescentes, reduciendo el riesgo de los episodios autodestructivos. Incluso cuando la prevención total no es posible –como en el caso del adolescente que no puede resistir la tentación de "experimentar" con drogas– la disponibilidad de la información apropiada y el interés por utilizarla, a menudo permitirán resolver el problema en una etapa temprana, antes de que se convierta en una situación explosiva, de difícil manejo. De todos modos, el enfoque preventivo es complicado, y exige un juicio sagaz, paciencia y cierto ingrediente de suerte. Como no siempre es eficaz, debe tenerse constantemente en cuenta la posibilidad de que sobrevenga una crisis.

Imaginemos que usted descubre que su hijo está consumiendo drogas... o que su hija está embarazada... o que su adolescente tomó un frasco de píldoras somníferas. ¿Qué hace? ¿Adónde acudir en busca de ayuda? ¿Qué aspectos debe considerar antes de adoptar decisiones definitivas e irrevocables? Las crisis que pueden sobrevenir durante la adolescencia son tan numerosas que es imposible prepararse bien para afrontarlas todas. Pero es factible adquirir cierto sentido de manejo de las crisis, de modo que uno pueda aplicar un enfoque sereno y reflexivo, incluso ante las catástrofes más graves, y además sepa adónde acudir y acerca de qué preguntar antes de resolver lo que hará inmediatamente. Quizá sea tan importante como lo anterior la habilidad que un padre demuestra para pasar del período inmediato de crisis a una fase de reconstrucción de la confianza y la empatía mutua.

Cómo sobrevivir la adolescencia de su adolescente es un manual estructurado que destaca el poder y la eficacia de la paternidad positiva. La primera sección del libro subraya la importancia del conocimiento de uno mismo y el conocimiento de lo que es el adolescente, pues comienza con un examen del modo en que el padre recuerda su propia adolescencia, y la diferencia que esta puede exhibir comparada con la de los adolescentes actuales. Después, examina tres aspectos importantes de la paternidad: los padres como modelos de rol, el rol de los padres en las relaciones de familia, y los principios fundamentales de las comunicaciones entre padres y adolescentes.

La segunda sección del libro suministra una visión detallada de los problemas más comunes de la vida de los adolescentes: el sexo, las drogas, las cualidades sociales, el colegio y una serie de diferentes temas como la limitación de horarios, el manejo de vehículos, el arreglo personal, y así por el estilo. Estas son las áreas que determinan con más frecuencia las preguntas de los padres, y la información completa que ofrecemos está orientada a familiarizar a los progenitores con los hechos necesarios, y a aportar estrategias básicas para aplicar el ingrediente preventivo de la paternidad positiva.

La tercera parte del libro se refiere a las crisis. Comienza con un panorama de los principios generales de la resolución de las crisis, y continúa abordando una serie de situaciones difíciles: el divorcio, los desórdenes de la alimentación, el embarazo de las adolescentes, las fugas, los cultos y el suicidio. Los dos últimos capítulos de esta sección nos indican cómo hallar ayuda competente y cuándo y por qué llamar a la policía. Si bien al principio puede parecer tentador saltear esta sección, con la esperanza de que uno nunca necesite saber nada acerca de estas cuestiones, exhortamos firmemente a leer la totalidad de este material, pues posee mucha información que permite identificar los signos que anuncian problemas inminentes.

La última parte del libro es, en cierto sentido, un curso superior acerca de la paternidad positiva. Comienza explicando cuándo y cómo uno debe ser el defensor o el representante del adolescente, y cubre una gama de problemas, desde la ayuda al joven para que encuentre empleo, al papel del propio progenitor en el proceso de ingreso en la universidad. Después, considera las alegrías (y los riesgos) de las experiencias compartidas con el adolescente, las complejidades de la proximidad entre padres y adolescentes, y los muchos modos en que el interés por el hijo se refleja en las actitudes y el comportamiento de los padres. El último capítulo del libro concentra la atención en una de las partes que, por extraño que parezca, se cuenta entre las más difíciles de la crianza del adolescente: otorgar libertad. Para complementar estos capítulos detallados, orientados hacia las cuestiones prácticas, hemos incluido una lista de sugerencias bibliográficas y un amplio apéndice que incluye a las organizaciones, las facilidades de tratamiento y otros grupos que suministran una amplia diversidad de recursos enderezados a resolver los problemas del período adolescente.

Creemos que en la preparación de este libro conseguimos utilizar una combinación original de conocimientos especializados. En efecto, el doctor Kolodny es médico e investigador de los problemas sexuales, muy conocido, y ha estudiado y escrito ampliamente acerca de la pubertad, la conducta sexual de los adolescentes y el abuso del alcohol y las drogas. Ha atestiguado en audiencias de subcomités del Senado norteamericano acerca de los efectos de la marihuana sobre la salud; fue director asociado y director de entrenamiento en el prestigioso Masters & Johnson Institute, y recibió el Premio Nacional 1983 de la Sociedad para el Estudio Científico del Sexo (Estados Unidos) en reconocimiento de su obra. Nancy Kolodny, M.A., M.S.W. aplica a la adolescencia dos perspectivas distintas. Posee amplia experiencia como educadora, por su condición de profesora de colegio secundario, así como conocimiento especializado de los desórdenes de la alimentación en los adolescentes, sobre todo la anorexia nerviosa, la enfermedad de "autodebilitamiento" y la bulimia, y la adicción a la ingestión de purgas, que ahora prevalece en los adolescentes. En la actualidad es directora ejecutiva del Instituto de Medicina de la Conducta y directora de su sección Desórdenes de la Alimentación. El doctor Bratter es psicólogo con consultorio privado, y se ha especializado durante más de veinte años en el tratamiento de toda la gama de los problemas de los adolescentes, con especial atención de la adicción y el abuso de drogas en estos jóvenes. Ha publicado más de cien artículos en periódicos profesionales y compilado varios libros; además, pertenece a las juntas editoriales de varios periódicos especializados en el abuso de las drogas. Cheryl Deep, M.A., es una observadora sagaz de las tendencias culturales de los adolescentes, y una excelente escritora. Fue antes coordinadora de proyectos especiales del Master & Johnson Institute, y ahora trabaja en St. Louis para la Bulimia-Anorexia Self-Help, Inc.

Al margen de nuestras credenciales profesionales, contamos también con la perspectiva personal que nos aporta nuestra propia condición de padres. El doctor Bratter y su esposa, Carole, tienen un varón de diecinueve años y una hija de dieciséis, y los Kolodny tienen tres niños, de doce, diez y seis años. Nuestra empatía con los padres de los adolescentes proviene de la experiencia personal, no de una simpatía distante o sólo teórica.

Los problemas originados en la crianza de un adolecente carecen de soluciones instantáneas. Y sin duda hay una dosis considerable de frustración y angustia que todos −tanto los padres como los adolescentes− sentirán durante estos años bastante difíciles. Pero la afirmación fundamental de este libro es que si uno se prepara para reflexionar acerca de los muchos problemas y las cuestiones que pueden suscitarse, y aplica las técnicas de la paternidad positiva, logrará aumentar las posibilidades de que tanto los propios padres como el adolescente dejen atrás el período de la adolescencia no solo menos desgastados, sino con el saldo de una relación positiva como adultos.

Primera Parte

PROBLEMAS GENERALES

1

Repaso de nuestra propia adolescencia

Para los norteamericanos es difícil renunciar a la idea de que la adolescencia es una etapa caracterizada por la sencillez espiritual, que ocupa un terreno intermedio entre la "ingenuidad" y el "cinismo".

M. A. Q'Roarke, 1982

Gracias a un sesgo del destino, por cierto no tan extraño, todos los padres de adolescentes ya realizaron la experiencia de la adolescencia según una perspectiva muy personal, su propio período adolescente. El modo en que recordamos esta fase de nuestra vida influirá, probablemente, sobre nuestra objetividad, las expectativas y el desempeño como padres, y sin embargo disponemos de pocos elementos que ayuden a situar en una perspectiva provechosa nuestros propios recuerdos de adolescencia. La premisa de este capítulo, y el punto de partida lógico del libro, es que una ojeada introspectiva a nuestro propio período como adolescentes −y al modo en que hoy lo recordamos− puede ser útil a nuestros propios hijos cuando estos ingresan en esa etapa.

Retorno al paisaje del recuerdo

Para muchos adultos, los álbumes del colegio secundario son los museos de los recuerdos adolescentes, repositorios de imágenes, pensamientos e incluso objetos de antaño. A semejanza de los museos, congelan en el tiempo ciertas experiencias, y de ese modo permiten que sean eternamente accesibles a nosotros mismos y a nuestros hijos. Evocamos la realidad que los álbumes representan cada vez que pasamos las páginas, leemos las dedicatorias, observamos las fotografías de nuestros amigos, e incluso experimentamos los mismos sentimientos que tuvimos cuando éramos adolescentes. Pero esa realidad se asemeja mucho a un holograma, una imagen proyectada que parece tridimensional y representativa del objeto, pero en realidad es una ilusión sin sustancia. Tratar de aprehender o aferrar un holograma es inútil, el proceso mismo puede bloquear la imagen proyectada y ser la causa de su desintegración. Asimismo, cuando intentamos recapturar nuestros años de adolescencia mediante el recuerdo, lo que obtenemos puede ser una ilusión, aunque las imágenes quizá parezcan tan reales como los hologramas.

En realidad, es casi imposible que los recuerdos de nuestras experiencias adolescentes sobrevivan intactos. Generalmente nos resta un conjunto selectivo de recuerdos −algunos buenos y otros malos− y gran parte de los detalles se desdibujan o fueron olvidados hace mucho. En consecuencia, cuando volvemos la mirada hacia nuestro propio período adolescente, los recuerdos parciales no son por lo general el vehículo más adecuado para tratar con nuestros propios hijos adolescentes, porque aquellas deforman, omiten o esquematizan el modo en que las cosas eran entonces.

Como ejemplo, que el lector trate de recordar por qué rompió con su primer novio o su primera novia. Es probable que no pueda aclarar los detalles de la situación que desencadenó ese episodio calamitoso, o quién lo instigó, o quién fue el objeto siguiente de nuestras inclinaciones románticas. Sin embargo, cuando eso sucedió, se trató de un episodio memorable que absorbió gran parte de las energías y los sentimientos del individuo. Los adultos a menudo recuerdan los aspectos ceremoniales de la adolescencia −la asistencia al acto de fin de curso, el primer examen de competencia en el manejo de automóviles, la organización de una fiesta para celebrar los dieciséis años− con una visión mucho más clara que la que nos permite recordar las andanzas cotidianas de nuestra vida de adolescentes. Todo esto tiende a aportar una visión deformada o superficial de lo que fue realmente la adolescencia, y explica por qué filmes del tipo de *American Grafiti* tocan una cuerda emotiva: Aportan los menudos detalles, otrora familiares, de la existencia cotidiana del adolescente.

Además, los adultos tienden a seleccionar sus recuerdos de la adolescencia, de modo que esta acaba pareciendo un desastre sin atenuantes, o una serie casi interminable de días gloriosos y felices. En el caso de los individuos cuyos años de adolescencia se caracterizaron por la popularidad, los éxitos y la diversión, es probable que en el relato, y especialmente en presencia de sus propios hijos, omitan las corrientes subterráneas de ansiedad y los inevitables roces en el seno de la familia y en la escuela. Del mismo modo, para aquellos cuya adolescencia fue un período especialmente doloroso, se manifiesta la tendencia a ignorar los momentos positivos y los pequeños triunfos.

Sea cual fuere la evaluación actual y los recuerdos que uno conserva de su propia adolescencia, es conveniente reconocer que muy probablemente son ciertos sólo en parte. Los recuerdos tienden a exagerar y a asignar a las cosas la forma que necesitamos atribuirles, o la que tememos que pudieran llegar a tener, pero en realidad no poseen mucha objetividad concreta. Después de todo, no realizamos objetivamente las experiencias, de manera que es improbable que podamos conservarlas o evocarlas hoy con objetividad mucho mayor.

Esta memoria selectiva puede provocar problemas a los padres que tratan de recordar cómo se sentían en determinada situación cuando eran adolescentes, o que intentan evocar el modo en que resolvieron un problema en el curso de su vida, o incluso cómo obtuvieron determinado éxito. Aunque el deseo de empatizar con nuestro hijo adolescente es al mismo tiempo natural y elogiable, los padres suelen tener a lo sumo una capacidad limitada para ponerse en el lugar del hijo.

Necesitamos recordar qué significaba ser adolescente, no tanto por nosotros mismos como por nuestros hijos. Es difícil, o incluso imposible obtener de otro modo cualquiera las percepciones emocionales que se originan en una ojeada sincera al pasado de nuestra propia adolescencia. Necesitamos recordar la dolorosa preocupación provocada por el ostracismo social... las palmas de las manos que transpiraban cuando dimos el primer beso... el dolor vergonzoso del fracaso atlético... el sentimiento de ineptitud que nos dominaba cuando exhibíamos incapacidad o inseguridad. Necesitamos evocar la exaltada alegría del amor y la cálida camaradería de la amistad, no tanto por su propio valor, sino porque nos lleva al conocimiento de las sensaciones opuestas, verse rechazado, romper, cabalgar sobre la avalancha de sentimientos e incertidumbres que otrora torturaron nuestros nervios y que ahora afectan a nuestros adolescentes. Tenemos que recordar estos sufrimientos con el fin de situar en una perspectiva razonable la peculiar vulnerabilidad de nuestros hijos adolescentes. Y necesitamos recordar de manera tal que evitemos la tendencia a imponer siempre nuestra perspectiva de adultos, con su estilo diferente de lógica y de prioridades, a la vida de nuestros adolescentes. En otras palabras, a través del recuerdo podemos llegar a comprender que nuestras percepciones como padres pueden llevarnos a supuestos erróneos o a análisis desacertados, que no satisfagan las necesidades de nuestros adolescentes. El hecho mismo de recordar cuál fue nuestra experiencia puede ser el elemento que necesitamos para adquirir el coraje de ver cómo nuestros adolescentes se arriesgan a cometer errores con el fin de aprender y crecer.

Triunfos y tragedias

Es casi inevitable que en nuestra condición de padres vivamos sustitutivamente a través de la vida de nuestros adolescentes, y que veamos algo de nosotros mismos en la personalidad de nuestros hijos, además de identificarnos con el proceso de crecimiento y descubrimiento que es una parte tan importante de los años de la adolescencia. Esta identificación sustitutiva nos ofrece la oportunidad de ser jóvenes otra vez (por lo menos como observadores), de volver a vivir los momentos más importantes de la adolescencia (esta vez aprovechando la sabiduría duramente conquistada, que transmitimos sin egoísmo en la forma del consejo paterno), y de guiar a nuestro adolescente hacia las oportunidades de las cuales no hicimos caso o por los caminos que, según comprobamos, eran más eficaces. Este sentido del adolescente como extensión de nosotros mismos constituye una parte importante del vínculo padre-hijo que, ciertamente, contribuye al compromiso que tenemos con nuestra progenie y a nuestra comprensión de sus problemas.

Sin embargo, este fenómeno tiene otro aspecto. Consideremos el caso del padre que fue zaguero en el equipo de fútbol del colegio secundario, y que ha consagrado horas interminables a practicar el juego de pelota con su hijo, que se prepara para realizar una carrera universitaria. Si al adolescente le interesa más tocar al guitarra que jugar al fútbol, es posible que papá se sienta decepcionado, e incluso llegue a enojarse. El origen de su desagrado, a decir verdad, está en él mismo, y ello debería ser evidente para el propio padre si por un momento advirtiera cuánto ha proyectado de su propia persona y sus fantasías sobre la carrera deportiva que planeó cuidadosamente para su hijo. Pero los padres, a menudo, no advierten con cuánta energía tratan de moldear a sus hijos para convertirlos en reencarnaciones de ellos mismos, y cuán a menudo este proceso origina en los adolescentes una serie de presiones y conflictos. Incluso los hijos que exhiben auténticas semejanzas con las cualidades y los talentos de los padres pueden verse ahogados, más que impulsados, si se los obliga a ser una réplica de la vida de uno de los padres. Más destructivo todavía, en el sentido de que provoca un sentimiento de fracaso en el niño, es el padre que lo obliga a seguir un camino para el cual el hijo no revela habilidad o interés especiales.

Nada tiene de malo exhortar al adolescente a probar una actividad o un deporte que son significativos para el padre, pero si se comprueba que prefieren jugar con una computadora antes que tocar el violín, no desprecie tenazmente su falta de consagración ni subestime el juicio que les merece lo que es "realmente" importante.

Fuera de este aspecto, reconozca que las realizaciones de la adolescencia que usted vivió, y que fueron muy importantes y gratificantes para usted mismo, tal vez no posean idéntico significado para su hijo. Es mucho más fácil tratar de revivir nuestros triunfos personales – quizás incluso exagerando su gloria – a través de nuestros adolescentes, con el resultado de que se ejercen presiones innecesarias y se alimentan expectativas poco realistas. También vale la pena examinar la otra cara de la moneda. Si intentamos defender y proteger a nuestros hijos de los contrastes y las decepciones con los cuales nosotros tropezamos – las "tragedias" de nuestros años de adolescencia – podemos impedirles que alcancen sus propios logros, o por lo menos que realicen la experiencia de la persecución de un curso independiente y no programado de acción.

Debemos comprender el peligro implícito en la descripción de nuestros años de adolescencia en términos que implican cierto grado de glorificación e idealización. Si nuestros hijos creen que nunca fracasamos ni vivimos la dura prueba del rechazo, que nunca nos sentimos confundidos ni conflictuados en nuestra vida, ¿cómo pueden llegar a creer que poseemos la capacidad necesaria para comprenderlos y ayudarlos cuando se sienten deprimidos? Sencillamente, llegarán a la conclusión de que nuestras experiencias no son importantes para ellos.

Al evocar nuestros propios fracasos y errores, aumentamos nuestra credibilidad como personas. Demostramos a nuestros adolescentes que no es pecado fracasar o verse rechazado, porque estas experiencias son parte de la vida. También les demostramos que la felicidad y el éxito después de la adolescencia son posibles, aunque cometamos errores durante ese período. Lo que es más importante, cuando compartimos con los hijos nuestras decepciones y tragedias de la adolescencia, en lugar de limitarnos a relatar nuestros triunfos, nos humanizamos como padres y ofrecemos a nuestros hijos la oportunidad de pensar que tal vez −sólo tal vez− seamos capaces de conversar con ellos y de empezar a comprender.

Entonces y ahora

Ya hemos mencionado algunos de los modos en que la adolescencia actual no es distinta de lo que fue siempre. Hay otras semejanzas notables, y deberíamos examinarlas antes de determinar en qué sentido ser hoy adolescente es distinto de lo que fue para nosotros. Un ejemplo apropiado es el reclamo adolescente, casi universal, de autonomía e independencia. Para alcanzar esta autonomía, es necesario sacudir en cierta medida la autoridad de los padres; en este proceso, la mayoría de los adolescentes busca el apoyo y la orientación de los amigos y los condiscípulos, y pronto se somete a lo que se denomina formalmente las "presiones del grupo de pares". Aunque parezca extraño, cuando el adolescente intenta liberarse, en realidad corre el riesgo de convertirse en prisionero de otro conjunto de normas que controlan la conducta. Más aún, la tiranía del grupo de pares, que parece vanagloriarse en una actitud que se resume en la frase: "Puedes encontrarte a ti mismo sólo uniéndote a nosotros", y que intimida con amenazas implícitas de ridiculización o rechazo si no se respetan sus normas, es una fuente importante de conflicto y estrés en la vida de los adolescentes actuales, exactamente como lo fue durante décadas.

Más o menos del mismo modo, el choque entre las generaciones representa una antigua tradición que, sin duda, nos acompañará durante mucho tiempo. Los padres y los adolescentes a menudo no opinan lo mismo acerca de los valores, y es probable que las diferencias se manifiesten en áreas importantes de la vida cotidiana más que en los conceptos globales, es decir, es más probable que los padres y los adolescentes discrepen acerca del modo en que se peinarán que respecto de las opiniones referidas al desarme nuclear o la censura de prensa.

Ciertamente, la búsqueda de independencia de los adolescentes, la lucha con los grupos de pares y el choque frecuente con los valores de los padres son casi temas universales de la adolescencia en nuestra sociedad. Podríamos discutir otras semejanzas, pero hay también muchas áreas que representan diferencias entre entonces y ahora. Echemos una ojeada a algunas de las más evidentes.

En los tiempos en que éramos adolescentes, nuestras decisiones más difíciles se referían principalmente a los siguientes aspectos:

–Fumar o no fumar (sin el beneficio de las investigaciones acerca de los efectos del consumo de tabaco sobre la salud).

–En las fiestas, beber alcohol o abstenerse.

–En el caso de las mujeres, si debían usar postizos, y determinar si "atreverse" era permisible en la tercera o la cuarta cita, y cómo aplicar la máscara y el sombreado de los ojos sin parecer una mujer ligera de cascos.

–En el caso de los varones, cómo arreglárselas para disimular el hecho de que uno no tenía su propio automóvil, encontrar un escondrijo adecuado para los ejemplares de *Playboy*, y urdir el modo de adquirir experiencia sexual.

Si estas preocupaciones que entonces concitaban gran parte de nuestra atención parecen, retrospectivamente, más bien sencillas y directas, debe verse la razón en el hecho de que los problemas que los adolescentes afrontan hoy son mucho más complejos e inquietantes.

Si desean entender bien el mundo contemporáneo de la adolescencia, los padres necesitan percibir cuán diferentes son ahora las cosas comparadas con lo que solían ser. ¿Podemos comprender realmente de qué modo la presión ejercida por los pares induce a los adolescentes a probar las drogas? ¿Sabemos qué significa ahora para los jovencitos encontrarse en condiciones de comprar marihuana o cocaína o heroína en el colegio, o en ciertos lugares del vecindario tienda de comestibles? ¿Podemos establecer cierta relación con la desaprensión del adolescente de trece años que sabe que su mejor amigo consume dosis excesivas de fenciclidina? ¿Puede afirmarse que para el adolescente moderno la generalidad del consumo de las drogas es de veras el equivalente de nuestro consumo de alcohol en las fiestas, cuando teníamos la misma edad? Quien crea que estos factores dinámicos son los mismos está increíblemente mal informado.

Incluso si examinamos un área que no está tan alejada de nuestra propia experiencia adolescente –la sexualidad– debemos reconocer sin demora que las normas del juego han variado de manera considerable. Los adolescentes actuales tienen un conjunto drásticamente distinto de valores sexuales, y una proporción más elevada de conocimiento sexual que nosotros cuando atravesábamos la misma etapa. La general disponibilidad de los anticonceptivos y las posibilidades del aborto, la variación de las normas sociales, la más acentuada flexibilidad social en relación con el sexo, el advenimiento del feminismo y una serie de distintos factores han determinado cambios acentuados en los esquemas de la conducta sexual del adolescente. Estos cambios implican no sólo el tipo de pregunta que se resume en las palabras: "¿Debo conservar mi virginidad?", ahora, es más probable que el interrogante sea: "¿Cómo sé si soy normal o afeminado?"

Una de las diferencias más sorprendentes cuando se compara a los adolescentes actuales con los que existían hace dos o más décadas es el elevado índice de separaciones, divorcios y nuevos matrimonios en las respectivas familias. Sucede no solo que estos problemas conyugales parecen situar en el centro del campo a los adolescentes, que no saben qué hacer y por quién tomar partido; la disolución del matrimonio y sus consecuencias –incluso el nuevo casamiento– parecen haber convencido a muchos de los adolescentes actuales de que casarse es más asunto de conveniencia y esperanza que de compromiso o promesa. De hecho, una de las afirmaciones más alarmantes de los adolescentes que son hijos de padres divorciados –y aquí nos referimos a un grupo calculado en alrededor de cinco millones de individuos– es esta: "Dudo de que realmente desee casarme... a decir verdad, no parece muy divertido." Además, muchos de los adolescentes que provienen de hogares destruidos por el divorcio expresan cierta inquietud en el sentido de que no poseerán capacidad o habilidad suficientes para encontrar y mantener un cónyuge, de modo que, afirman, tal vez más vale que no lo intenten.

Por supuesto, el divorcio no es la única causa de la actitud general de menosprecio frente al matrimonio que hoy afecta a los adolescentes, quizá con más intensidad que a otros grupos. Las familias no tradicionales están floreciendo en una serie de formas diferentes, trátese de dos lesbianas que cooperan en la crianza de un niño; de mujeres solas que nunca se casaron y tienen hijos; de divorciadas que viven con hombres con quienes no se casan; de matrimonios concertados por líderes de los cultos, por ejemplo el reverendo Sun Myung Moon, de la Iglesia de la Unificación; matrimonios con hombres que representan el papel de amos de la casa y mujeres que ejercen una profesión; matrimonios que se abstienen voluntariamente de tener hijos; y una serie de distintas variedades que no mencionamos aquí. A los ojos de los adolescentes, por una parte, muchas de estas alternativas debilitan el vínculo conyugal en el sentido más tradicional de la palabra; por otra, estas muchas permutaciones del tema conyugal determinan la infinita complejidad de las decisiones que los adolescentes deben afrontar en relación con su propio futuro.

En la actualidad, las adolescentes están liberadas de muchas de las antiguas restricciones. Ya no se las mira con menosprecio si son buenas estudiantes. Ya no se considera antifemenino competir en carreras de larga distancia, el salto en alto o las pesas. Una muchacha que no es virgen probablemente no tendrá que inquietarse acerca de su "reputación", a menos que viva en una comunidad sumamente conservadora. Y las jóvenes ahora pueden concurrir a Harvard, Yale, Columbia y Princeton, exactamente como los adolescentes. Pero estos cambios son en cierto sentido ilusorios, pues puede afirmarse que en muchos lugares todavía se mantiene la antigua norma doble, aún se considera que las jóvenes son miembros del sexo más débil, y los logros educativos destacados de una mujer son simplemente la credencial que le permite ocupar el mismo empleo que puede otorgarse a un varón dotado de la misma educación; pero ella recibirá menos paga.

Ha aparecido otra diferencia monumental entre los adolescentes modernos y sus predecesores recientes: muchos adolescentes temen que no haya para ellos una edad adulta, porque estamos a un paso de destruir a nuestro planeta en un holocausto nuclear. Una encuesta nacional, que en 1982 abarcó a más de cuarenta mil adolescentes, señaló que esta era la preocupación principal de los jovencitos, y la preocupación número dos de las adolescentes; en el caso de estas, sólo el temor a la muerte de uno de los padres ocupaba un lugar más importante. Este sentimiento de ansiedad ante la posibilidad de holocausto nuclear no es tan incomprensible en una generación de adolescentes que vieron noticieros de la guerra de Vietnam y escucharon las estadísticas del recuento de cadáveres y los informes de los bombardeos, dichos del mismo modo en que se difunden los pronósticos meteorológicos. El miedo a la destrucción modifica el modo de pensar de muchos adolescentes acerca del futuro, y cambia las restricciones que ellos mismos sienten por referencia a su conducta actual. Si uno ha de morir prematuramente en una guerra nuclear, ¿por qué el consumo de drogas es tan riesgoso? Si uno no vivirá para casarse, ¿por qué no practicar ahora el sexo, mientras se puede? Es posible que para los adultos sea especialmente difícil comprender bien la influencia de este tipo de presión sobre los adolescentes actuales.

El mundo actual de los adolescentes se complica según modos que nosotros, en cuanto adultos, rara vez nos detenemos a considerar. No había nada semejante a un movimiento ecológico cuando muchos de nosotros estábamos en la adolescencia: no crecimos en un mundo sembrado de computadoras; apenas advertíamos la existencia del secuestro como problema político; jamás habíamos oído hablar de la cirugía transexual. Eso no implica afirmar que cerrábamos los ojos al mundo que nos rodeaba, porque también nosotros nos mostrábamos sensibles, y vivaces, y afectuosos como sólo pueden mostrarse los adolescentes; pero el mundo en que nos formamos parecía mucho más simple –no, en realidad *era* mucho más simple– y por lo tanto no atinamos a percibir lo que lo convierte hoy en una entidad mucho más compleja. En la actualidad, el adolescente afronta numerosos problemas y posibles catástrofes en los cuales no necesitábamos pensar cuando nosotros teníamos la misma edad. Equivocar el juicio acerca del influjo que estos procesos ejercen hoy sobre los adolescentes es como manejar de noche con los faros apagados.

No es posible volver de nuevo a casa

La observación de Thomas Wolfe identificó sagazmente una premisa fundamental con la cual desearíamos cerrar este capítulo. Por mucho que deseáramos retornar a nuestros días de adolescencia –sea para revivir viejos placeres o para restañar antiguas heridas— sucede sencillamente que no podemos "volver nuevamente a casa" a través de la vida de nuestros adolescentes.

Esto no implica afirmar que deberíamos tratar de ignorar los recuerdos autobiográficos que la condición de padres de un adolescente pueden evocar en nosotros. En cambio, mantener cierta perspectiva acerca de estos puntos implica un reclamo de sensibilidad:

(1) Nuestros hijos no son las mismas personas que nosotros somos, por mucho que deseemos afirmar tal igualdad.

(2) Por sagaces que seamos, los adolescentes afrontarán en su vida problemas con los cuales no podemos lidiar, porque nosotros mismos no los hemos afrontado.

(3) El intento de fingir que usted vuelve a ser adolescente, a lo sumo provocará resentimiento e incomodidad en su hijo, en lugar de originar la camaradería que usted busca.

Sus adolescentes necesitan que usted les aporte el beneficio de su adultez, para ayudarlos a superar la difícil etapa que están recorriendo. Para ellos, usted vale mucho más como padre que como pretendido par.

2

Los padres como modelos responsables de roles

El aporte de amor y sustento a nuestros hijos a medida que crecen es, sin duda, el elemento más importante de la paternidad positiva. Pero es evidente que el amor no basta; ser un buen padre exige mucho más. En la lista de funciones fundamentales de los padres, aunque con mucha frecuencia prácticamente se ignora este aspecto al analizar la adolescencia, ocupa un lugar importante el modo en que somos modelos de roles para nuestros hijos.

Ser modelo de roles significa, generalmente, que quien nos observa se siente tan impresionado por nuestros actos (o nuestro *status*) que desea actuar o pensar como uno, o afrontar los problemas del modo en que uno lo hace. Aunque no se trata de un sencillo problema de imitación, la persona que utiliza un modelo de roles suele ensayar gradualmente el rol, fragmento por fragmento, para determinar si el estilo de conducta es grato, sea porque lo siente como algo intrínsecamente positivo, o porque aporta una recompensa externa. Así, es posible que un niño de cuatro años camine por la sala de estar con una botella de cerveza en la mano y afirme en alta voz: "Ahora, no quiero que nadie haga ruido mientras yo miro el encuentro de fútbol", con lo cual reproduce exactamente la conducta del padre el domingo por la tarde, aunque de la situación que él crea extrae recompensas por completo distintas. Se siente adulto, observa el efecto que obtiene cuando imparte una orden, y le agradan (aunque en realidad no las entiende) las sonrisas de su madre, que opina que el niño es muy simpático, a pesar de que ese día no es domingo y de que no hay ningún encuentro de fútbol que él pueda ver. De todos modos, este niño de cuatro años acaba de aprender que el hecho de comportarse como su padre determina que él se sienta importante y feliz y así es probable que lo intente otra vez y de nuevo se comporte como su papá. Los psicólogos afirman que la conducta de la madre implica un "refuerzo positivo", y aceptan que un resultado agradable conduce a la repetición del mismo tipo de conducta. (Si en este ejemplo la madre hubiese respondido a su hijo quitándole la botella de cerveza y diciéndole que no podía ver televisión, el niño probablemente no habría intentado de nuevo este enfoque específico.)

En general, la gente admite la importancia de los modelos de roles representados por los padres durante los años de formación de la niñez temprana y media, así como ve los modos a veces sutiles y otras veces obvios en que las características de los padres se convierten en parte de la personalidad del hijo. "Ella tiene la paciencia de su madre" y "muestra el carácter del padre" son ejemplos comunes de este reconocimiento. Pero no se percibe de un modo igualmente general que la función de los padres como modelos de roles continúa, y en cierto sentido incluso se amplía durante el período adolescente. Tres razones fundamentales justifican ese estado de cosas:

(1) Los adolescentes observan y analizan mejor que los niños el comportamiento de sus padres.

(2) Los adolescentes son más eficaces en la integración en sus vidas de la conducta que les presentan los modelos de roles.

(3) Los adolescentes adoptan una actitud más crítica frente a los modelos de roles que ellos deciden seguir, así como de los que prefieren rechazar, en parte, porque en general pueden elegir entre una gama más amplia de modelos de roles que lo que es el caso de los niños de menor edad.

"Muy bien", puede decir el lector, "aceptaré lo que usted me dice acerca de los modelos de roles, pero MI hijo es un adolescente, y no parece que nada de todo esto sea aplicable a nuestra relación. Los adolescentes RECHAZAN a sus padres, y eso representa un modo normal de crecer". Otros padres señalan los modos en que las relaciones entre padres e hijos suelen cambiar durante los años de la adolescencia –las comunicaciones son más tensas, es posible que se cuestionen constantemente las sencillas reglas hogareñas, las discusiones sustituyen a la conversación, y la función de los padres parece reducirse a suministrar casa, comida y servicio de contestador telefónico– y dicen: "¿Modelos de roles? ¡Eso aquí ya no existe!" Como veremos, se trata de supuestos erróneos que deben ser sustituidos por una visión más exacta (y realista) del aporte de modelos de roles al adolescente.

El poder de los modelos

TRES HECHOS QUE TODOS LOS PADRES DEBEN CONOCER ACERCA DE LA CONDICION DE MODELOS DE ROLES PARA UN ADOLESCENTE:

(1) Los adolescentes perciben prontamente la diferencia entre una "representación" que intenta impresionarlos y la conducta auténtica y espontánea de un adulto. No prestarán mucha atención a las "representaciones".

(2) La inconsecuencia debilita la credibilidad.

(3) Un padre no puede comenzar a ser un modelo de roles cuando el niño llega a la pubertad.

Consideremos dos ejemplos concretos para comprobar de qué modo estos principios son aplicables a las situaciones cotidianas. En primer lugar, veamos el caso del padre que está entrenando al equipo de fútbol de su hijo adolescente. Las últimas tres semanas el equipo ha sufrido una derrota tras otra, y en ese proceso el ego del entrenador ha padecido. Después de pasar la última media hora caminando por los costados del campo, y murmurando irritado contra los antagonistas, los funcionarios del club y sus propios jugadores, cuando termina el encuentro es el primero en decir: "Aunque hayamos perdido, debemos demostrar que somos buenos deportistas", y de manera ostentosa y ceremoniosa cruza el campo para felicitar al adversario. Esta actuación no engaña a nadie; el modelo de roles suministrado por el entrenador no puede promover, ni mucho menos, el mejor espíritu deportivo.

El segundo ejemplo ilustra de qué modo la inconsecuencia socava la credibilidad:

Margaret siempre enseñó a sus hijos que la honestidad es la mejor política, y se esforzó todo lo posible para destacar su creencia de que la veracidad es una piedra angular de las relaciones humanas. Pero en sus propios tratos con su dos hijos adolescentes, un varón y una mujer, ha tendido a disfrazar la verdad o a veces a decir una mentira lisa y llana. Cuando el varón presentó la solicitud de ingreso en la universidad, a la madre la horrorizó descubrir que él había mentido acerca de cierta presunta distinción en una competencia de tenis; pero él le dijo enojado: "Mira, mamá, si tú puedes disfrazar la verdad, también yo puedo hacerlo."

Si bien *es* cierto que a medida que los niños se convierten en adolescentes puede parecer que la influencia de los padres como modelos de roles se debilita a favor de los aportes originados en los grupos de pares y los ámbitos educativos, el hecho es que los adolescentes tienden a medirse ellos mismos con un patrón imaginario formado, en gran parte, por los modelos de roles que a lo largo de los años suministraron los padres. Este patrón –un complejo de valores percibidos, creencias y cualidades de la conducta– es tanto un recurso de evaluación, que permite que el adolescente vea de qué modo él o ella "está a la altura de la situación" en la búsqueda de independencia y madurez, como un punto de referencia conocido al que los adolescentes pueden retornar constantemente en busca de orientación y guía.

En ciertos casos, este patrón imaginario actúa más en forma negativa que positiva: los adolescentes pueden tratar de ser, y en efecto intentan ser exactamente lo contrario de lo que ven y no les agrada, y los padres no están exentos de esta práctica. Así, por ejemplo, el adolescente que percibe que mamá y papá están muy preocupados por las cosas materiales, tratará de vestirse ostentosamente con prendas raídas, y no mostrará interés por el dinero; y el adolescente que siente que sus padres son personas hipócritas o engañosas, quizá busque la honestidad absoluta como si fuera el Santo Grial. Inversamente, muchos adolescentes seguirán los pasos de sus padres tan fielmente que adquirirán todos los rasgos personales del modelo de roles, incluyendo las manchas y las imperfecciones mínimas. Así, los modelos de roles negativos no siempre determinan la conducta contraria, y en cambio pueden predisponer al niño a adoptar las mismas actitudes, más avanzada su propia vida. Un ejemplo sorprendente de este hecho infortunado es que muchos padres, que abusan físicamente de sus hijos, sufrieron el mismo abuso en su propia infancia.

La verdadera fuente de poder de los modelos de roles de los padres está determinada por tres condiciones distintas pero relacionadas: (1) El adolescente está expuesto a los modelos de roles de los padres a corta distancia más que de lejos; (2) Esta exposición se prolonga durante bastante tiempo; y (3) Los padres son las principales figuras de autoridad en el mundo del adolescente. Cada una de estas condiciones garantiza que los adolescentes observarán atentamente lo que sus padres hacen y dicen, incluso cuando parece que es cierto precisamente lo contrario. Los adolescentes que fingen ser sordos, mudos y ciegos cuando tienen que interactuar con los padres, aun así están vigilando cada latido del pulso de sus progenitores, y controlando cualquier aumento discernible de la presión sanguínea de los dos padres. Debemos considerar este aparente rechazo como una suerte de Test del Stress de los Padres; el adolescente lo usa para verificar la resistencia de los modelos de roles de los padres, del mismo modo que el cardiólogo impone al paciente cierto ejercicio para comprobar la resistencia de su corazón.

Pese a muchos momentos de frustración, en que todos los padres se preguntan acerca de su propia eficacia: –"¿Realmente estoy logrando algo?"– la recompensa, que es ver que su utilidad como modelos de roles ha dado frutos, puede ser de veras impresionante. Imaginemos lo que sintieron los padres de los adolescentes que describimos más abajo.

Después de una acalorada discusión con su padre, Dan, de diecisiete años, sube furioso a su habitación y cierra con fuerte golpe la puerta. Papá dice: "Si no sales ahora, perderás el comienzo del filme." Dan contesta: "Estoy muy irritado para ver con claridad, y tú siempre dijiste que no era bueno manejar un automóvil en esas condiciones."

Liza, de trece años, vuelve a casa después de una fiesta, y dice a sus padres: "Unos chicos estuvieron fumando marihuana esta noche y trataron de convencerme de que probase. Pero les dije que mi familia no necesita drogas para sentirse bien; podemos sentirnos bien nada más que con ser nosotros mismos."

Ellen, de quince años, estuvo saliendo ocho meses con un muchacho. El la ha presionado con el fin de mantener relaciones con la joven, puesto que "todos los chicos lo hacen". Ella decidió decirle que no pueden continuar seriamente, pues cree que ella misma no es "una más", y que en todo caso decidirá su actitud cuando crea estar preparada. La jovencita pregunta a su madre si cree que este es el modo apropiado de tratar el asunto con el muchacho.

Estos adolescentes no son imaginarios, ni el tipo de personajes "demasiado buenos para ser cierto"; en realidad, ejemplos análogos del influjo duradero de los modelos de roles de los padres pueden ser observados a cada momento, si uno los busca. Pero como en el caso de la recomendación de Norman Vincent Peale acerca del "poder del pensamiento positivo", recuerde que el poder de los modelos de roles positivos de los padres tiende a ser más persuasivo y apremiante que el de los negativos.

Corresponde una breve advertencia acerca del poder final de los modelos de roles de los padres. El valor que usted tiene como padre *no* se mide por la capacidad de su adolescente para aceptar ciegamente lo que usted cree, e imitar la conducta que usted exhibe hasta el punto de convertirse en una imitación del padre. Cuando los adolescentes modifican e incluso rechazan los modelos de roles suministrados por los padres, esa actitud demuestra que están prestando atención y tratando de aplicarlos a sus propias identidades y necesidades. Los padres eficaces permitirán el toma y daca, que ayudará a sus adolescentes a integrar los modelos de roles en su propia vida, en lugar de usarlos como una suerte de capa, sólo para guardar las apariencias, como hacen los actores y las actrices cuando "se convierten" en los personajes de un libreto, con la esperanza de complacer o entretener al público.

"Haz lo que yo digo, no lo que yo hago"

El modo más frecuente en que los padres debilitan la credibilidad y el poder de sus modelos de roles se resume en el síndrome reflejado en estas palabras: "Haz lo que digo, no lo que hago." En este sentido, uno de los padres, o los dos, exhibe a menudo una acentuada inconsecuencia entre el consejo o las admoniciones formuladas a su adolescente y el modo en que el propio padre actúa. Por ejemplo, los padres que preconizan la sinceridad absoluta, pero a menudo utilizan "mentiritas inocentes" en su propia vida son víctimas de esta enfermedad. Consideremos también el mensaje contradictorio emitido por el padre que dice al adolescente que el alcohol es peligroso, pero para relajarse bebe todas las noches un par de martinis antes de la cena. Aunque todos probablemente caemos de tanto en tanto en esta trampa de la contradicción, es importante comprender que si el asunto se convierte en un esquema persistente, debilita mucho nuestra influencia como modelos de roles.

Por supuesto, los adolescentes no son tontos, y cuando hay un abismo infranqueable entre lo que los padres dicen y lo que hacen, el adolescente identifica la HIPOCRESIA tan certeramente como si la palabra estuviese escrita en gigantescas luces de neón. Como los adolescentes exigen autenticidad y desprecian la falsía, especialmente en sus padres, el efecto del síndrome de "Haz lo que digo, no lo que hago", puede representar un problema grave. Veamos algunas reacciones de los adolescentes:

(1) *Aceptar la hipocresía como un modo viable de comportamiento y "adultez".* El adolescente comienza a decir una cosa a los padres, pero actúa de un modo que contradice lo que dijo. De hecho, el adolescente asimiló demasiado bien el modelo de rol, e incluyó las correspondientes fallas e imperfecciones.

(2) *Rechazar el valor de los modelos de roles de los padres.* En muchos aspectos, esta actitud equivale a rechazar a los padres. Las líneas de comunicación entre el adolescente y el padre tienden a bloquearse; es posible que el adolescente busque otros modelos de roles que sean útiles (por ejemplo, el padre de un amigo, un profesor favorito, un entrenador) que viene a remplazar la función de los padres ahora desechados; o en casos extremos, es posible que el adolescente huya, para poder afrontar la desilusión o incluso el odio consiguiente.

(3) *Rebelarse contra todas las "figuras de autoridad".* Es posible que los adolescentes extiendan su desconfianza frente a los modelos de roles de los padres y la conviertan en desconfianza frente a todos los adultos. Si se cree que todos los adultos "juegan de acuerdo con sus propias normas", y pueden modificarlas en el curso del juego,

31

quizás el adolescente renuncie al esfuerzo de autocontrol y se entregue a una conducta temporaria (contraria a las normas) relacionada con las drogas, el sexo, la vagancia o el incumplimiento de la ley. Estos adolescentes pueden tener problemas en el colegio o el trabajo, porque les parece imposible creer que los profesores o los empleadores hablan en serio cuando imponen límites, y están realmente dispuestos a aplicar lo que dicen.

No hay un antídoto digno de confianza al dilema de "Haz lo que digo, no lo que hago" una vez que afectó las relaciones entre los padres y el adolescente. A decir verdad, el padre sorprendido en una parodia o en una actitud de inconsecuencia filosófica con referencia a la realidad de su propia conducta, quizá pueda resolver la situación mostrándose sincero en la cuestión y reconociendo francamente los hechos. Pero también es cierto que dicha franqueza sustentará la credibilidad del padre sólo hasta cierto punto. Cuanto más el adolescente percibe la hipocresía de los padres en la acción, más se ven manchados y debilitados todos los modelos de roles de los padres. Tal es, ciertamente, el caso en que un gramo de prevención vale mucho más que un kilogramo de curación. Si evitan la trampa de "Haz lo que digo, no lo que hago", los padres pueden maximizar su eficacia como modelos de roles y aportar a sus adolescentes un sólido punto de referencia que les permitirá aprender a tratar con el mundo de los adultos.

Acerca de los espejos y las lentes de ampliación

Los padres tenemos la tendencia a evaluar nuestro éxito o nuestro fracaso como modelos de roles examinando cuán fielmente nuestros adolescentes reflejan los valores, las actitudes, los talentos y las formas de conducta que les proponemos. Aunque tal vez no deseemos que sean copias al carbónico, no nos opondríamos a que nuestros adolescentes se conviertan en versiones nuevas y mejoradas de nosotros mismos, conservando nuestras cualidades y salvando nuestras imperfecciones.

Cuando miramos a nuestros adolescentes, en cierto sentido estamos mirando nuestra propia imagen refleja; pero como escudriñamos tan atentamente la vida de nuestros adolescentes (una prerrogativa comprensible y justificada del ejercicio de la responsabilidad de los padres), es necesario que advirtamos también que estamos mirando con una lente ampliadora que deforma lo que vemos y siempre muestra los actos de nuestros adolescentes como versiones de tamaño mayor que el natural.

Ambos modos de mirar a nuestros adolescentes –como un espejo o a través de una lenta ampliadora– pueden determinar problemas. Con el criterio de la "imagen refleja" vemos a nuestros hijos como prolongaciones de nosotros mismos, y existe el evidente peligro de que no reconozcamos la individualidad de los adolescentes. Es fácil confundir la apariencia física y otras semejanzas superficiales con la identidad personal. Al mismo tiempo, también es muy fácil juzgar con excesiva dureza a un adolescente cuando lo comparamos con nosotros mismos. No debemos pretender que un adolescente ejerza el dominio pleno de un repertorio completo de habilidades y percepciones propias del adulto, y sin embargo es tentador reaccionar con desdén o cólera cuando nuestra "imagen refleja" no afronta con aplomo o tacto una situación. El espejo puede ser provechoso si lo usamos para identificar nuestros defectos, y mantener una actitud más tolerante frente a las imperfecciones del jovencito.

El criterio de la lente de aumento está relacionado con un conjunto análogo de dificultades. Por definición, la lente de aumento ampliará una imagen, de modo que todos los defectos y las fallas del adolescente se destacarán vívidamente, y nos inducirán a adoptar una actitud excesivamente crítica frente a lo que vemos. De la misma manera puede llevarnos a una imagen exagerada de los rasgos positivos del adolescente, deformando de un modo casi igualmente destructivo la percepción de los padres. Esta lente de aumento de color rosa puede inducir a los padres de una joven que se destaca en atletismo a creer que ella *no puede* embarazarse o consumir drogas; después de todo, "es una muchacha tan buena". A la inversa, la lente del mundo que ofrece una imagen en "blanco y negro" puede determinar que los padres no vean las cualidades de su hijo, porque prestan excesiva atención a sus defectos.

Si bien es improbable que abandonemos por completo nuestros espejos y lentes de aumento, el conocimiento de sus posibilidades de deformación pueden llevarnos a un enfoque más realista de nuestros adolescentes. Esta búsqueda de una visión realista de nuestros hijos puede verse favorecida por las siguientes tácticas:

(1) *Cada semana dedique cierto tiempo a distanciarse física y emotivamente de su adolescente.* Trate de neutralizar sus propias re-

acciones frente a la conducta de su hijo, y permita que yo su *lógico* decida hasta dónde llega la precisión demostrada por su yo *emotivo* durante esa semana.

(2) *Si usted adoptó una actitud excesivamente crítica, suspéndala y haga algo al respecto.* Nadie, y sobre todo durante los años de la adolescencia, ve con buenos ojos que se lo critique constantemente. Siéntese y hable con sus adolescentes, explíqueles lo que usted siente y ofrézcales la posibilidad de expresar también ellos sus sentimientos. Que el orgullo no le impida disculparse, además de suministrar un útil modelo de rol, de modo que el adolescente aprenda a reconocer un error, esta actitud puede contribuir a aliviar parte de la presión. No tema apelar al elogio y el aliento, incluso cuando la relación se ha visto sometida a graves tensiones.

(3) *Piense antes de hablar.* Puede ser útil esta lista de cinco puntos:

– ¿Usted está emitiendo excesivo número de juicios?

– ¿Está adoptando una actitud irritante?

– ¿Habla dominado por la cólera?

– ¿Está teniendo en cuenta los sentimientos de su adolescente?

– ¿Se muestra equitativo?

Después de introducir las modificaciones necesarias, continúe la conversación o ratifique lo anterior, si es necesario.

El intercambio de expectativas

El examen de los modelos de roles de los padres sería incompleto si no considérasemos por qué los padres tratan de suministrar ejemplos a sus hijos. Para decirlo brevemente, proceden así a causa de las expectativas que los padres tienen en relación con sus hijos:

una combinación de esperanzas, temores y expectativas clásicas que definen qué sienten los padres acerca del lugar que ocupa su adolescente bajo el sol. Estas expectativas, que pueden representar un factor fundamental en la determinación del modo en que los padres reaccionan frente a los adolescentes, no existen en una suerte de vacío, sino que tienen su analogía en las expectativas que los adolescentes conciben respecto de los padres. La comprensión de la interacción, a veces sutil y otras ruidosa, entre estos dos conjuntos de expectativas constituye un aspecto importante de la paternidad positiva.

Puede interpretarse el intercambio de expectativas como una suerte de paráfrasis de una ley fundamental de la física: por cada expectativa de un padre, hay una expectativa contraria (y generalmente igual o casi igual) del adolescente. A veces la cosa parece ajustarse al estilo "toma y daca": "Si me permites manejar con más frecuencia el automóvil, prometo que mejoraré mis calificaciones", o bien, "practicaré todos los días al piano si me permites permanecer fuera de casa hasta medianoche los fines de semana". Pero otras veces la negociación es mucho más compleja y mucho menos trivial, porque es probable que la vida de un adolescente sufra la influencia indeleble de las expectativas de los padres, las que gravitan en forma decisiva sobre la autoestima y la conducta del adolescente.

Los padres que exigen un nivel de perfección, o que inversamente alientan expectativas muy reducidas en relación con sus adolescentes, y los padres que formulan expectativas rígidas, incluso previamente determinadas, pueden desencadenar problemas importantes en sus hijos. Las permanentes expectativas de perfección de los padres pueden convertir a los adolescentes en individuos muy tensos, que reaccionan a la presión constante mediante el agotamiento, la renuncia al esfuerzo o la rebelión contra sus padres. Incluso si estos adolescentes satisfacen las expectativas heredadas, es posible que después paguen un precio en la falta de resistencia en presencia de la frustración o los obstáculos temporarios, o sintiendo que han fracasado si no consiguen triunfar siempre. Pueden hallarse muchos ejemplos en las filas de los astros del atletismo adolescente, que nunca consiguieron elevarse al estrellato universitario o conquistar una medalla olímpica, del mismo modo que en el caso de sus contrapartes académicas tenemos a los que se vieron impulsados a alcanzar la cima de la excelencia en la facultad de derecho o de medicina, y que no siempre alcanzan éxito, y por eso mismo sufren un acerbo sentimiento de decepción.

En el extremo contrario del espectro están los padres que renuncian a reclamar resultados, y a lo sumo exhiben las expectativas más triviales y vacías en relación con lo que pueden hacer los adolescentes. Los padres que renuncian al intento, a menudo tienen hijos que también renuncian, que se satisfacen con un pasar mediocre, que proponen metas muy inferiores, y desarrollan frente a la vida una actitud complaciente cuya superación puede ser difícil en la edad adulta. Es posible que nunca intenten desarrollar o siquiera identificar sus cualidades, y que siempre se crean ellos mismos personas mediocres, dotadas de ingenio, creatividad o impulso escasos.

Las expectativas de los padres caracterizadas por un pensamiento inflexible o poco realista, exigen, primeramente que los adolescentes abracen las prioridades de sus padres teniendo apenas en cuenta, o desechando en absoluto, las necesidades o las cualidades de los jóvenes. Un padre que pretende que su adolescente de sesenta kilogramos de peso y un metro sesenta y ocho de altura se convierta en astro de fútbol, quizá se enfurezca si el hijo muestra más interés en la programación de una computadora que en la actividad en el campo de fútbol. Incluso si el jovencito trata de satisfacer los deseos de sus padres, es probable que se vea condenado al fracaso por el carácter poco realista de la expectativa. Una versión un tanto diferente de las dificultades provocadas por la inflexibilidad de los padres puede ejemplificarse con el caso de los médicos que esperan que sus hijos cumplan las recomendaciones paternas tan puntualmente como lo harían los pacientes, o de los ministros religiosos que esperan que sus adolescentes vivan una vida inmaculada, y que ni una sola palabra profana brote de sus labios. El adolescente que se siente atrapado por este tipo de rigidez puede reaccionar excesivamente en el proceso de sacudir la autoridad que pesa sobre él, y tal vez sea incapaz de distinguir entre las transgresiones menores de las reglas paternas y los actos que tienen consecuencias mucho más graves.

Es posible, asimismo, que los adolescentes afronten dificultades con las expectativas que conciben respecto de los padres. Quizá sean poco realistas porque los jóvenes no saben mucho acerca de lo que sus padres pueden y no pueden hacer por ellos; y tal vez subestimen a los padres y decidan que no están interesados en la vida del hijo, o se muestran insensibles frente a sus sentimientos; o bien aplican a los padres expectativas tan perfeccionistas que es prácticamente imposible que una persona de carne y hueso se atenga a esa identidad ideal y poco realista. En tales casos, cuando en la vida de los padres sobreviene una crisis, por ejemplo el divorcio, el despido, u otra dificultad personal, el adolescente llega a la conclusión de que los padres han fracasado, y de que no hay esperanza de una perspectiva equilibrada.

No existe una fórmula exacta que permita obtener un saludable intercambio de expectativas entre los padres y los adolescentes, pero las siguientes sugerencias prácticas pueden ser útiles:

(1) Base firmemente en la realidad sus propias expectativas.

(2) No espere la perfección, pues esta actitud acarrea la decepción.

(3) Muéstrese flexible en sus expectativas, pues las circunstancias y las necesidades pueden variar con más rapidez de lo que usted piensa.

(4) Proceda a una revaluación periódica de sus expectativas, y examínelas con sus adolescentes (después de todo, usted no puede exigir que ellos le adivinen el pensamiento, y la retroacción originada en los hijos puede aportar percepciones muy valiosas).

(5) No se atenga definitivamente a sus expectativas. Si admitimos con cuánta intensidad nuestras expectativas a veces afectan a los hijos, podemos abrigar la esperanza de aprender a mantenerlas en una disposición en extremo abierta, de modo que produzcan un efecto alentador en lugar de impulsar la rigidez y la parálisis.

3

Las relaciones de familia

Ultimamente se ha prestado mucha atención a la decadencia de la familia norteamericana moderna. Los índices de divorcios se han elevado, la violencia entre los cónyuges y las agresiones a los niños son tan usuales que parecen alarmantes, el sexo extraconyugal se difunde, los nacimientos ilegítimos son casi epidémicos, y los adultos jóvenes postergan el matrimonio –o prefieren la soltería– en número cada vez más elevado. Preocupado por estas tendencias recientes, el sociólogo Amitai Etzioni, de la Universidad de Columbia, sugirió: "Si se mantiene el actual índice acelerado de agotamiento, Estados Unidos verá desaparecer la familia no mucho después de agotar todo su petróleo."

Pese a esta retórica, la celebración de servicios fúnebres para la familia norteamericana como institución social puede ser una actitud prematura. Aunque es indudable que en Estados Unidos las familias se encuentran en estado fluido, no se han extinguido ni mucho menos. Las definiciones de la familia varían tanto durante la década de 1980 porque las perspectivas configuraciones han variado. Hoy, además de la tradicional familia nuclear formada por mamá, papá y los niños, encontramos familias con un solo progenitor; parejas que cohabitan sin haber contraído matrimonio, y que crían a sus hijos; parejas homosexuales y lesbianas que representan frente a sus niños el papel de "padres" tanto como podrían hacerlo las parejas heterosexuales; familias comunitarias, en las cuales varios conjuntos de padres comparten las tareas de la crianza de los diferentes niños;

familias reconstituidas, que son el resultado del nuevo casamiento de los padres divorciados, cada uno de los cuales aporta dos (o más) grupos de hijos a la nueva alianza; y otras versiones de la familia, probablemente omitidas en esta reseña. De hecho, la aparición de un nuevo pluralismo en los estilos de la familia norteamericana no es intrínsecamente negativa ni un signo del debilitamiento de la estabilidad social; en cambio, puede señalar una evolución en las formas y las funciones de la familia, y quizás esta nueva forma posea su propio valor original de adaptabilidad y supervivencia.

El sistema de la familia: panorama general

¿Cuál es el propósito de la familia norteamericana? ¿Cómo puede funcionar con más eficacia? Cuando los niños son pequeños, parece fácil responder a estas preguntas. La familia suministra a los niños un ambiente estable, nutricio y protector, pues no puede pretenderse que los pequeños sobrevivan solos. Mamá y papá aportan el alimento, las ropas, el abrigo, el amor y la disciplina, y educan y socializan al niño pequeño para orientarlo hacia la independencia que él necesita si quiere sobrevivir fuera de los límites de la familia. Todo está claro, ¿verdad? Lo que los niños no pueden hacer por sí mismos, los padres lo hacen por ellos.

Pero, ¿qué sucede cuando el niño alcanza repentinamente los dieciséis años, maneja un automóvil, gana dinero fuera de la casa, y en general se muestra capaz de vivir una existencia independiente? ¿Los padres quedan relegados al papel de espectadores, y apoyan entusiastamente los pasos que el hijo da para alcanzar éxito, pero ya no participan en el proceso? ¿La unidad de la familia pierde su sentido y su función, o lo que es aún peor, la familia es nada más que el último obstáculo que necesita ser superado en el camino que lleva a la auténtica independencia? La respuesta es complicada, y el tema desconcierta a muchas familias.

Aunque cada una posee una personalidad y un estilo propios, la presencia de un adolescente como miembro de la familia tiende a producir tensiones y presiones que no existían en épocas anteriores. Esto es así no solo porque resulta difícil comprender a los adolescentes, y también convivir con ellos −sobre todo si los padres esperan que los adolescentes actúen racionalmente, como adultos, o muestren obediencia, como los niños– sino también porque los adolescentes entran en escena en el momento mismo de la vida de los padres en que estos sufren cambios que, a su vez, originan problemas y sentimientos de incertidumbre. Por ejemplo, muchos padres afrontan las incertidumbres y los problemas de la edad madura en el momento mismo en que sus hijos alcanzan la adolescencia. Es posible que la sexualidad del adolescente sea percibida como una amenaza en las familias en que, tal vez, esa chispa está desapareciendo de la relación sexual de los propios padres. Y algunos padres experimentan ansiedad cuando ven que sus hijos adolescentes eligen carreras y planean su vida futura, porque en esta situación ellos mismos recuerdan sombríamente las ambiciones que no llegaron a realizar, un recordatorio que es tanto más inquietante cuanto que los padres experimentan la sensación de que el tiempo los está sobrepasando, y de que ya no es posible recuperar las oportunidades perdidas. Además, los padres suelen tener una visión poco realista de lo que debe ser la crianza de un adolescente, y se sienten dolorosamente impresionados al ver en su propio hogar exhibiciones de malhumor, desobediencia y rebelión franca que nunca existieron en la época presuntamente feliz de la autoridad indiscutida del padre. El modo en que los padres y la familia afrontan esta situación –y el modo en que el adolescente a su vez afronta al resto de la familia– es en medida considerable una cuestión de dinámica de la familia. Puede definirse esta como el modo en que los miembros de la familia interactúan unos con otros, y el modo en que la familia, en conjunto o a través de sus subsistemas, resuelve los problemas y los conflictos nuevos a medida que aparecen. En ciertas familias, la dinámica dominante puede parecerse mucho a la de un campamento militar: los padres dirigen autocráticamente la familia; la disciplina y el orden se convierten en los objetivos principales, y los sentimientos y las necesidades que no armonizan con el "sistema" son camuflados u ocultados por completo. En otras familias, los padres intentan ser los mejores amigos del adolescente, se niegan a imponer límites y dejan casi todas las decisiones al juicio del adolescente, en un renunciamiento ultraliberal a su propia autoridad de padres. Y hay otras familias en las cuales la desorganización provocada por el adolescente se resuelve convirtiendo a un miembro de la familia en víctima propiciatoria; imputan a esta persona todo lo que está mal, y los restantes miembros de la familia se agrupan y adoptan un tono acusador, y dicen: "Mira lo que hiciste", o bien: "Mira lo que me obligaste a hacer."

Es posible también que las familias incorporen modos de interacción que son manipuladores más que sinceros. A veces estos estilos no constituyen una respuesta consciente al adolescente, y en cambio son prolongaciones de esquemas que se prolongaron durante años. Hallamos un ejemplo usual en las familias cuyos miembros consideran conveniente asumir los papeles de Perseguidor, Víctima y Salvador, como respuesta a distintas situaciones. Es un fenómeno típico que a los adolescentes les agrade representar la víctima, y traten de convertir a uno de los padres en el perseguidor, lo que induce a otro miembro de la familia a intervenir como mediador, salvador o agente de rescate. Este es el modo como puede desarrollarse esta situación:

Adolescente: Necesito diez dólares para mi cita esta noche.

Mamá: Te has excedido en tu asignación, y te muestras egoísta. ¿No te parece que los demás también necesitamos cosas? *(Perseguidor.)*

Adolescente: Mamá, ¿por qué me odias? No sermonearías así a mis hermanos si uno de ellos necesitara un adelanto *(Víctima.)*

Papá (a mamá): ¿Por qué armas tanto escándalo por un simple pedido? Sabes que él te devolverá el dinero. Además, todavía no estamos en el asilo, y el chico necesita divertirse *(Salvador.)*

Mamá: Siempre tomas partido por él y en mi contra. *(Ahora, ella se convirtió en Víctima. El diálogo puede continuar, con roles redefinidos en cada uno de los participantes.)*

Incluso en las familias más funcionales, las tensiones creadas por los adolescentes pueden poner a dura prueba la fibra de los padres, sin hablar de la paciencia de otros miembros de la familia. Los padres tienen que entender que estas tensiones constituyen un catalítico necesario para la maduración del adolescente, y que no debe ignorárselas o desecharlas; al contrario, es necesario que se manifiesten. Por ejemplo, tiene fundamental importancia que los adolescentes lleguen a ver a los padres como seres humanos reales, con defectos e imperfecciones, más que como las omniscientes figuras de padres que eran cuando los hijos tenían menos edad. Durante este proceso, es posible que los adolescentes critiquen a los padres o rechacen muchos de sus valores, no por falta de respeto, sino como signo de crecimiento y maduración. Asimismo, parecería que los adolescentes y los padres están discutiendo constantemente, pero ello es una parte necesaria del proceso de maduración. Con el fin de alcanzar su independencia, el adolescente tiene que formular exigencias cada vez mayores, reclamando privilegios; en cambio, los padres tienden a mostrar una actitud conservadora y restrictiva, y no desean ceder con excesiva prontitud los privilegios. Las maniobras alrededor de estas cuestiones alcanzan, a menudo, elevada temperatura, y sin embargo ayudan al adolescente a practicar el arte de la negociación con los adultos y el método general de desembocar en un compromiso que permite un aumento gradual de la independencia, en lugar de una zambullida brusca en aguas desconocidas.

Pese a la complejidad de los problemas afrontados por todas las familias que tienen hijos adolescentes, y pese a la tentación de gritar y aullar para hacerse entender en este laberinto de la familia, es posible ayudar a la familia, no sólo a sobrevivir, sino incluso a prosperar. Contrariamente a lo que suele creerse, los padres pueden sentirse más cerca de sus adolescentes ahora que cuando los hijos eran pequeños, pues comienzan a ver a esos adolescentes como personas más que como seres dependientes.

La rivalidad entre hermanos y otras cuestiones afines

Todos los padres que tienen más de un hijo son observadores veteranos de la rivalidad concreta entre hermanos. En la primera infancia, la rivalidad se expresa de modos simples, a veces pintorescos, como en el caso del pequeño de tres años que preguntó a su madre, una semana después de la llegada de la hermanita: "Mamá, ¿cuándo la llevamos de regreso al hospital?" Los empujones, las peleas, los pellizcos y el robo de alimentos o juguetes son otros modos que utilizan los hermanos jóvenes para expresar sus celos y cólera, y para competir por el afecto de los padres. ¡Incluso los cachorros pueden mostrar la rivalidad de hermanos! De todos modos, es evidente que al llegar a la adolescencia tales rivalidades han quedado atrás, ¿no es así? No del todo.

Las premisas fundamentales entre hermanos adolescentes son un poco distintas de lo que eran en períodos anteriores. Al parecer, los adolescentes se preocupan menos por la rivalidad en relación con el amor de los padres que por escaramuzas o intentos durante los cuales reclaman se ejerza la justicia de la familia. Las comparaciones constantes acerca de quién tiene que hacer qué cosa, y a qué edad, a menudo son el eje de tales invocaciones a la "equidad". En este caso, el adolescente intenta adquirir *status* conquistando más privilegios (por ejemplo, regresar más tarde a casa, tener un teléfono personal, conseguir el automóvil), sea como resultado de una concesión directa o logrando que se reduzcan los privilegios del hermano o la hermana. La búsqueda de la equidad en la formulación y la aplicación de las normas de conducta establecidas por los padres a veces tiene un carácter tortuoso que le es propio.

John: "Mamá, ¿puedo usar el coche esta noche?"

Judy *(14 años, todavía no puede manejar)*: "Mamá, no cortó el césped, aunque tú se lo ordenaste."

John *(mirando con fiereza a Judy)*: "Oh, lo cortaré mañana."

La mejor preparación para el inevitable clamor acerca de la "injusticia" es tener buenas razones que justifiquen la decisión que uno adopta, así como un conocimiento completo de todos los factores que influyen sobre aquella. Si se procede así cuando un adolescente dice: "Meg consiguió salir tres noches la semana pasada y yo salí solamente una", uno puede responder con serenidad: "Pero Meg preparó todos sus deberes y también limpió el garaje; y tú no terminaste tu prueba y no conseguiste siquiera limpiar tu habitación." Este tipo de enfoque explica, en términos razonables y objetivos, la justificación racional que es la base de la decisión. Los privilegios de Meg no son casuales, no fueron otorgados porque uno "prefiere a Meg". Sencillamente, Meg estuvo a la altura de su responsabilidad, y por lo tanto suministra los elementos que permiten enseñar una buena lección a todos los adolescentes, si es que estos desean comprender el funcionamiento del mundo adulto.

La rivalidad de los hermanos tiende a ser más virulenta cuando se trata de adolescentes que en el caso de un adolescente y un niño más pequeño. Del mismo modo, la rivalidad entre hermanos o hermanas probablemente será más intensa que la rivalidad entre un hermano y una hermana. No es probable que Jeff "tome prestado" el mejor suéter de Lisa, y Lisa probablemente no se adueñará de las zapatillas de Jeff para su propio uso. De todos modos, hay muchas rivalidades entre hermanos de sexo contrario que deben ser advertidas por los padres. Por ejemplo, es posible que Lisa coquetee con los amigos de Jeff que vienen a estudiar con él; o quizá Jeff comience a salir con la mejor amiga de Lisa, y compita con ella por el tiempo y la atención de la joven. El hermano y la hermana pueden disputar por el tiempo de uso del teléfono, el empleo del secador de pelo, los programas de televisión, y una serie de cuestiones diferentes. En la mayoría de estos casos, es conveniente que los padres se abstengan de intervenir y dejen a sus hijos el espacio suficiente para resolver la situación. De este modo, los adolescentes pueden aprender muchas cosas que los prepararán para convivir con otras personas en el futuro.

Sin embargo, a veces los padres perciben que están originándose problemas reales, y en esos casos es necesario que intervengan como árbitros. Esta observación es aplicable sobre todo cuando las púas "inocentes" de la rivalidad entre hermanos se aproximan al nivel de la crueldad y la agresión, una actitud que los adolescentes tienden a percibir como una forma perversa de justicia. Otra situación que exige la intervención de los padres es el caso en que un hermano intimida constantemente a otro y lo obliga a someterse. En cambio, tratar de obligar a los hijos adolescentes a mostrarse *siempre* corteses unos con otros puede desembocar en un tipo almidonado de relaciones de familia, en el cual todos comienzan a representar una comedia que apenas disimula la cólera que hierve bajo la superficie. Está bien decir a Tony, de catorce años: "Creo que eres prepotente y quieres intimidar. Tu hermana no te dice cosas parecidas. Tendrás que aprender a discrepar con ella sin insultarla ni amenazarla." Generalmente es más saludable para todos los interesados manifestar con franqueza los sentimientos, porque en ese caso puede abordarse el asunto como parte de la búsqueda realista de una solución razonable.

Los padres también deben evitar las comparaciones que enfrentan a un hermano con otro, y originan una rivalidad ingrata y artificial, a menudo destructiva de la unidad de la familia. No diga a su hijo adolescente: "Cuando tu hermano tenía tu edad, conseguía las mejores calificaciones y jugaba fútbol, de modo que no comprendo por qué no puedes desempeñarte mejor." Las comparaciones de esta clase tienden a provocar celos y resentimiento, y a menudo conducen a una actitud del estilo "el buen muchacho/el mal muchacho" (o la "muchacha buena/la muchacha mala") que provoca resultados contraproducentes, pues ese tipo de clasificación induce al jovencito a renunciar a todos sus intentos, dudo que todos ya están convencidos de que él o ella de nada sirven.

Los adolescentes que pertenecen a familias en las cuales los hermanos tienen una diferencia de edades más acentuada afrontan y originan problemas diferentes que los hermanos y hermanas separados por pocos años. La dificultad más usual es el fenómeno del "acompañamiento", donde el niño menor siempre quiere acompañar al adolescente y a los amigos de este. En pro del bienestar general de todos los interesados, debe desalentarse ese tipo de práctica. El niño menor necesita tener amistades con amigos de su edad, y por supuesto, el adolescente necesita y merece cierta intimidad en las actividades con los pares, así como verse libre de la condición de niñera conveniente y barata.

Felizmente, la rivalidad no es la única dimensión de la relación entre hermanos. Existe, asimismo, un intenso apoyo emotivo que puede ser amortiguador importante cuando los padres están irritados, o encolerizados o preocupados por otras cuestiones. Agréguese a esto el respeto y la lealtad que los hermanos generalmente sienten unos por otros, y no podrá sorprender que estos aspectos de las relaciones entre hermanos contribuyan a reforzar mutuamente la autoestima. Incluso en las situaciones de carácter competitivo, perder frente a un hermano no es deshonroso, y en muchos casos un hermano o una hermana mayor ofrecen un modelo de rol que tiende a ser emulado o superado. Finalmente, los hermanos pueden agruparse y presentar un frente unido si creen que los padres son injustos, y de ese modo aportan una influencia moderadora que se ejerce sobre las decisiones de carácter unilateral.

Si por mucho que uno haga, los adolescentes parecen siempre dispuestos a degollarse, o a separarse unos de otros con una cortina de hierro de silencio, no se desaliente. Varios estudios han demostrado que numerosos hermanos que no se toleraban durante la adolescencia llegaron a intimar mucho después de los veinticinco años, y que además no faltaban quienes decían que sus hermanos o hermanas eran "los mejores amigos". A pesar de las tribulaciones que pueden observarse entre hermanos adolescentes, quienes saben esperar pueden cosechar cosas positivas.

La familia con un hijo único

En este caso no habrá rivalidad entre hermanos, pero la "rivalidad entre los padres" puede ser un problema. El hijo único crece ocupando totalmente el centro en la mayoría de las familias, y se acostumbra a ser constantemente el blanco de las miradas. Cuando este niño alcanza la adolescencia temprana, es usual que los padres distraigan parte de su atención, y la trasladen del niño al otro cónyuge, en vista de la necesidad de compañía, consuelo, apoyo, o por otras razones. En consecuencia, el hijo único tiende a sentirse descuidado, rechazado, o incluso celoso, como si de pronto el centro de la escena se hubiese oscurecido. Con el fin de conseguir que las luces vuelvan a destacar su figura estelar, el hijo único quizás apele a una serie de ardides teatrales y de actitudes manipuladoras, entre ellos las variaciones dramáticas del humor, la vivencia de crisis exageradas en su vida fuera del hogar, o sencillamente la demostración de un nivel de rebeldía suficiente para concitar la atención de mamá y papá, sin que eso implique irritarlos del todo.

Los padres no deben tratar de resolver este problema devolviendo al adolescente su carácter de centro exclusivo, y en cambio tienen que alentarlo a buscar otras personas que puedan suministrarle atención y ayuda cuando los necesite. Al margen de que el adolescente pueda o no crear una red extrafamiliar de apoyo a partir de los amigos, los docentes, los vecinos, otros parientes, los compañeros de equipo u otras fuentes, el fondo de la cuestión es que, más tarde o más temprano, en beneficio del bienestar del adolescente tanto como de los padres, el hijo único debe separarse del hogar. Si este crecimiento y esta separación no sobrevienen, tampoco habrá maduración, y es posible que el niño nunca abandone el refugio psicológico de la devoción de los padres.

El aspecto inquietante de este problema es el hijo único que adhiere con sorprendente desaprensión a un grupo de pares, y en ese proceso casi renuncia a la identidad individual. Como carece del todo, o casi totalmente, de experiencia previa con el "sentimiento grupal", el adolescente que es hijo único puede sentir la necesidad de demostrar que está en condiciones de ser exactamente igual a los restantes adolescentes, y de ser aceptado como hermano o hermana. Los padres poco pueden hacer cuando sus hijos caen en esta "trampa de los pares", salvo confirmar la importancia de la individualidad para el adolescente y mostrarse pacientes. La mayoría de los adolescentes supera en pocos años este dominio de los pares. Entretanto, la incorporación a un grupo ofrece a los adolescentes la oportunidad de aprender la cooperación y las sutiles técnicas de la interacción social. Un aspecto posible de la crianza de un hijo único es que no existe la presión que induce a competir con los hermanos. Unos pocos padres se acostumbran a remplazar esta presión por la que deriva de los parientes o los vecinos, y dicen: "Tu primo Al ganó una beca cuando estaba cursando el último año del secundario. ¿Por qué no tratas de conseguir una beca?" Pero a decir verdad, este tipo de presión a favor de la competencia –por insidiosa que sea– rara vez alcanza la intensidad de los choques entre hermanos.

Durante las instancias más traumáticas del adolescente, con

sus momentos de duda, de presión y sentimiento de inferioridad, el hijo único puede experimentar una gran sensación de aislamiento. No ha tenido el beneficio de ver a un hermano mayor soportar emociones análogas, y probablemente creerá (más de lo que sería el caso en el adolescente perteneciente a una familia más numerosa) que es el único niño de la historia que ha sufrido tanto. Las charlas sinceras entre los padres y el adolescente, y los relatos de mamá y papá acerca de los momentos difíciles que ellos pasaron cuando eran adolescentes rara vez sirven, a causa de la distancia percibida entre las generaciones. También en este caso un amplio grupo de apoyo formado por parientes y amigos pueden suavizar el sufrimiento, que se disipará con el paso del tiempo y la llegada de la madurez.

Más allá de la familia nuclearia

La mayoría de nosotros tiene una diversidad de parientes que ocupan un segundo plano, y que constituyen el sistema de nuestra familia amplia. En ciertos casos, a causa de la separación geográfica o la preferencia personal, interactuamos del modo más esporádico con nuestros parientes, y nuestros hijos adolescentes los ven o conversan con ellos sólo en ocasiones especiales, por ejemplo reuniones, bodas o funerales. En otras familias, las interacciones con los parientes son regulares y constantes. Aquí examinaremos brevemente esta última categoría.

Es usual comprobar que uno o más de los parientes no solo profesan afecto a nuestra familia, sino que además creen que su relación les permite hablar a nuestros hijos con especial autoridad. Determinar cuánta autoridad pueden ejercer y cuáles son las áreas de esta, exige un criterio refinado, una capacidad casi psíquica para prever las reacciones, una paciencia estoica y una fe inquebrantable en la bondad general de la naturaleza humana. Las tías, los tíos, los primos y los abuelos tienen todos sus propios e individuales conceptos del modo de encauzar la vida de nuestro adolescente. "Tienes que ser más riguroso con él", dice mi padre. Mi suegra quizá sugiera la conveniencia de suavizar las obligaciones impuestas a mi hija: "Ya sabes, los tiempos están cambiando." El tío Harry escribe: "Si envías a los mellizos a pasar un verano conmigo, yo los haré *hombres*." Pero tal vez usted no desee que sus hijos de catorce años beban cerveza todo el verano sobre las gradas del estadio de béisbol, o participen en los encuentros maratónicos de póquer que el tío Harry organiza los fines de semana. ¿Cómo debe proceder?

En primer lugar, admita que la vida de su familia, en definitiva, es una responsabilidad que a usted le concierne, y que el intento de una autoridad externa enderezado a usurpar esa responsabilidad debe ser rechazado con firmeza. Esto no significa que usted no se detenga a considerar el consejo ofrecido por un pariente que quiere colaborar y que (generalmente) está animado de buenas intenciones; pero *sí* significa que usted es perfectamente libre de ignorar ese consejo si no le parece apropiado. De lo contrario, usted renuncia al control y el respeto, y proceder así puede tener consecuencias muy negativas. En cambio, no se avergüence de pedir consejo a los parientes; quizá se sienta gratamente sorprendido por la sensatez que ellos demuestran, sobre todo si proviene del saber profesional o de una experiencia más rica que la suya en el trato con adolescentes.

Puede presentarse un tipo diferente de problema de familia si el adolescente experimenta intensa antipatía por un pariente, y rechaza repetidas veces las invitaciones sociales con el fin de evitar a esa persona. No existe una ley que obligue al individuo a complacerse en la compañía de sus parientes, pero es necesario que los adolescentes aprendan respeto, cortesía y tolerancia. Podría creerse que eso es pedir demasiado de un jovencito de quince años que lo sabe todo, y que está más que dispuesto a expresar verbalmente sus sentimientos negativos, pero sucede que una función fundamental de la familia es socializar a sus hijos, enseñarles el modo de lidiar eficazmente con los aspectos complejos de nuestra sociedad. La tolerancia frente a otros cuando las diferentes personalidades tienden a chocar es una cualidad necesaria en muchas esferas de la vida adulta. Uno enseña esta cualidad suministrando un buen modelo de roles para este tipo de conducta, e insistiendo en que un adolescente no se aparte de las actividades de la familia a causa de la antipatía que siente frente a determinado miembro. De todos modos, es necesario conceder también cierto espacio al criterio del adolescente. Si la cena del viernes por la noche en la casa de tía Emma coincide con el encuentro de básquetbol de la universidad, usted no puede pretender que su adolescente sacrifique el básquetbol para preservar la unidad de la familia. Además, probablemente la tía Emma comprenderá.

La importancia de la familia amplia por lo general aumenta si los padres del adolescente están separados o divorciados, o si ha fallecido uno de los progenitores. Los miembros de la familia pueden aportar modelos de rol del comportamiento apropiado en el mismo sexo o en el sexo contrario, así como prestarse a representar el papel de oyentes de los adolescentes que se sienten incómodos si tienen que comentar ciertas cosas con sus padres. El pariente que guarda cierta distancia respecto del círculo estrecho de la familia nuclearia puede ser visto como un refugio más seguro para la confidencia, un amigo cómodo cuyo interés en el adolescente no esté tan definido que a veces interfiera en el acto de escuchar y comprender. Es posible que los padres experimenten celos acerca de este tipo de relación, pero esa actitud generalmente se suaviza cuando ven que su propia posición se fortalece en lugar de debilitarse, y cuando pueden reconocer los beneficios de la comunicación del adolescente con un adulto digno de confianza y afectuoso.

La familia de un solo progenitor

Lo que otrora era relativamente desacostumbrado en Estados Unidos, la familia de un solo progenitor, ahora se ha convertido en algo parecido a una característica social. De acuerdo con la Oficina del Censo de Estados Unidos, 12,6 millones de niños menores de dieciocho años viven con un solo progenitor; dicho de otro modo, el 20 por ciento de todos los niños norteamericanos está formándose en hogares con un solo padre. Aunque el divorcio es la causa de la parte principal de estas familias, la separación, la deserción, los hijos de madres solteras y el fallecimiento de un cónyuge también son factores que contribuyen. Muchas de las tensiones que acompañan a la condición de progenitor único tienen que ver con la necesidad de ocupar constantemente el centro de la atención, y no contar con otra persona que posibilite compartir las responsabilidades de la decisión; pero otros problemas aparecen también como cuestiones relativamente originales.

En primer lugar, cuando un adolescente afronta dificultades para armonizar con uno de los padres, la buena relación con el otro generalmente puede salvar la situación y preservar tanto el sentido del equilibrio de la familia como la dignidad del jovencito. En las familias que cuentan con un solo padre, el equilibrio falta, de modo que es mucho más probable que el adolescente se sienta rechazado, perseguido o ignorado. Al mismo tiempo, como un solo padre no tiene medios prontos para desviar regularmente la cólera o el menosprecio del adolescente hacia otra figura de padre, la condición de progenitor único rápidamente puede comenzar a parecer un combate perpetuo, en el cual toda la artillería está apuntándonos.

El progenitor único también afronta otro problema porque tiene que resolver su soledad personal y la necesidad de nuevas relaciones. La creación de tales relaciones exige, por lo general, separarse de los hijos, y esto a menudo provoca sentimientos de culpa. Pero permanecer en casa y tratar de ser Supermamá o Superpapá, sin que los niños den respiro, también conduce al resentimiento, el mal humor y la culpa, por una razón distinta. Como dijo la madre de treinta y seis años de un joven varón adolescente: "Si no salgo a conocer hombres, jamás podré casarme otra vez, y no daré un padre a mi hijo. Pero cuando trato de salir, me preocupo constantemente por saber dónde está mi hijo, y si mira con malos ojos lo que estoy haciendo." La cuestión se complica todavía más a causa de una notable inversión de roles, comparada con el esquema usual entre padres y adolescentes: muchos padres que están solos se sienten ansiosos acerca de lo que sus adolescentes pensarán con referencia a la conducta sexual de su progenitor, sea ella real o imaginaria.

Otra dificultad que afronta el padre que está solo es la tentación, cuando tropieza con problemas, de renunciar al esfuerzo con el fin de conquistar la amistad y la aceptación del adolescente. Esa tentación también puede manifestarse porque el padre en cuestión tiene una excusa preparada para justificar el fracaso: "Si mi hija contase con su madre..." En parte esta actitud, que se resume en la frase "mi hijo nunca estará bien, por mucho que yo haga", se originó en las teorías de la psicología popular de las décadas de 1950 y 1960, que destacaron la importancia de tener en el hogar al padre y la madre. De acuerdo con estos conceptos, los varones sin padre probablemente se convertirían en homosexuales; las jóvenes sin padres a menudo llegaban a ser promiscuas, los varones sin madre estaban destinados a convertirse en seres insensibles, en adultos impulsivos, y así por el estilo. Los científicos sociales saben ahora que la mayor parte de esta teorización era falsa. Por cada varón de una familia con un solo progenitor que se convierte en homosexual, hay varios de familias con los dos padres que siguen el mismo camino. Pese a estas estadísticas, algunos padres solos continúan sintiéndose impotentes e ineficaces, y es posible que sin quererlo programen a sus adolescentes de modo que ellos crean encontrarse en situación desventajosa, y piensen que están predestinados a la calamidad.

A la luz de tales presiones, ¿qué pasos puede dar un progeni-

50

tor solo para tratar a los adolescentes? Los siguientes indicadores pueden prestar cierta ayuda:

(1) *Adopte una actitud apropiada.* Si usted empieza con un enfoque derrotista, es probable que esa actitud se transmita a sus hijos. Si cree en usted mismo, sus hijos también creerán, y su tarea será más fácil. Algunos padres solos comprueban que el apoyo suministrado por determinadas organizaciones pueden ayudarlos a seguir el buen camino; si esto no es eficaz, busque un consejero que pueda ayudarle.

(2) *No espere lo imposible.* Los padres que están solos a menudo se fijan metas poco realistas en relación con lo que deberían hacer, y después se autocastigan cuando comprueban que no llegan a ser perfectos. No se oriente hacia esta situación de derrota. En cambio, fíjese metas realistas. Como resultado de ellas, usted adoptará una actitud más serena, y ello ejercerá un efecto provechoso en su estilo de paternidad. En lugar de tratar de ser Supermamá o Superpapá –desempeñar un empleo de dedicación completa, preparar comidas exquisitas, limpiar la casa, y acompañar a sus hijos– organice prácticamente su tiempo y su energía, para tener la oportunidad de ser usted mismo. Aunque es posible que tenga que renunciar a la cocina francesa el martes por la noche a favor de un bife o un guiso de pescado, tal vez llegue a la conclusión de que las prioridades de su vida, incluso las necesidades de su familia, pueden ocupar el primer lugar. Cuando decide qué es realista y qué no lo es, la variable fundamental es la capacidad de desechar el sentimiento de culpa porque usted no es perfecto, pero por otra parte, pocos alcanzamos ese nivel de perfección.

(3) *Consiga aliados y recursos, y utilícelos.* Los padres que están solos a menudo mencionan el hecho de que se sienten superados en número cuando lidian con sus hijos. La proximidad de un aliado adulto puede ayudarle a recuperar el sentido del control. Entre los candidatos probables podemos incluir a los parientes, los amigos, los vecinos, los docentes, los entrenadores, los consejeros, los miembros del clero, u otras personas a quienes el adolescente conoce y respeta. Puede buscar a tales personas para analizar los problemas que usted afronta (de ese modo tendrá otra opinión, si no se siente seguro de sí mismo), o dirigirse a ellas para obtener modelos de roles o consejo ofrecido directamente a su hijo. En muchos

casos, un adolescente se mostrará sensible al desarrollo de esta relación de paternidad subrogada.

(4) *Dedique regularmente a su adolescente un tiempo de primera calidad.* Ponerse al alcance de su adolescente es un poco distinto que ver televisión juntos. Aunque reconozcamos que la presión de la actividad laboral y las consideraciones financieras pueden suscitar ciertas dificultades, y que todo esto reduce el tiempo de ocio de un progenitor solo, de todos modos es posible encontrar tiempo, con el fin de que usted y su adolescente puedan interactuar ininterrumpidamente. Trate de compartir por lo menos una comida con él todos los días. Comparta tareas de la casa. Por extraño que parezca, es posible que este método sea un gran catalítico para la comunicación. Reserve por lo menos dos horas, cada fin de semana, para compartir una actividad o ponerse al día en el tema de las noticias de la familia, o simplemente filosofar juntos. Preste especial atención a los hechos que son importantes para su adolescente: encuentre el modo de asistir a las competencias del colegio, o a las carreras de postas, o al concierto, si su adolescente participa de alguna de estas actividades.

(5) *Ofrezca a su adolescente un papel activo en las responsabilidades de la familia.* Las familias en las cuales hay un solo padre fácilmente pueden crear un ambiente tiránico, salvo que los hijos tengan cierta voz en las decisiones del conjunto. Solicite activamente las opiniones de sus hijos. Y cuando ello sea posible, ponga a prueba lo que sugieren. Al mismo tiempo, asígneles responsabilidades concretas, y después apártese, para permitirles que ellos actúen.

(6) *Sea usted mismo.* El sacrificio de la identidad propia para ser mejor padre casi siempre determina el resultado exactamente contrario. Así como los adolescentes buscan cierto grado de independencia, también usted lo necesita. Un poco de espacio para respirar probablemente creará una atmósfera mejor, tanto para usted como para su hijo.

Las familias que cuentan con un solo progenitor tienen ciertas cualidades peculiares, ignoradas a menudo. Por una parte, aportan una atmósfera visiblemente mejor que la que deriva de un mal matrimonio en el contexto de la formación de una familia. Y a menudo establecen un vínculo particularmente sólido entre el progenitor y el adolescente. Además, con frecuencia originan un más intenso sentido de autoestima en el padre. Las madres que están solas suelen sorprenderse ante su propia capacidad para resolver problemas, y muchos padres solos señalan que tienen más cabal conciencia de su capacidad para atender los aspectos nutricionales. Súmese a estos beneficios el hecho de que los adolescentes a menudo sienten un más elevado sentido de responsabilidad por la cohesión de la familia en los núcleos que cuentan con un solo progenitor, de modo que por ese camino dan un gigantesco paso hacia la madurez; por lo tanto, puede advertirse que a pesar de las complejas dificultades de esta situación, es posible hallar en ella también recompensas y placeres.

Los padrastros y madrastras y el segundo matrimonio

De acuerdo con los cálculos actuales, treinta y cinco millones de personas viven ahora en familias con madrastras y padrastros, y de ese total, siete millones de niños y jóvenes tienen menos de dieciocho años. Aunque todos los miembros de este tipo de familia se ven un tanto disminuidos por el trauma de la disolución de su familia anterior, los terapeutas y los investigadores coinciden en que los niños pequeños son los que se adaptan más fácilmente al matrimonio de uno de los padres. En cambio, los adolescentes tienden a afrontar grandes dificultades en el intento de adaptarse a la nueva disposición de la familia.

El nuevo matrimonio de uno de los padres puede resultar amenazador para el adolescente por una serie de razones. Kay Colvin, investigadora de la Universidad del Estado de Florida, que hace poco estudió a 2.000 adolescentes en familias reconstituidas, señala: "Los adolescentes sufren tantos cambios por cuenta propia que sienten una necesidad especial de tener un hogar estable, y el nuevo matrimonio de uno de los padres al principio siempre se opone a la satisfacción de dicha necesidad." Esta investigadora continúa observando que el tema de la sexualidad de los padres en las familias reconstituidas es sobremanera inquietante para algunos adolescentes. "Los adolescentes que pertenecen a familias intactas tienden a creer que los padres son seres no sexuales, pero no pueden adoptar esa actitud en un hogar en que mamá y el padrastro están besándose y teniéndose de la mano como hacen los recién casados." Los adolescentes también tienden a sentirse turbados a causa de su firme lealtad al padre biológico ausente, la dificultad para adaptarse a la presencia de nuevos hermanastros o hermanastras, y la ambigüedad acerca de lo que pueden esperar de su padrastro o su madrastra en las relaciones cotidianas.

A pesar de estas dificultades, los adolescentes con frecuencia muestran una actitud de sorprendente indiferencia cuando se les pregunta qué sienten acerca del segundo matrimonio de los padres. "Si eso es lo que mamá desea, para mí está bien", dijo Karen, de trece años, que manifestó su inquietud y su resentimiento profundos sólo después de varias horas de conversación con un consejero. "No me importa una cosa o la otra", observó como de pasada Sam, de dieciocho años. "De todos modos, tenía decidido ir a la universidad pocos meses después." La mente del adolescente, aficionada a los absolutos, tiende a olvidar que incluso la asistencia al colegio no implica que él se alejará eternamente de su familia. Los adolescentes desean tan desesperadamente su independencia que, a menudo, desechan a la familia como algo que no es importante para su futuro, y a veces se convencen ellos mismos de que la situación de la familia es peor de lo que es realmente el caso, y de que por lo tanto alejarse será más fácil. Sea cual fuere la razón, la apariencia del desinterés rara vez es un reflejo exacto de los sentimientos del adolescente, y constituye más bien una forma de contraofensiva. Los adolescentes temen que el progenitor real no se interese tan profundamente por ellos después del nuevo matrimonio, y por lo tanto replican siendo los primeros en manifestar un sentimiento de apatía emocional.

Parte de esta reacción puede atenuarse con una sencilla charla en familia, para explicar que si bien se ha facilitado la incorporación a un extraño, los miembros de derecho pleno de la familia continuarán manteniendo los mismos lazos estrechos de siempre. Sin embargo, una conversación franca de este tipo debe ser completada con actos que refuercen la teoría. Las formas rutinarias de la actividad de una familia, o los esquemas de interacción que originaron calidez y afecto entre el adolescente y el progenitor natural deben continuar en la medida de lo posible. La familia reconstituida debe *demostrar* al adolescente —y no limitarse a decirlo— que el amor y el sentido de pertenencia que él o ella sintieron antes del segundo matrimonio continuará manifestándose después.

Desde el punto de vista del padrastro o la madrastra, incluso la interacción más sencilla puede parecer una actitud tensa e incómoda. Uno de estos padres se quejaba porque con toda inocencia había preguntado a su hijastro de quince años cómo le iba en el colegio, para recibir una mirada irritada y esta respuesta: "Supongo que estás hablando de la mala nota que obtuve ayer en la prueba de inglés. Preferiría que hables francamente y lo digas así, en lugar de mostrarte tan cortés." El padrastro, que nada sabía de la prueba o de su lamentable desenlace, se encontró apresado en una trampa. Aunque podía tratar de explicar su intención, quizá la explicación no fuese creída, o condujese a un concurso de gritos. Por consiguiente, retroceder en lugar de acentuar la presión puede ser la actitud más sensata. De hecho, el problema en estos casos es a menudo que el padrastro o la madrastra se esfuerzan demasiado. El o ella nunca podrán sustituir exactamente al progenitor original. La familia siempre será una identidad "reconstituida", y rara vez parecerá a los miembros de la familia original tan grata como había sido antes. Si el padrastro o la madrastra cesan de esforzarse por realizar lo imposible, y no esperan cambios que probablemente nunca sobrevendrán, la tensión a menudo se disipa. Esto no disminuye el rol del nuevo progenitor en la crianza de un adolescente, pero la sitúa en una perspectiva realista. De hecho, como el adolescente suele recibir suficiente aporte nutricional del padre biológico en la situación de la familia reconstituida, los mejores padrastros y madrastras tratan de ser amigos, y por lo demás, no se esfuerzan mucho en eso. La aceptación lleva tiempo.

Parte de la distancia entre el nuevo padre y el hijastro nunca desaparecerá si el segundo matrimonio fue concertado durante los años de adolescencia del hijo. Después de todo, uno está pidiendo a dos personas adultas, que a lo sumo se conocen superficialmente, que convivan y compartan a la persona amada. Sobrevienen choques de la personalidad y en lugar del amor, la cooperación, y el respeto ilimitado, desembocamos en lo que no es nada más que cortesía y contención. Una familia que permite que sus miembros mantengan cierta distancia, con el tiempo puede llegar a admitir lazos más estrechos, pero los adolescentes obligados a "amar" a un nuevo padre reaccionan, a menudo, con una rebelión en gran escala. La aceptación pasiva que el adolescente estaba dispuesto a manifestar al nuevo miembro pronto se convierte en antipatía activa.

Estos y otros problemas análogos ahora están siendo tratados activamente por la Asociación de Familias Reconstituidas de Estados Unidos, una organización nacional que crece rápidamente y cuyo propósito es ayudar a las familias a adaptarse a los problemas del nuevo matrimonio cuando el asunto afecta a los hijos. La fundadora, la psicóloga Emily Visher, explica: "Estas familias tropezaron con toda suerte de obstáculos. Sus expectativas eran irrazonables. Preveían el amor instantáneo y un hogar sin tropiezos, pero las cosas no son así. Se necesita tiempo para elaborar roles y normas distintos." Mientras luchan para eliminar el estigma social todavía adherido a las familias reconstituidas, como un legado de los cuentos de hadas que mostraban a las perversas madrastras y los hijastros perseguidos, la doctora Visher y otros coinciden en que habrá que realizar un trabajo muy difícil. Si todas las partes interesadas comprendiesen desde el principio que habrá problemas, y tienen paciencia para resolverlos, las posibilidades de desarrollar una familia feliz y estable aumentarán considerablemente.

4

Los juegos que juegan los adolescentes

El sagaz *best seller* del psiquiatra Eric Berne, titulado *Games People Play*, describió los esquemas usuales de comportamiento que los adultos utilizan en las relaciones interpersonales. Sin embargo, nadie supera a los adolescentes en su condición de auténticos maestros del juego en la vida cotidiana. Los juegos que los adolescentes juegan –y aquí no estamos refiriéndonos a situaciones fantásticas o a las formas más complejas del bridge– constituyen una parte integral de la transición que sobreviene en el paso de la niñez a la edad adulta. Los adolescentes aprovechan distintos niveles de rito, imitación e inventiva, y utilizan los juegos para alcanzar dos metas principales: la manipulación y la defensa. En el proceso, tratan de descubrir dos hechos fundamentales de la vida: cómo afirmar sus propios sentimientos y sus necesidades de acuerdo con las "normas" aceptables para los adultos, y cómo saber cuándo pueden modificar o abandonar sus propias metas salvando relativamente la cara.

La palabra *juego* generalmente implica tanto la recreación como una forma de competencia con un conjunto específico de normas. Los juegos de conducta del adolescente en su forma típica incorporan ambos componentes, aunque el aspecto recreativo se encontrará, probablemente, oculto bajo una fachada de absoluta seriedad. La jovencita de catorce años que insiste en que no malgastará su sábado acompañando a los padres en una visita a la tía Harriet, probablemente no hace otra cosa que divertirse, y afirmar su voluntad en una minidisputa acerca de un hecho trivial; en general, le importará poco el resultado, pero se sentirá complacida si puede probar su fuerza contra la de los padres, como preparación para un enfrentamiento más importante en el futuro. Por lo tanto, en cierto sentido el aspecto recreativo del juego de los adolescentes es una práctica para la realidad, del mismo modo que arrojar la pelota sobre un canasto o golpear una pelota de tenis puede al mismo tiempo divertir y preparar.

Los juegos de conducta que los adolescentes juegan también se caracterizan, por lo general, por un aspecto intencionadamente serio. El proceso del "juego" constituye una forma de comprobación de la destreza, y es típico que el objetivo sea encontrar la solución a un problema o un modo de resolver situaciones. En otras ocasiones, el propósito es principalmente dificultar las cosas, remover las aguas, en otras palabras, es una expresión de rebelión o menosprecio. El efecto acumulativo de experiencia de juego del adolescente es el desarrollo de un amplio repertorio de modos conocidos (por lo tanto cómodos) de afrontar distintas situaciones. El adolescente a quien se permite afrontar la vida remitiéndose habitualmente al enfoque del "juego" corre peligro de convertirse en un adulto superficial y manipulador. En cambio, el adolescente a quien se niega insistentemente la oportunidad de "practicar" sus cualidades sociales por intermedio del juego, probablemente se verá en una situación desventajosa en el mundo real, donde todos nos vemos obligados a representar ciertos roles con el fin de adaptarnos.

A causa de su cómoda proximidad y de su acostumbrada e "involuntaria" disposición a jugar, los padres de un adolescente son los blancos más probables (o los antagonistas) de los juegos adolescentes. En las páginas siguientes ofreceremos algunas pautas prácticas para identificar el esquema del juego, comprender las normas y las motivaciones de distintas estructuras del juego, y ayudar a los padres a decidir cuándo y cómo jugar o "suspender la partida".

Estrategia, estrategia

Así como en el fútbol el estratega debe decidir cuándo correr, cuándo pasar o patear (o reaccionar defensivamente frente a esos movimientos ofensivos), los jugadores del juego adolescente también deben adoptar una serie de decisiones estratégicas. Aunque en muchos casos la elección de determinada estrategia pueda parecer una actitud arbitraria, hija del momento, cuanto más importante sea el problema para su adolescente, más probable es que él o ella hayan planeado cuidadosamente la formulación, incluso a veces el diseño de tramas alternativas en el caso de que la primera estratagema fracase. El estratega adolescente de nivel superior puede, incluso, iniciar la disputa con una estrategia de "despiste", que cumple la función de camuflaje para distraer o confundir, mientras el verdadero plan se mantiene en reserva, para asestar triunfal y eficazmente el golpe de gracia planeado.

Un joven de diecisiete años: Yo quería usar el auto de mis padres en el acto de promoción, pero sabía que ellos no deseaban que yo manejase de noche. De modo que les dije primero que Janet y yo deseábamos ir con Bob y su novia a la playa para pasar la noche después del acto, y cuando se opusieron a eso –yo sabía que era lo que harían– fue fácil decir: "Bien, si tengo que volver a casa a la una, necesitaré llevar el auto." Creyeron que habían ganado, pero yo conseguí lo que deseaba, ¿verdad?

Este planeamiento estratégico del adolescente fue nada más que una versión sencilla del sistema de carnada. En otras variaciones más complejas, es posible que el adolescente disimule el pedido real precediéndolo con una serie de reclamos irritantes o "imposibles", de modo que cuando aparece el pedido real, es probable que los padres asientan resignados. Y el perfecto estratega adolescente se anota otra victoria.

Los padres suelen estar inicialmente en desventaja cuando los adolescentes inician el juego. Tal vez no adviertan que entraron en el asunto, o interpreten mal qué juego están jugando (o qué es lo que se gana o se pierde), o tal vez están preocupados por otras cuestiones, y entonces dan una respuesta de la cual después se arrepienten. Los adolescentes advierten muy pronto la ventaja que este factor inicial de sorpresa puede ofrecerles, y es probable que adquieran un alto grado de eficiencia en el aprovechamiento de la oportunidad en el momento más "desventajoso" para los padres. La única defensa consecuentemente eficaz que los padres pueden usar aquí es negarse a jugar si están en visible desventaja. Postergar las cosas ("Tendré que pensarlo y después hablaremos"), o bien fijar determinada hora para jugar ("Hablemos de eso esta noche, después de la cena") de modo que todos estén igualmente *preservados de la distracción.*

Los padres también deben identificar las normas que rigen en los juegos de los adolescentes. Aunque sin duda hay diferencias estilísticas de un adolescente a otro, y uno debe conocer la concepción personal de su propio hijo cuando fija las normas aplicables a la interacción, podemos tener en cuenta varios aspectos fundamentales:

(1) *La exageración es un aspecto característico de la mayoría de los juegos de adolescentes, pero la mentira no.* El adolescente describe con fervor el apremio, la necesidad o la deseabilidad de determinada actitud; después de todo, nuestro hijo está tratando de vendernos una idea. Pero la mayoría de los adolescentes advierte que la mentira lisa y llana (en cuanto se distingue de la forma "suave" de estirar la verdad, implícita en la exageración) probablemente determinará graves repercusiones si se la descubre, de modo que se evitan las mentiras, excepto en las circunstancias más apremiantes. *(Observación: La mentira frecuente señala la existencia de un problema grave que probablemente requiere ayuda profesional. Permitir que esta situación continúe no beneficia a nadie.)*

(2) *El fervor emocional con que se formula una invocación no siempre (ni generalmente) guarda proporción con la importancia del resultado.* Una cuestión que parece "fundamental" hoy se ve prontamente olvidada como resultado de la aparición mañana de otros asuntos "importantes". Los padres que se dejan engañar fácilmente por el histrionismo, las rabietas y el razonamiento circular insistente, tienen pocas probabilidades de desenvolverse bien en el proceso del juego; con mucha frecuencia, no pueden ver el bosque porque tienen la mirada fija en los árboles.

(3) *Los adolescentes son expertos en la identificación de las grietas de nuestra armadura.* Si descubren un modo especial de salirse con la suya, volverán a repetir el método mientras les aporte resultados. Una madre a quien conocemos cedía ante su hija siempre que ésta le enrostraba su excesivo "estiramiento", porque ese era exactamente el término que el psiquiatra de esta señora usaba para describirla, y ella deseaba mostrarse más flexible y más tranquila. La hija no tenía la más mínima sospecha de lo que el psiquiatra había dicho, pero podía advertir el momento en que había encontrado petróleo. Otros ejemplos de los posibles talones de Aquiles de los padres, cuya existencia quizás ellos mismos no advierten, incluyen la imposibilidad de soportar una ofensiva regada con abundantes lágrimas del adolescente, o la dificultad para decir que no cuando se

formula el pedido en términos que promueven la competencia con los amigos o los vecinos: "Bien, si no quieres que compre esos patines especiales de hockey no lo haré, pero los padres de Johnny se los compraron." Los padres que permiten que se los convierta en blancos fáciles pueden representar el papel de víctimas permanentes, hasta que afirman una autoridad responsable. Por supuesto, la auténtica víctima de esta situación es el adolescente, y las consecuencias pueden ser graves.

(4) *La iniciación de un juego puede ser en realidad el reclamo de una conversación profunda.* No crea que todos los reclamos de su adolescente deben ser aceptados por su valor aparente, porque quizá se trata nada más que de un movimiento exploratorio. Si usted se limita a "jugar" sin ver lo que está detrás del pedido, a veces ignorará un pedido de ayuda, o un auténtico deseo de recibir consejo.

Divide y triunfarás

Una antigua estrategia utilizada casi universalmente por los adolescentes para manipular las situaciones en relación con sus propios propósitos se basa en la lógica militar. A semejanza de los generales, los adolescentes saben que un frente unificado resiste mejor que las fuerzas divididas, de modo que siempre que ello es posible, los adolescentes tratan de negociar abordando por separado a cada uno de los padres. Incluso si fracasan, siempre tendrán otra posibilidad para presionar, convencer o seducir al otro progenitor.

En general, el adolescente primero aborda al padre que, probablemente, demostrará más simpatía. Por ejemplo, Sally quizás intente que papá acepte la compra del vestido nuevo antes de que mamá se entere, pues sabe que ella ya se quejó de la magnitud y el costo del guardarropa de Sally.

En ciertos casos, los adolescentes ya poseen percepciones más o menos exactas de la identidad del padre que se muestra más tolerante en ciertas situaciones (por ejemplo, en el plano social o económico) y tratan de aprovechar para sus propios fines este conocimiento del terreno. En otras ocasiones, el adolescente sabe que determinado progenitor tiene menos probabilidades de oponerse a algo si se ha obtenido del otro la aprobación previa. Esto es así sobre todo en las familias en que los padres realizan un esfuerzo coordinado para abstenerse de contrariar o discutir las decisiones del cónyuge (un estilo recomendable, por supuesto, pero que a veces puede exagerarse sólo para preservar la santidad del acuerdo de los padres).

El gran estratega adolescente puede, incluso, utilizar el concepto de "divide y triunfarás" como respuesta concreta en presencia de una adversidad abrumadora, por ejemplo, cuando ambos padres se oponen a todas las alternativas examinadas. Veamos cómo procede un experto:

Adolescente: Me invitaron a una maravillosa excursión para esquiar el próximo fin de semana. Iré con Larry y Peter. Estaré fuera de casa una noche, y todo cuesta sólo 45 dólares.

Padre: Bien, no estoy seguro de que...

Adolescente *(con voz premiosa y enfática)*: Sé que mamá está de acuerdo. ¿Qué dices, papá? ¿Por favor?

Padre *(escéptico)*: Oh, imagino que si tu madre lo aprueba...

(Un poco después, en una conversación a solas con la madre.)

Adolescente: Tengo la oportunidad de ir a esquiar el próximo fin de semana con Larry y Peter, y papá dice que puedo ir. ¿Quieres que haga algo para ayudarte antes de mi salida?

Mamá *(vacilante)*: Bien, si tu padre lo aprueba, yo también estoy de acuerdo.

Aquí, al implicar claramente la aprobación del otro progenitor, el adolescente ha logrado convencer a los dos. Esta notable maniobra, verdadero ejemplo de la destreza del adolescente, muestra por qué los padres necesitan comunicarse claramente uno con el otro para definir bien quién dijo qué a quién. (Una versión un tanto distinta de esta estrategia consiste en que el adolescente dice a sus padres que los progenitores del amigo aprobaron algo. Después que esta información convence a la segunda pareja de padres y la induce a aprobar el plan deseado, se utiliza la noticia para conseguir la ratificación de los padres del amigo.)

Esta estrategia de dividir para vencer en ocasiones sirve a los adolescentes para desencadenar una discusión entre los padres, si otros enfoques han fracasado. El propósito es conseguir que los padres se irriten tanto uno con el otro que, en definitiva, alguno de ellos intente controlar la situación apoyando al adolescente contra el cónyuge. Aunque este juego por lo general se limita a cuestiones que poseen cierta carga emocional, en las cuales los padres afirman puntos de vista muy distintos, también se lo puede usar cuando los padres han perdido los estribos a causa de otro asunto.

"Todos lo consiguen..."

El recurso favorito permanente del repertorio del adolescente norteamericano que desea obtener el permiso de los padres es una sencilla apelación al conformismo. "Mamá, ¿por qué no puedo andar descalzo? Todos lo hacen." "¿Qué dirán si yo no tengo un anillo de oro como todos mis condiscípulos? Todos tendrán uno." "Necesito mi propio teléfono... todos lo tienen." La táctica de presión no muy sutil de esta estrategia parece destacar tres componentes: (1) Pareceré tonto comparado con mis amigos si no obtengo lo que deseo; (2) Eres injusto si me privas de esto (objeto, artículo, oportunidad), pues el consenso de todos los padres restantes sin duda es justo; y (3) ¿Por qué me maltratas así? El propósito del adolescente es inculcar un elemento de culpa en los padres, con la esperanza de que de ese modo acepten instantáneamente. Al mismo tiempo, el adolescente astutamente manipula el deseo general de los padres de no ser menos que los vecinos.

La sencillez poco elegante del argumento que se resume en la frase "todos lo tienen", generalmente pasa a segundo plano a causa de los muchos modos en que puede presentarse este alegato: con indignación, discretamente, apasionadamente, en un tono de voz neutro, y –en la mejor tradición adolescente– con voz aguda y gimiente, que determina una irritación incesante. Sea cual fuere el estilo elegido, los adolescentes están convencidos de que proponen un hecho irrefutable, que tiene su propia y apremiante lógica interna. "Todos lo tienen" implica "por lo tanto, también yo debería tenerlo", y esta fórmula está al alcance de todos los interesados.

Uno puede enfrentar fácil y eficazmente este juego si mantiene la serenidad. En primer lugar, asegúrese de entender los problemas reales debatidos. En las versiones superiores, puede haber varios pedidos mezclados en un "paquete", de manera que es necesario dilucidar la importancia de cada cuestión antes de responder. En segundo lugar, sea cual fuere la respuesta, aclare que usted no basa su actitud en lo que hacen "todos", sino en lo que es justo para su hijo o su hija. Tercero, no vacile en negociar las condiciones si cree que la negociación se justifica. Por ejemplo, "con mucho gusto te permitiré tener un teléfono si elevas el promedio de tus calificaciones", o bien: "Por supuesto, podrás comprar un juego de palos de golf, pero tendrás que pagar la mitad."

A veces, los padres pueden utilizar otra estrategia para desinflar prontamente el globo de "todos lo tienen". Pueden usar el juego en provecho propio proponiendo verificar todo lo que los demás tienen realmente antes de adoptar una decisión. Es probable que esta actitud provoque el pánico del adolescente, cuya reacción puede indicar un apresurado reenfoque de la realidad: Es posible que *no* todos tengan o consigan lo que nuestro adolescente está reclamando. Uno sabrá que va por buen camino si el adolescente responde con una contrapropuesta mucho más modesta. De todos modos, utilice con cuidado esta variación, siempre existe la posibilidad de que el argumento del adolescente se base firmemente en los hechos.

"¿Quién, yo?"

La maniobra de "¿Quién, yo?" es en realidad un movimiento defensivo, un alegato de inocencia o no participación que cumple propósitos múltiples en el caso del adolescente. En cierto plano "¿Quién, yo?" es una refutación: la afirmación de que se ha señalado a la persona equivocada ("Johnny, ¿tomaste dólares de mi escritorio?" "¿Quién, yo?") en otro plano, es una respuesta desafiante, que implica afirmar, sin decirlo: "Tal vez lo hice, pero no puedes demostrarlo." Y aun en otro plano, la respuesta "¿Quién, yo?" es una expresión de dolor u ofensa: "¿Cómo pudiste pensar que yo hice eso?" Pero como "¿Quién, yo?" es casi un reflejo básico de la adolescencia, puede resultar difícil interpretar el matiz exacto de su aplicación en una situación dada. De hecho, puede aparecer de un modo tan automático que actúe como un interrogante retórico, el preámbulo de una respuesta más que la respuesta misma (por ejemplo, "Susan, ¿usaste toda la nafta del automóvil?" "¿Quién, yo? (pausa) Oh, sí creo que sí."

El adolescente que utiliza la respuesta "¿Quién, yo?" a menudo desdibuja la distinción entre la evasiva como defensa y la mentira lisa y llana. Aunque "¿Quién, yo?" no signifique afirmar directamente "Yo no lo hice", como lo señalará hoscamente un adolescente cuando se ve atrapado, inicialmente implica inocencia o, por lo menos, falta de conocimiento. En consecuencia, a menudo se elige esta táctica en situaciones en que el adolescente no ha conseguido ejecutar la tarea que se le solicitó (por ejemplo, "¡Te *pedí* que sacaras la basura!" "¿Quién, yo?"), y también se utiliza en ese caso como táctica de postergación. La respuesta que sigue probablemente será: "Te oí, te oí", aunque es posible que no se haga nada para satisfacer el pedido.

Cuando uno habla con un adolescente, debe entender también que la respuesta "¿Quién, yo?" puede ser la indicación de una preocupación referida a otros asuntos, en cuyo caso "¿Quién, yo?" es una suerte de señal de ocupado en las líneas de comunicación.

"Sé lo que hago"

En el proceso en que los adolescentes pugnan por alcanzar un sentido de identidad y autonomía, es típico que afronten una gama increíblemente amplia de situaciones en las cuales deben decidir si se arreglarán solos o pedirán consejo o ayuda. Si los padres intentan intervenir en este proceso, ofreciendo colaboración o cuestionando la capacidad del adolescente, el resultado es a menudo la decisión automática de elegir el camino independiente. El grito de guerra – una combinación de fastidio, optimismo y bravata – será probablemente: "Sé lo que hago." Por desgracia, estas palabras tan airosas no siempre son una indicación del saber o las cualidades del adolescente, y por eso mismo, con mucha frecuencia, anticipan una de las numerosas formas del desastre.

"Sé lo que hago" es un anuncio transicional, una expresión de confianza en uno mismo y de decisión, así como una declaración en el sentido de que: "Soy más adulto de lo que tú crees." En este último sentido, "Sé lo que hago" es una forma de desafío, el preaviso de que un adolescente está adquiriendo –o abriga la esperanza de adquirir– las cualidades que le permitirán desenvolverse de manera independiente. Por desgracia, es posible que aquí el deseo sea el padre de la idea, y no que haya madurez; por lo tanto, los padres deberían actuar con cautela cada vez que aparece este tipo de maniobra.

Los padres deben usar su criterio para decidir si el riesgo de debilitar la naciente confianza del adolescente en sí mismo es más importante que las posibles consecuencias en el caso de permitir que el adolescente actúe de manera independiente. Una cosa es dejar que nuestra hija arruine una fuente de bizcochos porque agrega demasiado azúcar, y otra muy distinta permitirle que "haga dedo" para visitar a una amiga que vive a más de seiscientos kilómetros de distancia, porque no está de moda tomar el ómnibus. Muchas veces será provechoso permitir que los adolescentes hagan sus propias experiencias, incluso si fracasan, porque el fracaso puede ser una valiosa experiencia de aprendizaje. Pero si el precio que se paga por el aprendizaje es muy elevado, o muy grave el riesgo de catástrofe, los padres deben actuar con prontitud y responsabilidad a fin de controlar la situación, estableciendo límites adecuados. Aunque a veces puede adoptarse esta actitud con elegancia y diplomacia para permitir que el adolescente salve la cara, en otras ocasiones se necesita un enfoque inflexible, que puede ser momentáneamente embarazoso o constituir una forma de frustración, pero que resulta necesario.

"Al demonio"

Aunque probablemente sea exagerado el concepto de la rebeldía adolescente, su realidad es muy visible para la mayoría de los padres que tienen experiencia en la crianza de adolescentes. Incluso el adolescente que demuestra más espíritu de cooperación y está más dispuesto a complacer a los padres exhibe estallidos ocasionales de tozudez y contradicción, y algunos adolescentes parecen encontrarse en estado de perpetua irritación. Esta actitud conduce a una forma inquietante de juego, en la cual el adolescente cierra las discrepancias con frases como "Basta ya", "Déjame en paz", o "No me importa nada". En conjunto, estas respuestas se reflejan en una expresión más enfática, aunque quizá menos elocuente: "¡Al demonio!"

Ciertamente, nada tiene de malo que un adolescente discrepe ruidosamente con lo que el padre piensa o aconseja, y tampoco es obligatorio que le agraden las normas que uno le impone. De hecho, el adolescente que se abstiene por completo de todo lo que sea un gesto de rebeldía puede encontrarse en una situación poco saludable, y quizás está disimulando un torbellino interior que explotará de manera imprevista e incontrolable en un momento futuro. Pero hay una gran diferencia entre la frase ocasional "Al diablo", como signo poco ceremonioso de desagrado, y un esquema tenaz de discrepancia, culpabilidad y cólera. El empleo frecuente de "Al diablo" representa un recordatorio formulado por el adolescente, y es un firme síntoma de que las comunicaciones entre los padres y el hijo son defectuosas, además de que quizá también indique la existencia de problemas psicológicos. En cualquiera de ambos casos, el punto de partida lógico es una charla reflexiva en la cual el adolescente pueda manifestar sus quejas, y los padres manifiesten, asimismo, su pensamiento. Si este recurso es imposible o poco productivo, corresponde la visita al terapeuta de la familia o a otra fuente de ayuda profesional. En efecto, un árbitro objetivo puede ser necesario para ayudar a las dos partes a hallar una solución viable.

Una palabra de advertencia acerca del tratamiento de la respuesta "Al demonio". Aunque los padres no son santos y no puede pretenderse que siempre conserven la calma, evite la tentación de reaccionar del mismo modo. Sea cual fuere el tema, el desarrollo de una competencia de gritos no es modo de resolver la situación creada. Una táctica más eficaz, que también puede servir como modelo útil para la conducta de su adolescente, es decir, por ejemplo, "Ahora mismo tu respuesta me ha llevado a perder la calma. No es probable que sea útil continuar discutiendo el asunto, de modo que tratemos de calmarnos y hablemos del tema más tarde." Al aplicar este método, no intente forzar una disculpa, porque esa táctica generalmente irrita más de lo que aporta.

Ganar y perder

Sería ingenuo creer que esta reseña ha suministrado un catálogo exhaustivo de todos los juegos que los adolescentes juegan con sus padres. No hemos mencionado el discurso que comienza: "Si me quisieras, harías...", y tampoco hemos analizado el síndrome "No me importa", en que se utiliza una apariencia de hosca indiferencia para disimular ciertas preferencias muy firmes, con la esperanza de que los padres considerarán secundario el asunto, y se abstendrán de adoptar una decisión. Estas y otras formas del juego de los adolescentes serán analizadas en los capítulos siguientes, donde se las examinará en el contexto de los problemas y las crisis específicas de los adolescentes.

Pero ahora conviene considerar las complicaciones del juego adolescente en una perspectiva distinta, ganar y perder, o el modo de llevar el puntaje. Casi universalmente los adolescentes consideran estas interacciones en términos de blanco y negro: "Yo gano, tú pierdes", o "Tú ganas, yo pierdo." Este criterio se basa en la razón que suele tener el adolescente para llevar a cabo el juego: realizar una competencia entre la autoridad de los padres y el ingenio y la independencia del propio joven. Más aún, los adolescentes pueden sentirse decepcionados si se salen muy fácilmente con la suya, sin la oposición de los padres, porque eso los priva de la oportunidad de poner a prueba sus propias cualidades. La emoción de la victoria y el dolor de la derrota pueden existir sólo en el marco de una auténtica competencia; a nadie le agrada vencer porque el equipo contrario no salió al campo.

Algunos padres también conciben en términos de ganar y perder las interacciones con sus adolescentes, y se apresuran a apuntalar su idea de que son "buenos" padres a través de su capacidad para afirmar la autoridad y obligar al adolescente a marcar el paso. Unos pocos padres, incluso, obtienen cierta satisfacción psíquica cuando derrotan al adolescente en su propio juego, y se complacen con el dolor o la frustracion del hijo tanto como con su propia victoria.

El hecho es que en este proceso generalmente *no* hay un ganador y un perdedor. El resultado de los juegos del adolescente afecta tanto a los padres como a los hijos; ambos ganan o ambos pierden. Aunque este hecho puede no ser visible inmediatamente en algunas de la escaramuzas mundanas que se suscitan en la vida cotidiana ("¿Qué programa de televisión veremos a las nueve?", o bien "No comerás el postre hasta que hayas levantado la mesa"), el proceso total de maduración del adolescente se ve profundamente influido por el aprendizaje obtenido en estos juegos. Lo que es incluso más importante, el bienestar del adolescente depende mucho de la capacidad para negociar eficazmente el conjunto de decisiones, grandes y pequeñas, que son a menudo la sustancia del proceso de juego.

5

El arte y la ciencia de comunicarse con un adolescente

Una de las quejas más usuales que los padres manifiestan en relación con los adolescentes es que parecen vivir su adolescencia ajustados a una longitud de onda distinta de la que utilizan los padres para transmitir. "No encuentro el modo de hacerme entender por él", dirá un padre. Y otro observará de mala gana: "Se diría que no hablamos el mismo idioma." Por extraño que parezca, los adolescentes expresan exactamente las mismas quejas acerca de los padres: "No puedo conseguir que me escuchen", "parece que nunca entienden lo que quiero decir." Por qué se presenta este dilema, y cómo podemos corregirlo, es el tema de este capítulo.

El embrollo de las comunicaciones

Cuando hablamos de las comunicaciones, en realidad estamos refiriéndonos a un proceso de transmisión de información. A primera vista, se diría que se trata de un fenómeno bastante sencillo. Entonces, ¿por qué los padres y los adolescentes tienen tantas dificultades para comunicarse unos con otros?

La respuesta reside en tres aspectos diferentes de las interacciones entre padres y adolescentes, los que pueden identificarse brevemente como la motivación, el estilo y el significado. Tanto los padres como los adolescentes tienden a sospechar de las motivaciones que están en el fondo de las comunicaciones que el otro les envía. Por ejemplo, los padres a menudo temen que el adolescente esté ocultando algo, o intentando manipularlos, que no les diga la verdad. A su vez, los adolescentes ven en muchas de las preguntas formuladas por los padres otros tantos intentos de entrometerse en su intimidad, e interpretan los mensajes de los padres como propaganda o como órdenes. No puede extrañar, por lo tanto, que comunicarse claramente sea difícil si existe este tipo de interferencia, incluso antes de que comience el diálogo.

Pero esto no es, ni mucho menos, el fin del asunto. El estilo en que los padres y los adolescentes se comunican también tiende a crear problemas. Cuando los padres conversan con sus hijos adolescentes, a menudo utilizan un tono de superioridad que en la práctica significa: "Yo soy el padre y tú eres el hijo, y no lo olvides." Esta actitud se traslada a otras cuestiones estilísticas: por ejemplo, como entienden que ellos, los padres, dicen cosas más importantes que todo lo que el adolescente piensa o siente (otro ejemplo del fenómeno de la superioridad), los padres a menudo interrumpen a sus adolescentes, sin tener conciencia de su propia actitud. Otros ejemplos de obstáculos estilísticos que se oponen a las comunicaciones y que involuntariamente son habituales en los padres incluyen los siguientes aspectos:

(1) Promover las comunicaciones cuando los padres están *prontos*, sin tener en cuenta la receptividad del adolescente en el momento dado (y mostrándose ellos mismos poco receptivos cuando el adolescente desea hablar: "¿No ves que ahora estoy atareado?").

(2) Comenzar las comunicaciones con un enunciado acusatorio o crítico −"Jovencita, creo que necesitamos hablar de sus calificaciones", una actitud que corta prematuramente la posibilidad de un intercambio sincero, porque pone, de inmediato al adolescente en una postura defensiva.

(3) Pronunciar sermones o monologar, lo cual no permite que el adolescente interactúe y responda.

(4) Mostrar actitudes obstinadas y unilaterales, negándose a considerar la situación desde la perspectiva del adolescente.

(5) Gritar para imponer una idea.

También los adolescentes son culpables de oponer obstáculos estilísticos a las comunicaciones. Quizás el más usual, y en todo caso el más irritante, es la "no respuesta" a la pregunta de un padre. "¿Cómo te fue hoy en el colegio?" "Creo que bien." "¿Adónde vas esta noche?" "Salgo con los muchachos." "¿Terminaste tus deberes?" "Más o menos." Otros ejemplos de bloqueo de las comunicaciones por parte del adolescente incluyen poner cara de aburrido, exagerar, hacer el papel del tonto o el tímido, deformar intencionadamente lo que el padre dice, y la clásica maniobra adolescente que consiste en negarse a escuchar.

Finalmente, el contenido o significado de las comunicaciones entre el padre y el adolescente también puede ser una fuente importante de problemas. A los adolescentes les molesta la presión que ejercen los padres, y esa situación existe siempre que un padre habla en tono acusador, o cuando emite ciertos juicios. Asimismo, a los adolescentes no les agrada que se lesl den órdenes o que se formulen diagnósticos referidos a ellos o se los psicoanalice. ("*Yo* sé por qué haces eso. Procedes así sólo para atraer la atención de tu madre".) Asimismo, a los adolescentes (como a todos) les desagrada el rechazo, y sin embargo, los padres a menudo intentan atraer la atención de su adolescente empleando enunciados de rechazo o menosprecio, en lugar de utilizar fórmulas que convalidan como persona al jovencito. Por su parte, a los padres les desagrada que los adolescentes digan: "Sucede que tú no entiendes", porque los padres generalmente *desean* comprender y porque los ofende el concepto implícito de que son demasiado viejos o demasiado insensibles para entender el problema. También irrita a los padres la lógica tortuosa que los adolescentes usan para analizar un problema: "Todos lo hacen", por ejemplo, generalmente no es una buena razón para sostener determinado curso de acción o cierta forma de conducta. También es posible que los padres se alarmen ante la aparente incapacidad del adolescente para considerar las consecuencias de largo alcance de la conducta, o por la renuencia del adolescente a cooperar en los problemas de la familia, en lugar de adoptar un punto de vista centrado en su propia persona.

En resumen, pese al hecho de que los padres y los adolescentes dicen ambos que desearían comunicarse mejor unos con otros, rara vez se obtienen comunicaciones consecuentemente eficaces. De todos modos, es más verosímil que se alcance cierta armonía mental si los padres se preparan para ejecutar las dos partes principales de la comunicación: enviar mensajes claros y aprender a escuchar.

Enviar claramente las señales

Afirmar que la comunicación eficaz comienza con la claridad del mensaje enviado de una persona a otra equivale a formular, sencillamente, lo que es obvio. Si se emite un mensaje embrollado o ambiguo, incluso el oyente más atento puede confundirse y verse obligado a adivinar el sentido, a menos que obtenga más aclaración. Lamentablemente, los padres envían a sus adolescentes mensajes embrollados o de difícil aclaración con más frecuencia de la que ellos mismos imaginan, y los adolescentes tienden a escuchar con atención sólo cuando les conviene.

Examinemos algunas de las causas de ambigüedad en el envío de mensajes. En primer lugar, está el problema obvio del progenitor que no dice lo que él o ella realmente quiere decir. Esto puede suceder porque el padre probablemente no pensó antes lo que quiere decir, o porque teme decir algo, es decir, teme las consecuencias de sus propias palabras. Por ejemplo, cuando Karen, de catorce años, preguntó a su madre si las píldoras anticonceptivas eran peligrosas, la madre *quiso* decir: "No son tan peligrosas como embarazarse a tu edad", pero se encontró diciendo, en cambio: "Eres demasiado joven para pensar en eso." La madre de Karen se vio atrapada en un dilema: como se oponía a la actividad sexual de la adolescente, no deseaba que su hija creyese que aprobaba dicha conducta con su confirmación del uso de la píldora. Aunque ciertamente no deseaba que su hija se embarazara, la respuesta –aunque bastante clara en sí misma– no transmitía exactamente lo que ella quería decir.

Una segunda fuente de confusión en las comunicaciones entre padres e hijos proviene de los mensajes contradictorios que a veces envían los padres. Estas misivas contradictorias carecen de consecuencia lógica, pues una parte del mensaje refuta la otra. Veamos dos ejemplos: "Jim, no pretendo que seas perfecto, pero no entiendo por qué obtuviste una nota mediocre en tu prueba de química, sabes que ese examen es muy importante." "Vamos, Lisa, sabes que eres demasiado joven para usar lápiz labial y sombrearte los ojos..." (tres minutos después, en la misma conversación). "Lisa, ¿no puedes mostrarte más adulta? Mira, ya no eres una niña."

Los mensajes contradictorios también son enviados por inadvertencia, cuando existe una discrepancia obvia entre las palabras pronunciadas y el mensaje no verbal que un padre transmite simultáneamente. Cuando la hija de diecisiete años, que acaba de llegar de una salida, pregunta qué opinan de su nuevo amigo, es posible que esta sea la respuesta: "Parece muy simpático." Pero el tono de voz del progenitor, la vacilación de la frase, o el ceño fruncido pueden transmitir un mensaje distinto, y el adolescente se preguntará cuál es la opinión *real*. Cuando uno dice a su hijo, rechinando los dientes: "No estoy enojado contigo", y pronuncia pausadamente cada palabra, los indicios no verbales sugieren el hecho de que uno no está precisamente muy sereno y que hace todo lo posible para conservar el control de sí mismo.

Un tercer aporte a la falta de claridad en las comunicaciones entre padres e hijos adolescentes aparece cuando los padres no definen bien lo que ellos mismos dicen. Se ordena al hijo que no haga más llamadas telefónicas esta noche, y quince minutos después lo encuentra pegado al teléfono. Cuando usted quiere saber qué sucede, él dice: "*Yo* no hice la llamada. Kevin me llamó." Otro ejemplo: se dice a la hija que es necesario limpiar el patio esta semana. El sábado por la mañana, cuando la hija está saliendo de la casa para ir a la playa con unos amigos, usted protesta. "Ah, mamá", dice ella en tono inocente, "no dijiste que había que hacerlo *hoy*".

Felizmente, hay muchos modos de mejorar la claridad de las comunicaciones con los adolescentes. Esta lista suministra un buen fundamento al método de la paternidad positiva:

(1) *Usar mensajes con la palabra "yo" para expresar sus sentimientos y expectativas.* Los mensajes que describen lo que uno siente o lo que necesita aportan hechos precisos a los adolescentes, de modo que es innecesario que ellos adivinen lo que uno piensa. En cambio, los mensajes que comienzan con el pronombre *tú* suelen ser escuchados como fórmulas acusadoras o como exigencias. En lugar de decir: "Siempre dejas el cuarto de baño convertido en un lodazal", trate de decir: "Me molesta mucho que el baño esté sucio. Me agradaría realmente que ayudases a mantenerlo limpio."

(2) *Medite acerca de lo que desea decir y cómo lo dirá antes de abordar un tema importante.* Este método puede aportar cierta claridad a la organización de sus palabras, y contribuirá a impedir que usted diga algo que en realidad no desea decir. Sobre todo, en el caso de los problemas que sobrellevan una pesada carga emotiva, el ensayo previo puede resultar muy útil. Si usted practica este método en las situaciones usuales, de carácter mundano, será infinitamente más fácil comunicarse claramente en las coyunturas más complicadas.

(3) *Defina claramente sus prioridades.* Muchas conversaciones abordan una serie de problemas distintos. Asegúrese de especificar cuál es más importante para usted (y cuál no lo es) de modo que su adolescente no se vea obligado a adivinar.

(4) *No deje huecos en sus mensajes.* Si usted desea que su adolescente haga algo, especifique a qué se refiere, cuándo debe hacerse, y cómo quiere que se resuelva el problema. Si no hay prisa, dígalo, pero exprésese con claridad.

(5) *Sea conciso siempre que pueda.* Las discusiones muy largas distraen la atención del adolescente y pueden oscurecer el sentido de lo que usted dijo.

(6) *Reclame repetición de su adolescente.* La repetición suministra al padre un modo de comprobar una y otra vez lo que el adolescente ha escuchado. Si usted ha sido mal interpretado, se le ofrece la oportunidad de corregir el error de concepto. Si su adolescente ha entendido bien la idea, cierto grado de repetición aporta al padre un sentido de la reacción inmediata del joven. En cualquiera de ambos casos, los dos se benefician.

(7) *Perciba el nivel de atención de su adolescente.* Si su hijo o su hija están preocupados con la preparación para una salida, no es el momento apropiado para una conversación franca y sincera. Asimismo, si parece que la mente de su adolescente está distraída, remita la charla a otro momento.

(8) *Si la discusión verbal es excesivamente dolorosa, emotiva o decepcionante, trate de volcar sus pensamientos en una carta dirigida al hijo.* Al escribir, usted tiene la oportunidad de considerar con mucho cuidado el mensaje exacto, y de comunicarse sin ser interrumpido.

Es posible que su hijo adolescente se impresione ante el hecho de que el tema preocupa tanto al padre que decidió volcar sus ideas en el papel; él o ella también tienen, de esta manera, la oportunidad de releer lo que usted escribió y de meditar con más cuidado. Las cartas pueden usarse, asimismo, para expresar orgullo, elogio y felicitaciones, no sólo problemas.

Aprender a escuchar

Aunque muchas personas suponen que ser buen oyente exige únicamente cerrar la boca y recostarse en el respaldo de la silla, el proceso que permite escuchar eficazmente es en realidad bastante complejo. Aprender a escuchar al adolescente constituye un componente fundamental de las comunicaciones entre los padres y el hijo, y también uno de los elementos claves de la paternidad preventiva; es útil prestar cierta atención al estilo que uno exhibe cuando escucha, y al modo de mejorarlo. Las siguientes ideas pueden ser útiles:

(1) *Escuchar con eficacia exige una atención indivisa.* Escuchar a medias, por ejemplo, mientras usted ve la televisión o lee el periódico, indica al adolescente que usted no cree que lo que él o ella tienen que decir sea muy importante. Además, acrecienta la posibilidad de que usted se prive de escuchar algunos detalles del pedido o las afirmaciones del adolescente, de modo que estará mal informado o a oscuras.

(2) *Escuchar suele ser más eficaz en circunstancias en que no hay prisa.* Si usted tiene prisa para llegar a cierto lugar o hacer algo, lo más probable es que escuche con impaciencia, y su adolescente lo advertirá sin demora. No sólo se verá más reducida su eficacia como oyente; además, en muchos casos, sus hijos se verán obligados a ofrecer una versión incompleta y apresurada de lo que desean o sienten. De hecho, ese estilo signado por la prisa a veces puede conducir a los adolescentes a retirarse prematuramente de la conversación, antes de que hayan dicho lo que deseaban realmente, porque la impaciencia que usted ha mostrado los desalentó.

(3) *Formule preguntas a medida que escucha, pero hágalo de modo que no interrumpan ni pongan a la defensiva a su hijo.* Escuchar no es suficiente cuando uno no entiende qué es precisamente lo que el adolescente desea decir. En lugar de adivinar el significado, o tratar de interpretar el mensaje sobre la base de los supuestos que usted formula y de sus propias percepciones, no tema pedir aclaraciones concretas cuándo y dónde las necesite. Advierta, sin embargo, que el exceso de preguntas puede convertir la conversación en un interrogatorio más que en un diálogo, o puede interrumpir el hilo de pensamiento de su adolescente, de tal modo que limite en lugar de mejorar las oportunidades de comunicación.

(4) *Adopte para escuchar un estilo que demuestre paciencia.* Los adolescentes a menudo se sienten nerviosos o inseguros cuando inician con sus padres ciertas conversaciones referidas a cosas que para ellos son importantes. Es probable que, en primer lugar, tanteen la atmósfera del momento iniciando una conversación que parece trivial, o utilizando ciertos rodeos verbales. Si usted desvía consecuentemente el tema en estas conversaciones con sus adolescentes, quizá descubra que rara vez tienen valor suficiente para orientar la charla hacia lo que ellos desean *realmente*, y en cambio inician una rápida retirada. La atención paciente ofrece a los adolescentes cierto sentido de la aceptación y la receptividad que usted manifiesta, y a veces conduce a revelaciones inesperadas o a pedidos de consejo.

(5) *Aprenda a escuchar en las ocasiones en que no se solicitó una conversación.* Los adolescentes no siempre anuncian el hecho de que tienen algo en su propia mente. Si usted está disponible como oyente en ocasiones aparentemente desusadas, durante el período en que el padre y el hijo están juntos, ya sea que ambos están recogiendo hojas secas o bañando al perro, o formando fila para entrar en un cine, tal vez lo sorprenda comprobar que es la situación en que su adolescente decide desnudar el alma. Muéstrese dispuesto a escuchar, en la inteligencia de que no necesita tener la respuesta allí mismo, y de ese modo es mucho más probable que su hijo se sienta cómodo e intente hablar con usted en otras circunstancias más propicias y más adecuadas para la conversación. Si usted se aparta de esas conversaciones que se inician en momentos inoportunos, descubrirá que es mucho más difícil que su adolescente hable con usted en las ocasiones en que usted mismo está dispuesto a oírlo.

(6) *Escuchar eficazmente es un proceso activo más que pasivo.* Escuchar con espíritu comprensivo exige un gasto de energía y esfuerzo, y sin embargo muchos estamos acostumbrados a escuchar pasivamente, trátese de un cónyuge, la televisión o la conversación durante un cóctel, y así adoptamos la misma actitud para escuchar en el curso de las interacciones con nuestros hijos. Si queremos escuchar activamente no podemos limitarnos a oír las palabras que se dicen. Debemos mostrarnos sensibles a los sentimientos que están tras las palabras; es necesario observar los indicios no verbales que apuntan al sentido de la conversación, y tenemos que estar dispuestos a escuchar con una mente abierta que no interrumpa las comunicaciones a causa de nuestros propios conceptos preconcebidos. Si logramos hacer todas estas cosas, estamos practicando el *arte* de escuchar.

Cuando el silencio es oro (y cuando no lo es)

Si el adolescente de pronto se muestra silencioso y retraído frente a usted, es muy tentador pensar que estamos ante un signo de que se incuban problemas. ¿Es necesario enfrentar al adolescente para descubrir dónde está la dificultad, y ofrecerle consejo? ¿Conviene no hacer caso del silencio, y esperar que desaparezca, como una fase transitoria de la vida del adolescente? ¿O más vale agradecer ese silencio como una suerte de tregua, porque se lo interpreta como algo parecido a un oasis tranquilo? Por supuesto, la respuesta depende de lo que haya detrás del silencio.

En ciertas circunstancias, el silencio es un signo de la presencia de fuerzas constructivas que están actuando en la vida del adolescente. Como todo el mundo, los adolescentes necesitan intimidad y espacio para clasificar sus propios pensamientos, y el muro de silencio que ellos levantan para atender esta necesidad resulta saludable y protector. De hecho, este tipo de silencio puede ser un signo de la capacidad creadora y el crecimiento de su adolescente, o puede ser la oportunidad que el adolescente aprovecha para unificar sus propias experiencias. También puede ser un período muy necesario para planear (es decir, considerar el futuro) y con fines curativos (superar una situación perturbadora anterior). Si el adolescente es una persona realista y responsable, y si el silencio no está acompañado por bruscos cambios de la conducta –esquivar a los amigos,

77

negarse a recibir llamadas telefónicas, saltear la mayoría de las comidas, y cavilar o llorar excesivamente, entre otras cosas– es mejor abstenerse de una intromisión excesiva en la intimidad del jovencito.

Los padres también necesitan identificar las formas más perniciosas de silencio y retraimiento. El silencio puede enmascarar la cólera o el dolor, sea cual fuere la edad, y los adolescentes –a menudo menos diestros que los adultos en el manejo de estos sentimientos– quizá se refugien en una cáscara de silencio porque no quieren afrontar directamente tales sentimientos. Asimismo, a veces los adolescentes usan el silencio como cobertura: es decir, imaginan que su silencio los protegerá de la posibilidad de que se descubra cierta trasgresión de la conducta que desean mantener oculta, por ejemplo las dificultades en el colegio o la experimentacion con drogas. En otros casos, el silencio y el retraimiento prolongados pueden ser un signo de depresión o de intenso conflicto psicológico. En todas estas situaciones, es evidente que los padres necesitan hacer algo más que limitarse a mirar pasivamente, en espera de que el adolescente retome la comunicación por propia iniciativa. Pero el problema estriba en que incluso la exploración más benigna puede parecer una forma de curiosidad, y las preguntas bien intencionadas (destinadas a salvar más que a castigar o a presionar al hijo) de todos modos pueden toparse con una negación absoluta de que algo esté mal, incluso si este es el caso. Aquí no podemos proponer fórmulas sencillas, y los padres deben apoyarse en sus juicios intuitivos acerca de los adolescentes, más que en la ayuda originada en otras fuentes. Si se atienen a las pautas de comunicación propuestas en páginas anteriores de este capítulo, los padres por lo menos podrán informar al adolescente de que están interesados (o preocupados), y disponibles, así como de su intención de ayudar, si tal cosa es posible, de un modo positivo más que punitivo.

Otra faceta del silencio merece mención. El silencio de los padres tienen su propio lugar, aunque pocos admiten su utilidad. Por supuesto, abstenerse de criticar incesantemente al hijo, y evitar la formulación de una opinión no solicitada en cada cuestión trivial ofrece al adolescente una oportunidad más amplia de ser él mismo, y confiere más peso a las palabras del progenitor cuando al fin decide hablar. Asimismo, probablemente uno puede llegar a ser más respetado como padre si consigue contener el deseo de comentar en forma negativa las cosas que no le agradan o no comprende, y que son importantes para los hijos. Aquí, un estudiado silencio puede ser más útil y diplomático que la sinceridad brutal.

Al mismo tiempo, debemos comprender que el silencio de los

padres puede ser interpretado como signo de aprobación o respaldo. Así, los adolescentes pueden suponer erróneamente que cuando guardamos silencio en relación con determinada cuestión, estamos, de hecho, dejándolos en libertad de hacer lo que desean. Otro esquema potencialmente confuso es la apelación de un progenitor al silencio sólo para evitar el conflicto con un adolescente, una especie de postura que implica "preservar la paz a toda costa". Implica, al mismo tiempo, abdicar de nuestras responsabilidades y es un signo, perturbador para nuestros hijos, de que adoptamos la postura más insultante que pueda concebirse, es decir, que no nos importa. La conclusión aquí es que debemos mostrarnos tan cuidadosos en elegir el silencio como en elegir las palabras que pronunciamos; ambos son parte del proceso de comunicación.

Normas prácticas para la comunicación con el adolescente

(1) No trate de silenciar a su adolescente.

(2) No pretenda que comprende exactamente lo que siente su adolescente, porque lo más probable es que eso sea falso.

(3) No tema reconocer que está equivocado.

(4) La crítica incesante a lo sumo provocará respuestas defensivas, no los cambios que usted desearía ver.

(5) Cálmese antes de hablar. La cólera generalmente destruye las comunicaciones, y a menudo conduce a decir cosas que uno no piensa realmente.

(6) No pretenda tener todas las respuestas acertadas, o creer que su respuesta acertada es la *única* solución existente.

(7) No intente ganar discusiones con su adolescente; en cambio, trate de comprender por qué está discutiendo y de ver cómo puede transformar la discusión en un análisis más sustancial.

(8) Evite mostrarse hipócrita.

(9) Trate de ver las cosas desde el punto de vista de su adolescente, pero no permita que él lo presione para llevarlo a aceptar algo que después usted lamentará.

(10) Sea honesto en lo que dice a su hijo, pero exprese su honestidad de un modo que no sea destructivo para los sentimientos del adolescente.

(11) Evite presentar ultimátum y órdenes, excepto cuando es absolutamente necesario; estas actitudes tienen una notable tendencia a producir resultados contraproducentes.

(12) Si usted no escucha cuidadosamente lo que su adolescente tiene que decir, es probable que él o ella tampoco lo escuchen con atención.

(13) Evite exagerar la energía y el dominio. Imponerse a su adolescente sólo para demostrar una idea es el modo de perder la batalla.

Poner límites

Fijar límites consecuentes y realistas al adolescente es uno de los aspectos más complicados, pero al mismo tiempo más importantes de su educación. En la búsqueda de su propio sentido de autonomía e identidad, es probable que los adolescentes se rebelen contra las normas fijadas por los padres, y que las estiren hasta el punto de infringirlas e ignorarlas. A veces no hay explicaciones racionales que justifiquen este incumplimiento de las normas, excepto el deseo de ver la reacción que provoca, para decir: "Mira... eso *demuestra* que ya no puedes tratarme como si fuese un niñito." Así, los padres que abordan la tarea de poner límites a sus hijos deberán evitar la transformación de los límites en reglas. Aunque puede parecer que esto no es más que una distinción semántica, creemos que el modo en que se comunican los límites a los adolescentes tiene mucho que ver con la actitud que, a su tiempo, se adopta frente a dichos límites.

Si se establecen los límites en un tono o de un modo que sugiere la figura de Moisés detallando los Diez Mandamientos en la sala de estar, esa actitud equivale a proponer un desafío directo al adolescente. Lo prohibido se convierte en algo seductor y excitante, precisamente porque usted lo prohibió. Asimismo, si uno anuncia un castigo grave que se aplicará a quien infrinja la norma formulada, ello quizá no haga más que realimentar la decisión del adolescente de derrotar al progenitor. A veces, la peligrosidad de la transgresión es, precisamente, lo que aporta al adolescente el sentimiento de satisfacción que deriva del intento.

En cambio, cuando los padres y los adolescentes analizan la formulación de límites claros y consecuentes, no como reglas sino como pautas, se ofrece al hijo un sentido más amplio de responsabilidad, y es probable que reaccione actuando de manera más responsable. Eso no significa que uno debe mostrarse descuidado cuando se aborda el tema de la fijación de límites: "A propósito, Tom, nos sentiríamos mejor si volvieses a casa alrededor de las cuatro de la madrugada", pero sí sugiere que al definir los límites de un modo positivo, más que negativo, puede prevenirse una serie de problemas.

Veamos un ejemplo concreto. Su hijo de catorce años ha comunicado que algunos de sus amigos fumaron marihuana anoche, durante una fiesta. El temió probar, pero pide su opinión a los padres. Usted responde diciendo: ¡Qué bueno que no hayas fumado esa cosa, porque si lo descubría te mataba!", o bien "Sabes que no admitimos drogas en nuestra familia", o "Ese producto es peligroso para tu salud; antes de que sepas lo que pasa, quedas enganchado y echas a perder tu vida." Estas respuestas naturales (las escuchamos muchas veces en las situaciones propias de la terapia de familia) son ejemplos de fijación de límites que probablemente no serán eficaces. En cambio, decir algo como "Seguramente te pareció difícil decir que no a tus amigos. Es un auténtico signo de madurez. Me alegro de que hayas demostrado buen juicio en eso; sabes que no creemos que el consumo de drogas sea muy sensato", tiene probabilidades mucho mayores de lograr que el adolescente se sienta reforzado porque hizo lo que convenía *a partir de su propia decisión personal, no por un decreto de los padres.*

Como todos sabemos, no siempre resulta fácil imponer límites y que nuestros adolescentes los respeten. A veces, parecería que los adolescentes prueban los límites sólo para irritarnos o conmovernos. Pero la historia tiene otro aspecto, como lo reconocerán de mala gana muchos adolescentes.

Don, de dieciocho años, anuncia descaradamente a sus padres que manejará el automóvil para ir a una reunión, "donde todos se embriagarán". En lugar de prohibirle la asistencia, o de decirle que no podía manejar, los padres de Don le preguntaron si deseaba que ellos confiscasen el automóvil. Con gran sorpresa de sus padres, Don respondió: "Sí, de veras temo que Willy se enrede en una disputa una vez que se emborrache. ¿Están seguros de que no me dan el automóvil?" Cuando sus padres confirmaron la decisión, Don dijo: "Gracias... aprecio la actitud que ustedes adoptan", y salió corriendo para avisar a sus amigos.

Muchos terapeutas saben que una proporción considerable de la conducta en apariencia impulsiva e incluso destructiva de los adolescentes es, en realidad, un pedido de ayuda dirigido a los padres. Algunos adolescentes que comienzan a consumir drogas dejan frascos vacíos de envases de píldoras en distintos rincones de la habitación, y empiezan a usar la jerga de los drogadictos en las conversaciones con los padres (o hablando por teléfono) en un intento de poner a prueba los límites. El padre que cierra los ojos a esta comprobación de los límites puede terminar con un hijo drogadicto, y en cambio el padre que adopta una acción rápida y firme, de acuerdo con lo que examinamos en el capítulo 8, puede realizar la experiencia de que la formulación de límites claros y definidos resuelve el problema: es decir, se suspende la experimentación con drogas.

En realidad, hay ocasiones en que la meta de la fijación de límites mediante la comunicación cuidadosamente concebida debe ceder el sitio a la preocupación determinada por la supervivencia. No es posible permitir que continúe la conducta autodestructiva hasta que pueda elaborarse la solución; la acción de los padres debe ser pronta y decisiva. La rigidez de la fijación de límites, la duración del período al que se aplicarán los límites, y la severidad de los límites dependen, todos, de la naturaleza de la conducta en cuestión. En la mayoría de las situaciones que implican formas de conducta autodestructivas o maliciosas, puede solicitarse ayuda complementaria para obtener cambios importantes; la fijación de límites a cargo de los padres no bastará.

Mantener la calma

(1) Gritar no es un modo eficaz de comunicación, aunque momentáneamente uno se sienta mejor.

(2) Si uno se enfurece con los hijos adolescentes, es mejor apartar de ellos la vista y no tratar de conversar en el calor de la cólera. Cuando prevalezca la lógica, es el momento de comunicarse.

(3) No muerda al anzuelo que le ofrecen sus adolescentes. Cuando ellos apelan a las palabras sucias, temperamentales y polémicas, evite la tentación de responder del mismo modo. Ese tipo de conducta se utiliza a menudo para distraer a los padres de lo que ellos pensaban decir. Nadie puede beneficiarse con este tipo de disputa a gritos, y si evita la provocación, usted contribuirá a preservar su propio equilibrio.

(4) Si en efecto usted pierde los estribos (como nos sucede a veces a todos) demuestre grandeza suficiente para disculparse ante sus hijos una vez que se calme. De ese modo, ellos se sentirán mejor, y usted habrá dado además un buen ejemplo.

El arte del compromiso

Comunicarse no es un problema tan grave cuando usted coincide con su adolescente, o cuando ambos están haciendo algo que a usted le agrada. Pero cuando hay diferencias de opinión, o es necesario ejecutar tareas, o deben resolverse conflictos de intereses, aparecen las dificultades. El modo de resolver estos problemas es en parte un indicio acerca de las cualidades de negociación que usted posee.

Ciertamente, es bastante sencillo adoptar el criterio del sargento del regimiento: "Cuando yo diga 'salten', ustedes sólo preguntarán: '¿Cuán alto?'." El problema consiste en que si bien este enfoque es útil en el ejército, a usted *no* le servirá. No sólo es improbable que su adolescente se atenga, obediente, a las órdenes que usted imparte; incluso si responde de ese modo, su actitud será contraproducente, pues usted privará al hijo de una lección importante acerca del modo de obtener soluciones de compromiso.

El compromiso implica cierto grado de concesión de ambos lados, pero no exige renunciar a nada. Por ejemplo, uno puede creer que la hija de dieciséis años es demasiado joven para pasar las vacaciones de Pascua en un lugar lejano, pero está dispuesto a permitirle que vaya con una de sus amigas a otra localidad más cercana, donde podrá alojarse en la casa de algún tío. O bien cuando el varón de catorce años anuncia que desea viajar "haciendo *auto-stop*" los quinientos kilómetros que lo separan de una ciudad balnearia y puede entonces concertarse un compromiso, en virtud del cual él acepta viajar en tren si usted paga el pasaje. El compromiso también puede implicar negociaciones acerca de las responsabilidades específicas que su adolescente asumirá, como lo demuestra este diálogo:

Adolescente: *(16 años)*: Vamos, papá, sabes que ahorré bastante dinero para comprar ese automóvil usado. ¿Por qué no puedo comprarlo ahora?

Padre: No se trata sólo de tener dinero para comprar el automóvil. Está también el costo del seguro y el mantenimiento del vehículo. Pero lo que es más importante, no estoy convencido de que tu manera de conducir sea bastante segura.

Adolescente *(sarcástico)*: Oh, maravilloso. ¿Cómo llegaré a ser buen conductor si solamente puedo manejar una hora por semana?

Padre: Bien, yo tengo la solución. Si apruebas el curso de conductor, pagaré la mitad de tu seguro y te permitiré comprar el automóvil. Mientras tanto, entre ahora y entonces puedes ganar el dinero que necesitas para pagar parte del seguro.

Adolescente: Eso no es lo que yo esperaba... pero parece justo. Está bien, de acuerdo.

Si bien hay compromisos ingeniosos en los cuales todos pueden conseguir exactamente lo que desean desde el principio, concertar un compromiso implica generalmente sacrificar un poco de lo que uno desea a cambio de algo. En las interacciones entre padres y adolescentes, el compromiso representa, por lo general, un tipo de cooperación, en que ambas partes deben mostrarse flexibles. La flexibilidad que el padre muestra frente al hijo generalmente se reflejará en la conducta del adolescente; por lo tanto, cuando su adolescente desee intensamente algo, recuerde la necesidad de tener en cuenta su punto de vista, si usted desea ser tratado con consideración cuando tenga en mente algo importante.

Segunda Parte

RESOLUCION DE PROBLEMAS

6

El sexo y otros hechos de la vida

"Si realmente me amases, lo harías. Así es como la gente demuestra su amor."

"Juro que no llegaremos a eso. Me detendré cuando me lo pidas."

"¿Todavía eres virgen? Algo debe andar mal en ti."

Los argumentos que los adolescentes usan para inducir a sus compañeras y llevarlas a la relación sexual no han cambiado mucho en el curso de los años, pero otros aspectos de la sexualidad adolescente son bastante distintos de lo que eran antes. *Un hecho:* Hacia los quince años, el 23 por ciento de las muchachas ya no son vírgenes; hacia los dieciocho, esta cifra se eleva al 57 por ciento. *Un hecho:* Los embarazos no deseados en las adolescentes cobran hoy proporciones epidémicas, y totalizan según los cálculos, un millón en 1982. *Un hecho:* Uno de cada tres adolescentes que poseen experiencia sexual está tan atemorizado, o decepcionado, o se siente tan culpable que más valdría denominarlo "desflorado infeliz". Es evidente que, a pesar de la comprobación de que es más elevado el número de adolescentes que poseen experiencia sexual, y en edad más juvenil que en otro período cualquiera de la historia, el sexo adolescente no es, ni mucho menos, el paraíso de felicidad que los adultos imaginan a veces.

El adolescente, el sexo y la sociedad

Cuando se trata de la sexualidad, los adolescentes viven en el marco representado por una doble atadura cultural. Alrededor, todos ven pruebas de que el sexo es espléndido, fascinante y divertido, según lo teatralizan Hollywood y las novelas más difundidas, lo analizan diligentemente innumerables artículos publicados en las revistas populares, y lo representan sutilmente (y de un modo no tan sutil) Madison Avenue y los textos de sus canciones de rock favoritas. Si no vieron *American Gigolo* o *Endless Love* o *Risky Business* en el cine o en la televisión por cable, es probable que hayan conocido otros programas cinematográficos con temas igualmente sexuales. Es posible que por la mañana despierten cuando Marvin Gaye canta *Sexual Healing* por radio, o que mientras manejan el automóvil en dirección a la escuela, la radio transmita el gran éxito de las Pointer Sisters (*Quiero un hombre de mano lenta*.) Estas canciones, y otras por el estilo, dejan pocos elementos librados a la imaginación, y proponen un respaldo cultural implícito al sexo, como hecho de la vida cotidiana. Por supuesto, el resultado es que los adolescentes se sienten atraídos por el misterio y la seducción del sexo. Más aún, estos mensajes sociales acerca del sexo aluden, a menudo, a las energías eróticas de la adolescencia como una experiencia culminante y deleitosa, y celebran el sexualismo de la juventud en contraste con la declinante proeza sexual de los años maduros. La experimentación adolescente con el sexo aparece como la actitud del aventurero liberado y desaprensivo, y en cambio se piensa que el adulto de edad madura que hace lo mismo es un personaje más bien antipático, que intenta recapturar una recuerdo imposible del pasado.

Al mismo tiempo, mientras decimos a nuestros adolescentes que ya no son niños y tienen que darse prisa y prepararse para la vida adulta, también les informamos, en términos inequívocos, que deben esperar a ser mayores para practicar el sexo. Los adultos dicen que deben esperar porque aún no están prontos; deben esperar porque no son capaces de afrontar las responsabilidades; deben esperar porque no está bien que lo practiquen; deben esperar a la persona apropiada; deben esperar para evitar el riesgo del embarazo o la enfermedad venérea. Hoy más que nunca los adolescentes se muestran escépticos frente a estas recomendaciones de los adultos, y ven en ellas una suerte de hipocresía colectiva enderezada a impedir que ellos se diviertan, adopten sus propias decisiones y actúen como personas mayores. "¿Qué tiene de malo practicar el sexo a los dieciséis años si estoy preparada, quiero hacerlo y soy capaz?", preguntó una joven. "Si tengo responsabilidad suficiente para manejar un automóvil, ¿por qué carezco de responsabilidad para practicar el sexo?"

El resultado de esta doble atadura cultural es que los adolescentes se vuelven cada vez más hacia sus pares, en quienes buscan apoyo para realizar su elección sexual. Y el mensaje cada vez más previsible del grupo de pares dice: "Pruébalo, te agradará."

Etapas de transición de la pubertad: Aspectos físicos del desarrollo sexual

La pubertad generalmente comienza en la adolescencia temprana, y el desarrollo completo insume de uno y medio a dos años. El crecimiento y la maduración física de la pubertad se desencadena por la acción de un "reloj de tiempo" predeterminado, que se encuentra en una región especializada del cerebro llamada *hipotálamo*. Poco a poco, las hormonas secretadas por el hipotálamo activan la glándula pituitaria, que está exactamente debajo del cerebro, de modo que ella produce cantidades crecientes de dos hormonas que estimulan los testículos o los ovarios. Como resultado de la estimulación, estos órganos crecen y aumentan en proporción importante la producción de sus propias hormonas −sobre todo la testosterona y el estrógeno, respectivamente− que controlan de manera directa muchos de los cambios biológicos propios de esta etapa del desarrollo.

En ambos sexos, la pubertad origina una aceleración del crecimiento de los huesos largos del cuerpo, que es la causa del "estirón del adolescente", un fenómeno que puede aumentar la cuenta de compra de ropas y transformar a un adolescente normalmente proporcionado de un metro sesenta, en un jovencito desmañado de un metro ochenta o más. El rápido crecimiento del adolescente suele anticiparse en las niñas (la edad promedio es alrededor de los trece años) antes que en los varones (el promedio es aproximadamente catorce años y medio), lo cual origina muchas escenas embarazosas en los bailes de los cursos finales, donde las muchachas, sobre todo si usan tacos altos, aparentemente miran desde lo alto a sus compañeros. Ambos sexos sufren igualmente la aparición del acné como un efecto colateral indeseable de las sustancias hormonales que se vuelcan activamente en los respectivos sistemas.

En las niñas, el cambio más visible de la pubertad es el desarrollo de los senos, que comienza generalmente a los doce años y se completa alrededor de los dieciséis años. Es típico que la menstruación no se inicie hasta seis a doce meses después de la aparición de un crecimiento visible del busto. Durante las primeras etapas de la pubertad, las jóvenes comienzan a acumular una proporción mayor de peso corporal en la forma de grasa bajo la piel, y algunos investigadores creen que cierto nivel de tejido adiposo debe manifestarse antes de que comience la menstruación. De ahí que las adolescentes que se mantienen muy delgadas a causa de los ejercicios vigorosos (sobre todo las actividades como las carreras de larga distancia o las horas diarias de entrenamiento en el gimnasio o el ballet), o que se someten a una dieta fanática para conservar la delgadez, a veces no inician la menstruación (una situación denominada *amenorrea primaria*), o pierden totalmente los períodos (*amenorrea secundaria*). Otros cambios físicos de las jóvenes durante la pubertad incluyen el crecimiento del útero y la ampliación de la vagina, el desarrollo del vello pubiano y axilar y el comienzo de la ovulación, que marca el principio de la capacidad reproductora.

En los varones la pubertad aparece acompañada por el crecimiento de los testítulos y el pene, el desarrollo del vello pubiano y axilar, el crecimiento del vello facial (y más tarde, el crecimiento del vello en el pecho, si la estructura genética así lo determina), la voz más grave y el más acentuado desarrollo muscular. La producción de esperma comienza en la pubertad, y los varones por primera vez tienen "sueños húmedos" (eyaculación nocturna) durante este período. Como parte de la hormona sexual masculina, la testosterona, que provoca estos cambios, se convierte en estrógeno a causa de la actividad del propio cuerpo, muchos varones también sufren un agrandamiento temporario de los pechos que puede durar un año o dos, y que los avergüenza considerablemente. Aunque esta condición, denominada técnicamente *ginecomastia*, afecta al 60 por ciento de los adolescentes en diferentes períodos, y en definitiva se resolverá sin ningún género de tratamiento, en ocasiones provoca tan profunda angustia psicológica que es necesario apelar a la corrección quirúrgica.

En indudable que los cambios hormonales de la pubertad representan un papel en la activación de los sentimientos sexuales durante la adolescencia. Los varones comienzan a tener erecciones mucho más frecuentes que antes; las niñas tienen sensaciones de calidez vaginal y hormigueo, y también experimentan la lubricación (humedad) vaginal, que es un signo físico de excitación sexual. Pero como observó el conocido investigador del sexo, John Money, "la concepción acertada de la pubertad hormonal es que aporta gasolina al tanque metafórico y realza el modelo del vehículo, pero no construye el motor ni programa el itinerario del viaje".

El momento del comienzo y la finalización de la pubertad varía mucho. Algunos varones y muchachas han completado este proceso a los once o doce años, y en cambio otros no comienzan la pubertad hasta los catorce o quince años. Aunque al varón no le parece divertido ser el "pequeño" de la clase o a la niña estar menos dotada que sus amigas, esta diversidad es un rasgo normal del proceso biológico, y en la mayoría de los casos no es un presagio de la apariencia física ulterior. El proverbial debilucho de cuarenta y cinco kilogramos puede convertirse en musculoso jugador; la jovencita que se siente una rareza informe quizá merezca que se la considere, más adelante, la joven más "sexy". Como regla práctica general, a menos que los signos del desarrollo de la pubertad no sean evidentes hacia los dieciséis años, la atención médica es innecesaria. Las cosas generalmente se arreglan solas.

Aspectos psicológicos del desarrollo sexual adolescente

Aunque es muy evidente que los sentimientos sexuales no aparecen por primera vez durante la adolescencia –los niños más pequeños exhiben signos de curiosidad sexual y de excitación sexual mucho antes de ese período– la adolescencia generalmente parece acompañada por un nivel más acentuado de interés en las cuestiones sexuales. Este proceso no está controlado únicamente por las fuerzas biológicas, y en cambio reflejan el desarrollo psicológico normal del adolescente que interactúa con el grupo de pares y las influencias culturales.

En la sociedad norteamericana contemporánea es difícil para el adolescente ignorar los temas sexuales. La seducción del sexo, según lo percibe el adolescente, proviene en parte del sexo como elemento del mundo adulto (y por lo tanto como un signo de la "adultez") y en parte de que es un tema prohibido y, por lo tanto, una fuerza misteriosa y peligrosa. Cuando los adolescentes realizan su recorrido personal hacia la maduración, la mayoría considera al sexo un campo de pruebas, un desafío o por lo menos algo acerca de lo cual deben aprender, con el fin de estar mejor equipados para lidiar con el mundo de la edad adulta.

Es típico que las presiones del grupo de pares refuercen estos factores psicosociales, impulsando a los adolescentes a convertirse en individuos sexualmente experimentados, aunque unos pocos grupos de pares (algunos influidos por el fundamentalismo religioso) mantienen los valores sexuales tradicionales y advierten a las jóvenes contra el peligro de "tener mala fama".

Los adolescentes formulan muchas razones que justifican la participación en el sexo, incluso las mencionadas por el investigador Robert Sorenson después de realizar una encuesta nacional: el placer físico, la condición de medio de comunicación, la búsqueda de experiencias nuevas, que es un índice de madurez, un desafío a los padres, un desafío a la sociedad, un tipo de recompensa o castigo, un modo de evitar la soledad, y un modo de aliviar la tensión. Además, algunos adolescentes utilizan el sexo para obtener un sentido de intimidad o amor (exactamente como a veces hacen los adultos), y en cambio otros adolescentes utilizan la conducta sexual para expresar su rebeldía.

Una jovencita de quince años: Mi madre siempre está sermoneándome: "No hagas esto, no hagas aquello, compórtate como una dama." Me canso tanto de oírle decir lo que tengo que hacer, que me agradó muchísimo tirárselo a la cara acostándome con diferentes tipos, y sobre todo los que ella no quería que yo viese."

Un varón de dieciséis años: Mis padres son tan estirados acerca del sexo, de veras no entienden qué piensan ahora los muchachos. Mi viejo el mes pasado me habló de los pájaros y las abejas, y después que estuvo balbuceando un rato acerca del tema le dije: "Tranquilízate,

hombre, estoy haciéndolo desde que tenía catorce años."
Lo dejé atónito.

Por supuesto, no todos los adolescentes se sienten cómodos con la presión que trata de inducirlos a adquirir experiencia sexual. Muchos adolescentes se sienten turbados por la inquietud acerca de lo que sexualmente es normal. ¿Es normal tener fantasías sexuales? ¿Es normal masturbarse? ¿Es normal gozar del sexo oral? Y así por el estilo. Otros se sienten angustiados por su propia anatomía sexual (pero prevalecen la inquietud de los varones por el tamaño del pene y de las jóvenes por el tamaño del busto). Algunos adolescentes se sienten incómodos, incluso, cuando piensan acerca del sexo, y mucho más si participan, a causa de las creencias religiosas. Y para otros, aún, los principales obstáculos parecen ser los de carácter social, vergüenza, torpeza, temor de parecer tontos o hacer lo que no corresponde, y así por el estilo.

De todos modos, poca duda cabe de que ahora la mayoría siente que es apropiado practicar el sexo con una persona por quien uno siente afecto (no simplemente una persona a quien uno ama) y muchos adolescentes que carecen de experiencia sexual se inquietan ante la posibilidad de que algo funcione mal en ellos. Al mismo tiempo, muchos adolescentes que, *en efecto*, tienen experiencia sexual se muestran insatisfechos o decepcionados, y no saben muy bien cómo actuar.

La educación sexual: ¿Dónde, cuándo, cómo?

Si usted esperó a que su hijo alcanzara la adolescencia antes de abordar los hechos de la vida, ya perdió el tren. La educación sexual más eficaz es un proceso permanente a partir de la niñez temprana, y no una clase dictada de prisa por uno de los padres, poco antes de la primera salida del adolescente.

En el supuesto de que usted ya haya mantenido conversaciones ocasionales acerca del sexo con su hijo, de un modo adecuado a la edad de él −con inclusión de información acerca de la anatomía sexual, los hechos de la reproducción y la conducta sexual− ¿qué hará ahora? La lista siguiente puede aportarle algunas ideas acerca de los temas que convendrá comentar con su adolescente.

(1) Asegúrese de que tanto las muchachas como los varones entienden el significado de la menstruación.

(2) Hable acerca de la masturbación; a menudo los adolescentes exhiben una sorprendente inquietud acerca de este tema, y abrazan muchos mitos acerca de los "peligros" imaginarios de este acto relativamente universal.

(3) Analice los aspectos interpersonales de las relaciones sexuales, subrayando la necesidad de una conducta responsable, no explotadora cuando se trata del sexo. Ello significa que ambos sexos deben comprender que obligar a alguien a la actividad sexual, o engañarlo acerca del sexo, es moralmente falso y un signo de inmadurez personal. Asimismo, la actividad sexual irresponsable, por ejemplo practicar el sexo con alguien cuando uno sabe (o sospecha) que padece una infección sexual, es una actitud tan aprovechadora como el empleo de la fuerza.

(4) Incluya cierta mención de los sentimientos sexuales, de dónde provienen, qué reacciones originan en el cuerpo y cuán variables pueden ser.

(5) Hable sobriamente de tipos específicos de actividad sexual, incluso el beso, los mimos y las caricias, y el acto sexual, y asegúrese de ofrecer a su adolescente la oportunidad de formular preguntas a medida que desarrolla el tema. Esta es una oportunidad apropiada para explicar también que el acto sexual no es el único modo de obtener placer sexual o de alcanzar el orgasmo. Observe que es mejor evitar el uso de la expresión *juego previo* en sus comentarios con los adolescentes, pues implica que el acto sexual es la culminación lógica del acto sexual, y que todo el resto es sencillamente el preludio del hecho principal.

(6) Verifique que tanto los varones como las muchachas conozcan las alternativas anticonceptivas disponibles, entre ellas la abstinencia como método de impedir el embarazo. Verificar que sus adolescentes están bien informados *no* equivale a permitirles la experimentación: de hecho, los adolescentes informados tienen *menos*

probabilidades de abalanzarse prematuramente sobre el sexo que sus amigos no informados.

(7) Analice el reconocimiento y la prevención de las enfermedades transmitidas sexualmente (en el capítulo 7 se dará información concreta). Jugar al avestruz en este tema es inexcusable a la luz de los índices actualmente elevados de dichas infecciones en los adolescentes.

(8) Eduque a sus hijas con el fin de que se protejan de la violación, y verifique que sus varones comprendan que el uso de la fuerza o la intimidación en las situaciones sexuales es no solo cruel, sino criminal. Ambos sexos deben comprender que la violación es un acto de violencia, no un acto sexual.

(9) Informe a su adolescente que (a) no todo lo que se publica acerca del sexo es exacto; (b) el sexo representado en los filmes y las novelas a menudo carece de realismo y está exagerado si se lo compara con la vida real; y (c) "practicar el sexo" no siempre es signo de madurez y el camino que lleva a la felicidad inmediata.

(10) Lo que es más importante, asegúrese de que sus adolescentes saben que usted está dispuesto a comentar los problemas sexuales de un modo franco y directo, y que si usted no posee la respuesta a una pregunta que ellos formulan, la encontrará o los remitirá a quien pueda contestarla.

Si usted *nunca* comentó el sexo con su adolescente, no intente abarcar todo el tema de una vez, y no resuelva su dilema limitándose a dejar un libro en la casa, en un lugar donde él o ella seguramente lo encontrarán. Si comentar el sexo lo avergüenza, o usted cree que su adolescente sabe más que usted mismo, piénselo de nuevo; es probable que su adolescente sea más reacio que usted, y se encuentre informado con exactitud mucho menor que la que usted imagina. Analice las cosas con la mayor franqueza posible, reconociendo su propia incomodidad si la padece, porque sólo de este modo podrá ayudar realmente a su adolescente a asimilar la información concreta acerca del sexo, en el contexto de los valores personales que usted abraza. Puede decir: "Nunca mantuve este tipo de conversación con mis padres cuando yo era niño, y no he ensayado lo que debo decir. De modo que verás que estoy un poco nervioso. Pero no estoy nervioso porque creo que el sexo sea algo malo o sucio, sino porque es importante para mí que entiendas lo que intento decir." En cambio, si uno se siente irremediablemente paralizado cada vez que intenta reunir el coraje necesario para analizar el sexo con el adolescente, y el cónyuge no puede ayudarle a salir del aprieto, lo más apropiado es pedir la ayuda del médico de la familia, de un docente de confianza, un consejero de orientación general, un miembro del clero, o un pariente respetado por el adolescente. Sea cual fuere el mejor enfoque en su caso, no suponga que la educación sexual es innecesaria en estos tiempos, porque la adopción de decisiones sexuales informadas y responsables exige que los adolescentes no se limiten a adivinar.

Esquemas de la conducta sexual adolescente

Poca duda cabe de que durante los últimos veinte años ha sobrevenido una revolución sexual, y de que los adolescentes han marchado a la vanguardia de esta tendencia. Los valores tradicionales representados por el amor, el sexo y el matrimonio, han sido remplazados sobre todo por una "nueva moral"; las presiones ejercidas por el grupo de pares, que tienden a favorecer la experiencia sexual, son intensas; y la amplia disponibilidad de anticonceptivos y de formas de aborto ha infundido un sentido relativo de libertad en los adolescentes, quienes adoptan decisiones sexuales. Pese a estos cambios, muchos jovencitos se sienten inseguros en las cuestiones sexuales, o están perturbados por conflictos íntimos acerca del sexo. Para comprender qué sucede aquí, y por qué está sucediendo, pueden ser útiles algunas estadísticas.

–En la actualidad han experimentado la masturbación casi tantas muchachas como varones: las proporciones son alrededor del 75 y el 85 por ciento respectivamente. En cambio, en la época de los estudios Kinsey, publicados en 1948 y 1953, los varones superaban a las muchachas aproximadamente en la proporción de 4 a 1.

–Las "caricias" y los "mimos" –el contacto sexual que no llega al acto sexual– según los informes, han sido experimentados por más del 80 por ciento de los adolescentes hacia los dieciocho años, de acuerdo con Kinsey y sus colegas. En la actualidad, esto continúa siendo la principal expresión sexual de aproximadamente un tercio de los adolescentes, pero muchos otros han abandonado las caricias por entender que son una forma "excesivamente tímida" o "una mera forma de jugar", y en cambio se han aplicado al acto sexual.

– Mientras en 1953, Kinsey informaba que sólo el 5 por ciento de las muchachas de dieciséis años y el 14 por ciento de las jóvenes de dieciocho años ya no eran vírgenes, la investigación más reciente demuestra que a los dieciséis años, el 38 por ciento de las jóvenes norteamericanas tienen experiencia del acto sexual, y hacia los dieciocho años, esa cifra se eleva al 57 por ciento. De hecho, sólo durante la década de 1970, el límite de no vírgenes entre las adolescentes se elevó en un 50 por ciento.

Como lo demuestran estas estadísticas, más adolescentes están convirtiéndose en seres sexualmente activos, y a menor edad que en otro período cualquiera de nuestra sociedad. Pero para precaverse de la idea de que todos los adolescentes están consumidos por voraces e insaciables apetitos sexuales, también pueden ser útiles otras observaciones. En primer lugar, muchos adolescentes que ya no son vírgenes practican el sexo con escasa frecuencia. (En una reciente encuesta que realizamos, más de un tercio de los adolescentes sexualmente experimentados mantenían relaciones menos de una vez por mes.) Segundo, la edad más baja del primer acto sexual en realidad no es un signo de promiscuidad de los adolescentes, porque la mayoría de ellos mantienen relaciones exclusivamente con un compañero durante cierto lapso, en lugar de "acostarse con muchos". Tercero, algunos adolescentes –sobre todo los que ensayaron el acto sexual por curiosidad, como forma de experimentación– comprueban que una vez desaparecido el misterio inicial, y que ellos han demostrado que pueden "hacerlo", la experiencia misma es mucho menos sugestiva. Así, pasan prolongados períodos sin mantener relaciones sexuales, quizás esperando encontrar a la persona adecuada.

Aunque los adolescentes aceptan el sexo preconyugal más que nunca antes, y proceden en concordancia, ciertos aspectos constituyen factores de perturbación. Por ejemplo, de los que tienen experiencia del acto sexual, aproximadamente un tercio de ambos sexos merece la denominación de "desflorados infelices", por una o varias de las siguientes razones:

(1) El sexo no estuvo a la altura de sus expectativas; (2) Los problemas sexuales les impiden gozar a ellos mismos, y de hecho pueden provocar severos sentimientos de ansiedad; (3) El sexo se convierte en tema de discusión y manipulación en el marco de una relación ("*Yo* no te intereso, sólo te interesa mi cuerpo"); (4) El temor al embarazo (o el embarazo mismo) o la inquietud a propósito de la enfermedad transmitida sexualmente desplaza el placer derivado del sexo; y (5) El sentimiento de culpa asoma la cabeza. Incluso en una época de actitudes liberadas acerca del sexo, se mantiene el sentimiento de culpa o de ansiedad acerca de todas las formas de la conducta sexual. De hecho, alrededor de la mitad de todos los adolescentes informa la existencia de sentimientos negativos acerca de la masturbación, por lo menos durante parte del tiempo.

A pesar a la revolución sexual, no todos los adolescentes se han incorporado a la columna. Muchos adolescentes todavía carecen de experiencia sexual, e incluso padecen cierta ingenuidad sexual, sea por decisión intencional, o porque no encontraron un compañero dispuesto. Estos adolescentes no son de ningún modo anormales –aunque pueden *sentir* que lo son– y no necesariamente están condenados a una vida de incapacidad sexual o de infelicidad por el mero hecho de que son "más lentos" que otros jovencitos de la misma edad.

Amor y enamoramiento

La periodista Ann Landers afirma que el amor de los adolescentes es en realidad nada más que "la aproximación de dos conjuntos de glándulas". El psiquiatra Warren Gadpaille, sostiene, en cambio, que "el amor en la adolescencia puede ser real e intenso". ¿Cuál de estas opiniones es más exacta? ¿El amor de los adolescentes es generalmente nada más que una excusa cómoda para adornar la relación sexual? ¿El amor adolescente es sobre todo un ensayo general de la "cosa real" que aparece en la edad adulta? ¿O es posible que el amor durante la adolescencia pueda ser tan auténtico como el amor vivido y expresado por los adultos?

La respuesta a estas preguntas debe comenzar con el reconocimiento de que el amor entre adultos asume muchas formas distintas. No todas las relaciones de amor entre los adultos son recíprocas, estables o siquiera duraderas. De hecho, el amor en la edad madura a veces puede exhibir más dependencia e histeria que madurez o resistencia. Estas mismas observaciones son aplicables al amor de los adolescentes. No todas las relaciones de amor de los adolescentes merecen la denominación de amor "auténtico". Algunas son más una ceremonia social que el vehículo de sentimientos sinceros. Otros adolescentes realizan la experiencia de una versión apasionada y conmovedora del amor, y ello cambia sus vidas y los acerca un poco más a la edad adulta y la madurez.

Usted que es padre, ¿cómo puede percibir la diferencia? ¿Cómo puede ayudar a su adolescente a distinguir entre estas diferentes formas de amor? Por desgracia, debemos responder que se trata de una tarea difícil, que a menudo puede ejecutarse sólo en una visión retrospectiva, no cuando están ardiendo las llamas del amor. La razón es que el amor no puede definirse realmente en términos muy precisos. La mejor definición que hemos conocido proviene de Robert Heinlein, un escritor de ciencia ficción que afirma: "El amor es esa condición en la cual la felicidad de otra persona es esencial para la nuestra propia." Pero dos psicólogos, Elaine y William Walster, observan: "La única diferencia real entre simpatizar y amar está en la profundidad de nuestros sentimientos y en el grado de nuestro compromiso con el otro." Teniendo en cuenta estas dificultades intrínsecas, los siguientes interrogantes de todos modos pueden ser útiles.

(1) ¿Los amantes demuestran uno al otro auténtico afecto y respeto, o la relación entre ambos se caracteriza constantemente por las exigencias egoístas, los caprichos orientados hacia la manipulación, y los enfrentamientos tormentosos?

(2) ¿Su hijo adolescente integra la relación de amor en el resto de su vida, o las otras actividades que él desarrolla se convierten en formas subordinadas? Si su adolescente abandona sus aficiones, suspende el estudio y en general parece totalmente absorto en el vínculo romántico, se encuentra en una situación no muy saludable.

(3) ¿Su adolescente enamorado evita a todos los amigos con el fin de pasar el tiempo sólo con la persona amada? En caso afirmativo, ese "amor" puede ser más paralizador y posesivo que promotor del crecimiento.

(4) ¿Su adolescente tiene una relación de amor basada en las realidades actuales, o se trata más bien de un fragmento de sueños y fantasías? Si bien todos los amantes pueden mostrar un pensamiento indulgente, un amor fantasioso por cierto es efímero.

(5) ¿Este amor realza la opinión que el adolescente tiene de sí mismo, y le infunde un sentido de autoconfianza y valor? ¿O lo conduce a un sentimiento permanente de desvalorización o fracaso?

(6) ¿Su adolescente romántico parece mostrar escasa objetividad, o quizá ninguna, en relación con los defectos de la persona amada? En caso afirmativo, no desespere; después de todo Chaucer escribió que "el amor es ciego", y esta ceguera es una fase relativamente universal del amor. En el curso del tiempo, la realidad se manifestará espontáneamente, de modo que no trate de combatir dicho sentimiento; es una batalla que sólo puede terminar en la derrota, y que inducirá a su adolescente a pensar que usted es una persona prejuiciosa y hostil.

(7) ¿Usted puede recordar lo que sentía cuando estaba irremediablemente enamorado? Recordar ese período puede ayudarle a percibir la intensidad, la sensibilidad y la tensión emocional que su adolescente está viviendo ahora.

¿Qué podemos decir de la diferencia entre el amor y el enamoramiento? Aunque este es un estado emocional superficial y breve, basado más en el deseo que en la realidad, a decir verdad a menudo se parece bastante al amor, por lo menos mientras tiene cierta vitalidad. Por mucho que el enamoramiento sea en realidad una versión falsificada del amor, uno no podrá convencer de ello al adolescente mientras él o ella estén atrapados en esa red hipnótica, de modo que no vale la pena intentarlo. También aquí el paso del tiempo aportará una sólida dosis de realidad como antídoto eficaz, y en cambio las exhortaciones de los padres serán totalmente ignoradas.

Aunque los padres pueden creer lo contrario, la mayoría de los adolescentes no piensa que el sexo es la parte más importante del romance. De acuerdo con una encuestas realizada en 1979 por el psicólogo Aaron Hass, menos de un tercio de los adolescentes creía que el sexo era una parte "muy importante" de la relación romántica. En la misma encuesta, aproximadamente el 80 por ciento de los jóvenes de quince a dieciocho años dijo que había estado enamorado por lo menos una vez. Hass comentó: "Es necesario que evitemos el error de desechar a la ligera los sentimientos de los adolescentes a causa de su origen juvenil. Negar que los adolescentes pueden enamorarse de alguien puede ser también un intento de evitar la idea de que él o ella están creciendo, y concentran menos la atención en los padres, dependen menos de la relación con los padres como fuente de gratificación."

Estrategias específicas de la paternidad positiva

(1) *Participe activamente en la tarea de instruir a sus adolescentes acerca del sexo.* Esta regla básica, que se aplica tanto a los padres como a las madres, es la piedra angular de la prevención. Los adolescentes afirman constantemente que desean estar en condiciones de conversar del sexo con los padres, pero sienten que no pueden o no deben hacerlo. El único modo de modificar esta situación es iniciar uno mismo dichas conversaciones. *Los adolescentes cuyos padres comentan francamente con ellos el sexo, a menudo son los que tenderán a esperar para practicar el acto sexual hasta que estén más preparados, y son también los que más probablemente utilizarán métodos anticonceptivos cuando comiencen sus relaciones.*

(2) *Autorice a su hijo a decir que no.* Autorizar es distinto que impartir una orden. Los jovencitos pueden rebelarse cuando se les dice: "No debes practicar el sexo", pero es más probable que se sientan bien negándose si comprenden por qué esa actitud es una alternativa sensata. Un modo de abordar el tema consiste en analizar los argumentos que los adolescentes usan para convencer a un compañero de la necesidad de practicar el sexo. Por ejemplo, uno puede decir a su hijo: "Si alguien te dice: 'Lo harías, si me amases realmente', puedes tener la certeza de que sólo son palabras; el verdadero amor nunca se demostró mediante el sexo." Esta actitud origina un diálogo más general acerca del momento y el modo de negarse, y eso puede ayudar a los adolescentes a ensayar las respuestas que más tarde usarán cómodamente.

(3) *Evite apelar al miedo y la mojigatería cuando aconseja.* Las anécdotas intimidatorias acerca de la enfermedad venérea o las amenazas implícitas en la pregunta: "¿Qué sucederá si te embarazas?" no son el método más apropiado para inducir al adolescente a confiar en nuestro buen criterio. La promulgación de un código de conducta sexual más aplicable a la Inglaterra victoriana que a la sociedad moderna, provocará la actitud rebelde del adolescente, es decir, lo contrario de la abstinencia que uno desearía inculcar, o llevará al hijo o la hija a convertirse en un adulto sexualmente reprimido. En cambio, muéstrese realista y flexible en lo que tenga que decir, y si sus propias inhibiciones se manifiestan, reconozca el hecho.

(4) *Ayude a los adolescentes a comprender que el sexo no es meramente un asunto de unión genital.* Muchos adolescentes y adultos reconocen que tomarse de las manos, abrazarse, acariciarse, besarse y otras formas de interacción sexual son más sensuales y excitantes que el acto sexual mismo. Considerar que el sexo y el acto sexual son sinónimos implica adoptar un enfoque estrecho y restrictivo de lo que el sexo abarca realmente. Si bien la abstinencia sexual de carácter total es poco realista (y probablemente antinatural) para la mayoría de los adolescentes, la elección a partir de alternativas sexuales que implican el acto mismo aportan a los adolescentes alternativas que no lo obligan a las decisiones del tipo "todo o nada" en el marco del comportamiento sexual.

(5) *No curiosee en la vida sexual de su adolescente; respete la intimidad de su hijo.* Eso no significa que permitiremos que la jovencita de catorce años reciba a su novio en el dormitorio, a puertas cerradas; pero sí significa que la intimidad personal del adolescente ha de ser respetada. No pretenda saber lo que sucedió sexualmente en cada salida, no busque "confesiones sinceras"; en cambio, explique a su hijo adolescente que si él o ella están iniciando un período de actividad sexual, o está *pensando* llegar a eso en el futuro, corresponde adoptar medidas precautorias que orienten hacia una conducta sexual responsable.

(6) *Informe a sus adolescentes que pueden acudir a usted para comentar todos los tipos de problemas sexuales que ellos afronten, o las inquietudes sexuales que puedan tener.* De ese modo, no sólo dará paso a las preguntas de sus hijos, una actitud saludable en sí misma, sino que también les facilitará el intercambio con usted en relación con hechos inquietantes, por ejemplo las proposiciones de un do-

103

cente, la actividad de los inoportunos, o la inquietud que provoca en ellos algo que leyeron o vieron.

(7) *Evite reaccionar excesivamente ante las preguntas acerca del sexo.* Si su adolescente pregunta cómo es estar embarazada, no suponga que ella ya lo está. Responda concretamente a las preguntas y agregue algo acerca de sus propios sentimientos o valores personales, pero no cierre la conversación adoptando una actitud acusadora, o extrayendo conclusiones apresuradas que pueden ser totalmente falsas. Asimismo, si no conoce la respuesta, no la invente; averigüe.

7

Dilemas de la sexualidad adolescente

Ya hemos visto que en la actualidad los adolescentes están sometidos a considerable presión destinada a lograr que adquieran experiencia sexual. En relación con este contexto, y con un previsible grado de autocontrol, ocho de cada diez varones y siete de cada diez mujeres informan haber mantenido relaciones mientras estaban en la adolescencia. Pese a esta relativa generalización de la actividad sexual adolescente, los jovencitos a menudo conciben el sexo hasta cierto punto como un problema, y a veces, un problema de proporciones monumentales. En este capítulo examinaremos las distintas facetas de la sexualidad adolescente que tienen más probabilidades de provocar problemas, y propondremos sugerencias a los padres cuyos hijos quizás están tratando de afrontar estas cuestiones, y de hallarles solución.

Y en definitiva, ¿a quién pertenece la vida que hay que vivir?

Se requiere una dosis de realismo siempre que los padres se preguntan hoy qué piensan y hacen sus adolescentes en relación con el sexo. Es probable que nuestro hijo no sea un ser virgen en el estilo de la década de 1950, para quien el beso muy íntimo y las caricias "encima de la cintura" durante la primera cita eran formas que trasuntaban una chocante intimidad, ni un personaje de *Fast Times at Ridgemont High*, para quien las orgías y el sexo oral ya son cosas del pasado. En cambio, es mucho más probable que su hijo, a semejanza de la mayoría de los adolescentes, se sienta fascinado por el sexo, o incluso preocupado por el asunto, pero al mismo tiempo un tanto inseguro, o incluso atemorizado, cuando llega el momento de adoptar decisiones personales. En consecuencia, la conducta sexual adolescente a menudo se manifiesta de manera impulsiva y por omisión, más que de una manera consciente y ajustándose a la lógica.

De todos modos, sería tan absurdo que los padres intentaran orquestar la conducta sexual de sus adolescentes como lo sería permitir que estos dirijan el presupuesto de la familia. Si bien esta afirmación no significa que los padres nunca deben ofrecer consejo o fijar normas acerca de la conducta sexual adolescente, sí sugiere que cierto grado de autonomía del adolescente en las cuestiones sociales es un requisito y una necesidad real en vista de una saludable maduración. En otras palabras, los adolescentes necesitan espacio para adoptar sus propias decisiones sexuales, porque hacerlo es una parte necesaria del crecimiento. El adolescente que evita por completo estas decisiones, se arriesga a dejar un hueco en su propio proceso de desarrollo, y esto puede provocarle después dificultades sexuales como adulto, pues el aprendizaje sexual que suele darse durante los años de la adolescencia es un ingrediente básico de la identidad sexual ulterior.

Todo esto implica decir sencillamente que si bien los padres pueden sentirse más cómodos cuando sus hijos practican una permanente abstinencia sexual, dicho control probablemente originará una generación entera de adultos jóvenes decaídos sexualmente, y disminuidos en la esfera psicosocial. Así, el consejo más razonable que podemos ofrecer a los padres acerca del sexo y los adolescentes es que reconozcan el derecho de los adolescentes a elaborar su propio pensamiento sexual, y a convertirlo en decisiones sexuales en un marco de responsabilidad y conocimiento.

El problema de los anticonceptivos

De acuerdo con estudios realizados en la Universidad Johns Hopkins, más de la mitad de las adolescentes sexualmente activas de quince a diecinueve años no contaba con ninguna protección anticonceptiva la primera vez que realizó el acto sexual, y más de una cuarta parte de estas mujeres *nunca* apeló al control de la natalidad. De hecho, sólo un tercio de las mujeres sexualmente activas y solteras utilizó regularmente los anticonceptivos. No es extraño que el Instituto Alan Guttmacher, de Nueva York, pronostique que cuatro de cada diez muchachas que ahora tienen catorce años quedará embarazada antes de cumplir los veinte.

En vista de estas probabilidades, parece razonable que los padres distribuyan píldoras anticonceptivas a sus hijas adolescentes y preservativos a sus varones adolescentes, todos los días a la hora del desayuno. Pero una respuesta tan orwelliana no es práctica para los padres, sin hablar de los propios adolescentes.

¿Cómo debe actuar el padre con su adolescente? Como dijimos en el capítulo precedente, educar a los adolescentes, (mujeres y varones) acerca de la reproducción y los anticonceptivos es el punto de partida lógico; pero en sí mismo el método no será suficiente si se limita a una conversación abstracta y teórica. Los jóvenes tienen que saber que incluso si han concebido imprecisamente la idea de desarrollar actividad sexual (aunque sea una sola vez, para "ver cómo es"), deberían contar con un medio de control de la natalidad en *su poder*, para usarlo en el momento oportuno. ¿Esto los induciría a practicar el sexo cuando no están preparados para eso? Posiblemente, pero en condiciones mucho más seguras de lo que sería el caso si no se aplica este método. ¿Su hijo adolescente creerá que este paso implica que usted consiente, tácitamente, en ese género de experimentación sexual? No más que, si usted le suministra un cinturón de seguridad para el automóvil, puede ver en esa actitud la señal de que aprueba que maneje borracho o que provoque un accidente. Los adolescentes perciben la seguridad y las precauciones como una cosa bien diferenciada del peligro; usted también debe estar en condiciones de percibir esa diferencia.

Es hipócrita que los padres digan a sus adolescentes que deben mostrarse responsables en su actividad sexual, pero consideren un acto ilícito la posesión de un recurso anticonceptivo. No es necesario que usted se abalance y aparezca con su hija de doce años en el consultorio del ginecólogo, para insertarle un diafragma; pero debe mostrar realismo suficiente –o información suficiente– para saber que si el hijo adolescente está "saliendo seriamente" o por cualquier otra razón se encuentra próximo a la actividad sexual, será necesario actuar en concordancia. Las amenazas sombrías no sirven aquí; de ese modo usted sólo conseguirá engañarse (aunque tal vez al mismo tiempo consiga asustar a su adolescente). Debe afrontar la realidad de la situación, y sugerimos que el mejor modo de lograrlo es ayudar a su hijo a elegir con inteligencia un método anticonceptivo.

¿Cuáles son las posibilidades de elección? La abstinencia es el anticonceptivo perfecto, pero como ya hemos visto, parece ejercer limitada atracción sobre los adolescentes modernos. Como los restantes métodos anticonceptivos, si no se lo aplica no funciona. Aunque puede ser beneficioso para su hijo adolescente recordarle que es perfectamente permisible negarse, la alternativa de la abstinencia total tiene pocas probabilidades de ser viable a lo largo de todos los años de la adolescencia. La verdadera elección –es decir la elección realista– debe orientarse hacia los restantes métodos anticonceptivos disponibles.

Poca duda cabe de que en la actualidad la píldora es el método reversible más fidedigno de control de la natalidad. Aunque la píldora requiere receta y tiene una serie de efectos secundarios indeseables, los riesgos de salud más graves derivados de su uso (peligrosos coágulos de sangre, ataques cardíacos) son sumamente raros en los adolescentes, y en conjunto la seguridad de la píldora es considerable cuando se la concibe en el contexto de los riesgos del embarazo de la adolescente. Sin embargo, la píldora no es una buena elección en el caso de la joven adolescente que aún no desarrolla actividad sexual, o que la practica de un modo muy esporádico. Se trata en parte de un exceso de precaución, y en parte de una derivación del hecho de que muchos médicos creen que no es sensato que una adolescente consuma continuamente la píldora durante un lapso prolongado (por ejemplo, tres años o más) sin un "período de descanso", con el fin de permitir que el sistema reproductor funcione por sí mismo sin el efecto supresor de las hormonas de la píldora.

Los dispositivos intrauterinos –DIU– están inmediatamente des-pués de la píldora desde el punto de vista de la confiabilidad, pero en general no constituyen una buena alternativa para las muchachas adolescentes. Por una parte, la inserción de un DIU suele ser más incómoda en las adolescentes; además, los DIU provocan más problemas (un elevado riesgo de hemorragia, calambres, infección, etc.) y, finalmente, los DIU son repelidos (es decir, cambian de posición) en una proporción alarmante en el caso de las adolescentes. Desde el punto de vista práctico, otras alternativas generalmente son más eficaces.

El uso de un espermicida vaginal –una espuma o crema o supositorio que contiene un producto químico que mata los espermatozoides– es un método anticonceptivo particularmente apropiado y cómodo para las adolescentes. Estos productos no requieren receta, y carecen de efectos secundarios importantes (puede haber molestias secundarias, por ejemplo reacciones alérgicas locales o escozor genital, pero tienen corta duración). Lo que es más, existe la posibilidad de llevarlos de manera cómoda y discreta en un bolso o en la guantera, de modo que están disponibles cuando son necesarios, y su empleo no exige conocimientos especiales. Si bien su eficacia anticonceptiva no es absoluta, y exhiben un índice de fallas que es aproximadamente del 15 al 20 por ciento, tienen la ventaja adicional de suministrar a la mujer por lo menos protección parcial contra la gonorrea.

El diafragma, que ahora está recuperando terreno como anticonceptivo en las mujeres en edad universitaria, tiene más o menos la misma eficacia que los espermicidas mencionados más arriba. De hecho, un diafragma debe usarse siempre en combinación con una jalea espermicida, con el fin de que funcione bien. Carece de efectos secundarios, pero algunas mujeres comprueban que colocar el diafragma en la vagina es desagradable o difícil. Otro problema más inquietante es que el diafragma puede cambiar de posición durante el acto sexual y, por lo tanto, en ese caso no aportará el obstáculo integral que debería representar. Finalmente, muchas adolescentes a quienes se suministró un diafragma quedaron embarazadas al encontrarse imprevistamente en una situación sexual... mientras el diafragma estaba en un cajón del escritorio de su casa.

Un método de control de la natalidad muy ignorado, pero muy útil, es el preservativo, tema de innumerables bromas de los adolescentes. Pero el hecho es que los preservativos son particularmente útiles, y por varias razones diferentes. En primer lugar resultan cómodos y seguros. Segundo, suministran a ambos participantes un grado importante de protección contra las enfermedades transmitidas por vía sexual. Tercero, puede usárselos fácilmente combinándolos con otro método (por ejemplo, la espuma), y aportan una eficacia esencialmente comparable a la de la píldora. (Si se lo utiliza solo, y de manera consecuente, el preservativo tiene un índice de fracasos del diez por ciento.) Finalmente, comprometen al adolescente varón en la responsabilidad y el conocimiento de las necesidades anticonceptivas, un aspecto que, en esto coinciden los investigadores, constituye un paso fundamental hacia la reducción de los embarazos no deseados en las adolescentes.

El método del ritmo y sus distintas derivaciones no ocupa un lugar en la lista de métodos anticonceptivos utilizados por los adolescentes, excepto en el caso de aquellos cuyas creencias religiosas impiden el empleo de otro enfoque cualquiera. La razón es sencilla, el índice de fracasos del método del ritmo es inaceptablemente elevado, en especial en el caso de las adolescentes. Asimismo, la ducha es otro método extraordinariamente mediocre de control de la natalidad, con índices de fracaso del 40 por ciento o más, y el retiro (también llamado *coitus interruptus*) es aún menos eficaz.

Si su hija adolescente "olvida" usar un anticonceptivo, o por cualquier otra razón está mal protegida durante el acto sexual, cabe mencionar otra alternativa, aunque no puede usársela con frecuencia. La llamada píldora de la mañana siguiente, que puede administrarse hasta setenta y dos horas después del acto sexual sin protección, impedirá el embarazo en más del 98 por ciento de los casos. Las desventajas de este tratamiento consiste en que a menudo provoca náuseas y vómitos, y alteraciones del ciclo menstrual; además, su seguridad aún no está totalmente aclarada. Sin embargo, en situaciones especiales (por ejemplo, una violación o una rotura del preservativo) así como en los casos de "olvido", la disponibilidad de esta alternativa puede ser bastante tranquilizadora.

Fuentes de turbulencia sexual

Antes, los adolescentes norteamericanos lidiaban con los problemas sexuales principalmente en términos de un interrogante referido a la participación: ¿Lo hago o no lo hago? Hoy, los aspectos complejos de la sexualidad adolescente parecen superar de lejos una formulación tan sencilla, y conducen a una exagerada mezcolanza de conflictos y tensiones que afectan la vida cotidiana de muchos adolescentes. Aquí tenemos algunos ejemplos de las fuentes más usuales de turbulencia sexual que deben ser afrontadas por los jóvenes en el momento actual.

Aunque la mayoría de los adolescentes han llegado a sentirse cómodos en su actitud de rechazo de los valores sexuales tradicionales, al extremo de que aceptan el sexo preconyugal en el contexto del afecto, cuando no el sexo directamente casual o recreativo, hay mucha ambigüedad en la etiqueta de la conducta sexual de iniciación. Esto es así porque las definiciones de roles sexuales han llegado a ser mucho menos claras de lo que era el caso pocas décadas atrás, cuando el asunto era que los varones trataran de "conseguir todo lo posible" de sus compañeras, y por su parte, las muchachas trataban de ajustarse a la delgada línea que separaba la condición de la amiga *sexy* y afectuosa de la que era "despreocupada" y "barata". Hoy, muchos varones adolescentes afirman que es perfectamente normal que sus respectivas compañeras inicien o promuevan la actividad sexual, y otro grupo considerable sin duda se siente atemorizado, o por lo menos intimidado por esta inversión de los roles tradicionales. Asimismo, si bien algunas adolescentes continúan sintiéndose cómodas en el papel tímido o inocente de generaciones anteriores, muchas están mostrándose sexualmente más afirmativas, en un estilo que a los ojos de sus compañeros del sexo opuesto implica formas de presión o casi agresión. Las siguientes observaciones de algunos varones adolescentes son suficientemente claras:

> "En realidad, yo no estaba preparado para afrontar una relación sexual, pero ella insistía en decirme que no sabía lo que me perdía, y que seguramente no la amaba."

> "Cada vez que practicábamos el sexo, ella se asemejaba al crítico cinematográfico local, y asignaba a mi desempeño una calificación de 1 a 10. ¿Qué derecho tenía de hacer eso?"

> "Me aparté realmente del sexo cuando vi que ella deseaba practicarlo aunque yo no estaba precisamente de humor."

Por otra parte, las adolescentes modernas más liberadas tienden, en general más que antes, a aspirar al papel de compañeras de derecho pleno en las relaciones sexuales. Por eso mismo, es más probable que digan lo que piensan (tanto por referencia a lo que desean como al momento en que lo desean), y que actúen en concordancia. Y también a menudo es probable que miren como una reliquia anacrónica al varón de actitud machista, y que conciban el modelo de varón adolescente contemporáneo más andrógino como una figura más flexible, más atractiva, y sexualmente más deseable.

La confusión de los roles sexuales se refleja también en otras formas. Las adolescentes modernas tienden más a comentar entre ellas su propia vida sexual –y las modalidades de sus compañeros sexuales– que en épocas anteriores. De ahí que los varones adolescentes descubran que son el tema de inquietantes charlas femeninas, en una inversión irónica de las prácticas de antaño; y por cierto eso no les agrada. Aunque los varones han comentado las cualidades físicas de sus novias o compañeras, y lo han hecho con mucho placer, cuando se invierte la cosa y las muchachas comentan las condiciones físicas de sus amigos, los hombres retroceden avergonzados. También es embarazoso para muchos varones adolescentes comprobar que sus compañeras poseen, acerca del sexo, bastante más conocimiento que ellos mismos, pues perdura la idea de que el varón debería ser el experto sexual.

Otra fuente de inquietud sexual es el caso de los adolescentes cuyos padres apoyan sin reserva el concepto de la sexualidad adolescente como un aspecto saludable del crecimiento, y por lo tanto presionan al hijo con el fin de que adquiera experiencia sexual. En muchos casos, esta actitud puede determinar una inversión de la típica posición padre-hijo frente a la conducta sexual: el padre dice: "Hazlo, te hará bien", y por su parte el adolescente contesta: "Creo que todavía no estoy preparado." En otros casos, los padres bien intencionados, pero miopes, ejercen una presión impropia sobre sus adolescentes, para inducirlos a comentar sus experiencias sexuales, y así pierden de vista la necesidad de intimidad del joven en esta esfera intensamente personal de la vida. El adolescente que pertenece a una familia de un solo progenitor tiene muchas probabilidades de afrontar esta situación, pues el padre en cuestión puede sentir cierta compulsión a comentar sus relaciones sociales y sexuales del momento, e incluso, puede alentar al adolescente a hacer lo mismo, como forma de justificar la conducta del progenitor.

Algunos adolescentes se sienten profundamente turbados por los mitos sexuales y los fragmentos casuales de información errónea. El joven de dieciséis años que cree que las emisiones nocturnas son un signo de grave e inminente enfermedad, la muchacha de catorce años que teme que el beso íntimo pueda provocar el embarazo, y la joven de diecisiete años que está convencida de que su placer masturbatorio la condenará a una vida de frigidez con los hombres, son todos víctimas del mismo proceso básico. Como dijimos en un capítulo anterior, suponer que porque ahora los adolescentes desarrollan más actividad sexual también saben más, equivale a creer que porque los adolescentes comen con más frecuencia de lo que solía ser el caso, están más enterados de los problemas de la nutrición o de la buena cocina.

La turbación sexual puede tener otros orígenes, y no todos representan situaciones nuevas o diferentes de las que se conocieron otrora. Pregúntese a una joven, a quien el período se le ha retrasado varias semanas después de mantener relaciones sexuales sin anticonceptivos (o a su compañero, si ella le habló del asunto) y se tendrá muy rápidamente una idea de lo que es esa turbación. Por otra parte, no es probable que este tipo de problema sea psicológicamente tan chocante como la experiencia de ser violada o de convertirse en víctima del incesto, una situación que puede originar efectos ulteriores permanentes. Si bien estos últimos tipos de agresión pueden ser impresionantes, y quizá provoquen en el lector la sensación de que no pueden sucederle a *su* hijo, aunque parezca lamentable la violación y el incesto son fenómenos frecuentes, y cortan al través las líneas divisorias entre las clases, y se manifiestan en todos los sectores de la sociedad. Otras formas aparentemente menos graves de agresión sexual pueden incluso, ser en realidad, más insidiosas: el hecho de ser intimidado para participar en actos sexuales por un compañero de salidas o un amigo (lo cual puede o no ser una forma de violación, según el desarrollo concreto del episodio) no sólo puede ser traumático y degradante, sino también originar en la víctima el sentido del fracaso personal en diferentes aspectos, por ejemplo, creer que debió prever el episodio, o que hubiera debido resistir con más energía, o enfáticamente, (y que su incapacidad para adoptar esa actitud convierte a la víctima en participante "voluntaria", por lo menos hasta cierto punto), y creer que hubiera debido guardar silencio acerca de lo que sucedió, para no parecer absurda o herir al compañero. *En todas esas situaciones en que hubo agresión sexual, es imperativo suministrar al adolescente asesoramiento profesional, para evaluar el daño infligido y aplicar medidas que impidan secuelas de largo alcance.* NO ACEPTE LA AFIRMACION DE SU ADOLESCENTE EN EL SENTIDO DE QUE NO NECESITA ASESORAMIENTO Y DE QUE NO EXISTE ANGUSTIA PSICOLOGICA, Y NO DEMORE EN CONSEGUIR PRONTAMENTE DICHA ATENCION.

Otras áreas también pueden provocar la ansiedad de los adolescentes en relación con el sexo. Es probable que los adolescentes se sientan al mismo tiempo preocupados y fascinados por los cambios corporales que acompañan al desarrollo de la pubertad, y que a menudo tengan problemas cuando comparan su propia estructura sexual con ciertas normas imaginarias. Incluso si han alcanzado un grado relativamente cómodo de aceptación de su propio físico, quizás experimenten ansiedad acerca del modo en que un compañero sexual reaccionará frente a ellos, y se inquieten no sólo por los problemas representados por las proporciones físicas, sino también por otros aspectos mundanos como la transpiración, los olores corporales, el acné, el vello corporal, y otros aspectos revelados en la intimidad física. Otra causa de inquietud en muchos adolescentes tiene que ver con las fantasías sexuales. Es típico que los adolescentes posean imaginaciones creadoras, y las fantasías sexuales que ellos viven incluyen una amplia gama, con muchos asociados y diversos escenarios. Un adolescente puede sentirse muy atemorizado al comprobar que sus fantasías eróticas incluyen al mejor amigo del mismo sexo, a un profesor que goza de muchas simpatías, o también a uno de los progenitores. Asimismo, los adolescentes pueden sentirse atemorizados porque se excitan con escenas fantásticas de actos "absurdos" o violentos, sin advertir que estas excursiones imaginarias pueden ser válvulas de escape de la tensión psíquica acumulada. Los padres pueden tranquilizar al adolescente explicando que dichas fantasías no son determinantes de la conducta real, del mismo modo que la fantasía de robar un banco no indica que el individuo esté a punto de iniciar una vida delictiva.

Al parecer, muchos adolescentes soportan en relación con el sexo un conflicto de aproximación-evitación. Aunque les agradaría muchísimo gozar de la diversión y la excitación propias de una vida sexualmente activa, soportan una serie de diferentes preocupaciones. Este muestreo representativo aportará una idea de otros tipos de inquietud que los adolescentes manifiestan ahora:

"No puedo encontrar a nadie a quien ame lo suficiente para mantener relaciones sexuales."

"No puedo tener la certeza de que no me contagiaré de herpes a causa de la otra persona, ¿y quién quiere afrontar ese riesgo?"

"Mi último amigo salía con otras jóvenes a mis espaldas, a pesar de que me decía que yo era su único amor; ahora me siento usada y triste."

114

"Me sentiría terriblemente avergonzada si él quisiera besarme allí abajo."

"Me pregunto siempre si soy tan buen amante como su último amigo."

"A decir verdad, el sexo no me interesa; me deja fría, y eso me preocupa mucho."

"No creo que mi amiga haya tenido nunca el orgasmo, lo cual probablemente significa que hago algo mal."

"Mi profesor de biología me deslizó la mano bajo el suéter y trató de inducirme a mantener relaciones sexuales con él a cambio de una calificación sobresaliente, y yo no sabía si alguien me creería en caso de que lo dijese."

"No veo el momento de ir a la universidad, porque entonces tendré mi propio cuarto, y mis padres estarán lejos, y así mi amigo y yo podremos darnos el tiempo necesario, en lugar de estar siempre haciendo las cosas de prisa."

Si su adolescente afronta problemas relacionados con la sexualidad, usted puede echar mano de la ayuda de profesionales calificados. Los consejeros y los terapeutas especializados en la materia pueden aportar apoyo reconfortante, información concreta y sugerencias claras para superar dificultades sexuales de muchos tipos. En general, no es sensato que los padres traten de resolver estos problemas de los adolescentes, pero en todo caso, el asesoramiento sexual breve – que a menudo implica nada más que unas pocas sesiones – resulta bastante eficaz.

Lo que usted y su hijo adolescente tienen que saber acerca de las enfermedades de transmisión sexual

Las infecciones difundidas a través del contacto sexual pueden representarse con la sigla ETS −es decir, enfermedades transmitidas sexualmente− más que utilizando la antigua expresión de enfermedades venéreas. Y aunque quizás usted se sienta tentado de saltear esta sección a causa del tema tan "desagradable", sería un grave error proceder así. Las ETS están difundiéndose velozmente en los Estados Unidos de hoy, y sobre todo en la población adolescente; y a menos que uno conozca los hechos necesarios, no podrá ofrecer a su hijo adolescente el consejo o la guía apropiados en relación con este tema delicado.

Las estadísticas de la salud calculan, en 1984, que en Estados Unidos anualmente hay dos millones de casos nuevos de gonorrea, además de 500.000 casos nuevos de herpes genital, 2.5 millones de casos de uretritis no específica, y 80.000 casos nuevos de sífilis. Más de la mitad de las personas afectadas corresponde al grupo de quince a veinticuatro años, y la mayoría si no la totalidad de estas enfermedades puede ser prevenida. Más aún, como las ETS no siempre se difunden a través del acto sexual (la mayoría puede contagiarse gracias al sexo oral, las caricias o incluso los besos), incluso si su hijo, varón o mujer, todavía es virgen, corre el riesgo de contraer una de estas desagradables infecciones. Por consiguiente, el propósito de esta sección es ofrecer un breve repaso de los hechos más destacados que usted necesita conocer.

Es relativamente fácil descubrir la gonorrea en los varones, porque suele originar una descarga purulenta por el extremo del pene, y micciones dolorosas y frecuentes. Sin embargo, menos de la mitad de las mujeres enfermas de gonorrea exhibe síntomas, y cuando estos aparecen (descarga vaginal, escozor o dolor al orinar, o pautas anormales de la menstruación) a veces son bastante benignos. Este hecho resulta sobremanera inquietante porque la gonorrea no tratada en las mujeres puede provocar complicaciones graves, incluso la esterilidad permanente. Se diagnostica la gonorrea mediante un cultivo (una prueba ejecutada por un médico o una enfermera que utiliza un hisopo de algodón), para cultivar en el laboratorio las bacterias de la gonorrea. El tratamiento es una dosis importante de penicilina G, que es casi ciento por ciento efectiva.

La sífilis, que afecta a los varones más que a las mujeres, felizmente hoy es relativamente rara. El signo más precoz de la sífilis es una llaga indolora (chancro) que suele aparecer en los genitales o cerca del ano, pero a veces puede darse en otras áreas, por ejemplo un dedo, los labios, o la boca. El chancro suele comenzar como una mancha rojiza que se ulcera y forma una llaga redonda rodeada por un anillo rosado. Cuando no se la trata, la llaga cura en unas cuatro a seis semanas, y origina la falsa impresión de que el problema ha desaparecido. Después, la infección pasa a la etapa de la sífilis secundaria, que puede iniciarse hasta seis meses después de la curación del chancro. Los síntomas usuales en esta etapa incluyen un sarpullido rojo pálido en las palmas de las manos y los pies, el dolor de garganta, la fiebre y las articulaciones dolorosas. Si la enfermedad continúa sin tratamiento, comienza una etapa latente, durante la cual la infección invade los tejidos, por ejemplo la médula espinal y el cerebro; en la etapa más destructiva de la sífilis tardía hay problemas cardíacos graves, problemas oculares y quizá daño cerebral. Generalmente se diagnostica la sífilis mediante análisis de sangre (aunque también es posible detectarla examinando el fluido extraído de un chancro con un tipo especial de microscopio) y se la trata eficazmente con penicilina.

El herpes genital es una infección provocada por un virus (herpes simplex virus, tipo 1 ó 2), y se caracteriza por la presencia de grupos de pequeñas ampollas dolorosas en los genitales. El primer episodio, generalmente el más severo, en su forma típica está acompañado por fiebre, jaqueca, micción dolorosa, y sensibilidad en la ingle. Las ampollas revientan dentro de los cuatro a seis días, y se forman llagas húmedas rojizas, o úlceras, que curan en una semana o dos. Pero cuando sobreviene la curación, el virus del herpes en realidad pasa a los nervios que están cerca de la base de la médula espinal, donde permanece en estado inactivo. Se repiten los ataques de herpes genital –en ocasiones sólo una o dos veces, pero a veces docenas de veces– y son irritantes no sólo a causa de la incomodidad física sino porque este es el período de contagio. El herpes genital es particularmente grave en las mujeres, por dos razones. En primer lugar, puede ser transmitido involuntariamente al recién nacido durante el parto, en muchos casos provocando la muerte o grave daño al cerebro del hijo. Segundo, el herpes genital parece vinculado con el desarrollo ulterior del cáncer del cuello del útero en ciertas mujeres. Puede diagnosticarse el herpes genital mediante análisis de sangre (para detectar los anticuerpos) o cultivos (para detectar el virus); pero lamentablemente por ahora no existe una cura conocida.

La uretritis no específica es una inflamación de la uretra masculina provocada por una infección distinta de la gonorrea (generalmente, el culpable es una bacteria llamada *Chlamydia trachomatis*). Los síntomas son esencialmente análogos a los de la gonorrea (descarga del pene, micción dolorosa), pero en general resultan un tanto más benignos. Aunque esta ETS admite un fácil tratamiento con tetraciclina o con una serie de distintos antibióticos, generalmente se transmite a las compañeras sexuales del varón infectado, y en ellas puede provocar la esterilidad.

Hay otras ETS que pueden afectar a los adolescentes, entre ellas las ladillas pubianas, minúsculos parásitos que se fijan al vello pubiano y provocan intenso escozor; la hepatitis B (suele aparecer en los varones homosexuales); y las trichomonas vaginitis, una infección vaginal provocada por un parásito unicelular que provoca una descarga vaginal espumosa, un olor desagradable y escozor alrededor de los genitales. El examen detallado de estos y otros tipos menos usuales de ETS excede el alcance de esta obra; pero deseamos considerar las cosas que pueden hacer los adolescentes (u otros) para prevenir las ETS. *Exhortamos a todos los padres a comentar francamente estos problemas con sus adolescentes, o asegurarse de que los jóvenes tienen la oportunidad de enterarse de estas cuestiones, gracias a un curso de educación sexual o a la información suministrada por un profesional de la salud.*

(1) *La prevención comienza con la posesión de la información adecuada.* El conocimiento de los síntomas de las ETS puede impedir que un adolescente se exponga al contacto con un compañero infectado, y contribuir a decidir cuándo debe reclamar tratamiento. La ignorancia *no* es la felicidad; es buscarse problemas.

(2) *La cautela en las relaciones sexuales puede ayudar a minimizar el riesgo de infección con una ETS.* En este caso, la cautela puede tener distintos aspectos. En primer lugar, mostrarse selectivo en la elección de los compañeros sexuales constituye un paso fundamental de la prevención. Los estudios muestran insistentemente que la relación con muchos compañeros sexuales acrecienta el riesgo de contraer enfermedades. Segundo, el empleo de métodos anticonceptivos que reducen la posibilidad de enfermar (los preservativos, las cremas, las espumas, y las jaleas vaginales son otro paso importante en la dirección adecuada). Tercero, si se tienen dudas acerca de la posibilidad de que un adolescente esté afectado por una ETS, él o ella deben mostrarse prudentes, abstenerse de la relación sexual y solici-

tar el consejo médico. Finalmente, la prudencia exige comprender que ninguno de los pasos precedentes garantiza que uno no contraerá alguna de estas enfermedades.

(3) *Ver para creer*. Mirar (examinarse uno mismo y examinar al compañero) es el mejor modo de comprobar si hay signos de infección sexual. Explique a sus adolescentes que no necesitan anunciar lo que están haciendo o usar una lupa; pero si ven un sarpullido genital, una descarga, o una llaga, deben interrumpir inmediatamente lo que están haciendo, y preparar un examen médico.

(4) *La honestidad es siempre la mejor política*. Los adolescentes necesitan saber que si padecen (o creen padecer) una ETS, es importante decirlo al compañero sexual. Aunque es natural que muchos adolescentes se inquieten a causa de los sentimientos del compañero, o de su propia vergüenza personal ante la revelación de la verdad, el peligro de estas infecciones (y la posibilidad de su permanente difusión si no se las trata) sobrepasan con mucho las incomodidades sociales relativamente secundarias.

(5) *Sométase a examen, tratamiento y nuevo examen con la mayor rapidez posible*. El diagnóstico y el tratamiento precoces limitan el riesgo de complicaciones graves como consecuencia de una ETS, pero todo el que padezca una infección de este tipo debe someterse a nuevos controles después del tratamiento inicial, porque en unos pocos casos el tratamiento no es por completo eficaz. Además, a veces hay un efecto de "ping-pong" entre los compañeros, y una persona transmite a otra la infección, se trata, y sin saberlo recibe nuevamente la infección del compañero no tratado. De ahí que, generalmente, sea aconsejable que un adolescente tratado por una ETS exhorte a su compañero o compañera sexual a someterse también al tratamiento.

Información concreta para los padres acerca de la homosexualidad

Pocos temas tienden a provocar una reacción tan emotiva en los padres como la posibilidad de que uno de sus hijos sea homosexual. Las reacciones típicas que uno percibe −"¿En qué nos equivocamos?", "No puede ser cierto... no es más que una fase transitoria", o bien "Consultemos a un médico, para comprobar si es posible corregir esta situación"− muestran una combinación de desesperación, sentimiento de culpa y cólera. Pese a nuestros prejuicios culturales respecto de la homosexualidad, que tienden a concebirla en términos estereotipados (peinados afeminados, mujeres que son "marimachos", psiquismos desequilibrados), el hecho es que aproximadamente el diez por ciento de los varones norteamericanos y el tres por ciento de las mujeres norteamericanas son homosexuales, y la mayoría de estas personas no se ajusta en absoluto a los estereotipos. Más aún, muchos de estos individuos advierten su propia condición de homosexuales durante la adolescencia, aunque es posible que se esfuercen mucho para evitar que sus respectivas familias lo sepan, a causa del sentimiento de vergüenza o el temor al rechazo. Y hasta que los padres lleguen a reconocer que la homosexualidad no es una enfermedad, sino sencillamente una variación normal de la expresión de la sexualidad humana, es probable que ciertos adolescentes continúen inquietándose más o menos del mismo modo a causa de sus propias preferencias sexuales.

Algunas personas descubren que son homosexuales sólo después de un prolongado proceso de conflicto y confusión. Otras lo "saben" −o perciben que son "distintas"− instintivamente, y otras aun pueden sospechar que tienen inclinaciones homosexuales, pero luchan para reprimirlas, y nunca consiguen adaptarse realmente al modo heterosexual que anhelan. Aunque no existe un esquema único, podemos afirmar que el adolescente que afronta impulsos homoeróticos suele sentirse atemorizado, inseguro y preocupado acerca de lo que le sucede. Lo más probable es que un adolescente que se encuentra en estas condiciones no haga confidencias a un progenitor acerca del tema; pero si se llega a esta situación, el padre abordado tratará de escuchar atentamente y no fingirá que posee la solución.

El adolescente que informa a su padre que él (o ella) es homosexual y que está cansado de mantener el asunto en secreto, continúa siendo su hijo. Uno puede reaccionar con un reflejo de cólera e indignación –precisamente lo que el adolescente temió que hiciera– o tratar de mostrarse afectuoso y comprensivo. Veamos de qué modo una joven de dieciocho años evocó la reacción de su madre cuando la hija le informó de su propia homosexualidad.

Madre: Beth, no estoy segura de haber entendido. ¿Quieres decir que eres homosexual?
Beth: Sí. Yo misma comencé a comprenderlo.
Madre: ¿Crees que no es más que una fase?
Beth: Estoy segura de que no.
Madre: Quiero decirte que me siento bastante chocada. Y supongo que también atemorizada. Esto no será fácil para ti.
Beth: Lo sé, mamá, pero no se trata de algo que yo pueda controlar.
Madre: Por supuesto, no puedes. Y no permitiré que eso modifique nada entre nosotras. Me alegro que hayas confiado en mí lo suficiente para hablarme. Y siempre estoy aquí, si me necesitas. De todos modos, tal vez me lleve un tiempo adaptarme a la idea, y no puedo asegurar que la aceptaré por completo. Pero lo intentaré.

Amar y comprender no significa que uno tiene que aprobar o respaldar los sentimientos del adolescente, pero en todo caso significa que uno le profesa afecto. Los hechos siguientes pueden ser útiles para afrontar una situación de este tipo.

(1) Los investigadores no coinciden acerca de las causas de la homosexualidad, pero tampoco saben cuál es la causa de la heterosexualidad. En todo caso, parece que la mayor parte de la identidad sexual responde a una determinación compleja, que es la consecuencia de la interacción de una serie de factores, y no de un solo aspecto.

(2) La homosexualidad no es una enfermedad (la Asociación Psiquiátrica Norteamericana adoptó esta posición en 1974), y tampoco cabe afirmar que los homosexuales están perturbados desde el punto de vista psicológico. Auque sin duda existen homosexuales profundamente perturbados, abundan los violadores, los asesinos y en general los inadaptados heterosexuales; la orientación sexual no es el factor determinante.

(3) En general, no es posible identificar a los homosexuales por su apariencia, sus amaneramientos o la preferencia profesional. Hay muchos hombres y mujeres homosexuales que son médicos, abogados, contadores, atletas, docentes, camioneros, y así por el estilo; la mayoría mantiene reserva acerca de sus preferencias sexuales, y los colegas o los amigos nunca piensan que son "distintos".

(4) Durante la última década se han realizado muchos progresos a favor de los homosexuales en el campo de los derechos civiles, y también en el ámbito de una creciente aceptación por parte de la sociedad; pero los homosexuales también tropiezan con obstáculos. En los varones homosexuales se observan índices más elevados de las enfermedades transmitidas sexualmente, sobre todo a causa del esquema más promiscuo de conducta sexual. La ley niega a los homosexuales ciertos empleos en el gobierno o las fuerzas armadas, y es evidente que se discrimina contra los homosexuales según métodos que van de lo sutil a lo franco en muchos aspectos de la vida cotidiana. No todos se muestran dispuestos a aceptar al homosexual declarado; de hecho, es posible que su hijo adolescente descubra que algunos de sus amigos desaparecen súbitamente cuando se enteran de la situación.

Más allá de la doble norma sexual

Como muchos otros padres, es posible que usted se sienta turbado por la idea de que su adolescente comienza a desarrollar actividad sexual en edad muy temprana. Por ejemplo, la mayoría de las autoridades en la materia coincide en que los jóvenes y las muchachas de trece a catorce años no están preparados, en realidad, para asumir las responsabilidades de la relación sexual, ni equipados emocionalmente para los tipos de relaciones íntimas que, según creemos generalmente, son ideales en la interacción sexual. Al mismo tiempo, ahora parece inevitable que gran número de adolescentes de más edad –de dieciocho y diecinueve años– desarrolle actividad sexual, lo aprobemos o no. Pretender que esto no puede sucederle a su hijo es adoptar frente al mundo la actitud del avestruz.

Lo que parece difícil a los padres es aceptar la posibilidad de que en mitad de la adolescencia –a los quince, dieciséis o diecisiete

122

años– los adolescentes puedan decidir que desarrollarán actividad sexual. Creemos firmemente que, salvo los individuos psicológicamente menos maduros de este grupo, no hay nada intrínsecamente perjudicial en esto. De hecho, pese a las protestas emocionales en contrario, parece ahora que el desarrollo de la actividad sexual durante estos años, si se procede de manera *responsable*, en realidad puede ser provechoso para el crecimiento y el desarrollo, e incluso aportar el marco de una existencia sexual más saludable en el adulto. Aunque cada padre tendrá que reflexionar acerca de estas cuestiones y decidir cómo las resolverá en su propia situación de familia, nuestro consejo es evitar la actitud que se refleja en las palabras "malditos sean los tiempos que nos llevan a esto", e iniciar un diálogo franco con los adolescentes, de manera que ellos sepan lo que uno siente. Quizás esto obligue a los padres a manifestar reservas, o a aprobar francamente, o a confesar su ambivalencia acerca del sexo de los adolescentes, pero por lo menos el hijo comprobará que uno trata de mostrarse abierto y sincero. Ninguna de las generaciones precedentes de adolescentes ha gozado de los beneficios de este enfoque.

8

La mística de las drogas

—De acuerdo con el Instituto Nacional de Abuso de las Drogas (Estados Unidos), el sesenta y cuatro por ciento de los adolescentes norteamericanos ha experimentado con drogas ilegales antes de completar el colegio secundario.

—Una cifra impresionante, cuarenta mil adolescentes, sufren lesiones todos los años en accidentes automovilísticos provocados por el alcohol, y muchos de ellos quedan mutilados, paralizados o incapacitados en forma permanente.

—En casi todos los colegios secundarios de Estados Unidos, diariamente se vende y consume una amplia diversidad de drogas ilegales.

Temible, ¿verdad? Unas pocas generaciones atrás, los padres de los adolescentes no tenían que afrontar estos problemas. Hoy, por mucho que uno quiera engañarse pensando: "*Mi* hijo no se complicará en esas cosas", la mayoría de los adolescentes *en efecto* prueba las drogas, y los que no lo hacen soportan intensas presiones destinadas a debilitar su firmeza.

Felizmente, los padres no tienen por qué contemplar pasivamente lo que sucede. Si comprenden por qué los adolescentes se vuelven hacia las drogas, y traza un plan enderezado a controlar de manera realista dicho comportamiento, usted puede dar un paso gigantesco hacia la prevención. Pero para obtener este resultado es necesario comenzar por el examen del papel de las drogas en la sociedad contemporánea.

Panorama cultural

La escena es un cóctel en una próspera comunidad suburbana. Las personas que conversan alegremente en la terraza con piso de losa, y que de tanto en tanto entran en la casa colonial bien amueblada, forman un grupo de profesionales de edad madura, de éxito y activos. Entre los presentes hay tres médicos, dos abogados, un psicólogo, un banquero y un juez. En el buffet, junto a un plato de bocadillos, hay una bandeja de plata con una docena de cigarrillos bien armados de marihuana.

En el mismo momento, un grupo de empresarios está terminando una cena en Boston, y coronando los planes con vistas a la creación de una gran tienda cuya instalación exigirá una inversión de 15 millones de dólares. Al salir del elegante restaurante francés, uno de los hombres pregunta a otro: "¿Le sobra un cigarrillo especial?"

Al día siguiente, el equipo de béisbol St. Louis Cardinals, uno de los principales de la liga, realiza un breve anuncio en una conferencia de prensa convocada de prisa. Lonnie Smith quedaría indefinidamente fuera del campo de juego, en vista de que necesita tratamiento para resolver un problema de drogadicción insospechado hasta ese momento. Cuando se adoptó la decisión, este jugador había alcanzado un puntaje muy elevado.

Estos hechos reales y muchos otros que se manifiestan día tras día indican la extensión del problema de las drogas en nuestra sociedad. Tampoco se trata de una moda pasajera. Durante las dos últimas décadas, nuestra sociedad ha sufrido cambios importantes en lo que hace a su tolerancia frente al uso de las drogas ilícitas.

A principios de los años '60 y aun antes, en general se veía en el uso de las drogas una conducta desviada. Con la radicalización de los adolescentes durante la década de 1960 –en parte como rebelión contra la guerra de Vietnam– las drogas comenzaron a aparecer en los claustros universitarios de todo el país, y se inició un cambio importante en las actitudes. Aunque al principio los hippies y los miembros de sectas extrañas que acudían a Haight-Ashbury en San Francisco, y seguían la recomendación de Timothy Leary –"Gira, canta y sal"– eran considerados sencillamente inadaptados y originales, la generación de Woodstock comenzó una exaltación general de la droga como un acto recreativo, y se ha difundido mucho más que todo lo que pudieron prever las conjeturas iniciales de los pronosticadores sociales.

Cuando volvemos los ojos hacia atrás, comprobamos que los adolescentes de los años '60 protagonizaron uno de los principales episodios observados en los anales de la guerra intergeneracional. La juventud de las clases media y alta tomó de los bohemios y los residentes de los ghettos el concepto del consumo de drogas que modifican el estado de ánimo, y creó literalmente una contracultura que con el tiempo transformó el tabú de las drogas en un mito social aceptado. De hecho, el consumo moderado de drogas se ha convertido en la práctica y el juguete de las masas. En 1962, sólo el cuatro por ciento de la población general no había probado alguna vez una droga ilegal. Dos décadas después, un tercio –el treinta y tres por ciento– de todos los norteamericanos de doce y más años ha realizado este tipo de experimento.

No es fácil explicar un cambio de tal magnitud, pero una serie de factores contribuyó a modificar nuestro pensamiento social acerca de las drogas. En primer lugar, las décadas de 1940 y 1950 asistieron a enormes progresos en el campo de la farmacología médica, lo que permitió que Estados Unidos se convirtiese en una sociedad sobrecargada de píldoras. Los antibióticos, los tranquilizantes, los esteroides –las llamadas "drogas maravillosas"– se difundieron mucho, y en general fueron considerados benéficos. Los padres bien intencionados, que no deseaban que sus hijos padeciesen sufrimientos físicos, comenzaron a almacenar medicinas, para poder aliviar de inmediato cualquier molestia. En consecuencia, se adoctrinó a los hijos en el sentido de que creyesen que había una poderosa cura farmacológica para todos los sufrimientos y los dolores. Los gels para la dentición, los jarabes contra la tos, las gotas para la nariz, la aspirina, las píldoras para adelgazar, las cataplasmas, los ungüentos y una serie de distintas sustancias químicas fueron aceptados con entusiasmo. "Vivir mejor gracias a la química" se convirtió en un concepto popular.

Más o menos por la misma época, los adultos comenzaron a consumir medicinas recetadas en medida mucho mayor que antes. Había píldoras para dormir, píldoras para despertar mejor, y píldoras para calmar al individuo y aliviar las tensiones del día. El No-doz (cafeína concentrada) tuvo gran venta en los claustros universitarios durante los períodos de examen; afirmábase que las anfetaminas eran aún más eficaces para ayudar al individuo a permanecer despierto y alerta. Los adolescentes más jóvenes que advirtieron estas tendencias, en realidad no pensaban usar inmediatamente esas drogas, pero comenzaron a concebirlas como productos consumidos por los "adultos".

Cuando cobró forma el período de Vietnam, y los adolescentes de sexo masculino alcanzaron gradual conciencia de la posibilidad de que los enviaran al combate, se difundió una nueva forma de hedonismo. Gocemos ahora mismo. No perdamos tiempo. Quizá mañana regresemos a casa metidos en un saco de material plástico. La insatisfacción con el mundo de los adultos se acentuó, al mismo tiempo que las protestas en los claustros y las "sentadas" se enfrentaban con los inflexibles rectores de las universidades y con una policía insensible. La distancia entre las generaciones llegó al punto de ruptura; la revolución era la actitud de rigor.

Hacia fines de los años '60, e incluso durante la década de 1970, otros elementos comenzaron a confluir y vinieron a modificar las actitudes de nuestra sociedad hacia las drogas. Por una parte, llegó a ser evidente que las antiguas advertencias en el sentido de que todas las formas de consumo de drogas provocaban la locura, la conducta criminal y tremendas consecuencias para la salud sencillamente no eran ciertas. (Para una generación que sentía que le habían mentido acerca de Vietnam y Watergate, esto no fue una sorpresa, sino el refuerzo de la desconfianza anterior, la reafirmación de la mentalidad que se expresa en la frase: "No confíes en nadie mayor de treinta años".) Por otra, algunos de los más visibles modelos de roles de los adolescentes comenzaron a exaltar el consumo de drogas. Estrellas del rock marcharon a la vanguardia de este movimiento, y las letras de muchas canciones del rock tuvieron que ver con la experiencia en el campo de las drogas. Varios grupos de rock alentaron francamente el consumo de drogas durante los conciertos, y el público acataba de buena gana la recomendación. El "contacto de alta tensión" fue vivido inicialmente por los adolescentes que asistían a los conciertos de rock; la nube de humo de marihuana que se extendía sobre el público a menudo era tan embriagadora que en realidad no se necesitaba fumar un cigarrillo para excitarse. Los conciertos de rock también se convirtieron en lugares donde campeaba la generosidad con la droga; muchos jovencitos preparaban y encendían un cigarrillo de marihuana, y después lo pasaban a la gente que estaba alrededor. Pocos adolescentes podían rechazar el ofrecimiento en ese ámbito signado por el golpeteo electrónico de la música y las luces hipnóticas, relampagueantes y multicolores.

Mientras los adolescentes utilizaban las drogas para emular a los adultos y "comportarse más como personas crecidas", comenzó a manifestarse un nuevo fenómeno. La generación hippie, ahora un tanto mayor, pasó a ocupar empleos, contrajo matrimonio, se asentó y sus miembros tuvieron hijos. Como ya conocían el panorama de la droga (a diferencia de sus propios padres), esta generación comenzó a sentir el apremiante deseo de permanecer joven. Para muchos adultos en la treintena o incluso la cuarentena, el uso recreativo de las drogas se había convertido así en una práctica aun más atractiva como método de rejuvenecimiento, de repetición de su propia juventud, como modo de negar los cabellos encanecidos y los vientres más redondeados.

En la actualidad, las drogas se han difundido tanto en la sociedad norteamericana que el profesor Norman Zinbelg, de la Universidad de Harvard, dijo recientemente: "En Estados Unidos nadie está más lejos que a un paso prácticamente de todas las drogas que desee conseguir." La cocaína se ha convertido en la droga "in", y pese a su costo se la utiliza mucho. En 1982, en que fue el tema de la tapa de la revista *Time,* el uso de la cocaína se había duplicado en la población adulta, comparado con lo que era apenas tres años antes. Se compra y vende cocaína en la Colina del Capitolio, en el salón de la Bolsa de Valores de Nueva York, y en los campos de juego de los colegios. En verdad, vivimos en una sociedad democrática.

La presión de los pares y otros factores de perplejidad

De acuerdo con algunos investigadores de la Universidad de Michigan, que estudiaron un muestreo nacional de 170.000 alumnos del último año del colegio secundario, pertenecientes a 130 colegios públicos y privados, uno de cada cinco ha sido un consumidor *diario* de marihuana, por lo menos durante un mes, en determinado momento de su asistencia al colegio secundario, y el 41 por ciento reconoce haber consumido por lo menos cinco copas seguidas, por lo menos una vez durante las dos últimas semanas. Estos sorprendentes niveles de abuso de sustancias en los adolescentes son, en gran parte, reflejo de la presión ejercida por los pares, un factor que los adultos comprenden con dificultad.

"Yo tenía trece años cuando las drogas comenzaron a aparecer en las fiestas", nos dijo Ellen. "Al principio, me retraje, porque les temía. Pero cuando la totalidad de mis mejores amigos comenzó a consumirlas, sentí que era una niña si no probaba, y entonces me atreví." (Ellen que ahora tiene quince años, fuma marihuana cuatro o cinco veces por semana, generalmente después de la escuela, y también consume Quaaludes, Valium, y LSD. Afirma que le agradaría probar la cocaína, pero sus amigos no pueden conseguirla.)

Bill describe la presión de los pares de un modo un tanto distinto. "Cuando yo tenía catorce años, varios amigos y yo formamos un club secreto. Celebrábamos reuniones especiales y hacíamos juntos muchas cosas. Uno de los muchachos trajo cierta hierba a una reunión, y dijo que todos teníamos que fumar, para demostrar que éramos duros. Yo no quise, y me retiré. Al día siguiente me dijeron que había sido excluido del club. Dijeron que no querían a un afeminado." (Bill, que ahora tiene diecisiete años, se ha aferrado a su posición. No ha consumido drogas, y se siente orgulloso de su actitud.)

En el caso de Carl, la presión de los pares se ejerció de distinto modo. "Mi amiga extrajo un cigarrillo y dijo: 'Tengamos una fiesta'. En realidad, yo no quería, pero ella insistió y dijo que de ese modo el sexo sería muchísimo mejor, y si yo no quería acompañarla, ya encontraría otro que lo hiciera." (Ahora, Carl fuma marihuana todos los fines de semana, y también ha probado otras drogas, incluso la cocaína. Gana unos 100 dólares semanales vendiendo drogas a los amigos de su hermano menor que tiene trece años.)

La presión de los pares se manifiesta de muchos modos. El mensaje fundamental es: "Haz lo que hacemos para demostrar que eres uno de los nuestros, de lo contrario te quedas solo." Algunos adolescentes, sin duda, necesitan el apoyo de sus pares, experimentar un sentimiento de pertenencia y aceptación que suavice la separación respecto de la familia. Arriesgarse al rechazo del grupo de pares equivale al suicidio psicológico. Y, a diferencia de la conducta sexual, el rito del consumo de drogas a menudo comienza en un ambiente grupal, y refuerza la impresión de una experiencia compartida, de un lazo común de amistad. "Practicar las drogas" con los amigos de uno demuestra que el adolescente es digno de confianza, compatible, y que "está en la cosa".

Los ritos del consumo de drogas pueden originar un sólido

sentimiento de camaradería, incluso entre extraños, de un modo afín al amable ambiente observado en una taberna del vecindario. En la taberna, un brindis en que alguien grita: "¡Brindo por tal cosa!" puede unificar de inmediato a un grupo. En el caso de los adolescentes, los ritos compartidos de la ingestión de bebidas o el consumo de drogas también suministran una forma de status, una fuente de aceptación social, y un modo de evitar la temida sensación de ser "distinto".

Felizmente, la presión de los pares orientada hacia el consumo de drogas y alcohol opera también como una fuerza moderadora. Aunque se considera aceptable, elegante y refinado el uso recreativo ocasional de sustancias que modifican la mente, los subproductos extremos de la adicción y el alcoholismo merecen desprecio y desdén. La actitud implícita es que la experimentación razonable con drogas exige moderación; controlar la experiencia con la droga, y no permitir que ella nos controle. Un joven de diecisiete años resumió esta actitud al descubrir lo que le sucedía a un amigo. "Joey era estúpido y se mostraba débil. No podía atender sus cosas, y se convirtió en drogadicto. Ahora, nadie quiere estar con él."

No todos los grupos de pares adolescentes se orientan hacia la droga, y si los mejores amigos de un adolescente se abstienen de las drogas es mucho más probable que él o ella las eviten también. La presión de los pares puede manifestarse en cualquiera de las dos direcciones. Pero si los amigos de un adolescente experimentan todos con las drogas, más tarde o más temprano él o ella probablemente será inducido a probarlas. "¿Qué pasá? ¿Tienes *miedo* de algo?", es el tipo de desafío que la mayoría de los adolescentes no puede resistir, si los amigos lo repiten con frecuencia suficiente.

El gran escape

Tratar de descubrir por qué los adolescentes consumen droga es un poco como tratar de aclarar el panorama de la economía. Hay muchas explicaciones posibles, la mayoría de las cuales parece bastante plausible, y uno puede citar las estadísticas de una serie de estudios distintos para "demostrar" casi todo lo que desee.

Durante las dos décadas en que hemos trabajado con adolescentes, comprobamos que el denominador individual más común de la experimentación de los adolescentes con las drogas es sencillo: los adolescentes están buscando el modo de fugar del mundo cotidiano que los rodea. En muchos casos, estos jovencitos quieren huir del hastío; ven en las drogas algo excitante y *distinto* comparado con las restantes cosas que hacen. De hecho, el lenguaje mismo que describe el consumo de drogas –"realizar un viaje", "alcanzar alta tensión"– sugiere el elemento de la lucha contra el hastío. El carácter ilícito de la experimentación con las drogas contribuye a esta aureola; además, las *expectativas* de excitación del usuario son también un factor poderoso de la ecuación. Un hecho interesante es que otros adolescentes consumen drogas para evitar los problemas y las tensiones, es decir, utilizan las drogas por sus cualidades tranquilizantes y calmantes. He aquí la descripción de un alumno de tercer año del colegio secundario: "Comencé a fumar marihuana cuando mis padres se separaron y las cosas se pusieron muy tensas en casa. Era un modo eficaz de relajarme, de alcanzar cierta sensación de bienestar que remplazaba al nudo que sentía en el estómago."

Los adolescentes actuales sienten que soportan un número elevado de presiones, y probablemente están en lo cierto. Se les exige un buen desempeño en el colegio. Los inquieta la crisis del petróleo y el decaimiento de la economía. Saben de la inflación y la desocupación, y los problemas ecológicos. Han leído que el sistema norteamericano de Seguridad Social está fallando, al borde del desastre. No están seguros de que jamás podrán llegar a vivir tan cómodamente como lo hacen sus padres. Y tienen cabal conciencia de los riesgos de la guerra nuclear. ¿Puede extrañar que parezca atractivo escapar de todas estas presiones?

Las drogas pueden suministrar otro tipo de fuga a los adolescentes, por así decirlo, un efecto de combinación, pues actúan simultáneamente de dos modos. En general, los adolescentes sienten que el empleo de drogas demuestra que ellos son personas refinadas y conocedoras; por lo tanto, las drogas permiten evitar la idea de que se los ve como a personas ingenuas o un poco aniñadas. En segundo lugar, el uso de drogas permite que los adolescentes eviten el sentimiento de que ellos "no significan nada". Les infunde un sentimiento instantáneo de jerarquía e identidad.

Es interesante observar que los adolescentes que no necesitan escapar del hastío o las tensiones, a menudo no se comprometen tan profundamente con las drogas como los que necesitan ese tipo de fuga. Esto no significa que no prueben en absoluto las drogas, porque muchos adolescentes experimentan unas pocas veces para satisfacer su curiosidad y tranquilizar al grupo de pares, y después inte-

131

rrumpen el consumo. En cambio, en este caso se trata de adolescentes que suelen avivar su propia existencia con otros desafíos, por ejemplo el atletismo, la música, el teatro o el desempeño académico. Tales jóvenes calman muchas de sus tensiones psicológicas o físicas de manera más fecunda, y no necesitan utilizar productos químicos con esos fines.

Otras razones por las cuales los adolescentes experimentan con las drogas, el alcohol y el tabaco

Los adolescentes se sienten atraídos por las drogas a causa de diferentes razones que sobrepasan la necesidad de fuga. Veamos aquí algunas de las más usuales:

(1) Las drogas suscitan placer y determinan que los jóvenes se sientan mejor.

(2) Muchas drogas, incluso el alcohol y la marihuana, atenúan las inhibiciones de los adolescentes y consiguen que se sientan menos inhibidos.

(3) En el caso de los varones adolescentes, las drogas y el alcohol suministran un modo de comprobar la masculinidad. Esto último es especialmente apreciado por los que no son atletas muy aptos, pues nuestra sociedad suministra pocos ritos o desafíos, fuera del atletismo, que puedan "demostrar" la masculinidad del individuo.

(4) El empleo de drogas es un modo de expresar la alienación, el rechazo y la rebelión.

(5) Muchos adolescentes creen, erróneamente, que las drogas poseen cualidades de ampliación de la mente que les permitirán alcanzar mayor capacidad creadora o más aguda percepción. Por consiguiente, consumen drogas para llegar a un estado modificado de la conciencia.

(6) Las drogas son fácilmente accesibles, y relativamente baratas.

(7) Se percibe a las drogas y el alcohol como factores de acentuación de los sentimientos sexuales. Para muchos adolescentes resulta difícil resistir la seducción de los efectos afrodisíacos imaginarios de las sustancias ilícitas.

(8) El empleo de drogas es un modo de demostrar que el jovencito es una persona "madura" o "adulta".

(9) Algunos adolescentes consumen drogas para pedir ayuda. Presionados por los pares, pero confundidos o incluso atemorizados por sus experiencias con drogas, desean realmente la intervención de los padres, que venga a prohibir dicho comportamiento. Esta forma de experimentación puede ser también un síntoma de los problemas psicológicos internos, por ejemplo la depresión o la ansiedad grave.

(10) Las drogas están prohibidas; lo que está prohibido parece atractivo. En todo esto hay una combinación de curiosidad y riesgo.

Además de estos factores, es importante comprender que los adolescentes se encuentran atrapados por una doble norma cultural en cuanto se refiere al consumo de drogas y alcohol. Los anuncios de las marcas de cerveza en la televisión destacan que beber es algo que los "buenos amigos hacen juntos". Los anuncios de licores a menudo incluyen una nota de atracción sexual. El "Hombre Marlboro" es, sin duda, un ejemplar de macho. Dean Martin ha hecho carrera representando al individuo achispado (o por lo menos fingiendo tal cosa). Las tiendas que se dedican especialmente a la venta de elementos relacionados con la droga, aunque han sido puestas fuera de la ley en muchas comunidades, continúan existiendo. Puesto que esos mensajes forman parte permanente del entorno, no es extraño que muchos adolescentes consideren que la abstinencia total no es una alternativa, ni cosa que se le parezca.

Estrategias de la paternidad positiva

Quizás el más importante punto de partida de la paternidad positiva en relación con las drogas ilícitas, el alcohol y el tabaco está en los modelos de roles que suministramos a nuestros hijos y en los valores que enseñamos (mediante el ejemplo tanto como con la palabra) mucho antes de que lleguen a la adolescencia. Uno de los anuncios más eficaces que hemos visto en la campaña contra el consumo de tabaco, ilustra esta premisa.

Un padre joven y atractivo está sentado con su hijo de seis años en un parque, un día hermoso y soleado. Extrae una cajetilla de cigarrillos, elige uno distraídamente, lo enciende, le da una chupada larga y satisfactoria, y después inocentemente deposita la cajetilla en el suelo. El niñito, en una imitación perfecta de su papá, extrae un cigarrillo y repite la conducta del padre.

Los niños que ven cómo el padre bebe una copa para relajarse, o que saben que sus padres utilizan tranquilizantes, u otros medicamentos, ya están preprogramados con una resistencia reducida frente al uso de las drogas en la adolescencia. De hecho, un adolescente que cuenta por lo menos con un progenitor que fuma, tiene casi tres veces más probabilidades de comenzar a usar tabaco que el hijo de padres que no fuman.

La siguiente estrategia de la paternidad positiva, que también debe comenzar antes de la adolescencia, consiste en suministrar a los hijos una eficaz educación acerca de las drogas. Por supuesto, para acometer esta tarea, uno debe comenzar educándose a sí mismo (el capítulo 9 de este libro, "Manual de iniciación de los padres acerca del abuso del alcohol y las drogas en los adolescentes", es un buen punto de partida). Si usted conoce los hechos fundamentales acerca de las drogas, el tabaco y el alcohol, estará en condiciones de enseñar a sus hijos qué son las drogas, por qué se las utiliza, y cómo puede evitarlas. Esto implica no solo enseñar hechos científicos: exige que los padres inculquen valores y actitudes acerca del consumo de drogas por parte de los adolescentes, además de un repertorio de métodos enderezados a promover la autodisciplina, la autoestima, el autocontrol y la autoconciencia. Este tipo de enseñanza debe ser un proceso permanente, no una conferencia pronunciada una sola vez; pero más tarde podrá aportar dividendos importantes a su hijo.

El proceso de educación acerca de las drogas no tiene por qué limitarse al hogar. Verifique cuáles son los recursos disponibles en su sistema escolar o su congregación religiosa. Si carecen de un personal especialmente entrenado que provea educación preventiva, trate de vincularse con otros padres para promover dicho programa. Muchas organizaciones pueden suministrar ayuda y materiales para la realización de dicha actividad. Pero estos programas son necesarios en la escuela primaria, antes de que comience la experimentación con las drogas; durante los años del colegio secundario su valor preventivo será mínimo.

Cuando usted converse con sus hijos acerca de las drogas, es posible que lo miren con sospecha. Presentamos aquí una lista de lo que debe hacerse y lo que conviene evitar. Puede ser útil.

(1) *Muéstrese franco y directo en todo lo que tenga que decir.* Andar con rodeos no es muy útil.

(2) *Las tácticas de intimidación generalmente no son muy eficaces para apartar de las drogas a los adolescentes.* Aunque ello no significa que usted deba ignorar la realidad, no atribuya excesiva importancia a los riesgos para la salud o a las posibilidades de ir a parar a la cárcel, porque de todos modos la mayoría de los adolescentes no lo cree.

(3) *Suministre munición a sus adolescentes para identificar y afrontar la presión del grupo de pares.* Explique qué son las presiones de los pares, y cómo actúan. Señale que ceder a dichas presiones es una forma de debilidad, y subraye que ser dueño de uno mismo –adherir a nuestras propias decisiones– representa un signo de fuerza.

(4) *Fije límites claros y explique lo que sucederá si no se les hace caso.* Los adolescentes nos dicen a menudo que sus padres en realidad nunca les dijeron qué hacer y qué no hacer en relación con las drogas y el alcohol. Si usted se opone completamente a la idea de que el adolescente pruebe las drogas ilícitas, aclare bien su posición. Si no se opone a que un adolescente un poco mayor utilice ocasionalmente la marihuana, dígalo. Pero especifique que ese es el único consumo de drogas que usted tolerará, y explique precisamente qué

consecuencias tendrá el incumplimiento de esta norma. Recuerde que un castigo menor ("Charlie, no tendrás televisión durante dos noches") indica a su adolescente que se trata de un asunto secundario, y en cambio un castigo duro ("Te quitaré la licencia de conductor durante dos meses"), no solo atrae la atención del adolescente, sino que probablemente tendrá su propio valor disuasivo. Verifique que los límites trasunten un sentido de amor y afecto, más que de hostilidad. No se trata de desafiar a los adolescentes para incitarlos a faltar a las normas.

(5) *Explique a sus hijos adolescentes que usted está disponible siempre que ellos lo necesiten.* Pero si usted desea realmente que ellos acudan con sus pensamientos, sus interrogantes o sus problemas, no debe gritarles y mostrarse ofendido y chocado por lo que ellos puedan decirle. Mantenga la calma y reaccione con la mente abierta.

Además de la educacion, los padres pueden dar otros pasos importantes para ayudar a sus adolescentes a superar la tentación de las drogas. El primero consiste en crear en la familia una atmósfera de calidez y aceptación. Los investigadores coinciden en que los cambios sobrevenidos en la naturaleza esencial de la familia norteamericana han contribuido mucho al problema de las drogas. Un sólido sistema de apoyo de la familia y un sentido de la misma se oponen a dicha tendencia. (Esto *no* significa que todos los adolescentes que consumen drogas tienen problemas familiares.) En segundo lugar, suministrar a los adolescentes alternativas a la experiencia con las drogas, por ejemplo:

(1) *La actividad física y la conciencia del propio cuerpo.* Los deportes y ejercicios suministran un sustituto perfecto de las drogas para muchos adolescentes. Pueden ser una forma de alivio de la tensión, realzar la conciencia del cuerpo e infundir un sentido de participación y camaradería grupales.

(2) *La conciencia sensorial.* En lugar de apelar a los productos químicos para modificar la percepción, ensaye otros enfoques. La música y el arte pueden "transformar a las personas", si ellas se implican en la experiencia. Un viaje a la playa o un día en las montañas

136

pueden ampliar los horizontes sensoriales; el televisor no puede originar ese efecto.

(3) *Las relaciones interpersonales estrechas.* Son al mismo tiempo más satisfactorias y más duraderas que los efectos de la droga, y tienden a atenuar el tumulto interior en la vida de los adolescentes, es decir, el factor que a veces conduce al consumo de drogas como modo de afrontar la situación.

(4) *Los desafíos.* Fortalezca la autoestima de sus adolescentes proponiéndoles metas realizables. Enséñeles a jugar ajedrez, bridge u otros juegos análogos que exigen destreza y concentración. Inscríbalos en un programa de entrenamiento en la vida silvestre. Consiga que se comprometan en los programas de acción comunitaria, o en el entrenamiento de un animal doméstico, o en otra situación cualquiera que les inculque responsabilidad, al mismo tiempo que pone a prueba la fibra de los jóvenes y les impide que se aburran.

(5) *La actividad en su propia religión, si este factor armoniza con los valores personales que usted afirma.* Muchos estudios han demostrado que los adolescentes más implicados en la religión tienen más probabilidades que sus pares de evitar el consumo de drogas. Aunque la religión no es, ni mucho menos, una panacea para todos los problemas emergentes de las drogas, contribuye a acentuar la estabilidad de la vida de su adolescente.

Por último, desarrolle actividad en un área comunitaria. Los grupos promovidos por los padres han representado un papel importante en la tarea de retirar de las rutas a los conductores borrachos y suministrar líneas telefónicas de urgencia para información y asesoramiento crítico en relación con el abuso de las drogas y el alcohol. Los padres interesados y comprometidos en el asunto *pueden* modificar la situación; los índices de experimentación de los adolescentes con las drogas parecen haber alcanzado el punto culminante antes de 1982, y ahora están comenzando a descender.

Es poco realista creer que podemos erradicar fácilmente el problema de las drogas en Estados Unidos. El asunto incluye cuestiones económicas y políticas, así como temas relacionados con la psicología del consumo de drogas. Pero podemos sentirnos más animados si advertimos que nuestros adolescentes están dispuestos a escucharnos en el caso de que hablemos con buen criterio y no nos dejemos dominar por el pánico, es lo que empieza a desprenderse de las encuestas recientes. El consumo diario de cigarrillos por los alumnos del último año del colegio secundario descendió del 29 al 21 por ciento entre 1977 y 1982, de acuerdo con los estudios realizados por la Universidad de Michigan. El consumo diario de marihuana por los alumnos del último año secundario descendió del 10,7 al 6,3 por ciento entre 1978 y 1982. Aunque la batalla contra las drogas es lenta y decepcionante, parece que al fin la marea está cambiando.

9

Manual de iniciación de los padres acerca del abuso del alcohol y las drogas en los adolescentes

Los adolescentes consumen drogas y alcohol de muchos modos distintos. Ya hemos examinado las razones y las modalidades de la experimentación de los adolescentes con las drogas, destacando que ahora se trata de una práctica tan difundida, que el adolescente que desconoce las drogas constituye estadísticamente una minoría. Pero la experimentación se relaciona con el uso ocasional y casual de sustancias ilícitas, y se distingue claramente de otros dos esquemas de consumo adolescente de drogas que son mucho más temibles. Son el *abuso de las drogas*, en que la frecuencia del consumo de drogas o los efectos producidos por las drogas utilizadas determinan resultados perjudiciales para el individuo, y la *adicción a las drogas*, en la cual el individuo contrae una honda necesidad física y fisiológica de consumir drogas después del uso repetido, y sufre síntomas de privación si no toma regularmente la droga.

El Instituto Nacional de Abuso de las Drogas (de Estados Unidos) calcula que más de un millón de adolescentes norteamericanos abusa anualmente de las drogas. Otro grupo de 750.000 adolescentes puede ser incluido en la categoría de los alcohólicos. Los padres necesitan saber de qué modo descubrir el abuso de drogas por parte de sus adolescentes, y qué hacer al respecto con el fin de reducir significativamente estas estadísticas.

Cómo descubrir el abuso de las drogas por parte del adolescente

La pregunta más frecuente que los padres formulan acerca del abuso de las drogas en los adolescentes es probablemente: "¿Cómo puedo saberlo?" No hay métodos infalibles, pero los siguientes síntomas y signos del abuso de las ddrogas pueden ser útiles como guía.

(1) Disminución de la vivacidad de las reacciones e incapacidad para pensar claramente.

(2) El habla lenta y tartajosa.

(3) Comportamiento perezoso, falta de energía y tendencia a dormir mucho o a la somnolencia.

(4) Cambios llamativos de humor, sobre todo irritabilidad, amplias variaciones del humor y depresión.

(5) Deterioro del desempeño en el colegio.

(6) Debilitamiento del impulso y la ambición; actitudes caprichosas frente a la vida en general.

(7) Infecciones frecuentes.

(8) Pérdida de peso y disminución del apetito (excepto en los consumidores de marihuana, que tienden a mostrar voracidad y pueden aumentar de peso).

(9) Interrupción de la menstruación.

(10) Decoloración pardoamarillenta de la piel del pulgar y el índice (en los fumadores frecuentes de marihuana).

(11) Marcas de agujas en los brazos y en las piernas (en los que se inyectan narcóticos u otras drogas).

(12) Ojos inyectados en sangre (en los consumidores de marihuana y los alcohólicos).

(13) Pupilas dilatadas (las pupilas comprimidas, como puntas de alfiler, pueden ser un signo del uso de narcóticos).

(14) Tos excesiva y crónica.

(15) Dolores de cabeza frecuentes.

(16) Hiperactividad (usual en el consumo de cocaína y anfetaminas).

(17) Reacciones destacadas de ansiedad, paranoia o alucinaciones.

(18) Goteo de la nariz, y fosas nasales rojizas, irritadas (en los consumidores de cocaína).

Ninguno de estos signos o síntomas es prueba irrefutable del abuso de drogas, pero si se observan varios de ellos, sin duda deben provocar la sospecha de los padres. Además, si su adolescente de pronto abandona a sus amigos a favor de un grupo distinto, o se convierte en un solitario, considere la posibilidad de que las drogas sean la causa.

Para abordar con inteligencia el problema de las drogas, es necesario contar con hechos exactos. Aquí ofrecemos un resumen de la información actual acerca de las drogas ilícitas de las cuales los adolescentes abusan con más frecuencia.

Alcohol. A veces se omite el alcohol como una droga de la cual se abusa, pero hemos decidido incluirla aquí porque creemos que corresponde precisamente a esta categoría. Un grupo calculado aproximadamente en un *millón y medio* de adolescentes tiene problemas de alcoholismo, y la mitad de esta cifra −tres cuartas partes de millón de adolescentes− estaría formada por alcohólicos totales. Durante los últimos quince años, el uso excesivo del alcohol ha afectado a grupos de edad cada vez más jóvenes.

En su condición de droga, el alcohol es un poderoso depresor del sistema nervioso central, lo cual significa que perturba el funcionamiento normal del cerebro. Los efectos exactos dependen de la cantidad de alcohol absorbido en la corriente sanguínea, lo cual a su vez refleja la cantidad de alcohol consumido, la rapidez con que se lo bebe, el peso de la persona y la cantidad de alimento existente en el estómago (el alcohol es absorbido más rápidamente cuando no hay alimento en el estómago, y determina concentraciones más elevadas de alcohol en la sangre). Una o dos copas consumidas lentamente –a lo largo de una hora o más– determinan a lo sumo cambios superficiales del comportamiento, y a menudo representan el papel de "lubricante social", que ayuda a la gente a relajarse y sentirse más cómoda. Proporciones más elevadas de alcohol, o incluso dos copas bebidas de prisa, comienzan a afectar el juicio y la coordinación física. Aparecen la conducta ruidosa, el habla confusa, el equilibrio típico del "achispado", y el deterioro de las reacciones. Si en una hora se consumen cuatro o cinco copas, la gente invariablemente se emborracha, aunque quizás afirme que se siente bien y que controla perfectamente sus actos.

El acto de beber significa para el adolescente algo más que limitarse a gozar de los efectos gratos del alcohol. Posee su propio simbolismo cultural, pues ello implica que "uno es miembro de la pandilla", y que ha llegado a ser "adulto". Su uso con este carácter simbólico garantiza un aspecto sobremanera peligroso del consumo de alcohol en los adolescentes: la mezcla de la bebida con el manejo del automóvil.

El manejo de vehículos en estado de embriaguez es especialmente coun en los adolescentes por tres razones: (1) carecen de la experiencia tanto de la bebida como del manejo, y por lo tanto cuentan con menos elementos que les permitan formular juicios acerca de cualquiera de las dos actividades; (2) tratan de impresionar a sus amigos acerca de la "madurez" que poseen y (3) no creen que ser arrestados por manejar en estado de embriaguez o sufrir un accidente sean cosas que puedan ocurrirles a *ellos*; eso está destinado a otros. Pero las estadísticas recogidas durante la última década han demostrado de manera muy clara que hasta el 60 por ciento de los muertos en accidentes provocados por el manejo en estado de embriaguez está formado por adolescentes; y siempre que la ley reduce la edad a partir de la cual se permite servir bebidas, se elevan sustancialmente los índices de accidentes automovilísticos de los adolescentes. Es necesario insistir con la mayor energía en la necesidad de que los padres exhorten a sus adolescentes a abstenerse de manejar cuando beben, sea cual fuere la cantidad de alcohol consumido.

Los adolescentes no perciben inmediatamente los efectos del elevado consumo de alcohol sobre la salud, pero a decir verdad esa práctica puede llevarlos a sufrir deterioro hepático (cirrosis, hepatitis alcohólica, pancreatitis, gastritis crónica, cardiopatía alcohólica, artritis degenerativa y daño cerebral en la veintena o la treintena si persiste el abuso de la bebida). Estos riesgos de la salud se agravan en la gran mayoría de los adolescentes que abusan del alcohol y que consumen también otras drogas. Además, la ingestión abundante de bebidas perturba la producción normal de hormonas sexuales, tanto en los varones como en las mujeres, y es probable que provoque graves dificultades del funcionamiento sexual.

El abuso de la bebida origina, asimismo, una serie de problemas de la conducta (aunque cabe reconocer que a veces es difícil determinar cuál es la causa y cuál el efecto). La vagancia, las riñas, los encuentros con la policía, el comportamiento desorganizador en las relaciones de familia, y en general el escaso control de los impulsos son los rasgos distintivos de los adolescentes que beben demasiado. Casi puede garantizarse que la bruma alcohólica perjudicará el desempeño en el colegio; también se observan el aislamiento social y los episodios depresivos.

Si se interrumpe súbitamente la ingestión abundante de bebidas después que se ha instalado la dependencia física, se observa un síndrome integral de suspensión del suministro de alcohol. Los rasgos más destacados de la versión benigna de este síndrome incluyen los temblores, la irritabilidad, la agitación, el insomnio, la ansiedad, la sudoración y el pulso rápido. Alrededor de un cuarto de los alcohólicos también padece alucinaciones durante la suspensión del alcohol, pero estas generalmente desaparecen al cabo de una semana. Un número más reducido soporta convulsiones durante el día o los dos días siguientes a la suspensión de la bebida, y aproximadamente la tercera parte de este grupo sufre *delirium tremens*, una condición caracterizada por el delirio (la confusión, la desorientación fluctuante y las alucinaciones), así como temblores acompañados de fiebre elevada, rápido latido cardíaco y elevada presión sanguínea. Aunque el *delirium tremens* es relativamente raro en los adolescentes, puede observársele en los que consumieron regularmente barbitúricos o tranquilizantes al mismo tiempo que cantidades importantes de alcohol. *El* delirium tremens *es una condición que amenaza la vida y exige atención médica urgente e inmediata.*

Marihuana La marihuana, que proviene de la planta *Cannabis satiba*, es, fuera del alcohol, la sustancia más utilizada en Estados Unidos. Es la primera droga ilícita con la cual experimenta la mayoría de los adolescentes, probablemente porque combina una amplia disponibilidad, el costo relativamente bajo, la grata "excitación" que origina, y su relativa seguridad. Los que la consumen por primera vez, a menudo no perciben una embriaguez visible, pero el uso repetido determina una "excitación" pasajera, señalada por la sensación de relajación, la modificación de la percepción del tiempo (parece que pasa más lentamente), la elevación del ritmo cardíaco, los sentimientos de euforia o alegría, y cierto sentido de más elevada acuidad sensorial.

La marihuana *no* es una droga que provoque adicción, aunque quienes la consumen mucho, a la larga dependen psicológicamente de ella. Las afirmaciones tempranas en el sentido de que la marihuana era completamente segura se han visto refutadas ahora por muchos estudios, pero también se ha demostrado la grave exageración de los argumentos iniciales formulados por los enemigos de la marihuana, acerca de las tremendas consecuencias de este producto para la salud.

Si se la utiliza *ocasionalmente* –menos de unas pocas veces por semana– los efectos negativos son relativamente escasos. Los ataques de ansiedad (sentimientos de pánico e hiperexcitabilidad) aparecen en el uno o dos por ciento de los usuarios; los "pantallazos retrospectivos" (recurrencias de la excitación provocada por la marihuana sin el empleo de la droga) son incluso menos frecuentes. El principal peligro físico parece consistir en que el manejo de vehículos y las cualidades desplegadas en el manejo de las máquinas se ven deterioradas a causa de la disminución de la vivacidad, el deterioro del tiempo de las reacciones complejas, y la deformación visual. Aunque no se conocen estadísticas fidedignas referidas a los accidentes automovilísticos provocados por la marihuana, una serie de expertos cree que anualmente hay decenas de miles de accidentes que podrían prevenirse, lo mismo que los millares de muertes determinados por ellos. De acuerdo con varios informes, alrededor de un cuarenta por ciento de los estudiantes secundarios a veces maneja bajo los efectos de la "excitación" originada en la marihuana.

El uso intenso de la marihuana es un asunto diferente. En primer lugar, los ingredientes químicos activos de la marihuana a lo largo del tiempo se acumulan en el cuerpo, sobre todo en tejidos como los del cerebro, los testículos y el hígado. Los estudios realizados demostraron que la producción de esperma disminuye a causa del consumo crónico e intenso de marihuana, y que puede reducirse el nivel de la testosterona, la principal hormona sexual masculina. (Como la testosterona representa un papel importante en la evolución de la pubertad masculina, es posible que este efecto preocupe especialmente a los padres y los adolescentes. Por desgracia, pese al uso difundido de la marihuana en la población adolescente, todavía no se han realizado investigaciones para comprobar si la marihuana interfiere en la pubertad.) Las pruebas recientes sugieren que el consumo intenso de marihuana puede trastornar la normalidad de la función menstrual en las mujeres, y se ha demostrado de modo concluyente que el componente químico activo de la marihuana atraviesa la placenta de las mujeres embarazadas e ingresa en la circulación del niño que está formándose.

El empleo crónico de la marihuana también daña los pulmones y disminuye la resistencia a la infección. Como el humo de marihuana tiene muchos de los ingredientes del humo de tabaco, algunos expertos creen que el uso intenso y prolongado puede provocar cáncer de pulmón. Pero quizá, dicen los científicos, el efecto más inquietante es que el consumo muy frecuente de marihuana puede conducir al llamado "síndrome amotivacional", caracterizado por la pasividad, la falta de ambición o motivación, y la reducción de la participación activa en la vida.

En cambio, ahora parece que los informes tempranos acerca de daño cerebral, como resultado del consumo crónico de marihuana, eran errados, y no se ha confirmado la idea (basada en los estudios sobre animales) de que la marihuana produce defectos en los recién nacidos. Pero es evidente que la marihuana no constituye, ni mucho menos, una droga inocua por sus efectos, aunque es improbable que el consumidor ocasional tropiece con estos problemas.

Hace poco, la Academia Nacional de Ciencias de Estados Unidos publicó un informe, preparado por un panel de especialistas, acerca de la marihuana y la salud. De acuerdo con el doctor Arnold Relman, miembro del panel y director del prestigioso órgano *New England Journal of Medicine*: "En su laboriosa revisión de los datos publicados, el comité descubrió muchos motivos para preocuparse acerca del difundido uso de la droga *−sobre todo en los jóvenes−* pero no pruebas concretas suficientes para responder a muchos interrogantes acerca de la amplitud del riesgo [el subrayado es nuestro]."

Drogas "fuertes" (estimulantes: Cocaína y Anfetaminas). La cocaína es sin duda la droga "in" de la década de 1980, aunque los adolescentes tienen menos probabilidades que los adultos de abalanzarse sobre la cocaína, porque cuesta de 100 a 150 dólares el gramo (aproximadamente una cucharadita de té, la dosis suficiente para dos personas durante unas pocas horas). De todos modos, el 16 por ciento de los alumnos del último año del colegio secundario, encuestados en 1982, reconoció que había realizado experiencias con la cocaína, y el 6,9 por ciento de los adolescentes de doce a diecisiete años la había consumido por lo menos una vez.

La cocaína proviene de las hojas de la planta de la coca, y puede ser inhalada, fumada o inyectada. Origina un estado provisorio (veinte a treinta minutos) de hiperestimulación caracterizada por la euforia, una sensación de poder y un estado de intensa vivacidad. A juicio de algunos, es la "suprema", pues origina en el usuario sentimientos de competencia suprema, dominio y perfección. Su atracción aumenta a causa de su reputación de "reina" de las drogas (en parte a causa del consumo de cocaína por las celebridades, las modelos, y las figuras del deporte) y por sus pretendidos efectos como estimulante sexual.

El uso ocasional de la cocaína no ha sido estudiado en detalle, pero las nuevas observaciones científicas están determinando, rápidamente, una revaluación de la droga. La perforación de las membranas nasales es la observación más usual. Pero mucho más inquietante es el hecho de que la cocaína posee un elevado potencial de adicción, pese que otrora se creyó que no presentaba este riesgo.

El uso intenso de la cocaína conduce a la pérdida del apetito y del peso, al insomnio, la actitud general de sospecha, las alucinaciones y las reacciones de ansiedad. Son frecuentes las reacciones depresivas cuando se interrumpe el suministro de cocaína. Lo que es quizá peor, la persona que llega a ser adicta a la cocaína pierde el control de su vida y se convierte en esclava del polvo blanco que le imprime un impulso intenso. Los adolescentes que son usuarios frecuentes, casi invariablemente tienen que robar para pagar este hábito tan costoso, y los que no roban, venden drogas como modo de conseguir dinero.

El descubrimiento de que el adolescente ha consumido cocaína impone la rápida intervención de los padres. Es importante que induzcan al adolescente a reconocer el carácter destructivo de esta droga antes de que caigan en la dependencia.

Las anfetaminas forman el otro tipo importante de drogas del grupo de los estimulantes. Estas drogas también son peligrosas a causa de su elevado potencial para crear adicción. El empleo esporádico y ocasional de las anfetaminas (por vía oral) al parecer no tiene consecuencias excesivamente graves. El efecto principal de la droga es acentuar la vivacidad y superar la fatiga, aunque es posible que los juicios complejos se vean afectados negativamente. Inyectada o inhalada, la anfetamina provoca sensaciones más intensas, denominadas a veces "relámpagos" o "impulsos". Si se la mezcla con otras drogas, o se la consume en dosis excesivas, y se introduce la droga por vía endovenosa, puede obtenerse hiperactividad, mediocre control de los impulsos, alucinaciones, conducta irracional (a veces destructiva) y en ocasiones una condición en la cual el "loco por la velocidad" es incapaz de moverse o hablar. También puede sobrevenir la muerte como consecuencia de una sobredosis.

El adicto a las anfetaminas puede soportar una serie de efectos, entre ellos el riesgo considerable de apelar al suicidio. Es posible que haya hemorragias cerebrales y ritmos irregulares, es usual el daño sufrido por los vasos sanguíneos, y los desórdenes hepáticos aparecen con frecuencia. Las ilusiones paranoicas, la grave pérdida de peso y la desnutrición, así como las perturbaciones de la función sexual completan el desagradable cuadro de esta condición.

Felizmente, parece que ahora está disminuyendo el consumo de anfetaminas en los adolescentes. De todos modos, los elevados riesgos de esta droga no deben ser desdeñados.

Los depresores (barbitúricos, metaqualona, tranquilizantes). Los barbitúricos –las drogas como el fenobarbital (Luminal), el secobarbital (Seconal), y el amobarbital (Amytal)– son un parte importante del panorama de las drogas obtenidas en la calle. Están muy difundidas y son relativamente baratas, y por eso mismo se las utiliza solas (para calmar la ansiedad, "relajarse", aminorar el ritmo), o combinar con otras drogas ilícitas, para suavizar la excesiva acción estimulante de estas últimas. Los barbitúricos son peligrosos por donde se los mire. En primer lugar, son las drogas más comunes utilizadas para suicidarse. Las muertes accidentales imputables al uso del alcohol y los barbitúricos no son infrecuentes; además, los barbitúricos crean intensa adicción. Como en el caso de la adicción al alcohol, el retiro del suministro de barbitúricos puede ser peligroso, de modo que se recomienda enérgicamente la atención médica.

El metaqualona, vendido bajo diferentes marcas de fábrica, es un sedante especialmente popular en los adolescentes, quizá por su presunto efecto afrodisíaco. La verdad es que el metaqualona, de hecho, deteriora el desempeño sexual, aunque sus efectos desinhibidores puedan calmar los sentimientos usuales de ansiedad sexual, y por lo tanto conseguir que el consumidor *se sienta* más sexuado. A semejanza de los barbitúricos, el metaqualona crea adicción y es peligroso, aunque muchos adolescentes parecen convencidos de que la droga es inocua. Sobre todo cuando se lo mezcla con alcohol, marihuana o heroína, puede sobrevenir la muerte a causa de un paro cardíaco o de una falla de la respiración. El abuso crónico de esta droga en la forma típica determina un cuadro de deterioro en la coordinación, el paso inseguro, la incapacidad para concentrarse, los problemas de la memoria, la disminución de la capacidad de juicio y cierta apatía emocional. A fines de 1983, los laboratorios norteamericanos serios decidieron suspender por completo la fabricación de esta droga a causa de las elevadas posibilidades de abuso, pero como la mayor parte del metaqualona que llegaba a manos de los consumidores de la calle se producía de manera ilícita, esta droga peligrosa continuará disponible durante una serie de años.

En contraste con esta clase de drogas depresoras, los tranquilizantes del tipo del Librium y el Valium son menos usados por los adolescentes, y su uso es un tanto más seguro. Sobre todo el Valium, se utiliza en la subcultura de las drogas para tratar las complicaciones originadas en la experimentación con drogas, por ejemplo un viaje demasiado intenso con LSD. También se lo utiliza a veces para calmar el decaimiento después de un largo tramo con estimulantes del tipo de las anfetaminas o la cocaína. En lugar de provocar verdadera excitación, el Librium y el Valium originan en sus consumidores un sentimiento de "comodidad", "flotación" o, "suavidad". Si bien estas drogas poseen elevado potencial de abuso, generalmente no crean adicción.

Fenciclidina. Es difícil clasificar a la fenciclidina porque puede actuar como depresor, estimulante o alucinógeno, según cómo se la consuma y de acuerdo con la dosis utilizada. Es una de las drogas más peligrosas utilizadas por los adolescentes, aunque está muy difundida. La fenciclidina provoca extraños efectos de la conducta, entre ellos la tendencia a la violencia, la conducta impulsiva (incluso los actos autodestructivos como el suicidio), y un intenso sentimiento de despersonalización. Los adolescentes que están bajo los efectos de la fenciclidina han saltado de los techos de altos edificios convencidos de que podían volar como Superman; se han vuelto agresivamente contra los amigos, y a veces los asesinaron; y utilizaron autos como tanques Sherman para atacar las líneas enemigas. La fenciclidina consumida en dosis bajas a veces origina un sentimiento de alegría, así como sensaciones de poder y de percepción sensorial intensa; pero también es usual que provoque paranoia, deformación de la visión, ilusiones, falta de coordinación muscular y visiones retrospectivas. En dosis elevadas, puede provocar convulsiones, coma, o una hiperactividad extrema. Todos los usuarios arriesgan sufrir graves colapsos mentales como consecuencia de esta droga, y dichas condiciones incluyen reacciones psicóticas que exigen hospitalización e intensos esfuerzos de tratamiento. Por desgracia, estos episodios psicóticos a veces han llegado a ser permanentes.

Psicodélicos. El uso de drogas psicodélicas como el LSD ("ácido"), el peyote, la mescalina, y otras sustancias análogas ha venido declinando en los últimos años en el sector de los adolescentes norteamericanos. Aunque su composición química y sus resultados específicos varían, todas afectan la actividad cerebral, de modo que los usuarios sufren una avalancha de sensaciones de color, sonido, tacto y olor. En ciertos casos, hay temibles alucinaciones; en otros, las alucinaciones pueden adquirir matices religiosos, o aparentar que sondean las profundidades del universo. Estas drogas son sobremanera insidiosas porque interrumpen el contacto del usuario con la realidad y pueden desencadenar problemas psiquiátricos agudos o de largo plazo. También hay visiones retrospectivas, que tienden a ser desagradables y a provocar temor.

Narcóticos. Se ha escrito tanto acerca de los peligros de los narcóticos como la heroína y la morfina, que no consagraremos mucho espacio a repetir lo que los padres ya saben. Estas drogas, que poseen un elevado potencial de adicción, determinan síntomas de suspensión tan pronto aparece la dependencia física. Ellos incluyen el goteo de la nariz, los temblores, la sudoración, las náuseas, los vómitos, el dolor abdominal, los dolores musculares, los escalofríos, el insomnio, y a veces las convulsiones. Hay acuerdo general en el sentido de que la adicción a los narcóticos está vinculada con la conducta criminal, por ejemplo el robo y la prostitución (que suministran modos de comprar drogas para evitar los síntomas provocados por la suspensión de ellas), y también es evidente que el uso prolongado de narcóticos determina muchas consecuencias negativas en la salud. Si usted comprueba que su hijo adolescente tiene algo que ver con estas drogas, no pierda tiempo y consiga de inmediato ayuda profesional.

Inhalantes. Los adolescentes ocupan casi con exclusividad un sector de la escena del abuso de las drogas: la inhalación de solventes industriales hallados en los aerosoles de pintura, la nafta, las soluciones para la limpieza en seco, la cola utilizada en aeromodelismo, el fluido para encendedores, los removedores de manchas, o los esmaltes de uñas con el propósito de "excitarse". Estos productos muy difundidos y baratos, son completamente legales, y hay pocas probabilidades de que despierten la sospecha de los adultos; además, producen efectos rápidos. Los vapores pueden inhalarse utilizando un trapo empapado o una bolsa de plástico, o es posible accionar los aerosoles directamente en la nariz o la boca. La "excitación" es breve –generalmente dura apenas unos minutos– y no produce muchos efectos ulteriores. Al parecer, la secuela más usual es el dolor de cabeza.

Estos hábitos en apariencia inocuos del uso de los inhalantes son peligrosos por dos razones. En primer lugar, existe una toxicidad física potencial a causa del contacto directo repetido con estos productos químicos, sobre todo a causa de las elevadas concentraciones que es necesario usar para obtener un efecto. Algunos de estos productos en realidad son venenosos, y su consumo origina más de 100 muertes anuales. Segundo, y quizás incluso más inquietante, es el hecho de que los jovencitos que usan estos inhalantes –sobre todo en la escuela elemental y la primera parte del colegio secundario– generalmente pasan después al consumo de otras drogas.

Los adolescentes de más edad miran con desdén la costumbre de oler cola, por entender que es una actitud "infantil", pero pueden enredarse con otro tipo de inhalante. Es una droga denominada *nitrito de amilo*. Inicialmente fue utilizado en la comunidad homosexual masculina, pero ahora se ha difundido bastante en los claustros universitarios. A menudo se emplea la droga durante la actividad sexual, en vista de que amplía la capacidad sensorial, de un modo superficial y breve, y del efecto subjetivo en virtud del cual el sujeto siente que el tiempo pasa más lentamente. En la actualidad, el nitrito de amilo suele obtenerse usualmente, no como droga, sino en la forma de los desodorizantes de habitaciones, con diferentes marcas comerciales. Provoca dolores de cabeza, náuseas y aturdimiento, a causa de un descenso de la presión sanguínea y de la disminución del ritmo cardíaco, pero no origina adicción y al parecer no determina consecuencias graves en la salud o modificaciones de la conducta.

El problema de las drogas:
un enfoque basado en la realidad

¿Qué puede hacer usted si descubre que su adolescente está comprometido en el consumo de drogas? Es necesario que comience por evaluar cuidadosamente la situación desde distintos ángulos, al mismo tiempo que evita las reacciones irritadas y ofendidas que, probablemente, suspenderán la comunicación sincera con su hijo. En primer lugar, compruebe qué droga (o drogas) estuvo consumiendo su hijo. Después, fórmese una idea de la frecuencia del consumo. ¿Fue una sola vez, un hecho esporádico, o ya se convirtió en una pauta regular? Descubra por qué el joven sintió la necesidad de probar la droga. (¿Curiosidad? ¿Presión ejercida por los pares? ¿Tensión? ¿Problemas en el colegio? ¿Un modo de evitar el hastío?) Y cuál ha sido su reacción frente a la experiencia de la droga. Finalmente, si tal cosa es posible, trate de descubrir dónde consiguió la droga. Una cosa es que la reciba de un amigo, pero otra muy distinta que la compre a un desconocido, pues esto último puede significar que tiene acceso a drogas considerablemente peligrosas. Al recoger esta información, es fundamental el modo de formular las preguntas. Evite adoptar una actitud acusadora cuando indaga, y formule preguntas del modo más neutro y franco posible. "Deseo saber dónde compras la marihuana" tiene mayores posibilidades de recibir respuesta que: "¿Quién es el condenado traficante que te vende esa basura? Seguro que es Fulano, ¿verdad? Ese *punk* nunca me agradó."

Si el adolescente responde que experimentó con una droga una sola vez, o a lo sumo un puñado de veces, muéstrese circunspecto y realista en su reacción. Muchos adolescentes "prueban las drogas del tipo del alcohol o la marihuana para ver cómo son y para demostrar a sus amigos que son bastante adultos para adoptar decisiones; y después descubren que la cosa no es tan interesante. Cuando ya pueden afirmar que poseen experiencia, estos jovencitos se sienten más cómodos y pueden decir "no" si vuelven a ofrecerle esas drogas. Si esta es la situación que usted afronta, puede alentar y reforzar la decisión del adolescente en el sentido de la abstinencia, e inducirlo a suponer que usted confía en el criterio que él o ella demuestran. Pero si parece que esta fórmula no es aplicable a su adolescente −si él o ella le dicen que les *agradó* la excitación y que se proponen continuar experimentando− usted tendrá que adoptar una decisión difícil.

Algunos padres toleran el uso social moderado de la marihuana, mientras se limite a los fines de semana y no se mezcle con el manejo del automóvil. Otros padres no pueden soportar una posición tan tolerante. Antes de que usted reaccione precipitadamente en cualquiera de estas direcciones, medite el problema en la forma que adopta en el caso de su hijo, y no sólo en un sentido abstracto y filosófico. Si usted cree realmente que su adolescente consumirá marihuana sólo de manera casual, sin convertirse en un consumidor compulsivo, tal vez no valga la pena arriesgarse a la polarización que se manifestará si entra en juego un decreto de los padres que prohíbe todas las sustancias químicas. El hecho de que *usted* no sintiera la necesidad de consumir drogas cuando era adolescente, en realidad no cumple ninguna función práctica en este caso, y no será muy persuasivo: la realidad es que los tiempos son básicamente distintos. Por otra parte, algunos adolescentes ciertamente vuelven los ojos hacia los padres en busca de límites definitivos, y si usted muestra una actitud desaprensiva frente a las drogas, es posible que ellos aumenten intencionadamente el consumo para poner a prueba a los padres.

Los padres afrontan dificultades análogas en relación con los adolescentes y el alcohol. ¿Usted prohíbe por completo la bebida hasta los veintiún años, como están haciendo algunas legislaturas estaduales? ¿Introduce al adolescente en el alcohol bajo su propia supervisión, y le prohíbe que beba fuera del hogar hasta que alcance cierta edad (por ejemplo, dieciocho años) y haya demostrado que es capaz de soportar la bebida? ¿O autoriza que el adolescente beba si lo hace moderadamente y sólo cuando no maneja? No hay una respuesta individual "acertada" que sea válida para todos. Los padres deben decidir lo que harán en estas situaciones basándose parcialmente en el conocimiento de sus hijos (¿cuál es el grado de madurez?, ¿hasta qué punto es fidedigno?, ¿cuál es su nivel de impulsividad?) y en parte en su propio nivel de comodidad. Fijar normas de conducta que no armonizan con nuestras creencias y valores personales en general no es una actitud sensata.

En el caso de los adolescentes que experimentan con drogas más o menos seguras, que no provocan adicción, y que pretenden hacerlo de un modo infrecuente, y se muestran renuentes a prometer una abstinencia completa (o en el caso de que usted no desee ponerlos en la situación de tener que faltar a una promesa, lo cual puede ser contraproducente) es posible que usted quiera concertar un arreglo negociado, al mismo tiempo que mantiene su vigilancia sobre el asunto. Un modo apropiado de aplicar este método consiste en sugerir un tipo de compromiso: el adolescente puede continuar experimentando, pero sólo si lo hace a lo sumo dos veces por mes. Si el adolescente acepta este ofrecimiento y después realiza un consumo más frecuente de la droga, usted y su hijo tienen aquí una prueba importante (y objetiva) de que la necesidad de las drogas era mayor que lo que se creía inicialmente, y ello significa que es hora de examinar las medidas correctivas, antes de que la situación se descontrole.

Pero imagine que descubre que su hijo está abusando más gravemente de las drogas, consumiendo una droga varias veces por semana, o usando varias drogas distintas, o experimentando con una droga peligrosa o con una sustancia que posee elevado potencial de adicción. Aunque usted debería comenzar por evaluar la situación, según se explicó más arriba, en el asunto intervienen una serie de consideraciones diferentes.

(1) ¿Su adolescente posee una comprensión realista de lo que él o ella hacen?

(2) ¿Su hijo puede decir sinceramente que no estuvo traficando (vendiendo drogas)?

(3) ¿Se consume la droga por ingestión, o fumándola, en lugar de apelar a la inyección?

(4) ¿El esquema de consumo de la droga es rigurosamente recreativo y no existe el ingrediente de la necesidad compulsiva?

Si cualquiera de estas cuestiones tiene una respuesta "negativa", el padre afronta un problema grave que exige atención profesional. Por bien intencionado que sea el padre en el deseo de ayudar al hijo, debe entender que este no es el momento apropiado para la asistencia aportada por un aficionado. De hecho, incluso si uno es un profesional de la salud mental, que tiene experiencia del trabajo con los problemas de la droga en los adolescentes, el joven necesita el beneficio de un consejero o terapeuta objetivo, que no esté comprometido emocionalmente en la situación.

Cuando el adolescente se ha convertido en un individuo que abusa de la droga, el único tratamiento realista es la abstinencia. Pero para alcanzar este objetivo, el adolescente debe estar dispuesto a aceptar la responsabilidad de su comportamiento, y a realizar el esfuerzo de suspender el consumo de drogas. Por competente que sea, el terapeuta no puede obtener curaciones sencillamente moviendo una varita mágica. Ello significa que si su hijo se niega a suspender el consumo de drogas, debe considerarse seriamente la posibilidad de un programa de tratamiento residencial o de hospitalización.

Cuando se afronta el problema del abuso de las drogas o el alcohol, es fundamental que los padres comprendan que la mentira se convierte en una pauta característica, de modo que es necesario contar con seguridades mejores que la palabra de su adolescente en el sentido de que se abstiene. Este resultado puede obtenerse, en parte, mediante las pruebas de laboratorio que detectan la presencia o ausencia de muchas drogas ilícitas en las muestras de orina, y por lo tanto suministran un medio más fidedigno de confirmar o negar el abuso permanente de las drogas.

Al mismo tiempo, el tratamiento debe orientarse hacia la identificación y la solución de los problemas subyacentes que condujeron inicialmente al abuso de las drogas. Esta meta no puede alcanzarse en unas pocas sesiones terapéuticas; por lo general exige un examen muy atento tanto de la psiquis de su adolescente como de la naturaleza de las interacciones en la familia. Por incómodo que pueda ser para usted que se escudriñen sus prácticas como padre, y que estas quizá sean criticadas por un extraño, esto es exactamente lo que se necesita para ayudar al adolescente.

Si su hijo le reveló voluntariamente la existencia de un problema de drogas, el hecho es un indicio bastante bueno de tres cosas. En primer lugar, su adolescente admite la *existencia* de un problema, lo cual en sí mismo no es poco. Segundo, su hijo está pidiendo ayuda, y eso es también un signo positivo. Finalmente, es una indicación de la confianza de su hijo en usted, lo cual puede considerarse un factor importante en el desmantelamiento de este esquema de conducta autodestructiva. En cambio, si usted descubrió sin ayuda que su hijo adolescente abusa de las drogas, o lo supo por terceros, la reacción inicial del adolescente frente al interrogatorio que usted realiza tiene importancia considerable. Si él o ella niegan la existencia de un problema, el hecho es una indicación bastante firme de que no tienen la intención de ensayar la abstinencia, y también demuestra que la familia aportará escasa ayuda para modificar el comportamiento de abuso de las drogas.

Aunque usted no puede asumir la responsabilidad de tratar solo el abuso de las drogas en su hijo adolescente, puede dar pasos concretos que facilitarán el hallazgo de una solución.

(1) *Elimine de la casa todas las sustancias psicoactivas.*

(2) *Todos los miembros de la familia deben reducir el uso de drogas que no exigen receta, por casual o infrecuente que sea dicho consumo.*

(3) *Mantenga abiertas las líneas de comunicación.* Lo conseguirá únicamente si no apela a las recriminaciones y las censuras constantes.

(4) *Evite convertir al adolescente que tiene un problema de abuso de las drogas en víctima propiciatoria de todos los problemas de su familia.*

(5) *Hasta que esté convencido de que ya no existe el abuso de las drogas, no permita que su adolescente maneje.* Esto implica prohibir el acceso al automóvil de la familia y retirar la licencia de conductor de su hijo adolescente.

(6) *No convierta a su adolescente en prisionero, pero no le permita participar en situaciones en que podrá conseguir fácilmente drogas.*

(7) *Ejerza un control riguroso sobre la totalidad del dinero de su hijo adolescente.* Secuestrar las cuentas bancarias, retirar las tarjetas de crédito e imponer al adolescente un presupuesto estricto, con la obligación de rendir cuentas de cada centavo que gaste, pueden no ser medidas agradables, pero lo cierto es que comprar drogas cuesta dinero.

(8) *No obligue al adolescente a abandonar el hogar.* La expulsión de los adolescentes que abusan de las drogas solamente consigue empujarlos todavía más hacia una vida de adicción.

(9) *Encuentre un terapeuta competente que actúe sobre su hijo.*

(10) *Admita que la abstinencia de la droga durante un corto plazo no siempre es lo mismo que el éxito a largo plazo.* Algunos adolescentes que abusan de las drogas responden a la presión temporaria ejercida sobre ellos por las familias y los terapeutas, y después reinciden subrepticiamente. No presuma que todo está bien; mantenga una actitud vigilante.

155

(11) *Adopte un plan concreto y detallado en vista de la rehabilitación de su adolescente.* El mismo debe incluir planes con actividades que suministren una salida a las energías de su hijo y que atraigan su interés. Es necesario evaluar las necesidades educativas y vocacionales. Pero ponga cuidado en trazar dichos planes en relación con su adolescente, no usted solo.

Parece conveniente decir una última palabra, dirigida a los padres que afrontan el abuso de las drogas o el alcohol en los adolescentes. No hay respuestas fáciles para estos difíciles problemas, pero es absurdo creer que uno fracasó porque el hijo se enredó en el consumo de drogas. En cambio, centre la atención en rehabilitar al adolescente que depende de las drogas, y admita que muchos factores que usted no controla pueden frustrar el desenlace deseado. En ciertos casos, usted sencillamente no podrá salvar al adolescente decidido a autodestruirse; pero por lo menos sabrá que lo intentó.

10

El colegio, antes y ahora

El colegio ocupa un lugar importante en la vida de la mayoría de los adolescentes, pero la experiencia educativa ha sufrido algunos cambios importantes comparada con lo que solía ser. Los adolescentes trabajan frente al teclado de la computadora y asisten a minicursos acerca de temas como "El siglo XXI representado por los grandes escritores de ciencia ficción". Incluso el panorama deportivo ha sufrido cambios considerables: el básquetbol femenino ha abandonado sus normas anticuadas y se ha convertido en un juego agresivo y veloz; han aparecido nuevos deportes universitarios; por ejemplo el fútbol y la gimnasia; y los entrenadores se preocupan acerca de lo que harán cuando el capitán del equipo se presenta en el campo saturado de drogas. Pero a pesar de estos cambios, como dice el proverbio francés: "Cuanto más cambian las cosas, permanecen iguales".

Como antaño, la experiencia del colegio intenta preparar a los estudiantes para lo que les espera. Contrariamente a lo que piensan algunos adolescentes, hay una vida después del colegio secundario, y puede ser prolongada y vacía para los que están mal preparados. El colegio ofrece la oportunidad de desarrollar cualidades y talentos en las actividades académicas tanto como en las no académicas, de aprender lo que uno hace bien y lo que le agrada. Lo consigue enseñando hechos, enseñando modos de pensar, y socializando a los estudiantes para que conozcan y resuelvan los aspectos complejos de la vida moderna. Cabe esperar que el período de asistencia al colegio también infunda en los adolescentes el sentido de todo lo que tienen que aprender en la vida y la motivación que permitirá aprenderlo.

Educarse con vistas a la diversión y la ganancia

En muchos aspectos, el colegio es un microcosmo del mundo del trabajo. El estudiante se levanta temprano para alcanzar a determinada hora el ómnibus del colegio. Las clases suelen comenzar a las 8.30 ó 9.00 horas. A mediodía hay una pausa para almorzar. Los estudiantes interactúan con los profesores y los condiscípulos, con algunos de los cuales simpatizan, mientras otros les inspiran antipatía. Trabajan para obtener recompensar que no adoptan la forma de dólares, pero sí de clasificaciones, y para alcanzar un nivel importante de dominio y realización (que con el tiempo se convertirá en dólares). Un día típico termina con un viaje a casa en ómnibus, o con la participación en cierta actividad suplementaria de carácter social o atlético, no obligatoria para el colegio, pero muy fomentada, porque se entiende que contribuye a la formación de un individuo integral. Los deberes para la casa se realizan todas las noches, como preparación para el día siguiente. De acuerdo con esta descripción, el colegio secundario imita al mundo del trabajo más de cerca que lo que hace la universidad, aunque esta exige más responsabilidad personal, pues los horarios de clase están menos estructurados y conceden mayor libertad.

Un análisis de los datos publicados en 1983 por la Oficina de Censo de Estados Unidos acerca del ingreso personal, suministra algunas percepciones interesantes en relación con la influencia económica de la finalización del colegio secundario. En 1981, el ingreso medio de los varones norteamericanos que habían desertado del colegio secundario, con veinticinco años o más, era de 11.936 dólares versus 16.989 dólares en el caso de los que habían completado la educación secundaria. En el curso de una vida de trabajo normal del adulto, esta diferencia se convierte en una distancia ganancial de casi un cuarto de millón de dólares, sin ajuste por inflación. En el caso de las mujeres norteamericanas de la misma edad, las graduadas del colegio secundario ganan un 40 por ciento más, término medio, que las que desertaron. Por lo tanto, es evidente que la terminación de los estudios secundarios aporta recompensas económicas tangibles.

Mientras se educan, los estudiantes también saborean algunos fragmentos de la vida adulta, por ejemplo la coexistencia con figuras de autoridad, el cumplimiento de las normas y los reglamentos, y la política de las interacciones sociales. Por eso los padres a menudo obtienen mejores resultados si aflojan su disciplina durante el primer año, poco más o menos, del colegio secundario, y permiten que el hijo adolescente aprenda por sí mismo las complicaciones de estas situaciones. Incluso si Jimmy no está obteniendo altas calificaciones, o vaya a saber por qué ha elegido el curso técnico-vocacional de estudio en lugar del curso de ingeniería-ciencias, lo cierto es que está aprendiendo lecciones muy valiosas acerca de la asunción de responsabilidades, la aceptación de las consecuencias de lo que uno hace, y los aspectos de su personalidad en relación con los pares.

Sin embargo, hacia el comienzo del tercer año del colegio secundario, es necesario realizar ciertas evaluaciones difíciles. ¿Su hijo tiene aptitudes para la universidad? ¿El o ella desean asistir a la universidad? ¿Durante el desarrollo de las actividades extracurriculares se han manifestado talentos que permiten suponer que el adolescente está mejor equipado para una carrera artística, o para las actividades atléticas? ¿Cuál es, aparentemente, la cualidad académica de su hijo, y cuál es el mejor modo de perfeccionarla después de la graduación? Las respuestas a estas preguntas y a otras muchas tienen que ser elaboradas unos pocos años antes de la graduación, en vista de los plazos fijados para atender ciertos procedimientos que son indispensables en relación con el futuro del estudiante después del curso secundario. Los adolescentes pueden modificar el eje de sus estudios en mitad de la carrera universitaria, o abandonar la escuela de bellas artes adonde fue enviado por los padres después de asistir apenas tres meses; pero si no se activan ciertos mecanismos cuando todavía está en el colegio secundario, es posible que nunca se les ofrezca la oportunidad de comprobar qué es la universidad o la escuela de bellas artes.

Estos tipos de decisiones exigen mucho aporte de los padres, así como su orientación, que guiará al adolescente hacia las fuentes que pueden suministrar la información que, tal vez, los propios padres no tengan. Diane cree que posiblemente desee ser médica. Si el padre puede, es necesario que la bombardee con información acerca de la profesión. Debe explicarle cuántos años necesita, los tipos de disciplinas que deberá estudiar, cuáles son las calificaciones requeridas para ser aceptadas en una facultad de medicina, el tipo de horario que deberá afrontar como médica, los tipos de médicos existentes, la gama de sueldos que puede alcanzar. Cuanto más amplia es la información, más informada la decisión. Induzca a Diane a hablar con algunos médicos, y entérese de primera mano cómo llegaron adonde están y lo que opinan al respecto. Concurra con ella a una facultad de medicina y arregle las cosas de modo que Diane pueda hablar con algunos estudiantes de la facultad. Sugiera que ella se ofrezca como voluntaria para trabajar en un hospital, donde podrá conocer de cerca el ambiente. Muchos padres no se detienen a meditar hasta qué punto las decisiones vocacionales adoptadas en el colegio secundario pueden ser más tarde fundamentales. Con cada decisión acerca del futuro, los adolescentes cierran tras de sí algunas puertas. Es lamentable advertir la existencia de puertas cerradas sobre habitaciones que nunca fueron entrevistas, y cuya omisión el adolescente quizá lamente más tarde.

La presión en pro de calificaciones altas y el desempeño en el colegio: ¿Está bien ser un alumno "medio"?

Muchos padres desean que sus hijos obtengan calificaciones altas o cosechen honores en el curso de su educación secundaria. No importa que nosotros apenas hayamos conseguido un promedio general mediocre y siempre lleváramos notas bajas en inglés. Nuestra hija debe ser una alumna sobresaliente que escribe cuentos para su clase de inglés, piezas que rivalizan con las de D. H. Lawrence y resuelve ecuaciones algebraicas en un abrir y cerrar de ojos.

Usted podrá ser un padre bien intencionado, pero ni siquiera su hijo es perfecto. Peor aún, es posible que él o ella sean alumnos de notas mediocres, que apenas alcanzan el "término medio". Y bien, ¿qué puede hacer usted?

Puede presionar intensamente a su hijo para inducirlo a estudiar más, a trabajar con más firmeza, a elevar por lo menos unos puntos el promedio. Puede pasar revista a todos los grandes personajes históricos que fueron tan geniales que el colegio secundario los aburría, y así recibían notas bajas. Puede atribuir la culpa al colegio y sus profesores que son incapaces de educar a su hijo, y trasladar a este o esta a un colegio que, según usted cree, está mejor calificado. O puede realizar una evaluación razonable de su adolescente (con la ayuda de los profesores y los puntajes de los tests) para decidir exactamente cuál es su nivel de competencia y capacidad, y si él o ella están alcanzándolo. Si su adolescente está haciendo todo lo posible, y todo lo posible implica un promedio medio, usted debe sentirse orgulloso de él. Está alcanzando el punto más alto de su escala personal, una tarea que no es fácil para nadie.

Lo difícil de todo esto es determinar el *verdadero* potencial de su hijo. La consecuencia del nivel de realización aparece como un factor básico, y por eso mismo es necesario que usted tenga una idea muy clara del rendimiento escolar de su hijo desde pequeño. Si Ted siempre se desempeñó bien en historia y estudios sociales, pero trae a casa una nota muy baja en historia, usted tendrá motivos para esperar de él un rendimiento mucho mejor. Sus antecedentes ya han demostrado que no sólo puede lograrlo, sino que al parecer posee una aptitud especial para esta disciplina. Busque las circunstancias atenuantes que provocaron la "caída". Pero si Ted siempre tuvo que luchar con las clases de matemática y necesitó realizar esfuerzos increíbles para conseguir una buena calificación, y después obtiene una nota baja en su primera clase de álgebra, usted ya sabe a qué atenerse respecto de su falta de comprensión o de capacidad innata en esta disciplina, y de la posible necesidad de un profesor o de una ayuda especial que usted mismo puede suministrarle.

Salvo los estudiantes más extraordinarios, todos asimilarán ciertos temas más fácilmente que otros. Si usted conoce las virtudes y los defectos académicos de sus adolescentes, puede ayudar a apuntalar el ego del jovencito cuando éste se desempeña mal en un área, porque entonces le recordará sus cualidades especiales en otra. Es posible que Jack obtenga una nota media en castellano, pero pueda armar un motor de automóvil en mínimo tiempo. Quizá Nancy no es buena dibujante, pero comprende los teoremas de geometría más velozmente que cualquiera de sus condiscípulas.

Lamentablemente, es posible que en el colegio en cuestión no se atribuya mucha importancia al área en que su hijo adolescente revela competencia excepcional. Como se observó más arriba, muchos colegios destacan unas actividades más que otras; por ejemplo, los deportes más que las disciplinas académicas, o las artes plásticas más que las cualidades vocacionales. La apreciación de estas cualidades por los padres puede ayudar a superar tal menosprecio, y a veces es necesario un programa de entrenamiento que venga a sumarse a las clases del colegio secundario. Si, por ejemplo, el colegio secundario de su hijo no ofrece una instrucción muy amplia en música, o en programación de la computadora, tal vez usted desee inscribir al varón o a la jovencita en una clase que se dicta los sábados en la universidad, o le procure lecciones individuales. Si el costo es un problema, descubrirá que muchos estudiantes universitarios están dispuestos a canjear las lecciones por algo que usted puede suministrar.

Alcanzar el término medio no sólo está bien. Es perfectamente aceptable si ese promedio es el límite de la capacidad de su adolescente, si alcanzar el promedio hace feliz al jovencito, si ese término medio permite que su hijo disponga de tiempo para desarrollar otros intereses que no guardan relación con el colegio. El *término medio* no es una expresión intrínsecamente negativa; es sólo la categoría a la cual pertenece la mayoría. El adolescente que alcanza el término medio está en buena compañía.

Los deberes de casa

Más tarde o más temprano afectan a todos las tareas educativas que deben ejecutarse en casa, y que interfieren con un partido de fútbol o de tenis, un programa favorito de la televisión, u otra cualquiera de las actividades que caracterizan al tiempo libre, al tiempo que están al margen de la rutina del colegio. Quizá por eso tantos estudiantes postergan la ejecución, garabatean los deberes durante el viaje matutino al colegio, copian el material de un amigo durante el almuerzo, o simplemente no realizan la tarea; los deberes de casa ofenden su concepto del horario del colegio. "El colegio me absorbe seis horas diarias. ¿Por qué tengo que consagrarle también las horas de la noche?"

Todos los padres sin duda son veteranos del antiguo diálogo después de la cena: "Arnold, ¿ya hiciste tus deberes? Sabes que no puedes: (aquí, cualquier actividad grata) hasta que hayas realizado el trabajo." Y por supuesto, la respuesta es todavía más conocida: "Hoy no tengo deberes." ¿Cómo pueden los padres estar seguros, y qué pueden hacer para fortalecer las motivaciones correspondientes de sus hijos?

Uno puede formarse una idea apropiada de la magnitud de los

deberes para la casa asistiendo a una asamblea abierta del colegio a principios del año, o bien conversando individualmente con algunos profesores. Los amigos del hijo también pueden aportar una clave, si comentan el número de trabajos que tienen que escribir o las planillas que es necesario completar. En algunos boletines de calificaciones, se reserva espacio para la inclusión de comentarios detallados acerca del rendimiento, y es posible que se mencionen los deberes para la casa que no fueron completados.

Los estudiantes que se proponen continuar su educación más allá del colegio secundario tienen que aprender buenos hábitos de estudio, y por eso puede ser útil organizar una especie de programa con el fin de completar las tareas para la casa. Los padres pueden ayudar a sus hijos adolescentes a crear una disciplina mediante la reserva de ciertas horas y de un sector definido de la casa destinado a este propósito. Los adolescentes deberían contar, si tal cosa es posible, con un escritorio o mesa de trabajo en un lugar tranquilo de la casa. Si uno tiene varios hijos, el área de estudio puede ser compartida por turno, en el supuesto de que tal cosa sea necesaria. Peggy prepara sus deberes de 16 a 17 horas, y Mike los suyos de las 19 a 20 horas. La fijación de un horario especial y un lugar específico para preparar los deberes tiende a eliminar muchas excusas, por ejemplo: "No pude resolver mis problemas de matemática porque mi hermana estaba preparando una torta sobre la mesa de la cocina." O bien: "Cada vez que yo me disponía a escribir mi composición, papá me decía que fuese a buscarle algo." La familia aprende a respetar el "tiempo de estudio" y el adolescente adquiere buenos hábitos de estudio.

Otra preocupación recurrente de los padres es el nivel de ayuda que deben suministrar a sus hijos en la ejecución de las tareas. Es más fácil de lo que creemos quedar atrapado en el método Tom Sawyer de pintar la empalizada, y descubrir que mientras uno demuestra a Gail cómo resolver las ecuaciones de álgebra, en realidad está completando todos los problemas que le asignaron. Sea cual fuere la ayuda que uno les suministre, debe tender a orientarlos de modo que ellos mismos resuelvan los problemas. Usted es una guía para encontrar la solución, y no una fuente de la solución misma.

Trate de evitar el síndrome que se expresa en la frase "nunca lo hicimos así cuando yo tenía tu edad", porque esa actitud simplemente tiende a debilitar el respeto del adolescente por los métodos de su propio docente. En el colegio, el maestro o el profesor están al mando; son los profesionales contratados para hacerse cargo de la educación. Tal vez no resuelvan la división como usted la recuerda, pero cuando asistía al colegio tampoco había calculadoras de bolsillo, o terminales de computadoras; el viejo método no siempre es el mejor.

La negativa a realizar las tareas y los deberes para la casa puede determinar una serie de consecuencias promovidas por el progenitor, entre ellas recordar al adolescente que si no mantiene las calificaciones en el nivel aproximado del último semestre, se le suspenderá el privilegio de manejar el automóvil durante un mes, o se lo privará de una hora de televisión por cada tarea que no fue completada. Usted conoce cuáles son los tipos de recompensas y castigos a los cuales su hijo responde mejor, y hasta qué punto sus respuestas tienen que ser específicas para motivar la conducta del adolescente. Algunos jóvenes reaccionan del modo más productivo a los enunciados que les dan rienda libre, por ejemplo: "Tú sabes mejor que nadie cuánto tienes que trabajar para obtener el tipo de calificaciones que deseas, de modo que confío en que serás bastante responsable, recordarás que tienes que preparar tus deberes y me informarás si necesitas ayuda." Otros necesitan que los padres sean supervisores rigurosos de los hábitos de estudio.

Sea cual fuere la situación, los padres tienen que saber que el Estudio Coleman, un informe reciente acerca de la educación secundaria en los Estados Unidos de hoy, comprobó que los alumnos que preparaban una proporción más elevada de los deberes para la casa generalmente tenían más disciplina personal. Además, las escuelas que asignaban más deberes de este tipo alcanzaban niveles más altos de rendimiento económico que las restantes. Así, si bien los deberes para la casa pueden ser la causa de gruñidos y protestas de los adolescentes, parece que también constituyen un ingrediente importante en cuanto ayudan a los adolescentes a adquirir cualidades de estudio independiente y más eficacia académica.

El colegio como fenómeno social

No debe desdeñarse el aspecto social del colegio, porque suministra un ambiente de inestimable valor para el aprendizaje de las cualidades sociales y el desarrollo de los rasgos de la personalidad. Los episodios sociales también incorporan al colegio un factor de entretenimiento, que es un motivador enérgico de la asistencia.

Ciertamente, aprender el lenguaje de las computadoras y conocer la evolución del cosmos puede ser muy interesante, pero la posibilidad de pasar unas horas con el muchacho más apuesto de la división, a menudo es el factor que decide a las jovencitas a abandonar el lecho por la mañana.

El aspecto social del colegio incluye una variada gama de situaciones, desde ver a los amigos durante las clases y después asistir a los bailes y las fiestas patrocinados por el colegio. Un colegio que cuenta con un equilibrado programa de acontecimientos sociales ofrece a sus alumnos oportunidades suficientes para mantener relaciones sociales fuera de las clases, de modo que el proceso de socialización no interfiere demasiado en el proceso educativo. Los alumnos que asisten a instituciones dirigidas con criterios rígidos, que suministran pocas posibilidades de actividad social, o quizá ninguna, a menudo dedican el tiempo de la clase a los esfuerzos enderezados a conseguir amigos o concertar una cita. Unos a otros se pasan notas, hablan en murmullos, y el principio de Arquímedes, escrito en el pizarrón, no consigue atraer la atención general.

Los acontecimientos sociales también ofrecen a los padres la oportunidad de establecer una relación más estrecha con el claustro del colegio y los pares de sus hijos. Los bailes y las fiestas destinados a los adolescentes de menor edad exigen acompañantes, y los colegios generalmente aceptan de buena gana los servicios voluntarios de los padres. Las funciones sociales de los adolescentes de más edad pueden exigir las cualidades de organización de un padre, o la ayuda en el transporte de los elementos utilizados en la fiesta. Incluso si no se necesita la ayuda del padre, el ofrecimiento voluntario constituye una grata muestra de apoyo al hijo, porque de ese modo se le indica que uno alienta su participación en los acontecimientos sociales tanto como en la actividad académica.

Por supuesto, el aspecto social del colegio puede prevalecer en la vida de un estudiante, y ello obligará a los padres a intervenir para restablecer un saludable equilibrio. El propósito principal del colegio es educar, de manera que cuando los adolescentes se convierten en mariposas sociales, hasta el punto de que se perturba el aprendizaje, es hora de recortarles un poco las alas. La regulación de las horas y las noches de semana durante las cuales el adolescente puede asistir a actividades sociales, a menudo basta para mantener ordenado el aspecto académico.

Actividades extracurriculares

A semejanza de los acontecimientos sociales, las actividades extracurriculares complementan el aspecto rigurosamente académico del colegio, y aportan canales al desarrollo de cualidades que en otras condiciones no se manifestarían por influjo solo de las disciplinas del aula. Las actividades extracurriculares pueden formar una amplia gama, desde la natación hasta el ajedrez, las actividades musicales del colegio, una exposición de cuadros al óleo, todo lo que no esté incluido en el currículo normal y cotidiano del colegio, y que exija al estudiante permanecer en el colegio después de las horas de clase, o asistir a una función de fin de semana.

Solicitamos a unos pocos estudiantes secundarios que comentaran lo que según ellos creían eran los beneficios de las actividades extracurriculares, y nos sorprendieron las respuestas de muchos de ellos:

"Mejoraron la pesentación de mi solicitud de ingreso en la universidad."

"Me agradan los clubes, porque puedo presentarme como candidato a presidente o vicepresidente."

"A veces uno sale del colegio y viaja para asistir a reuniones."

"Me mantenían alejado del espacio muy estrecho de mi casa."

"Conocí a un montón de muchachas muy despiertas."

"De este modo, el periódico del colegio publica más veces mi foto."

Estas explicaciones parecen estar muy alejadas del concepto de que los adolescentes participan en tales actividades porque son divertidas, pero quizá la verdad esté en que la diversión a menudo ocupa un lugar secundario comparado con otros rubros de la agenda del adolescente, por ejemplo ser miembro del grupo apropiado, hacer algo que permita promover nuestra posición frente a los pares, u ocupar una posición más conveniente en el proceso de ingreso en la universidad.

Sean cuales fueren las razones que los adolescentes tienen para incorporarse a estas actividades, los padres deben estar al tanto del tiempo que insumen algunas de las actividades extracurriculares, y de la posibilidad de que las mismas graviten sobre la calidad del trabajo escolar de sus hijos. Por ejemplo, un papel importante en una obra teatral, puede exigir ensayos de tres o cuatro horas, cinco noches por semana, de modo que sólo el estudiante muy bien organizado logra afrontar esa responsabilidad sin descuidar un poco el estudio académico.

Los padres pueden ayudar a sus adolescentes a apreciar y distribuir con realismo su tiempo, de modo que no abarquen excesivo número de actividades, ni agraven la presión que el colegio mismo puede originar.

Atletismo y competencia

La participación en los deportes es un aspecto permanente de la experiencia en el colegio, aunque no todos los adolescentes poseen el talento, las proporciones físicas y la inclinación necesarios. En el caso de la mayoría de los adolescentes, convertirse en atleta de primera línea es una tarea ardua que exige prolongadas horas de entrenamiento, la voluntad de tensar las fuerzas hasta el límite de la resistencia ("si no hay esfuerzo, no hay sufrimiento ni beneficios"), y dedicación suficiente para persistir durante los períodos en que es difícil observar progresos.

Por desgracia, algunos padres impulsan a sus adolescentes a participar en actividades atléticas con el propósito de satisfacer su propio ego. Esto constituye un error de proporciones monumentales si su hijo de quince años prefiere actuar en la obra teatral montada por el colegio en lugar de aprender a manejar la garrocha o a jugar fútbol. El adolescente que de mala gana se convierte en atleta, y se siente presionado por los padres, y de esta manera participa en los deportes de competencia, no solo puede mostrar escaso entusiasmo por la actividad, sino también sentirse un fracasado, porque no puede actuar de acuerdo con las expectativas de los padres. Este sentimiento de fracaso puede agravarse cuando los padres se burlan de los hijos que no se esfuerzan bastante, o que renuncian al intento, cuando quizás ese renunciamiento es exactamente lo que los jovencitos desean hacer. De hecho, esta afirmación es aplicable a los buenos atletas adolescentes, así como a los que nunca se destacan. Escuchemos la historia de una campeona de dieciséis años, relatada con sus propias palabras:

"Creo que mis problemas comenzaron cuando gané en la categoría de 'hasta 12 años', en el torneo organizado por mi club. Mi papá estaba convencido de que yo era bastante buena para unirme a los profesionales si trabajaba en eso unos pocos años más. De modo que tuve que practicar y practicar constantemente, cuatro o cinco horas diarias. Cuando tenía catorce años había ganado 24 torneos y mi gabinete de trofeos estaba repleto. Papá me llevaba a una ciudad distinta cada fin de semana, y seguía de cerca la clasificación nacional, esperando que apareciese mi nombre. A decir verdad, la presión comenzaba a acentuarse. Y así, el año pasado ocupé el segundo lugar en Nueva Inglaterra y perdí un torneo importante en la primera vuelta. El se enfureció conmigo, dijo que yo no estaba jugando de acuerdo con mis posibilidades. Lo único que yo deseaba era llevar una vida normal, tener novio, aflojar un poco los nervios. De modo que un día le dije que abandonaba el deporte, y después no volví a empuñar una raqueta. Me siento mucho más feliz ahora, pero sé que él está decepcionado... aunque no me importa. Tengo para vivir el resto de la vida."

A decir verdad, la participación en los torneos atléticos puede aportar muchos beneficios. Los adolescentes mejoran su coordinación, su fuerza y resistencia, y todo eso sin duda es positivo para su salud; por otra parte, adquieren más confianza y respeto de sí mismos, un sentido del trabajo en equipo, la oportunidad de demostrar su posibilidades de liderato, y el conocimiento de lo que significa ser buen deportista. Los deportes también pueden llevar a ganar buenos amigos, y ofrecen a los adolescentes la posibilidad de probar sus propias fuerzas en situaciones que significan auténticos desafíos. Pero el asunto tiene también otro aspecto.

Visitemos un momento el Colegio Secundario Vince Lombardi. Aquí la filosofía principal es: "Ganar no es todo, es lo único." Cuando este concepto impregna las competencias atléticas de los adolescentes, los efectos positivos se esfuman y la presión enderezada hacia el desempeño con éxito en un juego alcanza niveles torturantes. Los astros y las estrellas, que pueden sobrevivir a esa presión y presentar desempeños estelares, conquistan los laureles y la adoración de su escuela. Los que ceden ante la presión, o los que se acercaron al deporte porque creyeron que sería divertido, se ven confinados al banco, y allí pasan la temporada. Su confianza y autoestima se debilitan con cada encuentro que los deja al margen. Sólo pueden aprender que carecen del espíritu sanguinario que los convertiría en atletas soberbios, y que los despojos siempre van a las manos del vencedor.

En general, los padres poco pueden hacer para invertir esa actitud de "triunfar a toda costa" que caracteriza a muchos colegios secundarios.

Felizmente, muchos colegios secundarios organizan competecias internas, para ayudar a separar al atleta intensamente agresivo o talentoso del estudiante que quiere practicar un ejercicio agradable. Es posible que un adolescente se adapte mejor a las competencias internas, en las cuales el equipo del ciclo básico secundario o del colegio mismo compite con otro equipo de la misma institución en un nivel más o menos moderado. En los últimos tiempos, los presupuestos destinados a solventar los deportes internos han disminuido, y la diversidad de los deportes ofrecidos probablemente también están disminuyendo. En lugar de las actividades deportivas patrocinadas por el colegio, usted siempre puede acudir a la Asociación Cristiana de Jóvenes local, que ofrece competencias internas, o tratar de organizar equipos en el vecindario.

Sea cual fuere la intensidad de la competencia, a los adolescentes primeramente les agrada que los padres asistan por lo menos a unos pocos encuentros, para apoyar y demostrar orgullo ante las actividad de los hijos. Probablemente es mejor evitar la intervención en el carácter de entrenador ayudante de sus hijos, y dejar que el entrenador oficial sea la persona que ejerce autoridad. Unas pocas sugerencias no perjudican y muestran que uno está interesado, pero denigrar las técnicas de entrenamiento, a lo sumo desalentará la confianza del adolescente en su entrenador, y destruirá la relación vital entre el entrenador y el atleta.

Si parece que su adolescente está destinado a convertirse en uno de los astros del atletismo, insista en recordarle periódicamente la importancia de los estudios. Usted puede citar estadísticas para demostrar qué difícil es llegar a los equipos profesionales, y pará recordar a su hijo o hija la necesidad de leer y escribir bien, cualquiera sea la carrera que hayan elegido.

Ojalá la igualdad entre los sexos fuese una actitud tan difundida que no necesitáramos decir todo esto, pero los cambios sobrevienen lentamente, y por lo tanto destacaremos el tema. Las jóvenes pueden beneficiarse tanto como los varones con el atletismo y las competencias. Los colegios están reconociéndolo gradualmente, y tratan de crear programas y organizar competencias destinados especialmente a los equipos femeninos. Su hija no tiene por qué sentirse peculiar o poco femenina porque le agrade el atletismo y/o posea cualidades especiales en este campo. Los estudios de investigación y las observaciones están demostrando que la masculinidad y la femineidad tienen escasa relación con las cualidades atléticas o no atléticas. Las mujeres se acercan cada vez más al momento en que superarán las marcas masculinas en ciertos concursos de natación y en la pista de carreras; y también están realizando grandes progresos en tenis, golf, básquetbol y muchos otros deportes. Las becas y los premios monetarios, así como la cobertura periodística de las competencias femeninas todavía están retrasados respecto de sus análogos en los hombres; pero esta situación cambiará sólo cuando aumenta el número de padres que desde la niñez alientan a sus hijas a participar en las justas atléticas.

Pero incluso cuando los padres adoptan una actitud alentadora, algunas jóvenes que parecen promisorias durante el ciclo básico del colegio secundario, abandonan el atletismo durante los años siguientes, a menudo porque ceden a la presión de los pares. Está bien que las muchachas acaudillen al grupo de simpatizantes que vivan al equipo, pero si se incorporan al equipo de básquetbol es posible que tengan dificultades para encontrar quien las acompañe a la fiesta de promoción. Los padres tienen que acentuar su apoyo en este tipo de casos, para compensar el negativismo del grupo de pares. Si la joven insiste, probablemente concertará amistades duraderas con algunos miembros de su equipo, y eso le permitirá aliviar la soledad que es el resultado de la diferencia. Felizmente, en muchos colegios se asigna tanta categoría a las jóvenes que destacan en atletismo como a los varones. Sea como fuere, la salud, la actitud, la energía, la fuerza, la resistencia y la flexibilidad son rasgos que están al alcance de todos, trátese de varones o de mujeres, y trabajar para desarrollar esas cualidades es el derecho de todos.

Relaciones entre padres y docentes

"Si dispusiese de tiempo para charlar con los profesores de Billy", es una queja usual entre las madres y los padres modernos, que se ven obligados a trabajar. Por razones obvias, muchas actividades del colegio, accesibles a los padres, corresponden al día de la semana en que no pueden asistir los progenitores que trabajan. De todos modos, existen alternativas que permiten conocer el colegio y a los profesores de nuestro hijo, sin necesidad de asistir a todas las reuniones de padres que suelen organizarse. Tal vez uno no pueda asistir a la actuación de Stefanie en una versión de *El jardín de los cerezos*, pero, de todos modos, usted podrá hallar tiempo para comentar con el profesor de matemática las notas muy bajas que ella obtuvo en las pruebas recientes. Los maestros comprenden que los padres tienen muchas responsabilidades. Lo sorprenderá comprobar cuántos docentes aceptan reunirse con usted después del horario de trabajo, o comentar por teléfono la situación de su hijo.

Más que otra cosa, es necesario que los padres transmitan una actitud considerada a los profesores de su adolescente, y les demuestren que se los apoya y que uno está sinceramente preocupado por la educación del hijo. Cuando tanto los maestros y profesores como los estudiantes saben que los padres se preocupan por el rendimiento, la motivación que lleva al éxito suele aumentar. Varios profesores secundarios con quienes hablamos se quejaron de que se sentían solos, como si los alumnos hubieran sido abandonados y los docentes existieran sólo para salvarlos. Esta carga puede representar muy pronto un peso intolerable, sobre todo cuando los docentes advierten que tienen acceso al alumno apenas unas horas diarias. Es posible que los padres sientan el mismo peso. "Pasa el día entero en el colegio. ¿Qué puedo hacer para cambiarlo?" La comunicación franca y frecuente entre los padres y los docentes puede aliviar esta carga.

En el caso de los padres que disponen del tiempo necesario y desean comprometerse más en la determinación de la política del colegio, la presentación de su propia candidatura al cargo de presidente de la Asociación de Padres y Docentes, o de miembro del directorio del colegio es un canal de expresión. De todos modos, no espere que su adolescente lo felicite calurosamente por esta actitud, porque es probable que sus actividades merezcan cierto grado de atención pública, y quizá su hijo escuche críticas a todo lo que usted hace.

Cuando establece una relación con los docentes, trate de recordar que ellos fueron contratados en su condición de expertos en la tarea de educar a su hijo. Ya lo hemos mencionado dos veces en páginas anteriores, pero es necesario destacarlo constantemente. Sus hijos adolescentes necesitan creer en la eficacia de sus profesores. Si usted subestima las cualidades de este personal, es dudoso que su hijo los respete en la medida suficiente para aprender de ellos. Los padres que creen que pueden ser más eficaces en la enseñanza que la mayoría de los maestros y profesores de sus hijos, deberían volver al colegio y diplomarse en la educación. Ciertamente, uno puede explicar al adolescente que los docentes tienen, sin duda, diferentes niveles de capacidad y distintos estilos de enseñanza. Los jóvenes afrontarán conflictos de la personalidad con algunos de ellos y se sentirán aburridos con otros. Los docentes son personas como todos. Pero ocupan posiciones de autoridad en el mundo de su adolescente, y por lo tanto este debe aprender a tolerar sus fallas.

Tácticas específicas de la paternidad positiva

(1) La actitud saludable y positiva hacia la escuela comienza cuando el niño establece el primer contacto con ella. El centro de atención diurna, la guardería, la escuela de párvulos, todos contribuyen a la impresión que el niño recoge de la educación. La actitud de los padres hacia la escuela y la educación es otro factor importante, y se transmite al niño con métodos no verbales tanto como verbales. Si uno se siente seguro del valor de la educación, es probable que el adolescente imite esa actitud.

(2) Mantenga contacto estrecho y permanente con los docentes de su hijo, con las tareas y el desempeño del adolescente. Usted puede solicitar que su hijo le muestre la reseña acerca de un libro en que él estuvo trabajando, u ofrecer ayuda en un proyecto de investigación. El contacto directo con la labor de su adolescente le permitirá evaluar mejor la exactitud de las calificaciones y los informes del profesor, e identificar posibles problemas, y corregirlos prontamente. Asígnese determinado momento –una vez por día o una vez por mes– para comentar con su adolescente los problemas educativos. De este modo, usted demostrará que asigna al colegio prioridad su-

ficiente para incluirlo en su calendario, y garantizará la comunicación periódica acerca del tema.

(3) La comunicación con los padres de los amigos de su hijo acerca del colegio puede ampliar y depurar la perspeciva que usted aplica a todo el ambiente del colegio. "¿Su hijo se queja del rigor del señor Fulano?" "¿También su hija tropieza con dificultades para obtener buenas calificaciones en tal clase?" El comentario de estas cuestiones con otros padres quizá le ayude a tranquilizarse, porque le demostrará cuáles son los temas por los cuales tiene que preocuparse y cuáles no requieren esa actitud. En vista de los aspectos complejos del colegio y la adolescencia, es muy verosímil que este tipo de iniciativa resulte útil.

(4) Observe atentamente los signos tempranos de cierta falta de interés por el colegio. Las causas de esta actitud pueden variar, desde el hastío a la falta de comprensión y los defectos de la visión. Cuanto antes se resuelva el problema, menos probable será que el alumno se aparte permanentemente del colegio. El escolar de aprendizaje lento y el que exhibe cualidades excepcionales pueden recibir ayuda mediante clases especiales, en el primer caso, para reiterar la información de manera comprensible, y en el segundo para complementar el material con el fin de que continúe pareciéndole interesante.

(5) Sobre todo, evite mostrarse cargoso cuando se trata del colegio. Adopte una actitud flexible, muéstrese paciente, retírese un poco hacia el segundo plano, y recuerde que el colegio no es el único escenario de realización en la vida de un adolescente. El alumno mediano en el área académica puede ser el astro de la clase de música. Use todas las realizaciones que él o ella muestran para ayudar al adolescente a sentirse bien. Esta naciente confianza en sí mismo ayudará a su hijo en todas las actividades –de la competencia escolástica al rugby– porque afirmará su ego y le infundirá un firme sentimiento de competencia.

11

Problemas en relación con el colegio

Los años del colegio secundario presuntamente deberían suministrar a los adolescentes distintas experiencias educativas y sociales que los prepararán para convertirse en individuos competentes y cultos, capaces de afrontar los desafíos de la edad adulta y realizar aportes positivos a la sociedad. Por desgracia, no siempre se alcanzan tan altas metas. Las dificultades en relación con la disciplina, los problemas con los métodos educativos y las presiones de carácter social son todos factores que conspiran para convertir al colegio en una experiencia no precisamente óptima en el caso de muchos adolescentes. En este capítulo consideraremos cuáles son los problemas, y qué pueden hacer al respecto los padres.

La identificación de los problemas relacionados con el colegio antes de que se vuelvan críticos

¿Cómo reaccionaría usted si en su trabajo recibe una llamada telefónica para informarle que su hijo acaba de ser suspendido una semana en el colegio porque lo sorprendieron fumando marihuana en el cuarto de baño de los varones? ¿Qué haría si su hija adolescente le anunciara, como al descuido, que si sus calificaciones no mejoran no podrá ser candidata a formar parte del equipo de básquetbol que concurrirá a la competencia intercolegial? ¿Cuál será su actitud frente a una carta certificada del director del ciclo básico secundario en la cual le pregunta por qué usted no contestó a ninguna de las notas en las cuales él le solicitaba una reunión para hablar del ausentismo crónico de su hijo (usted nunca recibió notas, y no tenía la más mínima idea de que su hijo faltaba a clase)? ¿Seguramente se irritaría, se mostraría desconcertado y ofendido? ¿Se sentiría engañado, o ya sabía que se le venía encima ese desastre, pese a que no había hecho nada concreto para afrontarlo?

¿Cómo pudo haber impedido desde el principio que hubiese situaciones de esta índole? El principal obstáculo para resolver los problemas del adolescente en el colegio es que el conocimiento exacto que usted tiene acerca del comportamiento y el desempeño académico de su hijo en el colegio es limitado. Para bien o para mal, los adolescentes se sostienen o caen por sus propios méritos en el colegio, un sector de la vida en que los jóvenes y no los padres ejercen el control total. Los padres que deciden obtener información (por ejemplo, ofreciendo su cooperación al colegio) están un paso por delante de otros padres que rara vez, o nunca, ponen el pie en el colegio. Como se muestran accesibles a los docentes y a los administradores, se percibe a estos padres como aliados en la tarea de educar a los adolescentes, y así obtienen información de primera mano acerca del modo de dirigir el colegio, y de lo que parece ser eficaz y de lo que no lo es.

Los educadores tienden a comunicarse con los padres comprometidos de manera más pronta e informal en todo cuanto se refiere a los alumnos que con los padres que son nombres poco conocidos de una lista. Los docentes y/o los consejeros de orientación deben saber al principio de cada año lectivo que usted desea informarse prontamente de los problemas que se susciten. Este compromiso se convierte en información exacta para los padres, la que es necesaria cuando se enfrenta a los adolescentes acerca de los problemas del colegio, y además puede ayudar a abreviar las dificultades, antes de que estas exijan una intervención disciplinaria o académica. El interés y el compromiso de los padres en el colegio al que concurre su hijo adolescente implica emitir un mensaje claro en el sentido de que el asunto les importa, de que valoran la educación y desean ayudar a los adolescentes y a los educadores a maximizar la experiencia del aprendizaje. Los jóvenes quizás afirmen que el interés manifestado por los padres les crea una situación embarazosa, o tal vez digan que están incursionando en el territorio que es privativo del propio adolescente, y pisoteando su intimidad; pero muchos estudios han demostrado que los jovencitos cuyos padres están comprometidos en el funcionamiento del colegio se desempeñan mejor en el área académica, tienen actitudes más apropiadas y son estudiantes más eficaces que los hijos de los padres no comprometidos.

Los adolescentes pueden afrontar problemas en todos los planos de su vida académica, intelectual, social y de conducta. Como tienden a mostrarse muy reservados o incluso engañosos acerca de sí mismos, a menudo es difícil determinar qué es problemático y qué no lo es. Muchos adolescentes creen sinceramente que reconocer la existencia de problemas en el colegio implica admitir el fracaso como persona. Quizá jueguen al gato y el ratón con los padres, y suelten fragmentos de información, pero nunca revelen el cuadro completo, casi como si estuviesen provocando a los padres, desafiándolos a que se atrevan a ayudar. Otros dicen complicadas mentiras con el fin de negar que algo está mal, y a veces interceptan la correspondencia enviada por el colegio o alteran los boletines de calificaciones para ocultar el hecho de que existen problemas. Algunos reconocen las dificultades, pero intentan achacar la culpa a los pares o los profesores ("El profesor me odia porque soy creativo", o bien: "No me aceptaron en el club porque piensan que soy excesivamente académico, iy ellos no son más que una pandilla de esnobs sociales!"). Sea como fuere, los padres deben descifrar qué está sucediendo realmente.

Los padres han de estar atentos a los matices del comportamiento de sus hijos, observar sin entrometerse, mostrarse sagaces sin caer en la histeria, y adoptar una actitud afirmativa sin que ello implique amenaza. Los adolescentes que tienen problemas en el colegio rara vez se sienten felices o satisfechos con el *statu quo*; es posible que se muestren hostiles u hoscos, y que parezcan deprimidos, hastiados, distraídos, a menudo poco comunicativos, inestables, partidarios de adoptar actitudes misteriosas, y esquivos cuando se trata de hablar de los hechos cotidianos. Tal vez consagren mucha energía a menoscabar a los docentes, los pares o los entrenadores, y reaccionen con exceso (llorando o gritando furiosos) ante preguntas inocentes como "¿Querida, cómo pasaste el día?", o "¿Por qué no llamas últimamente a Nicole? Solían ser tan buenas amigas", o bien: "¿Es necesario que te compremos equipo para tus prácticas de fútbol de este año?" Los adolescentes que están a un paso de tener que reconocer y afrontar los problemas del colegio, a veces también parece que dedicasen su vida a retrasar las cosas, y caen en el síndrome de: "Lo haré más tarde." Así se forma un círculo vicioso que implica evitar la dilucidación de los problemas en el origen mismo, con fracasos predeterminados y la necesidad de formular excusas tontas o mentiras lisas y llanas para ocultar el fracaso.

No es necesario ser un periodista consagrado a la investigación para identificar los problemas del adolescente en el colegio antes de que exploten. Pero uno debe representar el papel del padre dispuesto a apoyar, incluso si lo que descubre es sorprendente e inquietante. Una reacción por cierto muy humana frente al estrés induce a muchos padres a retirar su apoyo a estos adolescentes, precisamente cuando los jovencitos más lo necesitan; enunciados de los padres como: "Ya no sé que hacer con él", o "¿Cómo pudo hacerme esto? ¡No lo criamos para que llegase a esto!", pueden ser típicos. En todo caso, permitir que la cólera nos separe de nuestro hijo adolescente es contraproducente; es mejor buscar una combinación de comunicación, conocimiento, negociación y respeto. Manténgase informado acerca de los programas académicos de sus hijos adolescentes, y los valores y las metas del colegio, conozca la personalidad de los docentes y sus reacciones frente a los distintos tipos de adolescentes, y determine si las quejas que formulan son justas. Conozca a algunos amigos de sus hijos, con el fin de echar una ojeada a los grupos de pares y al modo en que actúan en el colegio, y para juzgar con más acierto la posibilidad de que tengan algo que ver con los problemas. Trate de comprobar si los reclamos que usted formula ejercen excesiva presión sobre los jovencitos, y determine si su percepción de las dificultades coincide con la de su hijo. La realización de todas estas cosas exige tenacidad, tacto y un compromiso fundamental de ayudar a sus hijos, pese a las protestas. Si usted sigue este curso de acción, quizá no se sienta el padre más popular del mundo, pero en vista de lo que puede sucederle a los estudiantes a quienes se permite trastabillar y hundirse en sus problemas, realmente no hay alternativas.

El fracaso en el colegio y otros hechos de la vida

¿Cuántas veces usted dijo a sus hijos adolescentes: "Nadie es perfecto", y después aulló y gritó a propósito de un error que ellos

177

cometieron? Es tonto, pero los padres proceden así a cada momento. En el fondo de nuestras mentes anida el deseo de tener hijos perfectos, una de las razones por las cuales los fracasos en el colegio son tan amenazadores. Los padres dotados de espíritu racional deberían ser capaces de reconocer que hay grados de fracaso, y que el que su hijo soporta en el colegio no lo condena necesariamente al ostracismo académico o social, ni significa que son chicos "malos" o "inútiles y perezosos".

¿De qué modo los padres, que no son educadores profesionales, pueden determinar la gravedad de las fallas de sus hijos? Para llegar a eso, necesitan evaluar el número de calificaciones bajas, los tipos de cursos a los cuales aquéllas se refieren, y el esquema de las notas bajas en el marco de un panorama académico más general. Una ojeada a los antecedentes académicos del alumno aportará claves fidedignas, y permitirá distinguir entre un fracaso particular y el fracaso "general". Si su hijo obtuvo una mala nota en física hacia mediados del año, pero tuvo notas excelentes y buenas en las restantes materias, esa mala nota quizá refleje únicamente que él o ella no ha asimilado bien los rigores del trabajo de laboratorio y los cuestionarios semanales. Por otra parte, si su adolescente falló en todo, excepto en educación física, la gravedad del fracaso justifica la atención y la intervención inmediata de los padres. ¿La inasistencia clandestina fue el motivo? ¿Hubo problemas de conducta, más que deficiencias académicas determinadas por el nivel de aptitud? ¿O quizás el alumno está afrontando problemas personales que afectan el rendimiento académico? Es posible que los impedimentos físicos o del aprendizaje no hayan sido diagnosticados, y que sea necesario corregirlos.

Cuando un adolescente fracasa en una materia, algunos padres se muestran renuentes a escuchar la versión de su propio hijo. Otros padres reaccionan defensivamente, enfrentando a los profesores del alumno, achacando la culpa al sistema y convirtiendo al hijo en mártir. Estos padres no advierten que ningún adolescente es perfecto, ningún alumno exhibe todos los meses un nivel uniformemente elevado. En el desempeño académico de todos los jóvenes es necesario tener en cuenta las variaciones: el interés, la capacidad, el compromiso, la simpatía que profesan a los docentes, y viceversa, las cualidades y el talento de los profesores, otras tareas que los alumnos deben ejecutar rutinariamente fuera del colegio, la jerarquía que el adolescente y el grupo de pares asignan al estudio, y la jerarquía que la familia del alumno atribuye al estudio.

Es muy difícil fallar en todas las actividades del colegio. De hecho, la mayoría de los docentes hacen todo lo posible para evitar la asignación de malas notas a sus alumnos. Si su hijo lleva a casa un boletín de calificaciones con una totalidad de notas bajas, ello indica un problema grave que sobrepasa las posibilidades académicas y exige una investigación inmediata.

Problemas de los docentes

El estereotipo del maestro sacrificado, dispuesto a consagrar la vida entera a la educación de los alumnos, un modelo de autodisciplina y autocontrol que refleja las normas a las que nuestros hijos deben ajustar su vida académica, seres moralmente irreprochables a quienes se respeta precisamente por la posición que ocupan, existe sobre todo en la fantasía. En la actualidad, los profesores de colegio secundario a menudo no están muy lejos de sus propios tiempos de estudiantes; pertenecen a una profesión que ha perdido un número importante de sus miembros más experimentados en beneficio de la industria, donde los sueldos son más elevados y la tensión emocional y física es menor. Los docentes a menudo se incorporan a la profesión con ideales elevados y un compromiso increíble con los jóvenes, pero se agotan en pocos años a causa de las aulas superpobladas, la escasez de comodidades, los materiales de enseñanza inadecuados, las normas institucionales inflexibles, y los niños y los jóvenes que preferirían estar en cualquier otro sitio. De los docentes que permanecen, algunos florecen y alcanzan un éxito increíble, no sólo con los buenos estudiantes sino también con los adolescentes que soportan dificultades escolásticas, y consiguen mostrar espíritu creador y desempeñarse dentro de las limitaciones, sean las que fueren, del sistema educativo. Otros permanecen y sobreviven –utilizando los mismos planes de enseñanza año tras año, sin hacer caso de las diferencias individuales de los alumnos– sea porque están contratados o porque los padres no se han quejado tanto que los obliguen a cambiar. Algunos docentes gozan de una reputación de personas justas, de otros se afirma que son injustos y que tienen favoritos. Ciertos docentes convierten a algunos estudiantes en sus mimados, año tras año, y parecen alentar prejuicios contra otros tipos de alumnos, sea cual fuere el rendimiento o la conducta de carácter académico. No todos los docentes son iguales, y es probable que más tarde o más temprano todos los alumnos afronten ciertos conflictos con sus educadores. Las clases de dificultades con los maestros y los profesores que los alumnos probablemente hallarán dependen no sólo de lo que los adolescentes hacen, sino de las cualidades, las personalidades y las tendencias personales de los docentes.

La educación no es un combate a gana o pierde entre los alumnos y todo el resto. Sin embargo, con mucha frecuencia los tipos de alumnos que soportan problemas académicos o de disciplina perciben sus experiencias educativas como un campo de lucha entre fuerzas contrapuestas: ellos mismos y los docentes que los "señalaron" y denunciaron sus defectos. Cuando se pide la participación de los padres, por iniciativa de los alumnos que buscan aliados, o del personal del colegio que necesita la ayuda de los padres para hallar soluciones a los problemas, en realidad esos padres tienen un campo limitado de acción. Ecuánimes o no, en las situaciones del colegio, los docentes y los administradores ocupan una posición privilegiada. Los padres no pueden deshacer lo que hicieron los alumnos, y no pueden negar el hecho de que los docentes afirman que los alumnos están en falta. Los padres pueden sentirse atacados por los educadores, creer que los profesores o los administradores están equivocados, o que las normas del colegio son excesivamente duras, y quizá vengan dispuestos a luchar. Estas reacciones pueden ser típicas de los padres cuyos hijos están en dificultades, pero son contraproducentes.

Sin embargo, los padres pueden hacer una serie de cosas para ayudar a los hijos que afrontan dificultades en el colegio. Pueden reunir información suficiente, que les ayude a negociar dentro de los límites de las normas del colegio. Consiga una copia del reglamento de disciplina y de los requerimientos académicos correspondientes al nivel del curso particular en que su hijo tiene problemas. Asimismo, consiga una copia de los derechos y las responsabilidades de los alumnos en ese colegio, porque este material le permitirá evaluar acertadamente si su hijo está realmente en falta, o se trata más bien de un caso de reacción excesiva de los educadores.

Analice sus propias actitudes acerca del colegio. Muchos padres alientan expectativas poco realistas acerca de lo que el colegio puede hacer por sus hijos, y creen ingenuamente que sólo los educadores son los encargados de motivar a los estudiantes, de manera que estos estudien y aprendan. La educación es un esfuerzo cooperativo entre la familia y el colegio, y se suscitan dificultades con los docentes más a menudo cuando faltan los padres en la ecuación.

Se recomienda como paso siguiente las conferencias de padres y educadores. Como los padres pueden sentirse intimidados o desconcertados en tales situaciones, es útil preparar de antemano una serie de preguntas. Algunas de las cosas que pueden preguntarse son:

(1) Por favor, describa el problema de mi hijo.

(2) ¿Cuánto tiempo estuvo él (ella) en dificultades antes de que usted me hablase (y si fue más de unas pocas semanas, por qué esperó tanto)?

(3) ¿Mi hijo es el único miembro de la clase que tiene estos problemas (que provoca estos problemas) o hay otros? ¿Es parte de un grupo que promueve la desorganización (si la disciplina es la causa de la dificultad)?

(4) ¿Cómo reaccionó mi hijo cuando le dijeron que estaba en dificultades? ¿Cómo le comunicaron esta información? ¿Otros miembros del personal del colegio están implicados en esta situación?

(5) ¿Qué creen ustedes que debe hacerse para eliminar la dificultad que él (ella) afronta?

(6) ¿Puedo hacer algo para ayudarles y ayudar a mi hijo a resolver los problemas?

(7) ¿Cuál es el peor desenlace que ustedes anticipan si mi hijo continúa en la misma situación?

(8) ¿De qué modo los problemas que ustedes y mi hijo están soportando afectan su foja escolar como alumno? ¿La evaluación que ustedes realicen será parte de su foja permanente?

(9) ¿Están dispuestos a concertar un compromiso si conseguimos precisar los detalles?

Sin duda, es difícil formular este tipo de preguntas, pero para el educador es igualmente difícil contestarlas sin sentirse un tanto amenazado por el enfoque afirmativo de un padre con referencia a

181

la resolución del conflicto. Por consiguiente, durante la reunión es importante mencionar que se apoya al colegio, y que uno está dispuesto a reforzar la tarea que la institución desarrolla. La cortesía es contagiosa, e incluso puede gravitar positivamente sobre la actitud del educador hacia el adolescente en cuestión, sobre todo si la naturaleza de la dificultad entre ellos es imputable a conflictos de la personalidad y a expectativas irreales complicadas por la mala comunicación.

A veces, los educadores se muestran inflexibles en las exigencias que formulan a los alumnos, y reaccionan con exceso cuando no se cumplen exactamente las normas.

Melanie, alumna del ciclo básico, obtuvo una mala nota en su examen escrito de inglés, porque escribió con lápiz en lugar de tinta. La nota baja no tuvo en cuenta el contenido del trabajo.

Además, los educadores no advierten ciertos prejuicios que manifiestan en el trato que dispensan a los alumnos.

Phyllis obtuvo una nota baja en álgebra durante su primer año. El educador, un hombre, observó en el boletín de calificaciones que la infrecuente participación de Phyllis en el curso de la clase lo había inducido a disminuir la nota. Phyllis dijo que él la ignoraba en clase, y llamaba únicamente a los varones, pese a que ella con frecuencia intentaba responder.

Los padres de estas dos estudiantes concertaron encuentros. El profesor de matemática no tenía conciencia de su prejuicio antifemenino, pues antes ninguno de sus alumnos le había llamado la atención sobre el hecho. Modificó la nota de Phyllis con el fin de que reflejara más exactamente el rendimiento de la joven, y comenzó a llamarla en clase. Los padres de Melanie descubrieron que el profesor de inglés estaba dispuesto a recalificar el trabajo si se lo copiaba nuevamente con tinta.

Es necesario comentar con los hijos el resultado de estas conferencias. Formúleles las siguientes preguntas: "¿Puedes o quieres hacer lo que se necesita para modificar la situación? Si haces un esfuerzo para mejorar la situación, ¿estás dispuesto a aceptar los resultados? ¿Te comunicaste alguna vez con tu profesor acerca de este problema, antes de que llegase al nivel crítico? ¿Qué opinas acerca de lo que el profesor me dijo?"

El encuentro con los educadores o los admnistradores no siempre lleva a resolver las dificultades con los docentes. Es posible que el padre necesite consultar al superintendente de escuelas o a los miembros del directorio del colegio, si puede demostrar que se trata injustamente a su hijo. A veces, puede ser eficaz llevar consultores externos, por ejemplo psicólogos de la educación o consejeros. Es posible que ellos descubran que el alumno padece de una incapacidad de aprendizaje que no fue descubierta antes, y que requiere atención especial. O tal vez determine que el adolescente tiene mediocres técnicas de estudio, pues nunca aprendió a tomar notas o a organizar el tiempo de estudio en su casa, y que necesita cierta orientación con el fin de desarrollar o mejorar dichas técnicas. Quizá sugieran que el adolescente se desempeñaría mejor en otro medio educativo, que sea más flexible en la programación y la elección de cursos, comparado con el ambiente tradicional del aula. Existen varias alternativas educativas y es necesario considerarlas objetivamente si deseamos que resulten provechosas.

Si usted es parte de los esfuerzos enderezados a resolver el problema de su hijo, tiene que atenerse a un método productivo que sirva a los mejores intereses del alumno, pero no contradiga las normas del colegio o choque con ellas. Es muy posible que si los padres tratan de cooperar con los educadores, los alumnos hagan otro tanto.

Trampear

Hay tantos modos de trampear como alumnos en un colegio, y le agrade o no es posible que su hijo haya ensayado por lo menos uno de ellos. Lo cual no significa necesariamente que su adolescente esté condenado a una vida de deshonestidad o a la cárcel en su condición de delincuente juvenil. Pero sí indica que estamos frente a un jovencito que quizá tenga dificultades para resolver una serie de presiones relacionadas con las prácticas del grupo de pares, los recargados programas académicos o atléticos, las responsabilidades del empleo, los roces en la familia o los problemas de autoimagen. O también es posible que el alumno, sencillamente, esté inclinándose por el camino fácil.

Los adolescentes que trampean no pueden o no quieren organizar su vida con la eficacia necesaria para cumplir con las responsabilidades del colegio; la trampa es un intento de ocultar este hecho. Trampear no es sólo copiar las respuestas que un condiscípulo escribe al lado de las preguntas del cuestionario, o preparar anotaciones para usarlas en los exámenes, o "arreglar" los encuentros deportivos, o fingir enfermedades para evitar la asistencia a clase. Trampear es una actitud, un modo de fingir que uno hace lo que se espera de él, aunque en realidad no lo haga. Es una costumbre que, como otra cualquiera, puede descontrolarse, de manera que los adolescentes no perciben otras alternativas cuando afrontan situaciones de presión.

Si sorprendió trampeando a su hijo, aclare mediante el aporte del personal del colegio:

(1) La frecuencia con la cual apeló a ese tipo de trampas.

(2) ¿Cuánto tiempo necesitó el colegio antes de decidirse a notificar al padre?

(3) Si el educador pidió explicaciones al alumno.

(4) Si este tipo de engaño prevalece en el grupo de pares del alumno.

(5) Si el colegio tiene un cuadro de honor de los alumnos, que refleja estos casos, o si tales cuestiones pasan directamente al personal administrativo.

Puede ser la primera vez que se comete este delito, y que haya sucedido porque el alumno tenía un empleo de dedicación completa después de las horas de clase, y literalmente se dormía estudiando la noche de la víspera de la prueba. O también cabe suponer que su hijo es un infractor crónico, a quien el educador advirtió varias veces acerca del mismo asunto, y que ahora afronta la posibilidad de ser suspendido en el colegio. Es evidente que estas dos situaciones tienen que ser resueltas de distinto modo, de manera que los padres no deben censurar mecánicamente a sus hijos y amenazarlos con el castigo cuando se enteran de un episodio de engaño. En cambio, deben estar dispuestos a escuchar, a descubrir si hubo circunstancias atenuantes, y a evaluar los próximos pasos sobre la base de esta evaluación.

Es improbable que su hijo se sienta orgulloso de haber engañado, e igualmente improbable que usted consiga nada útil si le retira su comprensión y apoyo. Es poco usual el adolescente que crea en el adagio según el cual "al engañar, sólo nos engañamos a nosotros mismos", de modo que no será muy útil formular lugares comunes. *Sí* es importante manifestar nuestra desaprobación y decepción como padres, pero a renglón seguido usted debe ayudar a su hijo a concebir estrategias que le eviten la necesidad de trampear en el futuro. Estas son algunas:

(1) *Ayude a su adolescente a organizar mejor el tiempo.* Los adolescentes pueden malgastar involuntariamente enormes cantidades de tiempo, dejando las tareas encomendadas para último momento. Limitar las llamadas telefónicas, el uso del automóvil, el tiempo dedicado a la televisión o al estéreo hasta que se hayan cumplido los deberes para la casa es equitativo y viable. Asimismo, uno puede enumerar las cosas que su hijo realiza cotidianamente, y compararlas con lo que él o ella tendrían que hacer para completar sus estudios y disponer de tiempo de ocio.

(2) *Trate de comprobar por qué su hijo engaña.* El adolescente puede creer que él mismo es demasiado obtuso para aprender, y entonces utiliza el engaño en lugar del pensamiento. Es posible que su hijo tema fracasar, y se arriesgue a trampear para obtener una buena calificación, en lugar de estudiar realmente, e incluso así fracasar en su intento de conseguir calificaciones elevadas. El engaño puede ser un signo de desafío en el círculo social del jovencito, y en ese caso realmente nada tiene que ver con la eficacia del aprendizaje del adolescente. También es posible que su hijo trampee para complacer al padre, pues teme que si él o ella no alcanzan la perfección, el padre ya no los amará. O bien su hijo cree sinceramente que trampear es válido, pues quizá recibió mensajes subliminales de padres que no practican una honestidad total en su vida cotidiana. Estas cuestiones deben ser examinadas francamente, pero no impedirán que el padre imponga la norma.

(3) *Enseñe a su hijo adolescente que nada tiene de malo ser imperfecto, y que a veces puede ser necesario pedir ayuda.* No equipare el comportamiento de quien solicita ayuda con la debilidad o la falta de inteligencia; en cambio, equipárela con la fuerza de carácter, la madurez y la sinceridad. A veces es necesario mostrarse un tanto idealista y optimista cuando hablamos con nuestros hijos adolescentes, incluso si ellos rechazan este tipo de conversación. En el fondo, apreciarán el apoyo y lo internalizarán en determinado momento de su vida.

No debe admitirse el engaño, pero tampoco ha de condenarse automáticamente al mentiroso.

Disciplina

De acuerdo con las encuestas Gallup acerca de las actitudes públicas frente a la educación, se ha llegado a la conclusión de que la falta de disciplina en los colegios es la principal preocupación durante todo el período, excepto un año, que comienza en 1969. Este resultado no puede extrañar. En los colegios de Estados Unidos, los maestros y profesores confiscan lo que es prácticamente un arsenal de cuchillos, nudillos de bronce y armas de fuego. No solo los varones son culpables de actos de inconducta agresiva; también las adolescentes riñen, escupen y atacan violentamente a sus educadores. Agréguese a esto los problemas disciplinarios que acompañan al consumo de drogas por parte de los adolescentes (en realidad, los estudiantes fuman cigarrillos de marihuana en los pasillos o en las aulas, y desafían a sus profesores a que lo impidan), y las escenas más antiguas y más conocidas que consisten en molestar a los educadores llegando tarde, maldiciendo, durmiendo en clase o sencillamente haciendo el payaso, y uno comenzará a comprender la dimensión del problema. Y si el lector cree que esta descripción es aplicable únicamente a los colegios de los centros urbanos, más vale que revise su concepto; incluso los colegios suburbanos parroquiales y prósperos están agobiados por graves problemas de disciplina.

La primera reacción del padre puede ser la idea de que se trata de un problema que debe inquietar a otros; pero los educadores no coinciden con esta posición. El director de cierto colegio lo explicó así: "Los padres no pueden depositar todo el día a sus hijos en el colegio y pretender, al mismo tiempo, disciplina y enseñanza. Cuanto más tiempo y energía consagramos a vigilar a los alumnos, menos tiempo y energía tenemos para planear, enseñar y aprender." Muchos maestros y profesores se hacen eco de este sentimiento, y agregan que si la escuela se convierte en campo de batalla en relación con los problemas de disciplina, el resultado inevitable es una disminución de los estándares educativos y la pérdida de educadores competentes, que se limitan a presentar su renuncia en vista de los obstáculos insuperables.

Un profesor de historia con trece años de experiencia, que hace poco se retiró para dedicarse a la venta de seguros, confirma esta opinión: "Elegí la enseñanza como profesión porque me encantaba la emoción de llegar a los estudiantes y ayudarles a entusiasmarse con el mundo de las ideas. Pero después de ser agredido tres veces durante los últimos dos años, y de comprender que mi papel en realidad era el de un guardián de zoológico, decidí alejarme."

Los padres y los educadores preocupados por el tema coinciden en que no existen respuestas sencillas. Puesto que muchos adolescentes se divierten infringiendo las normas y desafiando a la autoridad, un punto de partida lógico es asignar la responsabilidad de la formulación y la aplicación de normas a los propios jóvenes. Este método utiliza la presión ejercida por los pares para mantener el orden disciplinario, y ha sido bastante eficaz en ciertos medios. El problema principal de este método sobreviene cuando los alumnos de conducta intachable, que no son en sí mismos problemas de disciplina, son puestos a cargo de este sistema, lo cual determina que sus condiscípulos díscolos no sienten, en realidad, que la presión proviene de personas a quienes consideran sus pares.

Una solución eficaz de los problemas de disciplina de la escuela debe comenzar con las normas y los valores apropiados que fueron aprendidos en el hogar. La autodisciplina – el esquivo ingrediente que *no* siempre aparece cuando suena la campana del colegio – sencillamente no se desarrolla, a menos que los adolescentes le encuentren una razón, y perciban que les aporta cierto beneficio. La disciplina que aplicamos a nuestros adolescentes en el hogar, y la consecuencia con la cual la aplicamos, es la fuente principal del autocontrol que los jóvenes exhiben fuera del hogar.

Sin embargo, en esos colegios hay deficiencias que originan un ambiente en el cual la insatisfacción desemboca en la conducta turbulenta. En muchos casos, el cumplimiento de las normas simplemente no es beneficioso. El hastío a menudo es un problema importante, porque el currículo no está actualizado, o los educadores están tan sobrecargados que disponen de escaso tiempo para la innovación o la capacidad creadora. Las clases atestadas, las instalaciones físicas mal mantenidas y las instalaciones recreativas inapropiadas también contribuyen a los problemas de disciplina. En consecuencia, incluso los alumnos que practican una eficaz autodisciplina en el hogar pueden llegar a creer que es más interesante o prestigioso ignorar las normas en el colegio.

Si la disciplina es un problema en el colegio de su hijo, ¿qué puede hacer usted? Puede organizar un grupo de padres que presione con el fin de obtener dinero para emplear a una persona que represente el papel de especialista en las situaciones críticas, y que mediará en los problemas entre alumnos y docentes. Usted puede hablar a los representantes del gremio docente que actúan en el colegio, y ofrecer su apoyo y ayuda para obtener una solución. Si su propio hijo es parte del problema, usted tiene que estar dispuesto a reconocer el hecho, a afrontar las razones de las dificultades de disciplina, y a tratar de determinar si como padre no ha contribuido de manera involuntaria a la necesidad que siente su hijo de faltar a las normas. También puede tratar de movilizar a la opinión pública acerca de la situación más general y de comprometer a los medios de difusión con el fin de obtener resultados. Pero haga algo; jamás debe permitirse que la disciplina se convierta en un problema tan abrumador que interfiera en el aprendizaje.

Problemas sociales

Los aspectos sociales de la educación a menudo son más problemáticos y traumáticos que los rigores académicos para los propios adolescentes. Por desgracia, los padres tienden a olvidar cómo era el intento de hallar un lugar bajo el sol social, y por lo tanto tal vez subestimen o minimicen los padecimientos sociales de sus adolescentes.

Usted no puede proteger a sus hijos adolescentes de los sufrimientos que caracterizan a la maduración, ni protegerlos de los enredos románticos juveniles que terminan aplastándolos. No puede lograr que los acepten en los clubes que han decidido excluirlos; no puede asegurarles una posición en las sociedades honoríficas o en los grupos de entusiastas del equipo, para los cuales carecen de las credenciales necesarias. De hecho, tampoco usted debería hacer nada de todo esto. En cambio, debería mostrarse accesible si sus hijos desean explicarle estas situaciones.

Con ese propósito, tenga presente los siguientes hechos de la vida del adolescente:

(1) La vida social puede realzar o quebrar la dignidad del adolescente. Toda la adulación y el amor que los padres ofrezcan al joven tal vez no signifiquen tanto como la aceptación de sus propios pares.

(2) La condición de proscrito social puede influir gravemente sobre el rendimiento académico de un adolescente en el colegio. Los jóvenes que no se llevan bien con un grupo, quizá se muestren perezosos, hastiados, desprovistos de interés o desganados en sus tareas intelectuales, porque los preocupa la necesidad de corregir las deficiencias de su vida social.

(3) Los problemas románticos pueden afectar visiblemente la tarea intelectual del adolescente. La joven cuyo novio la abandonó, o el varón que fue rechazado muchas veces por la niña de sus sueños, probablemente se mostrarán malhumorados y deprimidos y no manifestarán interés por el colegio; los obsesiona el pensamiento de la oportunidad romántica perdida. De todos modos, los enredos románticos inculcan sus propias lecciones, que pueden ser tan valiosas como las lecciones de los educadores del colegio.

(4) Los adolescentes que no consiguen armonizar con un grupo social, quizás elijan otro grupo al cual adherir, aunque es posible que nunca se sientan realmente cómodos en él. Puede parecer que sienten una hostilidad permanente, e incluso a veces insultan al grupo cuya aceptación les interesa realmente. Con frecuencia muestran una actitud muy negativa en sus opiniones acerca del colegio.

Los problemas sociales *en efecto* importan, y en efecto originan repercusiones que van más allá de las salidas de la semana próxima. Los adolescentes que sufren muchas dificultades sociales a lo largo del tercero y el cuarto año del colegio secundario pierden por dos razones: no se divierten mucho, y no desarrollan el sentido de identidad grupal que, por lo general, precede al naciente sentido de confianza en uno mismo. Si sus hijos afrontan problemas excesivos con los pares, no les diga: "No importa; de aquí a diez años nadie se preocupará de eso." En cambio, trate de explorar los siguientes temas:

(1) ¿Por qué crees que nadie simpatiza contigo? ¿Qué pruebas tienes de tu afirmación?

(2) ¿Qué modificarías en tu persona para ser aceptado si pudieras? ¿Por qué crees que eso cambiaría la situación?

(3) ¿Cuál es tu mejor cualidad? ¿Alguien está al tanto de ese rasgo tuyo? ¿Cómo te las arreglarías para que alguien lo viese?

(4) ¿Podemos hacer algo para ayudarte, o prefieres que no volvamos a mencionar este asunto?

(5) ¿Has dicho lo que sientes a algunos de los jóvenes de quienes realmente desearías ser amigo?

(6) ¿Cómo describirías a tu amigo ideal? ¿Tu vida social ideal? ¿Tu vida ideal en el colegio? ¿Tu vida real coincide con esos ideales?

(7) ¿Simpatizas con algunos de tus conocidos? En caso negativo, ¿por qué pretendes que alguien simpatice contigo?

(8) ¿Te ayudaría conversar con un consejero o terapeuta acerca de tus problemas sociales en el colegio?

Este tipo de preguntas induce a los adolescentes a reflexionar de manera positiva y realista acerca de sí mismos, y puede ayudar a los padres a determinar si los problemas sociales son transitorios, graves, o están debilitando seriamente al joven. Si esto último es el caso, sugerimos que usted busque ayuda profesional en la escuela o apelando a recursos privados.

Ausentismo clandestino

El ausentismo clandestino es un problema importante en muchos colegios secundarios modernos. Cuando los alumnos saltean clases o faltan días enteros al colegio, se retrasan en su labor académica y quizá se vean obligados a abandonar el curso si parece imposible atender el volumen de tareas destinadas a compensar la falla. En la ciudad de Nueva York y en otras grandes áreas metropolitanas este problema ha llegado a ser tan grave, que los funcionarios encargados de la tarea manejan ómnibus o camionetas especiales en la búsqueda de los ausentistas, con la doble intención de conseguir que estos estudiantes fantasmas retornen al aula y de notificar a los padres, con la esperanza de obtener su ayuda en la solución del problema.

Los padres no saben, a menudo, que sus adolescentes faltan a clase y reaccionan con un sentimiento de sorpresa, embarazo y cólera cuando lo descubren. A veces reconocen que no pueden controlar a sus adolescentes, y en ocasiones sencillamente no les importa. En otros casos, los padres equiparan el ausentismo crónico con el comportamiento delictivo, lo cual ciertamente no es siempre el caso, y se niegan a ayudar a sus hijos.

Aunque las razones que motivan el ausentismo clandestino son variadas y complejas, todas parecen incluir el ingrediente de la escasa retribución positiva obtenida con la asistencia a clase. De este modo, la inasistencia se convierte en un ejercicio de terapia recreativa (por ejemplo, practicar juegos de video, hacer deporte, callejear), o en un intento de obtener dinero (mediante actividades legítimas como un empleo diurno, o asistiendo a los salones de *pool* o las partidas de naipes, o en actos ilegales que forman una amplia gama, desde la venta de artículos hurtados en tiendas y el robo de automóviles, así como los asaltos en las calles). En cualquiera de estos casos, la inasistencia a clase es más interesante para el inasistente crónico que el hastío del aula.

¿Qué debe hacer el padre de un joven que falta clandestinamente a clase? La señora G., cuyo hijo Tony venía faltando a clase desde los trece años, dijo lo siguiente:

Al principio es imposible. Uno teme reconocer la existencia de un problema, pues las actitudes del hijo permiten formular un juicio sobre los padres. O por lo menos eso creía yo al principio. El problema era que estaba equivocada. Si lo hubiese afrontado hace mucho tiempo, la cosa jamás habría llegado a este límite.

Los padres deben enfrentar a los hijos que practican este tipo de inasistencia a clase, y abrir el diálogo. Los siguientes enunciados pueden ser útiles como modo de abordar estas situaciones enojosas:

(1) "Sé que el colegio tiene muchos defectos. ¿Podemos comentar las cosas que más te molestan?"

(2) "Si no te propones asistir a clase, ¿tienes idea de los modos que te permitirían utilizar el tiempo y que sean sustitutos legales y aceptables?"

(3) "¿Ultimamente te sientes bien?" (Los problemas físicos, por ejemplo la falta de energía como consecuencia de la anemia, o la mala nutrición, o los defectos de la visión pueden ser factores que contribuyen a la frustración con la escuela, la cual a menudo conduce al ausentismo clandestino.)

(4) "¿Qué piensan tus amigos de esta conducta? ¿Estás faltando a clase sólo para imitar a los restantes miembros del grupo?"

Este tipo de preguntas no implica amenaza, y refleja la disposición del padre a mostrarse objetivo y a considerar el punto de vista del hijo. Las discusiones que siguen pueden ayudar a ambos a reflexionar acerca de las razones de las inasistencias, y de lo que podría hacerse para solucionar estos problemas. Una vez que se ha conversado exhaustivamente el tema con el adolescente, puede ser conveniente realizar una visita conjunta al consejero de orientación del colegio. Quizá sea posible elaborar soluciones prácticas, gracias a las cuales el colegio resulte más atractivo para el joven −por ejemplo, eliminar algunos temas académicos y sustituirlos por la educación vocacional, o cambiar de curso, de modo que sea posible asistir a clases dictadas por docentes más interesantes− pero en último análisis, incluso si el padre se convierte en aliado del adolescente, ello no eliminará la práctica de las inasistencias clandestinas, a menos que el joven desee modificar la situación.

Desertores

Aunque un desertor sin duda ya no es un estudiante activo, puede suceder que él o ella deseen retornar a la escuela en las circunstancias apropiadas, pero no saben cómo lograrlo. Algunos adolescentes ven con embarazo la posibilidad de asistir al colegio, porque carecen de prendas apropiadas; otros temen represalias de los docentes; y otros han desertado porque creen que el colegio es un callejón sin salida. Algunos problemas personales complejos también contribuyen al índice de deserciones: el alcoholismo y el abuso de drogas, la existencia de una situación irritante en la familia, la enfermedad personal, y así por el estilo. Sean cuales fueren las razones básicas, si el adolescente ha decidido abandonar el colegio uno puede representar un papel activo en la iniciación de algunas conversaciones francas acerca de las alternativas. Estas son algunas de las preguntas que el padre puede formular:

(1) "Tu separación del colegio puede ser difícil para todos, incluso para mí. ¿Has llegado a la conclusión de que este es el caso ahora?"

(2) "Cuando yo asistía al colegio, no muchos jóvenes desertaban. ¿Puedes explicarme qué sientes manteniéndote a tu edad apartado del colegio?"

(3) "¿Cómo imaginas tu semana ideal? ¿El colegio tiene algo que ver con eso?"

(4) "¿Cómo pasas el tiempo? ¿Te diviertes? ¿La vida te parece interesante? ¿Cómo pasan su tiempo tus condiscípulos?"

(5) "A veces mi jefe me trata con dureza. ¿Cómo se comportan tus profesores?"

(6) "En ocasiones las cosas no me salen bien. Discuto con los amigos, no dispongo de dinero suficiente para hacer lo que deseo, me aburro un poco. ¿De tanto en tanto sientes lo mismo?"

Es posible que su hijo adolescente se resista al principio a comentar estos problemas con usted, pero insista. Al trazar analogías con sus propias experiencias, usted está diciendo al desertor que puede empatizar con él o ella, y al pedirle información tal vez perciba más claramente el mejor modo de actuar. La clave consiste en descubrir si hay motivos para promover la reinscripción en el colegio, o si más vale atenerse a alternativas que no dejen al adolescente librado a sus propios recursos.

El padre del desertor es el mejor aliado del colegio. Puede aportar detalles ignorados acerca de las posibles razones que indujeron al joven a abandonar el colegio, y convertirse en participante activo de los planes de reinscripción; además, uno tiene el derecho de comprobar que si su hijo adolescente tuvo problemas reales o imaginarios con los profesores o los condiscípulos durante el período anterior, se den pasos adecuados –incluso el aporte de servicios de asesoramiento, cuando es necesario– para ayudar al joven a evitar las mismas situaciones cuando regrese al colegio. El padre también puede obtener la autorización que permita a su hijo participar en otras alternativas del colegio, por ejemplo los programas de estudio del trabajo, que pueden ser más útiles para el adolescente que el contenido del colegio tradicional.

La deserción no siempre es un callejón sin salida para el adolescente. Si el padre se convierte en parte de la solución (incluso en el caso de que uno descubra que ha sido parte del problema), se cuenta con posibilidades mucho mayores de que el adolescente se desempeñe bien durante el período siguiente de asistencia a clase.

Estudiantes especiales: impedimentos para el aprendizaje, adolescentes dotados, alumnos de rendimiento inferior, y otros

En la actualidad, millares de niños y jóvenes norteamericanos tienen necesidades educativas especiales. De acuerdo con el carácter de los impedimentos, la Ley Pública 94-142, "Ley de 1975 Acerca de la Educación de Todos los Niños Disminuidos", exige que las escuelas y los colegios suministren a los alumnos educación pública gratuita y adecuada, la cual incluye formas especiales de educación y servicios afines en los ambientes menos restrictivos que sea posible obtener.

La ley define a los niños disminuidos incluyendo distintas categorías: retardados mentales, duros de oído, sordos, niños con dificultades del lenguaje, disminuidos físicamente, disminuidos ortopédicamente, o niños con problemas de salud o de cualquier otro tipo que exhiben impedimentos específicos para el aprendizaje. Los impedimentos del aprendizaje son desórdenes en uno o más de los procesos psicológicos básicos que participan de la comprensión o utilizan el lenguaje hablado o escrito. Los alumnos que padecen disminuciones específicas de la capacidad de aprendizaje pueden exhibir discrepancias graves entre la realización en el colegio y la capacidad intelectual en una o más de las siguientes áreas: expresión oral o escrita, capacidad de atención o comprensión de la lectura, cualidades básicas de lectura, cálculo matemático y razonamiento. Por ejemplo, la lectura y la escritura de los niños que padecen disminuciones de la capacidad de aprendizaje a menudo se caracterizan por las inversiones, las sustituciones y las omisiones de letras y sonidos, y el alcance de la atención en ellos puede ser breve o estar expuesto a graves fenómenos de distracción; es posible que afronten problemas para recordar cuál es la izquierda y cuál la derecha; pueden padecer deficiencias de la coordinación, o tener problemas para centrar la visión en una página o seguir el texto cuando leen, incluso si la capacidad visual es 20/20, y así por el estilo. Los alumnos pueden tener dificultades para el aprendizaje a causa de la disminución visual, auditiva o motora, el retardo mental, los problemas emocionales, y las disminuciones ambientales, culturales o económicas.

Mientras usted lee estas líneas, quizá llegue a sospechar que su hijo adolescente padece disminuciones de la capacidad de aprendizaje, pero aún no ha sido diagnosticado. Tal vez su hijo se rezagó en el colegio, o bien exhibió problemas de conducta que originaron muchas suspensiones, pero por diferentes razones el distrito escolar nunca realizó una evaluación para determinar si este adolescente padecía cierta disminución. En su carácter de padre, usted tiene el derecho de reclamar esa evaluación, denominada generalmente en Estados Unidos: Programa de Evaluación Inicial. La ley 94-142 afirma que el Programa de Evaluación debe ser realizado por un equipo interdisciplinario formado por docentes o especialistas de educación especial, psicólogos escolares o especialistas en diagnósticos educativos, uno o más docentes regulares del aula, un médico y/o una enfermera escolar, un asesor escolar o asistente social, y si es posible, otros especialistas, por ejemplo patólogos del lenguaje o fisioterapeutas. Si se sospecha un impedimento específico de la capacidad de aprendizaje, deben estar presentes, por lo menos, el maestro regular de aula y un especialista en diagnóstico educativo.

Como la Ley Pública 94-142 señaló que los alumnos especiales deberían ser educados en el ambiente menos restrictivo posible, muchas escuelas están "agrupando", es decir, incluyendo en las aulas regulares, con los alumnos que no sufren impedimentos, a los que tienen necesidades especiales de aprendizaje. El espíritu y la intención de la Ley Pública 94-142 es atenuar y suavizar el efecto del rótulo de "disminuido" en los alumnos, promover la comprensión en los restantes alumnos de los problemas que los niños disminuidos tienen que superar; evitar la segregación de los estudiantes especiales (que antes de esta ley tendían a ser aislados, separándolos del grupo principal) y ofrecerles la oportunidad de actuar en ambientes que no siempre se limitan a las necesidades específicas que ellos manifiestan, con lo cual se intenta acrecentar la confianza que depositan en su propia capacidad para desempeñarse en el mundo de los que no están disminuidos.

La Ley Pública 94-142 también estableció que los alumnos especiales tienen acceso a servicios especiales. Ello incluyó la instrucción académica suministrada por docentes especializados, cuando tal cosa es necesaria, el personal correctivo y de sostén, los equipos y los recursos materiales: por ejemplo, el transporte, los servicios correctivos del tipo de la terapia del habla, la audiología, la terapia física y ocupacional, los servicios psicológicos, las actividades recreativas, los servicios médicos y de asesoramiento. Los mismos servicios de apoyo prestados a los alumnos no disminuidos deben ofrecerse a los alumnos disminuidos: la educación física, la educación profesional y vocacional, el asesoramiento universitario y laboral, y los servicios de comprobación de las aptitudes.

Los padres de adolescentes que necesitan servicios educativos de carácter especial, por lo general están comprometidos de manera más íntima con la educación de sus hijos, que los padres de niños no disminuidos. La razón que explica este hecho es que los padres deben indicar su consentimiento cuando se proponen cambios en el programa educativo de un niño que necesita servicios especiales. Más específicamente, los derechos de los padres en relación con el procedimiento incluyen:

(1) la notificación por escrito antes de las evaluaciones de las condiciones de disminución del adolescente realizadas por la escuela

o el colegio, o antes de los cambios introducidos en los programas educativos que ahora se aplican (o de la negativa a cambiar);

(2) la alternativa de preparar una evaluación educativa independiente de sus hijos;

(3) el examen de todos los registros de la escuela o el colegio en relación con los hijos adolescentes;

(4) la participación en todos los encuentros realizados con el fin de planear los programas educativos individualizados para los alumnos en cuestión;

(5) el otorgamiento por escrito de la autorización para incluir al adolescente en los programas especiales;

(6) el derecho de celebrar audiencias si los padres discrepan con las evaluaciones o los procedimientos de la institución educativa.

Si la ley otorga tantos derechos a los padres, ¿cómo es posible que se susciten problemas? En la práctica, la participación exige que los padres estén totalmente informados acerca de la existencia de estos derechos, y que conozcan bien las necesidades educativas propias de sus hijos, y que además tengan la certeza de que estas necesidades han sido juzgadas y atendidas acertadamente por el distrito escolar en cuestión. Muchos comentaristas han dicho de este proceso que equivale a "avanzar por el laberinto de la educación especial", una hazaña que exige una perseverancia extraordinaria. Aunque la totalidad de los cincuenta estados norteamericanos han impuesto la educación en beneficio de los alumnos especiales, ciertos distritos tienen mejores servicios que otros. Los distritos suburbanos con 5.000 o más inscritos tienden a destacarse, y otro tanto puede decirse de los que se encuentran en ciudades importantes, o en áreas donde las escuelas y los colegios están cerca de universidades que cuentan con programas de formación de docentes especializados en alumnos disminuidos.

La negociación con los docentes a veces puede ser difícil, especialmente si los adolescentes ya fueron incorporados al grupo principal, y parece que los docentes de aula no demuestran excesiva simpatía por la situación de estos alumnos, o peor aún, no poseen un entrenamiento completo que les permita atender a los estudiantes especiales. En tales çasos, los padres deben ser defensores activos de sus hijos. La ejecución de esta función exige un contacto estrecho con las escuelas y los colegios, la disposición a compartir información acerca de los alumnos con el personal de la escuela o el colegio; quizá sea necesario que el padre mantenga al día sus propias constancias acerca de los progresos académicos de sus hijos, para compararlas periódicamente con los registros de la escuela, y para comparar estos con lo que él observa en el hogar. Los padres constituyen el eslabón fundamental en la asociación educativa.

Los adolescentes dotados forman otra categoría de estudiantes especiales. En 1978, el Congreso aprobó la "Ley de Educación de niños dotados y talentosos", con el Título IX de la Ley de Educación Elemental y Secundaria. Esta ley asignó fondos a los programas estaduales y los proyectos modelos destinados a los alumnos dotados, pero la ley no contempló, específicamente, el caso de los niños dotados que padecen de impedimentos. Hasta ahora se ha manifestado mucha oposición al concepto de los programas especiales para los alumnos dotados y talentosos, en parte porque Estados Unidos profesa tan intensa adhesión a la democracia que muchas personas ven en las cláusulas referidas a los alumnos dotados y talentosos una actitud hasta cierto punto antitética con el concepto de la educación igual para todos; es decir, una violación de la tradición igualitaria. La mayoría de la gente no cree que los alumnos dotados necesiten consideraciones especiales, porque el mito afirma que si tienen la suerte de ser inteligentes, no afrontan otros problemas. En realidad, muchos de estos alumnos tienen problemas tan graves como los de sus pares disminuidos, y tropiezan con impedimentos que dificultan el aprendizaje. Muchos alumnos dotados fracasan a causa de los programas educativos que no los motivan en absoluto, no los motivan como corresponde, o lo que es peor todavía, ni siquiera los identifican como alumnos dotados.

¿Quiénes son los alumnos dotados y talentosos? Provienen de todos los sectores de la vida, todas las razas, las religiones, los grupos nacionales y regionales. Al parecer, se distribuyen en proporciones iguales entre los dos sexos, y puede hallárselos en todos los grupos socioeconómicos. A veces los alumnos especiales a quienes analizamos antes son niños y jóvenes dotados; en ocasiones, los alumnos dotados afrontan increíbles problemas de conducta, y rinden menos que lo normal. No todos son los genios estereotipados que leen a Shakespeare a los dos años y se ejercitan en la física cuántica a los siete. En la mayoría de los sectores de la vida, los alumnos dotados no se distinguen de sus pares "normales".

De las muchas definiciones de diccionario de esta condición, la que parece más exacta afirma que ser un individuo dotado incluye no sólo cualidades y talento, sino también impulso y la oportunidad de expresar este talento. En 1972, la Oficina de Educación de Estados Unidos definió de un modo un tanto distinto a los niños dotados, y señaló que eran personas capaces de elevado desempeño, incluida la realización de la capacidad potencial en cualquiera de las áreas siguientes (individualmente o combinadas): capacidad intelectual de carácter general, aptitud académica específica, capacidad de liderato, artes visuales y de representación, pensamiento creador o productor, capacidad psicomotora. No se mencionaba el factor de oportunidad identificado en la definición que nosotros preferimos. De hecho, la abrumadora mayoría del aproximadamente 5 por ciento de la población escolar total, que posee dotes y talento, no estaba bien identificada ni recibía atención apropiada en el hogar. La mayoría de los padres no sabe que sus hijos son seres dotados; muchos de estos alumnos potencialmente dotados no se desarrollan a causa de la falta de estímulo, la falta de modelos de roles a quienes emular, y la falta de oportunidad para adquirir la motivación que permite alcanzar éxito.

Algunos de los problemas que los adolescentes dotados y talentosos afrontan se relacionan con la aplicación de rótulos, el estigma de que otros los denominen "sesudos" o "tragalibros" o "esnobs almidonados", un problema no muy distinto del que soportan los alumnos disminuidos, que se ven menoscabados igualmente por los calificativos de los pares "normales" e insensibles. En consecuencia, muchos alumnos dotados y talentosos prefieren la aceptación social, disimulan sus cualidades específicas y ocultan sus intelectos más aguzados. Es más fácil ser común y corriente que ser "especial", y puede afirmarse, inequívocamente, que las mujeres adolescentes tienden a ocultar su inteligencia más aún que otro grupo cualquiera.

Los alumnos dotados también pueden padecer como consecuencia de la actitud de educadores insensibles o carentes de formación apropiada.

(1) Los profesores de los dos ciclos del colegio secundario a veces interpretan erróneamente la tendencia de los adolescentes dotados y talentosos a formular preguntas más complejas, y a reclamar

respuestas que exceden las cualidades correspondientes de los docentes comunes, porque entienden que esa actitud equivale a formular amenazas a su autoridad en el marco del aula, o a practicar cierto exhibicionismo; por lo tanto, en ocasiones, tratan de reprimir esas manifestaciones de curiosidad en favor del conformismo ante una norma o un estilo de aprendizaje distintos.

(2) Los profesores de ambos ciclos del colegio secundario pueden afirmar ciertos mitos acerca de los alumnos dotados y talentosos: que todos aprenden con rapidez, que son igualmente inteligentes en todas las disciplinas, que todos alcanzan puntajes muy elevados con las pruebas estándar del cociente de inteligencia, que su ritmo de aprendizaje se acelera constantemente, sin mesetas, que aman la escuela o el colegio, y que prefieren estar allí antes que en otro lugar cualquiera. Tales mitos pueden determinar que se ignore a muchos alumnos realmente dotados y talentosos.

Los padres pueden representar otra serie de problemas:

(1) Es posible que se sientan tan orgullosos de tener hijos dotados y talentosos que los alienten sólo en las áreas de desarrollo intelectual, olvidando que todos los adolescentes necesitan la oportunidad de adquirir cualidades sociales.

(2) Inversamente, es posible que los padres se sientan intimidados y amenazados por las cualidades de sus hijos, y que les transmitan esos sentimientos negativos, de modo que los jóvenes pierden el apoyo del ambiente hogareño, muy necesario para ellos.

(3) Los padres pueden tener expectativas poco realistas acerca de lo que sus hijos dotados y talentosos realizarán en el curso de la vida. Esto es particularmente peligroso si los padres intentan vivir de manera sustitutiva a través de esos adolescentes, y estos no aportan resultados, a pesar de las cualidades que poseen.

Algunos de los principales problemas que los adolescentes dotados exhiben en la escuela o el colegio son estos:

(1) Es posible que adopten una actitud sumamente crítica frente a otros alumnos que no piensan o actúan como ellos.

(2) Quizá dependan excesivamente de los adultos (por ejemplo, de sus profesores favoritos) y teman correr riesgos porque adoptan una actitud muy autocrítica.

(3) Pueden rendir menos de lo normal a causa del hastío, la frustración ante el exceso de tarea, los mediocres hábitos de estudio y la mediocre autoimagen.

(4) Pueden rebelarse y convertirse en problemas de disciplina, porque sus dotes y talentos no han sido canalizados y motivados en forma adecuada.

(5) Es factible que graviten hacia los amigos de más edad, una tendencia que puede resultar especialmente problemática durante los años del ciclo básico secundario.

(6) A menudo expresan sentimientos de inferioridad (en parte a causa de sus propias expectativas elevadas, y de las que alientan los padres y otras personas significativas).

Es evidente que los alumnos dotados y talentosos no siempre se arreglan solos. Las escuelas y los colegios no deben ignorar las necesidades especiales de este grupo minoritario. Para decirlo con las palabras de un educador del Colegio Nacional de Ciencias Bronx, de Nueva York, "No habíamos comprendido hasta hace poco tiempo que la inteligencia es una suerte de impedimento... los niños y los jovencitos muy inteligentes necesitan un ambiente estructurado y motivador, tanto como los niños sordos necesitan una atmósfera que se muestre sensible a sus necesidades especiales."

Los alumnos de escaso rendimiento de los dos ciclos del colegio secundario, los adolescentes que no rinden de acuerdo con sus posibilidades, determinadas estas por las evaluaciones de los educadores, provienen de todos los sectores de la población escolar. El escaso rendimiento puede ser la señal de una serie de problemas:

(1) La escuela o el colegio no están realizando su tarea, que es incitar y motivar a sus alumnos, y el aprendizaje no es bastante compensatorio.

(2) El status social del alumno de escaso rendimiento es más elevado que el del alumno que aprende eficazmente.

(3) Los padres no suministran a sus hijos adolescentes una respuesta positiva en el desempeño educativo, de modo que los adolescentes suspenden sus esfuerzos.

(4) Los adolescentes afrontan problemas emocionales, por ejemplo un estado de depresión, que les impide sobrepasar el mínimo absoluto en la escuela, sean cuales fueren las cualidades intelectuales del alumno.

(5) El escaso rendimiento es un pedido de ayuda. Los adolescentes necesitan la atención de los padres o de los educadores, y este es un modo de reclamarla.

Los jóvenes de escaso rendimiento tienden a provocar cierta cólera en todos; los educadores se sienten frustrados ante su propia incapacidad para motivar a estos alumnos, los padres se irritan ante las notas mediocres y las actitudes indiferentes de sus hijos, y los propios adolescentes, en realidad, no desean crear fama de poco eficaces, pero el esquema arraiga de tal modo que es difícil superarlo.

Motivar a los alumnos de escaso rendimiento debería ser la tarea de las escuelas y los colegios, pero la realidad es que los educadores a veces no disponen del tiempo necesario para suministrar a estos alumnos las tareas que son apropiadas para sus estilos de aprendizaje. Aquí es donde los padres pueden llenar el hueco. A veces, es posible que nada más que el aporte de algunas revistas estimule el interés poco intenso del hijo adolescente:

Mi hijo era alumno de una clase de inglés, y estaban estudiando la sátira. No podía decidirse a leer a Jonathan Swift, y yo sabía que él tenía que escribir un trabajo. De modo que salí y le compré un ejemplar de la revista *Mad*. Al principio creyó que yo estaba loco, pero la verdad es que la revista le movilizó el cerebro. Comunicó la novedad a su profesora, y ella adoptó la idea en clase. ¡Mi hijo aprobó e incluso comenzó a trabajar!

A veces, un padre puede ayudar reforzando las pocas cosas que interesan al hijo, y comentando (y concretando) modos de vincular estas cosas con el trabajo educativo:

Mi hija estaba completamente absorta en el diseño y la confección de mantas, y su colegio no tenía un programa de economía doméstica. Detestaba leer, y dedicaba a las mantas todo su tiempo libre. Conversé con su profesora de historia y pregunté si yo podía preparar y enseñar una unidad acerca de la confección de mantas en la historia de América, e incluso, si era necesario, enseñar la técnica de la confección. Mi hija al principio estaba furiosa, pero me ayudó a redactar el currículo. En realidad, entendió el mensaje de que la historia no es sólo memorizar fechas, y durante el período siguiente enseñó esa unidad a alumnos de cursos inferiores.

¡No es necesario ser un educador profesional para convertirse en un motivador enérgico!

Lo contrario de los alumnos de escaso rendimiento, los que rinden en exceso, pueden ser igualmente frustrantes: tratan de hacer tanto, que mal pueden tener éxito en todo. Es posible que se sientan presionados en ese sentido por los padres que esperan demasiado de ellos, o por su adhesión a los educadores a quienes esperan impresionar, o por la presión de los pares, si sus grupos sociales están formados por el núcleo más activo de la escuela o el colegio. Es posible que se manifiesten vigorosamente en el colegio, que intenten politizar las cosas, y que traten de manipular situaciones para lograr que se haga todo. En general, no pueden delegar la responsabilidad y parecen prepotentes y descarados cuando, bajo la superficie, quizá sean exactamente lo contrario.

Después, están los que no hacen, los adolescentes cuyo tiempo en el colegio está consagrado a salvarse, porque no hacen absolutamente nada. No se trata de que no trabajen de acuerdo con sus posibilidades; no trabajan, y punto. Permanecen en el colegio por diferentes razones: los padres los obligan, son demasiado jóvenes para abandonar legalmente, o les agrada con sinceridad el colegio. Por desgracia, muchos de estos adolescentes son promovidos automáticamente de un grado al siguiente, y muchos se diploman sin haber satisfecho realmente los requerimientos mínimos.

Motivar a los que no hacen nada probablemente es la tarea más difícil, tanto para los educadores como para los padres. La clave consiste en reorientar hacia la tarea educativa la energía que estos adolescentes consagran a no trabajar. Los padres necesitan tener carácter suficiente para impedir que su hijo adolescente sea promovido a un nivel superior sólo porque él o ella ya tienen edad excesiva para continuar en el mismo grado. Es importante conseguir que estos jovencitos adquieran el concepto de responsabilidad; que asuman la responsabilidad de intentar por lo menos aprender algo mientras asisten al colegio: esa es su tarea. A veces, estos adolescentes pueden ser víctimas del canje de expectativas, de modo que los padres demuestran escaso realismo en sus exigencias, y los hijos, sencillamente, ya no intentan complacerlos; esta actitud con el tiempo se traslada al modo en que ellos se relacionan con el colegio.

Los ardides o los desafíos rara vez son eficaces para motivar a los que no hacen nada. La sinceridad franca o directa, que los sorprende o desarma, puede y debe ser el primer paso para quebrar el hábito en que han caído estos adolescentes. Explorar las alternativas es otro enfoque útil; quizás el adolescente puede pasar a otro colegio del distrito, o tal vez el cambio de un currículo académico a otro de artes industriales opere el milagro. Es posible motivar a los que no hacen nada, y el aporte de los padres puede modificar la situación a largo plazo.

Educarse es una tarea, un arte y un esfuerzo. No es una tarea fácil, y los años de asistencia al colegio encierran muchos peligros y obstáculos invisibles que se alzan en el camino del desarrollo intelectual y social de los adolescentes. Los problemas del período educativo son inevitables; de qué modo los adolescentes los afrontan depende, en gran parte, del apoyo de los amigos, los docentes y los padres.

12

Las cualidades sociales, los riesgos y la autoestima

El desarrollo psicológico del adolescente es un proceso complejo. Los adolescentes reaccionan de distintos modos ante ellos mismos, su familia, su ambiente y las tensiones usuales y extraordinarias de la vida. Aquí, concentramos la atención en las vicisitudes psicológicas normales de los años de adolescencia.

El ego del adolescente y otras cosas frágiles

El ego es una parte invisible de cada individuo que consiste en el sentido de identidad personal, combinado con la conciencia del modo en que nuestros sentimientos y pensamientos se relacionan con los de otros. Durante la adolescencia, el ego se parece un poco a un yoyó, que se eleva y desciende cuando los adolescentes se sienten unas veces seguros y otras confusos acerca de quiénes son, y del modo en que otros los perciben. La comprensión de lo que impresionará a su hijo adolescente a menudo se obtiene mejor si se percibe en qué punto está "el yoyó del ego" en sus movimientos (en ascenso o bien descendiendo en picada).

Ya hemos mencionado la sensibilidad extrema del adolescente

típico. En parte, esta sensibilidad se origina en el hecho de que el ego del adolescente aún no está sólidamente afirmado, de modo que él o ella tienden mucho a dudar de sí mismos. Los adolescentes vuelven los ojos hacia personas importantes de su vida, buscando aprobación y aliento, para ayudar a superar esta incertidumbre del ego, y si no los encuentran, los preocupa la posibilidad de que ellos mismos no valgan mucho, o de que carezcan de carácter, dinamismo, popularidad u otro ingrediente mágico.

El adolescente cuyo ego es siempre más o menos débil, se relaciona con el mundo en un estilo vacilante e inseguro, por así decirlo, tímido. Como el individuo debilucho de cuarenta y cinco kilogramos que aparece en los anuncios, que recibe un golpe en la cara y se aparta con un gesto de impotencia, el adolescente que padece cierta deficiencia del ego aborda la vida con muchos sentimientos de ansiedad y pasividad, y con escaso sentido del control. Cuando sucede algo bueno, un adolescente de este tipo puede llegar a la conclusión de que eso es obra de la suerte, no del trabajo esforzado, la destreza o la decisión. Cuando sucede algo no tan bueno, el adolescente tal vez crea que no había modo de evitarlo, eso estaba preestablecido. A causa de esta actitud, los adolescentes cuyo ego es débil tienen menos probabilidades de esforzarse para mejorar su propia condición, pues creen que lo que les sucede es más asunto de suerte que otra cosa.

Los adolescentes pueden fortalecer el ego apelando a una serie de recursos, y los padres que los alientan y apoyan constituyen un factor fundamental en este proceso. Pero también es necesario considerar la faceta negativa de este fenómeno, porque un ego *demasiado* fuerte, como un cuerpo excesivamente musculoso, puede tener efectos negativos y estorbar el buen desempeño. Los adolescentes cuyo ego está tan hinchado que ellos mismos se sienten impresionados por su propia importancia, pueden sufrir más tarde un rudo despertar. Pero hasta que suceda tal cosa, es posible que literalmente se encrespen a causa de la arrogancia, y que sin querer provoquen el antagonismo de casi todas las personas con quienes se relacionan. Por extraño que parezca, se diría que los padres están entre los últimos que identifican el ego hiperdesarrollado del adolescente. Algunos de los principales signos de advertencia son:

(1) una actitud de estilo "yo lo sé todo" que se expresa a menudo en el comportamiento arrogante;

(2) la necesidad persistente de ser el centro de la atención;

(3) la insensibilidad constante frente a los sentimientos y las necesidades de terceros;

(4) una pauta de egoísmo en el trato con la familia y los amigos;

(5) la intolerancia frente a otros;

(6) la incapacidad para reconocer el error.

Es posible que los adolescentes posean un firme sentido de identidad en ciertas áreas, pero se sientan relativamente inseguros en otras. El alumno distinguido, que se siente seguro de sí mismo en clase, puede transformarse en un individuo inseguro, de conducta aniñada, en los acontecimientos sociales. Ese líder que asume la jefatura en el campo de deportes, siente que se le traba la lengua y se intimida ante problemas matemáticos superiores a la mera medición de los metros corridos en el campo de juego. El genio de las computadoras tiene dificultades para mantener una conversación con una muchacha, a menos que hablen de programas, discos y disketes. Todo esto no significa que algo funcione mal; la aparición de otras cualidades lleva tiempo. Lo que ahora examinaremos es el modo en que los padres pueden colaborar en este proceso.

Los padres como fuente de autoestima

Los adolescentes reciben una iamgen acerca del modo en que su propia personalidad está desarrollándose de unas pocas fuentes primarias: los padres, los amigos, los educadores y/o los empleadores. Pocos adolescentes han adquirido percepción suficiente para acometer una evaluación exacta de su propia persona, y la mayoría suele exagerar por exceso de crítica. Buscan a estos "otros significativos" como espejos que les aporten una imagen refleja de su propia personalidad. Según el estilo de comunicación de los padres, estos pueden reflejar una imagen fiel, que amplíe la comprensión que el adolescente tiene de sí mismo, o la deformación de un espejo del parque de diversiones, que destruya la autoestima del adolescente.

Los sentimientos de valía personal son la esencia del sentido de identidad de un adolescente. Los psicólogos saben que la escasa autoestima puede llevar a diferentes problemas, entre ellos la delincuencia, la depresión y el abuso de las drogas, y en cambio la autoestima elevada parece preprogramar para el éxito a los adolescentes. Por lo tanto, es importante que los padres alienten −en lugar de debilitar− la confianza de los hijos en ellos mismos; pero alcanzar esta meta puede ser una tarea engorrosa. Un modo de lograrlo consiste en apoyar a los adolescentes de modo que adquieran un sentido de responsabilidad. Si quiere ser eficaz, usted debe mostrarse dispuesto a permitir que los adolescentes cometan sus propios errores, sin condenarlos a causa del fracaso. Sólo de este modo −quizá con cierto acicate no muy insistente− los adolescentes advertirán que la ejecución mediocre de una tarea no es una justificación para renunciar a la responsabilidad de ella.

Los padres que intentan vivir como sustitutos de sus adolescentes afrontarán resistencia y resentimiento. Los adolescentes desean demostrar su competencia, y eso pueden lograrlo haciendo ellos mismos las cosas. No podemos asumir los sufrimientos de nuestros hijos, protegerlos de los que la sociedad puede infligirles, acudir a la primera cita con un miembro del sexo opuesto en lugar de ellos, o rechazar por ellos el cigarrillo de marihuana que les ofrecen en una fiesta. Sin embargo, los padres que apoyan la autonomía cada vez más amplia de su hijo adolescente, le facilitan la tarea de adquirir más y más confianza en su propia capacidad para avanzar por los laberintos de la vida, y aumentar las probabilidades de que los hijos eviten errores futuros.

Joan, alumna de primer año del colegio secundario, dice a su madre que un alumno del último año la invitó a salir. Joan ha realizado cierta experiencia previa de salidas con jovencitos de primer año, pero nunca con un muchacho de mayor edad. La madre de Joan podría reaccionar de varios modos. Puede prohibirle que salga con este joven, aunque Joan no solicitó permiso, sólo trajo a colación el tema. Una respuesta más eficaz, que podría inducir a Joan a realizar su propia evaluación del asunto sería esta: "Por el modo de hablarme del asunto, parece que no estás segura de que deseas salir con él. ¿Ese joven te agrada?" Entonces, Joan puede explicar qué tipo de persona es el muchacho, cuánto tiempo hace que lo conoce, etcétera. La madre puede agregar: "Parece que estás un poco asustada ante la idea de salir con él. Quizá no te sientes por completo cómoda, porque la diferencia de edad impide que ustedes tengan cosas en común. Me sentiría más cómoda si salieras con una persona de edad más cercana a la tuya, pero aún no he conocido a ese muchacho, y confío en que adoptarás la decisión apropiada."

En definitiva, es posible que Joan decida salir con el joven, pero la respuesta de su madre ha alcanzado dos metas fundamentales para preservar y apoyar la autoestima de Joan. Se ha mostrado franca y sincera con su hija respecto de sus propios sentimientos, pero sin prohibir la salida. A partir de esto, Joan comprende que la madre confía en el juicio de su hija. La madre también ha reconocido lo que percibió eran los verdaderos sentimientos de Joan. Después, si la salida fracasa y Joan se siente infantil y fuera de lugar, está preparada para afrontar alguno de estos sentimientos, y se le ha explicado que son una reacción natural en ese tipo de situación social. Es menos probable que Joan sienta que ha fracasado a causa de la salida, y por lo tanto puede considerar el resultado desde una perspectiva más saludable.

Los padres tienen la posibilidad de contribuir a fortalecer la autoestima de sus hijos de otro modo más directo. Los adolescentes a menudo se quejan de que los padres con frecuencia los avergüenzan. La casa está completamente desordenada cuando llegan los amigos, mamá tararea las canciones de moda que transmiten por el receptor de radio mientras lleva a los varones a un encuentro de fútbol. Papá vagabundea alrededor de las fiestas de su hija, y se lo ve más infantil e inmaduro que otro cualquiera de los invitados.

Los jovencitos que se sienten orgullosos de sus padres, inevitablemente están más orgullosos de ellos mismos. Aunque luchan para liberarse de su dependencia de los progenitores, de todos modos los adolescentes desean que los adultos susciten buena impresión cuando conocen a los pares. Esto significa, por lo general, que los padres no deben adoptar un estilo de lenguaje y vestido que trate de imitar el de los jóvenes, y que deben demostrar un amable interés en las actividades de los adolescentes sin adoptar aires de superioridad o parecer entrometidos. Los hijos no desean sentirse avergonzados a causa de los padres, del mismo modo que los padres no desean sentirse avergonzados por la conducta de sus hijos. Si usted realiza unas pocas concesiones para lograr esto, su adolescente, probablemente, se mostrará más dispuesto a ducharse y cambiarse de ropa antes de la cena que sus padres han organizado.

Aquí tenemos algunas sugerencias destinadas a fortalecer la autoestima de su hijo adolescente.

(1) *Evite criticar constantemente a su hijo.* La crítica constante tiende a negar la autoestima, porque origina en los adolescentes la idea de que son fracasados. Aunque a veces se necesita la crítica constructiva, si se la formula en términos amables, que impliquen apoyo más que menoscabo, el efecto suscitado no será negativo.

(2) *Demuestre interés en lo que hace su adolescente.* Será la prueba de que las realizaciones de su adolescente son importantes. Cuando los padres prestan escasa atención o no demuestran interés por lo que hacen sus adolescentes –en el colegio, los deportes, las aficiones, y así por el estilo– los adolescentes pueden llegar a la conclusión de que sus logros son triviales o carecen de significado. Pocas cosas desinflan la autoestima tan prontamente como el pensamiento de que el "gran éxito" que uno alcanzó no significa nada.

(3) *Demuestre a sus hijos adolescentes que usted cree en la capacidad que ellos poseen.* El mejor modo de lograr este objetivo es asignar a los adolescentes responsabilidades apropiadas para la edad, y después apartarse para permitirles actuar. Los padres que lo hacen *todo* en lugar de sus adolescentes pierden esta oportunidad, y perturban el desarrollo de la autoestima de sus hijos.

(4) *Siempre que sea posible, permita que sus adolescentes adopten sus propias decisiones.* Usted debe encontrarse disponible para apoyarlos si eligieron mal; pero recuerde que al defender el derecho de sus hijos a equivocarse, usted les infundió el valor necesario para pensar por sí mismo; un aspecto esencial de una sólida autoimagen.

(5) *Ayude a sus hijos adolescentes a identificar la diferencia entre las cosas que ellos pueden cambiar y las que están fuera de su control.* Como todos, los adolescentes fácilmente pueden sentirse frustrados porque combatieron contra molinos de viento, y cuando el molino de viento gana, ellos sienten que fracasaron. Enseñe a su adolescente a evitar la idea de que es personalmente responsable de todo lo que sale mal, porque de este modo apuntalará la autoestima de sus hijos.

(6) *Ayude a sus adolescentes a fijar metas realistas.* El exceso de aspiraciones poco realistas, o una sola meta escasamente realista que domine la vida de su hijo, puede crear el marco de un golpe fundamental a su autoestima. Ayudar a su hijo o su hija a elegir metas realizables, más que exageradas, implica contribuir a su naciente sentido de valía personal.

(7) *Prodigue generosamente su amor.* No hay mejor alimento que este para el fortalecimiento de la autoestima.

Cualidades sociales. I: Tener (y conservar) amigos

El grupo de pares es esa entidad ubicua a la cual se imputa la responsabilidad de la mayoría de los males que agobian a los jóvenes. ¿Por qué provoca tanto terror? En realidad, no es más que el grupo de amigos con quienes su hijo adolescente se complace en alternar durante un largo período. ¿Es tan distinto del círculo social que usted mismo frecuenta, de las personas con quienes juega bridge, invita a un concurso de pool, o visita durante los feriados? Los amigos suministran a los adolescentes experiencia en las situaciones sociales, apoyo durante los intentos de sacudir el control de los padres, y fundamental influencia en el desarrollo de la personalidad.

Se forma un vacío cuando el adolescente sacude su dependencia respecto de los padres. No desea correr hacia mamá y papá cada vez que tiene un problema o se siente solo, porque eso implicaría retornar a la conducta infantil. Si desea vivir una edad adulta satisfactoria necesita dejar atrás la niñez. Cuando ya no desea la compañía y el consejo de mamá, papá, las hermanas y los hermanos, el adolescente necesita amigos de su propia edad, que afrontan problemas semejantes y libran la misma lucha por la independencia.

Los adolescentes que tratan de crear identidades firmes y luchan para ser autónomos, a menudo se ven agobiados por dudas acerca de ellos mismos y por la falta de confianza en sus propias fuerzas. Las redes de amigos ayudan a suavizar estos sentimientos de debilidad, porque suministran un campo de pruebas para las interacciones sociales, el desarrollo de la personalidad, el poder, el carisma, la cooperación, la generosidad, todos los rasgos y cualidades de la personalidad que, en definitiva, forman la identidad de un adolescente maduro. Negar a su adolescente esta oportunidad porque usted desaprueba la apariencia o el comportamiento de algunos de sus amigos, equivale a deformar el desarrollo de su hijo. Los adolescentes generalmente saben cómo los perciben sus padres y hermanos, y es imperativo que se les permita descubrir qué sienten frente a ellos también las personas que están más cerca por la edad y las circunstancias.

Los adolescentes cometerán errores, y a veces ofenderán o humillarán a otros. Pero en general, el grupo de pares sabe cuidarse solo. La popularidad –de acuerdo con una reciente encuesta entre los adolescentes– depende de la cordialidad, el entusiasmo, la capacidad para celebrar las bromas, la promoción de actividades, la atracción y el status. Los jovencitos que son perversos o carecen del sentido del protocolo, pronto se ven reducidos al ostracismo, hasta que aprenden el modo adecuado de tratar a sus pares.

La interferencia de los padres en esta colmena social generalmente provoca hostilidad, pero los padres que observan que su hijo adolescente comete errores reiterados en las interacciones sociales pueden mencionar de pasada lo que vieron. Marion (de catorce años) parecía tropezar con dificultades para hacer amigos en el ciclo básico del colegio secundario, y pasaba sola en su habitación la mayoría de las veladas y los fines de semana. La madre, extrañada por la hibernación de Marion, se ofreció para acompañarla a un baile, después de convencer a su hija de la conveniencia de asistir. Pronto descubrió parte del problema de Marion. El guardarropa de la jovencita (gran parte de él era herencia de su hermana mayor) sin duda estaba pasado de moda, y el peinado parecía infantil. La madre ayudó a Marion a comprar prendas nuevas, la llevó a un buen peinador y le mostró cómo podía usar el maquillaje de modo que fuese más atractiva. Los pares de Marion no se arrojaron sobre ella de la noche a la mañana, pero poco a poco Marion comprobó que estaba teniendo más amigos y desarrollando más actividad social.

A lo largo del tiempo, los adolescentess a menudo sorprenden a los padres con sus juicios sensatos acerca de los amigos, de modo que a menos que su hijo corra peligro a causa de las relaciones que mantiene, por lo general es mejor cerrar la boca cuando uno conoce a ciertos amigos a quienes no aprueba. Prohibir una amistad equivale a menudo a proveer del cemento necesario para consolidarla. En el curso de una encuesta, el 88 por ciento de los adolescentes dijo que estaba dispuesto a continuar viendo a un amigo desaprobado por los padres. Los jovencitos desean ser tan diferentes de sus padres como puedan; cuando un padre no simpatiza con alguien, el adolescente se siente obligado a defender y a amar a esa persona. Con el tiempo, la mayoría de los adolescentes llega a saber quién es un amigo que miente o se complica en actividades indeseables, y pasarán a otra persona. Sobre todo en la adolescencia temprana, los adolescentes alientan y después rechazan a varios grupos de amigos antes de encontrar a las dos o tres personas bastante compatibles para concertar una relación duradera.

Las amistades de los adolescentes a veces también son tormentosas; se caracterizan por las discusiones, los períodos de silencio, y después la recomposición y la sensación de bienestar en la mutua compañía. (En otras palabras, es un poco como el matrimonio.) Estos tipos de interacciones son importantes campos de prueba de las cualidades interpersonales de su adolescente, y no debe interferirse en ellas. Los adolescentes necesitan descubrir ellos mismos cuáles son las consecuencias de ciertos actos –qué sucede cuando rompen una promesa, o cuando se sienten celosos, o cuando revelan información "confidencial" a una persona a quien apenas conocen– y es mucho mejor que aprender antes y no después de todas estas cosas. Al mismo tiempo, las alegrías de la amistad aportan importantes lecciones acerca de la confianza y la diversión lisa y llana. Pero es necesario vivirlas para asimilarlas.

Cualidades sociales. II: La relación con el sexo opuesto

Gracias al debilitamiento general de las divisiones y los estereotipos de los roles sexuales, los adolescentes actuales gozan de más libertad para concertar amistades con miembros del sexo opuesto. Los grupos de varones y jovencitas que ven juntos un filme o van a patinar sobre el hielo son un ámbito confortable que les permite conocerse sin la presión de la salida como pareja. De hecho, una de las preguntas apremiantes que los adolescentes deben afrontar es: "¿Cómo puede saber uno cuándo realmente se trata de una salida?"

En el caso de jovencitas de trece años como Karen, Stacy y Julie, que recorren una hilera de elegantes tiendas suburbanas mirando las vidrieras, una salida significaba que tres amigos varones estaban en algunas de las tiendas, jugando juegos de video u "holgazaneando". Más tarde, estos seis adolescentes se encontrarían, compartirían algunos refrescos, y volverían a separarse. Todas las muchachas convinieron en que este tipo de salida era un asunto complejo.

En el extremo opuesto del espectro aparecen dos fenómenos relativamente "nuevos": las jóvenes que telefonean a los varones y los invitan a salir, y la cita amorfa del tipo "quizá te veo esta noche en la fiesta". En la primera categoría, las muchachas al parecer ya no se sienten obligadas por la costumbre a esperar que los varones tomen la iniciativa de invitarlas a salir. Aunque ciertamente no es una práctica difundida, esta tendencia a compartir la responsabilidad de promover una salida ya no es una rareza. Y en efecto, en muchos casos en que una muchacha invita a salir, *ella* paga la cuenta. El segundo tipo de cita más reciente en realidad es una no-cita. El concepto parece ser el de "la fuerza gracias al número"; al reunirse como de pasada en un grupo, dos adolescentes que manifiestan cierto interés uno por el otro pueden reunirse y pasar un rato juntos. El varón evita la tortura de pasar a buscar a su amiga (y de ser escudriñado por los padres de la joven), y la muchacha se ahorra un sermón de sus padres acerca de su mal gusto al elegir acompañante. Y si la relación no funciona y ambos comprueban que no simpatizan tanto como creían que sucedería, pueden separarse del mismo modo casual que se reunieron.

Pese a estas variaciones respecto de los esquemas más tradicionales de salida, algunos aspectos se han mantenido más o menos iguales. Los adolescentes informan que salen con fines recreativos, para elevar su status, para encontrar un buen oyente, un buen amigo, o un posible cónyuge. Aprenden cosas acerca de la intimidad y los sentimientos, el modo de expresarse, y el modo de resolver la situación cuando se sienten ofendidos, así como la manera de resolver el tema del enamoramiento. Aprenden el coqueteo y los juegos de atracción. Y, contrariamente a lo que muchos padres creen, la mayoría de los adolescentes creen que la calidez y la amistad son más importantes que la intimidad sexual en una relación.

Durante este período, los padres poco pueden hacer, excepto observar el despliegue del juego de la formación de parejas, y fijar unas pocas pautas de conducta (límites de horario, tipo de actividad durante la salida). Si una relación está avanzando hacia la actividad sexual, ningún límite de horario lo impedirá. Como explicó Patty, de dieciséis años: "Mi madre sufre un ataque cuando llego unos pocos minutos tarde después de una salida. Como si no pudiéramos hacer *antes* de las once todo lo que ella teme que haríamos *después*."

Los padres a menudo tienen sentimientos ambiguos acerca de la formación de parejas estables. Cuando un hijo o una hija ven sólo a una persona, los padres generalmente llegan a conocerla mejor, y disminuyen las posibilidades de promiscuidad indiscriminada. Pero la pareja estable también reduce las experiencias de las salidas y las relaciones, confina a un solo compañero a la persona, y deja pocas oportunidades de explorar otros tipos de amigos. Los adolescentes a menudo consideran atractivo el concepto de la pareja estable, porque suministra el tipo de adhesión psíquica que puede obtenerse con una sólida relación de marido y mujer —seguridad, amor, compromiso— aspectos todos fundamentales para el adolescente vulnerable. A menos que uno crea que el hijo o la hija está soportando abusos físicos o psicológicos originados en el otro miembro de la pareja, es mejor no interferir. Los estados de ánimo de un adolescente de cortos años varía caprichosa y rápidamente. La Julieta de su vida una semana puede ser Katharine, la Harpía, a la siguiente. Imponer la separación a dos jóvenes que creen amarse a menudo acelera el movimiento que los lleva a unirse más estrechamente.

Cualidades sociales. III: La relación con los adultos

Los padres tienen derecho de esperar ciertas formas de conducta de sus adolescentes cuando están en presencia de otros adultos. Deben mostrarse corteses, respetuosos y considerados cuando un adulto los trata de manera análoga. Sin embargo, no siempre es necesario que los adolescentes coincidan con los adultos, y es importante abstenerse de transformar a los hijos en "seres complacientes" que pronuncian las frases apropiadas y ejecutan los actos convenientes para convertirlos en otros tantos adultos, a expensas de su propia integridad y su autoexpresión. Los "seres complacientes" a menudo alientan animosidad y resentimiento hacia los adultos que simpatizan con ellos, porque perciben que no son apreciados por su personalidad real, sino por sus representaciones bien realizadas. Los adolescentes necesitan aprender modos considerados de discrepar con los adultos, y debe inducírselos a cultivar las cualidades de la conversación con el fin de que puedan comunicarse con los adultos tanto como con los pares.

En cierto momento, el adolescente medio tratará de evitar todo lo posible a los adultos, apenas tolerará a los educadores y los parientes, y aplicará a los padres el tratamiento del silencio. Es posible que el adolescente sienta que los adultos no pueden entender cómo es la vida a esa edad, pero en todo caso ni siquiera se molestará en que dichos adultos entiendan. "Me tratan como si fuera un niño", dijo un joven de dieciséis años, al quejarse de su tía y su tío.

"Me preguntan cómo me va en el colegio, y me dicen que he crecido mucho. No tienen la más mínima sospecha de lo que soy. Ni siquiera sabían que yo manejaba y que compré mi propio automóvil." Si este muchacho les hubiese escrito una carta o les hubiera telefoneado cuando compró el automóvil, lo sabrían, pero a semejanza de muchos adolescentes, no aceptó la responsabiliad de comunicar la noticia. Los adolescentes desean que los adultos se preocupen por ellos; los problemas aparecen cuando faltan las cualidades sociales.

Como el mundo aún está formado por personas de distintas edades, es necesario que un adolescente aprenda el modo de interactuar con todos los tipos de personas. Puesto que los adultos que influyen sobre la vida de los adolescentes a menudo son figuras de autoridad, es posible que para el jovencito resulte difícil separar a la persona del rol. Los padres pueden subrayar esta diferencia diciendo: "El señor Tomlin no te suspendió porque no simpatiza contigo. No es una persona vengativa. Tú faltaste a las normas y al señor Tomlin le pagan para aplicarlas. Trata de no tomar en forma personal las cosas." Los adolescentes se mostrarán más dispuestos a comprender y aceptar a los adultos si pueden separar las funciones del cargo de la personalidad. Los adultos no conspiran con el fin de que la vida del adolescente sea miserable, y en cambio con frecuencia desempeñan cargos que exigen someterse a normas, las mismas que los adolescentes están intentando quebrar o ignorar como parte de su esfuerzo por conquistar su independencia.

Cualidades sociales.
IV: Embrollos, vergüenza y el arte de salvar la cara

Como los adolescentes tienen una historia breve, o nula en absoluto, en cuanto a lidiar con éxito con situaciones sociales, el más leve error puede asumir la magnitud de una gran catástrofe social. En nuestra condición de adultos, cuando decimos o hacemos algo que es embarazoso, nos consolamos con el conocimiento de que rara vez (o nunca) cometimos este tipo de error anteriormente, y con seguridad no lo cometeremos en el futuro; o si antes cometimos el error, sabemos que pudimos sobrevivir. Pero los adolescentes tienen poco en qué apoyarse. Rara vez dicen: "Bien, antes ya resolví mejor ese tipo de situación. No soy socialmente torpe, sencillamente cometí un error." Inician el proceso de participación en el mundo real, y el fracaso o el éxito en la resolución elegante de las situaciones sociales son muchos más significativos las primeras veces. Dicho en términos sencillos, los adolescentes carecen de perspectiva.

Los adolescentes siempre se muestran muy conscientes de su propio ser. En el proceso de desarrollo de una personalidad, encerrados en un cuerpo que sufre cambios rápidos y a menudo temibles, los adolescentes se escrudiñan intensamente, y tratan de comprender quiénes y qué son. Su preocupación los conduce a la falsa conclusión de que otros se muestran igualmente preocupados por la tarea de observarlos, y se convencen de que un error social cualquiera quedará grabado para siempre en el cerebro de todos los que lo presenciaron.

Con el fin de disimular esta sensibilidad, algunos adolescentes adoptan una actitud fría y distante, y tratan de mantenerse al margen de las normas sociales. Creen que si desafían las normas, no necesitarán preocuparse por su cabal cumplimiento, y de ese modo evitarán las situaciones que lo avergüenzan. Por eso Mike no despliega la servilleta sobre las rodillas cuando sale a cenar con usted, ni usa el tenedor apropiado para la ensalada. Se rebela contra los requerimientos de la etiqueta que le provocan incomodidad y determinan que se sienta incompetente.

Los padres pueden aportar la objetividad de la cual carece un adolescente cuando se ha suscitado una situación especialmente embarazosa. Sandy, de dieciséis años, concertó una salida con un muchacho a quien ella admiraba desde hacía meses, y en el cine derramó sobre el pantalón del joven una botella de Coca. Se sintió mortificada. "No soporto la idea de volver a verlo." Y se negó a atender las llamadas telefónicas del amigo. "No deseo ir al colegio. Allí me encontraré con él." El padre de Sandy reconoció los sentimientos de su hija, y después trató de inducirla a considerar la situación desde el punto de vista del muchacho. "¿Te pareció que estaba enojado? ¿Qué hizo?" Finalmente, Sandy comenzó a comprender que su amigo aceptaba el episodio como un accidente, no parecía pensar peor de ella por esa causa, y probablemente deseaba salir nuevamente con la joven. "Si eso logrará que te sientas mejor, podrías ofrecerle llevar a limpiar los pantalones", agregó el padre. Gracias a este enfoque, Sandy comprendió que todos pueden sufrir accidentes embarazosos, que ellos no lo condenan a uno a una vida desgraciada, y que hay modos de tratar de compensar un accidente.

Los padres de Sandy nunca se burlaron de ella, porque sabían que para su hija era un problema grave, y advertían que el asunto la inquietaba mucho.

La decisión de afrontar riesgos como un acto primario de la adolescencia: Sus implicaciones y recompensas

"Quien no arriesga, no gana" vendría a resumir la actitud del adolescente medio frente al riesgo. ¿Acaso hay otro modo de ejercitar las cualidades recientemente descubiertas, de definir los límites de la conducta aceptable, de ensayar nuevas identidades antes de elegir la más cómoda? Afrontar riesgos es como enviar al frente una especie de explorador para comprobar la seguridad del camino que un adolescente se dispone a recorrer. Si no se afronta el riesgo, la personalidad vacila en manifestarse, porque no tiene idea de lo que hallará.

Los riesgos se manifiestan en tres áreas principales: verbal, de conducta y de actitudes. El riesgo verbal a menudo incluye el uso de palabras fuertes o la réplica a un padre o a un adulto que ejerce autoridad. Por primera vez en su vida, muchos adolescentes comienzan a sentirse independientes en la medida necesaria para discrepar con la opinión de sus padres. Las muchas opiniones contrarias que fueron aplastadas antes, pueden brotar de los adolescentes irritados con la furia de un volcán en erupción. Tal vez insulten a los padres, afirmen que los argumentos que ellos esgrimen son estúpidos, levanten la voz hasta convertirla en alarido, todo para probar su capacidad de manipulación e intimidación. Ya son demasiado grandes para que uno los ponga sobre las rodillas, boca abajo, y les aplique una palmada, y lo saben.

Ciertamente, el padre no tiene por qué unirse a la riña, o responder con insultos a los de su hijo adolescente, y rebajar el desacuerdo al nivel de una pelea de gato y perro. Quizás el episodio ponga a prueba la resistencia del padre, pero el mejor método cuando uno se encuentra con esta exhibición de la musculatura verbal del adolescente consiste en permanecer sereno y razonable, y en aclarar que uno no participará en una discusión hasta que él pueda controlar sus sentimientos y su lengua. Su hijo adolescente tiene que saber que está bien discrepar con usted, pero es necesario hacerlo con madurez. A él no le agradaría que usted lo maldiga y lo insulte; ¿por qué usted tiene que aceptar ese trato?

Evite asignar un carácter excesivamente personal a esos desbordes verbales. Como todos, los adolescentes necesitan aliviar la presión con alguien, y los padres son víctimas propiciatorias cómodas, aunque involuntarias. Si los insultos verbales no atraen la atención del padre ni obtienen el resultado deseado, el adolescente pronto aprenderá otros métodos menos volcánicos de comunicación.

Afrontar los riesgos de la conducta es aún más importante para el desarrollo del adolescente. Sea que su hijo adolescente comience a realizar experimentos con nuevos estilos de vestir, o se revele contra las tareas domésticas, o fume marihuana, o maneje una motocicleta, usted puede tener la certeza de que habrá alguna forma de riesgo, o de lo contrario, algo está muy mal. Estos tipos de formas de conducta nueva son modos usuales de afirmar la independencia y satisfacer la curiosidad. En cierto sentido, afrontar estos riesgos es un poco como probar la temperatura antes de zambullirse: permite que los adolescentes comprueben cómo es algo, antes de decidir si les agrada. Afrontar riesgos también permite a los adolescentes comprobar las consecuencias de su conducta. −"¿Qué sucederá si yo...?" Si las consecuencias no son agradables o recompensatorias (por ejemplo vomitar y despertar con una jaqueca espantosa después de beber demasiado), y los padres no asignan al incidente una importancia desproporcionada con su intervención y la "prohibición absoluta" de repetir el episodio, las formas de conducta, a su debido tiempo, suelen retornar a la normalidad.

Aunque el padre no debe tratar de reglamentar tan apretadamente la vida de sus adolescentes de manera tal que ellos teman afrontar riesgos, en efecto necesitan informar a sus hijos de los peligros de muerte o de las consecuencias irrevocables de ciertas formas de conducta. "Andar con los muchachos" puede ser excelente en ciertas cosas, pero estúpido si "los muchachos" están infringiendo la ley. Manejar una motocicleta puede ser un riesgo impresionante, pero aceptable si se adoptan recaudos de seguridad, pero que su hijo no use casco implica que está buscando problemas. Ir en automóvil a la ciudad con los amigos puede ser divertido, pero pedir transporte de favor a desconocidos es un asunto completamente distinto. Si el padre se apoya en su percepción como adulto para explicar las consecuencias probables de los riesgos, esa actitud alienta el sentido de responsabilidad personal de sus hijos adolescentes. Es necesario formular con firmeza estas percepciones: "Estoy completamente a favor de las normas que imponen el uso de cascos a los motociclistas. Todos los años mueren centenares de adolescentes a causa de las heridas en la cabeza sufridas en accidentes de motocicleta. Si te viera manejando una motocicleta sin casco, no vacilaría en informar a la policía." Este tipo de afirmación aclara de manera absoluta la posición del padre en relación con el tema. La decisión continúa en manos de los adolescentes, pero ahora saben a qué atenerse.

La inclinación a asumir riesgos en la esfera de las actitudes se manifiesta por los canales tanto verbales como de la conducta. Margaret (de dieciséis años) decide que el agnosticismo es una concepción religiosa más esclarecida que el presbiterianismo, y se niega a acompañar a la familia que concurre a la iglesia el domingo. Kevin (de dieciséis años) cree que el sistema bipartidista es inmoral, y defiende al candidato del tercer partido, y nunca pierde oportunidad de hablar de política a la hora de la cena, para criticar agriamente las creencias de su padre. Estos cambios de actitud son un modo de "probar fuerzas" que ayuda a los adolescentes a seleccionar el atuendo de su propia identidad. Margaret ya sabe qué es el presbiterianismo, y qué es lo que significa; Kevin ya sabe qué representan los republicanos y los demócratas. Necesitan ampliar sus experiencias, adoptar otras teorías y creencias para resolver cuál es la que les conviene más. También en este caso, el progenitor que no transforma estos cambios de actitud en conflictos generalizados puede comprobar, pocos meses después, que el presbiterianismo y el sistema bipartidista han retornado a la ideología de sus hijos. Pero si no sucede eso, es importante que los padres acepten la autonomía de sus hijos y toleren (no que celebren) la libertad de sus decisiones.

No siempre se afrontan riesgos con el propósito de desafiar la autoridad de los adultos. Algunos de los actos de mayor riesgo que un adolescente puede afrontar son los que se oponen a las actitudes actuales de los pares. Consideremos el caso del tímido jovencito de trece años que se arriesga a presentar su candidatura como representante de la clase; al zaguero del equipo de fútbol que se arriesga a tomar lecciones de violín; o a la alumna más destacada del curso que lucha con el fin de organizar una liga femenina de básquetbol. Este tipo de ofensiva contra las expectativas actuales de los pares es un signo positivo en un adolescente, y revela un fortalecimiento del ego y la identidad, que necesita menos adaptarse a las costumbres que expresar su auténtica personalidad. La intensidad de las convicciones de su hijo están determinando su comportamiento. Que alcance éxito o fracaso en su riesgosa empresa es menos importante que el coraje que demostró al asumir el riesgo. También aprendió gracias al fracaso.

Teniendo en cuenta todos los factores, es más saludable y más seguro poner a prueba los límites durante la adolescencia, que hacerlo después, en la edad adulta, cuando se arriesga más. Lance (de veintidós años) cursó el colegio secundario y la universidad sin arriesgar mucho, y en general adoptó como propios los conceptos y el estilo de vida de sus padres. Nunca tuvo problemas, alcanzó buenas calificaciones en Harvard, y consiguió un empleo bien pagado en una importante fábrica de aviones. Pero pocos meses después de conseguir su empleo, comenzó a cuestionar la existencia gris para la cual lo habían preparado los padres. No podía evitar la irritante sensación de que le faltaba algo. Se separó de su pareja permanente, originada en la universidad, y comenzó a salir con una peinadora y a tratar con un grupo de vida más irregular. La peinadora lo convenció de que tendría un aspecto "realmente *punk*" si mostraba un mechón azul en los cabellos castaños, y le aclaró que haría gratis el trabajo. Tres días después fue despedido de su empleo por "apariencia impropia". Si hubiese ensayado esa travesura en el colegio secundario, quizá lo habría llamado el director, probablemente se habría concertado una reunión con los padres y le hubiesen ofrecido la oportunidad de explicar el mechón y de eliminarlo. Como lo comprobó Lance, los empleadores rara vez son tan tolerantes, y las consecuencias de este riesgo retrasado lo perseguirán durante años, asentadas en sus antecedentes laborales.

Estrategias específicas de la paternidad positiva

(1) Los sentimientos de la vida personal son la esencia del desarrollo de la personalidad de un adolescente. Haga todo lo posible (sin demostrar actitudes de superioridad, de protección o halago) para fortalecer la confianza en sí mismo de su hijo adolescente. Usted puede contribuir a fortalecer la autoestima de su hijo elogiándolo siempre que sea posible, y asignándole responsabilidades que demuestren que la consideración que tiene por ellos no es sólo cuestión de palabras vacías.

(2) Tenga en cuenta las variaciones del humor de sus hijos, y la extrema sensibilidad a la crítica. Tal vez se resistan a aceptar su simpatía y comprensión, pero querrán que usted esté disponible para escuchar el relato de sus problemas. Indúzcalos a expresar sus sentimientos demostrando empatía y ayudándoles a hallar sus propias soluciones, no diciéndoles lo que tienen que hacer. Demostrarles que a veces usted se siente deprimido o exasperado es otro modo apropiado de ayudar. Por ejemplo, usted puede probar algo como "comprendo tu irritación, porque también yo me siento así cuando la gente me ignora".

(3) No suponga que los problemas sociales de los adolescentes son los suyos propios. Usted no puede afrontar en remplazo de ellos las situaciones sociales difíciles; los jóvenes necesitan aprender por sí mismos estas complicaciones. Con frecuencia los adolescentes no desean −ni necesitan− soluciones, sólo quieren que alguien los apoye mientras avanzan hacia la responsabilidad personal.

(4) Evite aplicar rótulos, que tienden a confundir los actos de los adolescentes con su personalidad. Su hijo puede ejecutar un acto malo o bueno, pero eso no lo convierte en una persona mala o buena. Si no podemos separar nuestros actos de nuestra valía personal, un error tiene poder suficiente para destruir nuestra autoestima.

(5) Respete la intimidad de sus adolescentes. Aunque parezca paradójico, a medida que desarrollan más actividad social, necesitan más tiempo para escribir cartas, hablar por teléfono, contemplar el universo. Otórgueles este tiempo de soledad; puede aportar la oportunidad muy necesaria para el tipo de reflexión que realza el crecimiento de la personalidad y la formación de la identidad.

13

El adolescente antisocial

Casi por definición, la conducta del adolescente tiene carácter errático. Muchos padres de hijos aparentemente "modelos" lamentan la inestabilidad de los sentimientos del adolescente, y la inconsecuencia de su comportamiento. Es difícil prever cuándo el adolescente afectuoso y considerado a quien uno está contemplando se convertirá, repentinamente, en un ogro hosco y egoísta, o peor todavía en un ser abusivo, violento o autodestructivo.

Sucede que no solo los adolescentes se comportan de un modo errático e imprevisible; tambien los adultos y las comunidades reaccionan frente a ellos de manera imprevisible. Y ocurre de esta manera no porque formemos una sociedad sin normas –por lo contrario, fijamos a nuestros adolescentes normas elevadas– sino porque somos inconsecuentes. Por ejemplo, algunas familias toleran en sus adolescentes amplias variaciones de la conducta y el humor, y en cambio otras castigan las más mínimas infracciones a las normas rígidas. Algunas escuelas permiten desviaciones respecto de las formas de conducta socialmente aceptables, y así los alumnos que cometen menudos robos, o dañan la propiedad, quizá merezcan a lo sumo castigos no peores que una nota a los padres y la advertencia de que esas formas de conducta no deben repetirse. Otras escuelas acusan a dichos adolescentes y los enredan en el sistema de la justicia penal.

Se calcula que, anualmente, se gastan grandes sumas para reparar actos de vandalismo de los adolescentes, mantener el sistema de tribunales juveniles y aplicar los programas enderezados a rehabilitar a los jóvenes antisociales o delincuentes. Sin embargo, no vemos que nuestros esfuerzos aporten resultados concretos, y las soluciones de largo plazo parecen esquivas. La familia puede ser una fuerza enormemente positiva en el intento de impedir que la conducta antisocial se convierta en conducta delictiva. Los padres pueden y deben aprender a identificar las faltas antisociales de sus adolescentes, y a comprender el modo de canalizar dicho comportamiento hacia actividades más productivas y responsables.

Identificación de la conducta antisocial

Ninguna forma concreta de conducta es siempre anormal en sí misma. Sin embargo, cuando se manifiesta fuera de lugar, fuera de tiempo, en el marco formado por personas que no son las más apropiadas, o con una intensidad inadecuada, casi todas las formas de conducta probablemente parecerán anormales.

El caso siguiente ilustra este punto.

Jimmy, un adolescente sano y activo de trece años, que exhibía considerable talento en las actividades deportivas, se sintió muy atraído por el estudio de la Biblia y fascinado por su propia capacidad para memorizar pasajes bíblicos. Poco a poco adoptó la costumbre de preludiar todos sus comentarios – en el hogar, en la clase, en el campo de juego – con una cita bíblica. Los padres, que al principio consideraron elogiable su interés por la religión, comenzaron a sentirse incómodos, y después a irritarse. Todos sus amigos lo abandonaron. Los profesores, finalmente, sugirieron que consultase al psicólogo del colegio, pues su participación en el aula tenía efectos desorganizaodres y no era fácil controlarla.

Como lo demuestra este ejemplo, la conducta antisocial adopta muchas formas. Puede ser agresiva – orientada hacia uno mismo, hacia otros o hacia las instituciones– o pasiva, por ejemplo en el aislamiento social o psicológico. Cuando la conducta antisocial se define en el contexto de las actividades grupales, un acto que desorganiza, ofende, irrita o impide la participación de la gente en el grupo merece el rótulo de antisocial.

Los términos *antisocial* y *delincuente* a menudo se usan como expresiones intercambiables, pero no debería ser el caso. El calificativo *delincuente juvenil* es un rótulo utilizado por el sistema judicial para clasificar a los individuos que han violado las normas y terminan comprometidos en un proceso judicial. Por definición, se considera antisociales a los delincuentes juveniles que están en la adolescencia, pero los adolescentes antisociales no siempre son delincuentes juveniles.

La conducta antisocial no es en todos los casos destructiva. El adolescente que es maniático del ajedrez y consagra todo su tiempo a descubrir estrategias de juego, en lugar de salir con los amigos, ciertamente no está dañando a nadie y, por supuesto, no se trata de un delincuente. Lo que parece un comportamiento antisocial puede ser nada más que una expresión de la estrecha gama de intereses del adolescente. Por desgracia, es posible que los pares consideren excéntricos, tragalibros, raros o snobs a estos adolescentes, porque no los entienden realmente; y los propios adolescentes quizá ni siquiera tengan conciencia de la impresión que suscitan en otros.

Hay ocasiones en que el aislamiento autoimpuesto puede indicar que los adolescentes están afrontando problemas. Muchos adolescentes que abusan de las drogas o el alcohol están firmemente comprometidos en pautas antisociales. El abuso se convierte en un modo de ocultar o esquivar problemas demasiado dolorosos o frustrantes para afrontarlos en otras formas. El abuso de ciertas sustancias facilita el retraimiento de los adolescentes, su distanciamiento de los pares y la familia, pues amortigua la conciencia de sus relaciones con otros. (El abuso de las drogas y el alcohol es también un importante factor que contribuye a la delincuencia juvenil, porque encierra la posibilidad de conducir a actos violentos o destructivos.)

Los episodios breves de aislamiento y retraimiento relativos no son desusados durante la adolescencia. A menudo se desencadenan como consecuencia de un episodio concreto –el fracaso de un romance, el mal desempeño en el colegio, el rechazo del joven por un grupo de antiguos amigos– y este tipo de aislamiento cumple una función terapéutica, permite la curación de las heridas emocionales y ayuda al adolescente a decidir lo que hará después. Sólo cuando estos episodios se prolongan en el tiempo –y duran meses más que semanas– el padre debe inquietarse ante la posibilidad de una perturbación psicológica que exige el diagnóstico de un experto.

Hay formas relativamente secundarias de actos antisociales

que son usuales en los adolescentes. Ellas incluyen las riñas, las travesuras, las llamadas telefónicas destinadas a molestar, el callejeo, la inclinación a holgazanear en el colegio, las respuestas ásperas a los adultos, la descortesía intencionada y la desorganización de las actividades grupales corrientes. Aunque uno puede creer que tales formas de conducta son sencillamente una parte normal del crecimiento, los estudios realizados han demostrado, consecuentemente, que pueden ser los antecedentes de tipos más graves de desviación, los cuales, a su vez, pueden convertirse en actos delictivos concretos. Sobre el extremo opuesto del espectro están las formas de conducta antisociales denominadas a menudo *delincuencia*. Son actos típicamente maliciosos y destructivos, que provocan mucho daño a terceros y cuestan grandes perjuicios económicos. Incluyen el vandalismo contra la propiedad de las escuelas y los colegios, los hurtos, el robo de autos, el abuso de las drogas y el alcohol, las riñas, los homicidios y la agresión sexual. Muchos de éstos actos sobrevienen porque los adolescentes tropiezan con dificultades para controlar sus impulsos y su cólera. Pero en algunos casos no hay verdadera malicia; sólo una total falta de comprensión de los efectos o las consecuencias posibles. En otras palabras, estos adolescentes están evidentemente mal preparados para adoptar una conducta responsable.

Cuando existen actos antisociales maliciosos, esto no significa, necesariamente, que un adolescente es un individuo "malo", "sin esperanzas", o un "inadaptado". Como tampoco que el adolescente está condenado de manera inevitable, a una vida delictiva. Lo que sí indica es que estos adolescentes probablemente no armonizan con ciertos aspectos de su hogar, su escuela, su comunidad, el trabajo o los ambientes sociales. Antes de enfrentarlos es conveniente determinar si una cualquiera de las siguientes situaciones puede estar contribuyendo a las explosiones antisociales:

(1) *Disparidad entre las cualidades de los adolescentes y las demandas concretas de sus respectivos ambientes.* Por ejemplo, es posible que un adolescente esté fallando en la escuela a causa de sus deficientes aptitudes de lectura o las ausencias excesivas. El adolescente que está tan rezagado puede creer que no hay modo de recuperar el terreno perdido. Si él o ella se muestran renuentes a pedir colaboración o son incapaces de buscar ayuda, la frustración, la ansiedad y la cólera del adolescente se expresan mediante canales antisociales, por ejemplo, el vandalismo en perjuicio de la escuela o el colegio que les provoca tanto sufrimiento.

(2) *La conducta o la actividad ajustadas a las normas al parecer no aportan "retribución".* Por ejemplo, un adolescente que necesita dinero para invitar a su amiga a la fiesta de promoción del último año del colegio, consigue un empleo nocturno en un restaurante al paso. Sus amigos acostumbran violar los armarios del colegio o forzar la cerradura de los automóviles para conseguir artículos que después canjean por efectivo. Viven en la ilegalidad; nuestro joven lucha para salir adelante y se siente agotado. Se incorpora a la pandilla porque las retribuciones son más elevadas, y él cree que el fin justifica los medios.

(3) *Escasa autoestima.* Muchos adolescentes se sienten inseguros de su propio valor para la familia y los amigos. La conducta antisocial maliciosa puede ser un modo de atraer la atención sobre ellos mismos, creando status donde al parecer antes no existía. Que sus actos puedan ser perjudiciales para otros y para ellos mismos quizá no parezca un inconveniente, pues lo que el joven necesita, sobre todo, es pertenecer, ser aceptado y ser advertido.

(4) *Los problemas que desencadenan la cólera y los actos impulsivos.* Sobre todo los varones adolescentes tienden a castigar físicamente a otros cuando se sienten impotentes para conseguir por otros medios lo que desean. Estos adolescentes a menudo carecen de cualidades verbales, y creen en una versión deformada del modelo de vida que se expresa en la frase "los actos hablan más alto que las palabras".

Formas idénticas de comportamiento antisocial pueden cumplir funciones muy distintas en diferentes personas. Para algunas, pueden ser el modo de incorporarse a un grupo de pares o de demostrar a los amigos que uno se solidariza totalmente con ellos. Pueden ser un modo de dirigir un gesto desafiante a la autoridad de los adultos. El comportamiento antisocial puede servir a algunos adolescentes para confirmar su identidad personal, o para ayudarles a realizar metas que, de otro modo, son inalcanzables. Y en otros casos, puede ser el medio definitivo para afrontar el fracaso o la frustración.

La conducta antisocial puede ser maliciosa o benigna, manifestarse en la forma de incidentes aislados o como parte de pautas arraigadas. Los adolescentes antisociales pueden tener cabal conciencia de lo que están haciendo y de la razón por la cual lo hacen, o exhibir una bendita ignorancia del efecto de sus actos en otros. Los padres deben examinar las formas antisociales de conductas en el contexto del ambiente total del adolescente. Si no proceden así, estarán curando los síntomas, no la enfermedad.

Temor al fracaso, temor al éxito

Los adolescentes a menudo se sienten paralizados por el miedo. Atrapados en el terreno pantanoso que media entre el idealismo y el realismo, a lo sumo tienen una idea imprecisa de lo que significa el éxito y de las penas que acompañan al fracaso.

En la mente del adolescente, fallar en algo significa que uno defraudó a alguien y mostró sus defectos o imperfecciones. Puede significar que a uno se lo tache de incompetente –un derrotado, un haragán, un individuo "que no está a la altura de sus posibilidades"– y eso demuestra que uno no sabe controlarse. Por eso mismo, para los adolescentes es difícil aceptar un fracaso como parte de la vida. Como el fracaso puede ser tan destructivo, pedir ayuda para superarlo resulta muchas veces casi imposible. Por lo tanto, el temor al fracaso puede determinar un ciclo que se realimenta él mismo y que promueve el aislamiento, nuevos fracasos y la renuencia a ensayar métodos nuevos, o a afrontar riesgos razonables de carácter creador, social o intelectual.

Para la mayoría de los adultos es más difícil comprender el miedo al éxito. Sea cual fuere la causa del éxito –la destreza, el trabajo esforzado, la suerte, la personalidad– tendemos a pensar en el éxito como fuente de satisfacción y bienestar. Pero los adolescentes no siempre ven las cosas del mismo modo.

Linda era una jovencita vivaz e inteligente de quince años, que siempre se destacaba en matemática. Su conocimiento de la programación de las computadoras era bastante avanzado, y su pensamiento analítico le permitió ocupar un lugar en el equipo de matemática del colegio, que ocupó la segunda ubicación en un concurso intercolegial. Cuando comenzó a salir regularmente con un condiscípulo que era apenas un mediano estudiante de matemática, abandonó la clase de cálculo y comenzó a tener notas medianas en geometría. Interrogada por los padres acerca de esta cuestión, dijo: "Y de todo modos, ¿quién quiere ser una persona sesuda? Nunca llegan a divertirse mucho." Cuando se profundizó la cuestión, se vio que temía superar en matemática al novio.

Por lo tanto, el éxito, lo mismo que el fracaso, puede provocar problemas en el adolescente. De hecho, después de disipado el efecto inmediato del éxito, los adolescentes pueden protagonizar una de las siguientes reacciones, o todas:

(1) *Un sentimiento de pérdida.* Una vez que se alcanza una meta, ya no podemos mantenerla; de hecho, ha desaparecido. Las energías concentradas en la consecución de la meta ahora deben usarse de distintos modos, y eso puede intimidar mucho, porque de nuevo se desconoce el resultado.

(2) *El temor a lo que otros pensarán.* Las opiniones de los pares son tan importantes para los adolescentes que, a menudo, se inquietan ante la posibilidad de que ciertos éxitos los separen del grupo. La mayoría de los adolescentes advierten que el éxito puede inducir a otros a criticarlos, a burlarse de sus realizaciones, o a sentir intensos celos, y tal vez no quieran pagar este precio.

(3) *El temor de que no haya nuevos éxitos, o si existen, no sean tan grandes como los anteriores.* Esta actitud implica tanto cierto temor a lo desconocido como el temor inspirado por uno mismo, por la necesidad de mantener cualidades sociales y económicas y de ampliarlas.

(4) *El temor de que al alcanzar éxito otros pretendan que el adolescente siempre consiga un resultado análogo.* En otras palabras, muchos adolescentes piensan que si tienen excesivo éxito, les será imposible repetir ese desempeño. Este es, quizás, el problema más grave que afrontan los adolescentes que obtienen resultados importantes.

El temor al fracaso y el temor al éxito deben ser analizados francamente con los adolescentes. Por ejemplo, uno puede traer a colación el tema diciendo: "He observado que no pareces sentirte tan orgulloso como yo de tu éxito en física. Recuerdo que yo solía atemorizarme mucho cuando me destacaba en una disciplina; siempre me preocupaba la posibilidad de que mis amigos se burlasen." Los padres pueden representan un papel de sostén si reconocen cuán agobiadores pueden ser tales temores; al mismo tiempo, también adoptarán diferentes medidas para enfocar estos problemas desde una perspectiva nueva.

(1) *Desactive tales temores expresándolos francamente y analizándolos en detalle.* ¿Qué funciones cumple? ¿Qué los desencadena? ¿Qué puede contribuir a mejorar la situación?

(2) *Examine todas las expectativas que usted alienta respecto de su adolescente.* ¿Tales expectativas son realistas y flexibles, u originan excesiva presión sobre el adolescente? ¿Usted ha comunicado claramente estas expectativas a su hijo? ¿Su hijo percibe como poco realistas la expectativas que usted tiene? En caso afirmativo, ¿por qué?

(3) *Autorice a fracasar a sus hijos, mientras ellos se esfuercen.* El fracaso puede impartir lecciones constructivas, y también acicatear a la gente de manera que obtenga resultados impresionantes, si no renuncia y continúa intentando. Los hermanos Wright fracasaron en muchos inventos antes de obtener una máquina voladora; Winston Churchill en general fue considerado un fracaso político al principio de su carrera. Mientras el fracaso no se convierta en un modo de vida, no hay motivo para avergonzarse.

(4) *Autorice a sus hijos adolescentes a alcanzar éxito explicándoles que no se espera de ellos que sean perfectos.* Quizá sea necesario utilizar cierto humor para inculcar esta idea, si su adolescente no acepta una formulación más directa. Por ejemplo, uno puede probar algo como esta frase: "En nuestra familia la perfección está casi extinguida; la buscamos casi únicamente en las tortas de manzana de la abuela", o bien: "Yo solía esperar que la gente fuese perfecta, pero hace mucho tiempo aprendí que tu madre y yo somos los últimos ejemplares de una especie que está desapareciendo."

(5) *Aclare que usted ama a sus hijos adolescentes incluso con sus temores, y que está dispuesto a aceptarlos incondicionalmente.* Esto

significa que usted reprimirá el deseo de decir: "Tu actitud es absurda", para remplazar estas palabras con las siguientes: "Por tontos o ilógicos que te parezcan tus temores, son reales para ti, de modo que estoy aquí si deseas que te ayude a afrontarlos."

(6) *Si estos temores son tan abrumadores que realmente paralizan a su adolescente, consiga la ayuda de un profesional competente.* Por buena que sea la relación con su hijo adolescente, éste no es un problema que pueda resolver movilizando los recursos domésticos.

La soledad y el aislamiento

En los filmes generalmente se representa a los adolescentes reunidos, actuando de manera colectiva: en la playa, en los conciertos de rock, en el campo de juegos, en la pizzería del vecindario –. Pero esta impresión puede ser engañosa, porque no muestra la medida en que algunos adolescentes experimentan una intensa sensación de soledad, incluso cuando son parte de una multitud. A los ojos de estos jovencitos, y de otros que no cuentan con un grupo al que puedan denominar propio, los años de la adolescencia parecen representar una existencia increíblemente aislada y dolorosa. Al mismo tiempo que imaginan que otros adolescentes se sienten muy cómodos con sus amigos, y afrontan con desenvoltura los juegos y la interacción de la dinámica grupal, estos adolescentes se perciben ellos mismos en la condición de inadaptados sociales, que no conciben relacionarse con los pares y ser entendidos por ellos.

El aislamiento y la soledad del adolescente adopta muchas formas. En ciertos casos, responde a una condición que dificulta la interacción social con los pares, por ejemplo, el caso de los adolescentes que padecen de una disminución física, o de los que sufren una enfermedad crónica que limita gravemente la movilidad. En otros casos, la soledad es un subproducto de nuestra sociedad caracterizada por la movilidad geográfica. El adolescente que ha cambiado de colegio por tercera vez en cinco años, quizá muestra cautela cuando se trata de concertar amistades íntimas, o tropezará con dificultades para ser aceptado por el grupo "in" porque se lo ve como a un intruso. Si nadie se ocupa de tender puentes hacia un adolescente que se encuentra en esa situación –o peor aún, si alguien intenta mostrarse cordial y el jovencito comete una grave falta social – quizá le resulta difícil evitar el sentimiento de que ha sido rechazado por sus pares. En otros casos, los adolescentes que no pueden adaptarse a las exigencias de la interacción grupal se aíslan, por decisión propia o como resultado del ostracismo intencional a que se lo somete. Es lo que sucedió a Laura, de quince años, que vivía en una pequeña y cerrada comunidad suburbana después que ella informó a sus padres que dos de sus amigos estaban vendiendo drogas. Cuando la policía llegó al colegio y practicó arrestos, pronto se supo quién había presentado la denuncia. De pronto, Laura fue considerada una amiga indeseable por todos los adolescentes que la conocían. El año y medio siguiente en el colegio fue un período de sufrimiento provocado por el aislamiento social, y la situación concluyó sólo cuando los padres la enviaron a vivir en otro lugar, con una tía.

No deben confundirse la soledad y el aislamiento con la necesidad de intimidad del adolescente. Los jóvenes que no pueden afrontar las exigencias de la vida cotidiana se aíslan con el fin de protegerse, pues carecen de las cualidades necesarias para proceder de otro modo. Es posible que estos adolescentes sean incapaces de tener amigos a causa del temor al rechazo o de los problemas de la personalidad que les impiden confiar en otros, o compartir situaciones con alguien en la condición de iguales. En otros casos, el adolescente que prefiere el aislamiento está obsesionado por cierta actividad –las carreras pedestres de larga distancia, las colecciones de estampillas, la programación de computadoras, las drogas –que sustituyen a la necesidad de contacto interpersonal.

Es importante que los padres de adolescentes solitarios o aislados reconozcan los sentimientos de sus hijos. En lugar de culparlos a causa de su comportamiento, los padres deben ponerse en el lugar de sus hijos y recordar cuán difícil era comunicarse con otros cuando uno no se sentía muy seguro de sí mismo. Converse con ellos y aconséjelos, pero no pretenda que usted posee una solución instantánea. No es tan fácil.

Si la soledad y el aislamiento son consecuencias de los déficits en el ámbito de las cualidades –el adolescente realmente no sabe qué decir durante una salida, teme realizar una llamada telefónica, está asustado por cierto profesor, un amigo lo ofendió y no puede decírselo– es posible (si el adolescente lo permite) practicar estas cualidades mediante la representación de roles. Por ejemplo, usted puede decir a su hijo: "Supongamos que soy el otro, y tú tratas de explicarme lo que piensas." Pueden ensayarse las diferentes escenas que su hijo imagina (más unas pocas pocas que usted mismo inventó), de manera que cuando su adolescente pasa de los ensayos a la situación real, él o ella se sienten bien preparados.

Otra estrategia útil consiste en fingir que uno es el adolescente, y que el jovencito representa el papel del otro. Este método puede aportar elementos, por lo menos según dos perspectivas diferentes. Primero, el adolescente aprovecha el modelo que usted representa como ejemplo que él puede imitar (o por lo menos le servirá para determinar cómo *no* debe actuar). Segundo, puede aprenderse mucho si uno ve las cosas según la perspectiva del otro, un resultado que puede llegar a obtenerse con esta especie de inversión de papeles.

Si todo esto fracasa, consiga asesoramiento para su hijo. No permita que la soledad y el aislamiento se conviertan en pautas tan arraigadas que su adolescente llegue a ser un adulto que vive también en estado de perpetua soledad.

El niño fóbico

Todos, incluso los adolescentes, sienten temor en ciertos momentos de la vida. Un automóvil nos pasa muy cerca cuando estamos cruzando la calle, y el corazón comienza a latirnos aceleradamente. Nos sentimos nerviosos e incómodos antes de subir al estrado para dictar una conferencia frente a un grupo. Por supuesto, se trata de respuestas completamente normales a las tensiones y las formas de estrés de la vida cotidiana. Pero el adolescente que siente terror ante la oscuridad, o teme tanto a los perros que se niega a salir de casa, o que siempre se deja dominar por el pánico antes de afrontar una prueba, probablemente está padeciendo de una condición denominada *fobia*, un temor sin sentido que puede paralizar a sus víctimas e inducirlas a vivir en un mundo de miedo y ansiedad descontrolada.

El doctor Joseph Wolpe, profesor de psiquiatría de la Universidad Temple, ha comprobado que las fobias pueden desarrollarse súbitamente, sobre la base de una sola experiencia de intimidación, o poco a poco, como resultado de una serie de episodios. "La susceptibilidad de una persona no se ve afectada por el grado de inteligencia, de desarrollo atlético o de capacidad", observa este investigador, y la existencia de una fobia no significa que alguien padezca de inestabilidad mental.

En contraste con los temores útiles, que nos avisan de posibles peligros de diferentes tipos, las fobias pueden interferir en el desempeño cotidiano. Como en el caso de otras condiciones psicológicas, hay distintos grados de gravedad. En la mayoría de los casos graves, la fobia descalabra la vida porque se relaciona con una situación cotidiana (por ejemplo, asistir al colegio o viajar en automóvil), o porque la persona fóbica se obsesiona con su propio miedo. Una joven que siente temor frente a las serpientes en general no tiene problemas (a menos que visite el serpentario de un zoológico), pero si ese miedo la domina de tal modo que no sale de la casa ni abre una puerta porque teme que una serpiente esté acechándola, la situación es muy distinta. Felizmente, la mayoría de las fobias de los adolescentes pertenecen al tipo más benigno y tratable. De hecho, las fobias que no interfieren concretamente en la vida de una persona, en general no requieren ningún tipo de tratamiento.

Las personas fóbicas a menudo son mal comprendidas por quienes no compartimos esos temores inquietantes. Por ejemplo, se cree que muchos adolescentes fóbicos son antisociales porque intentan disimular sus temores mediante la conducta manipuladora y controladora, o apelando al aislamiento y el retraimiento social. Lo que sucede, en realidad, es que los jovencitos fóbicos a menudo se sienten avergonzados por sus propios temores, y desean ocultarlos. Es más fácil fingir que uno es una persona obstinada, tonta o snob que reconocer que es incapaz de controlar una parte de sus sentimientos. La solución definitiva ante la perspectiva de afrontar esos temores parece ser el retraimiento total y el aislamiento: éste suministra una suerte de red de seguridad.

¿Cómo tratar la fobia de un adolescente? Sea cual fuere la actitud adoptada, no intente forzar la cuestión. Es imposible enseñar a un niño a superar el miedo al agua arrojándolo a una piscina. No se cura la claustrofobia encerrando a un adolescente en un guardarropa. No se arroja grasa al fuego si la intención es apagarlo.

Aunque las fobias a veces desaparecen espontáneamente, también pueden empeorar en el curso del tiempo. Para evitar esta posibilidad, consulte con un profesional que pueda evaluar la gravedad del problema y le diga si está indicado el tratamiento. Busque un consejero que pueda explicar los problemas fóbicos del adolescente en el colegio o el lugar de trabajo, y que ayude a conseguir que la totalidad del sistema ambiental se implique en la recuperación del joven. Este aspecto es importante porque los niños y los adolescentes fóbicos a veces se ven sometidos a la intensa ridiculización de los pares y a la incomprensión de los docentes y de otros adultos. Como son pocas las personas que padecen los temores intensos del individuo fóbico, siempre existe el peligro de que las fobias no sean tomadas en serio y provoquen risa, desprecio o incredulidad.

Felizmente, existen distintas terapias breves de la conducta que son muy eficaces en el tratamiento de las fobias. Los adolescentes ya no necesitan soportar en silencio la carga de estos temores inútiles.

La delincuencia juvenil

La sociedad actual es, en general, un tanto peculiar en su reacción frente a los delincuentes juveniles. Por una parte, toleramos e incluso alentamos las imágenes glorificadas de jóvenes alienados cuya vida social se centra en las pandillas y las carreras de automóviles. Por otra, nuestra sociedad teme a sus delincuentes juveniles y quiere desembarazarse de ellos, o por lo menos sacarlos de en medio.

Esta ambivalencia se acentúa por el hecho de que tendemos a cierta confusión acerca de lo que es exactamente la delincuencia juvenil. Aunque las definiciones legales agrupan a los jóvenes infractores que adornan los vagones del subterráneo con coloridas inscripciones, con los adolescentes que cometen delitos violentos la sensibilidad nos dice que en verdad no son situaciones equivalentes. Sabemos también que muchos delincuentes juveniles nunca fueron denunciados a la policía, y aun menos detenidos o juzgados con veredicto de culpabilidad, de modo que continúan libres y pueden cometer sus actos violentos o criminales en una sociedad que parece prácticamente impotente para impedirlo.

La perspectiva psicológica de la delincuencia sugiere que esa conducta antisocial y criminal refleja la incapacidad del adolescente para asimilar los controles esenciales que la mayoría de los restantes jóvenes incorpora en el curso del crecimiento. Como carecen de cualidades aprobadas socialmente, se gratifican infringiendo las reglas en lugar de acatarlas.

Por desgracia, muchos adultos utilizan los términos "delincuente juvenil" y "delincuencia juvenil" para describir al adolescente cuyas formas de conducta son distintas de la norma, en la medida suficiente para suscitar sospecha o alarma. Esta actitud conduce a una falsa clasificación (especialmente en la escuela y el colegio) de los adolescentes, que tal vez no sean en absoluto delincuentes, pero que se ajustan a una imagen popularizada por los medios de difusión.

Hay diferentes categorías de conducta delincuente, del mismo modo que hay distintas clases de fobias, o diferentes manifestaciones de las actividades antisociales. Los delincuentes *impulsivos* son los que suelen dedicarse a robar, y sus actos aparecen acompañados por sentimientos de inseguridad, de ansiedad e infelicidad. Los delincuentes *no socializados* no poseen los indispensables controles internos, y a menudo provienen de hogares en los cuales rige una disciplina de los padres caracterizada por el excesivo rigor o el carácter irregular y caprichoso, además de la falta de cohesión de la familia. Tienden a ser más violentos que los delincuentes impulsivos. Los adolescentes *socialmente* delincuentes son aquellos cuya conducta en realidad se ajusta a las normas del ambiente social inmediato –por ejemplo, las pandillas juveniles– pero infringen las normas de la cultura dominante, las que fija la ley. No importa a qué categoría corresponda un delincuente adolescente, se ha comprobado que *per se* el castigo es el modo menos eficaz de tratar al ofensor. De hecho, el envío de un adolescente a la cárcel aumenta considerablemente la posibilidad de que los problemas persistan, de manera que mal puede verse en ese método una solución correctora. En cambio, los ambientes comunitarios del tipo de la familia o los tratamientos en grupos mixtos de ofensores y no ofensores constituyen, al parecer, alternativas promisorias.

Es dudoso que jamás podamos erradicar del todo la delincuencia. Sin embargo, si los adultos pueden mostrarse sensibles a las necesidades insatisfechas de los adolescentes que se vuelven hacia los actos delictivos para obtener status, autoestima y aceptación de los pares, o ejecutan actos ilegales y destructivos para atraer la atención sobre sus carencias emocionales, quizá los delincuentes antisociales comiencen a confiar en los adultos, soliciten su participación y con el tiempo lleguen a la conclusión de que es provechoso vivir una vida honesta.

Derribar las barreras

Los adolescentes antisociales levantan muros imaginarios alrededor de sí mismos para aislarse de situaciones que no pueden afrontar porque están mal equipados. Esos muros pueden ser reacciones frente al miedo, en cuyo caso el resultado quizá sea el aislamiento, la soledad o incluso las fobias. Cuando son reacciones frente a graves problemas de la familia, a injusticias sociales o a los rótulos que otros aplicaron al adolescente, los muros los aíslan de la sociedad y les facilitan cometer actos ilegales y delictivos. Los muros bloquean la comunicación.

El modo de salvar estos obstáculos está determinado, en parte, por el problema que el adolescente afronta, por la naturaleza de su personalidad, y por la disposición del joven a encontrarse con uno salvando por lo menos la mitad de la distancia. Algunos padres prefieren hacer ellos solos el trabajo, otros necesitarán la ayuda de profesionales, terapeutas, policías, abogados, docentes, sacerdotes. Pero no importa cuál sea la tarea, formulamos las siguientes sugerencias:

(1) Defina el problema según lo ve usted, en su condición de adulto y padre.

(2) Defina el problema según usted cree que lo ve su hijo adolescente.

(3) Pida a su hijo que defina el problema y compare las correspondientes notas.

(4) No se enrede en una riña. Es decir, evite las discusiones a gritos o incluso las luchas de carácter físico con su hijo adolescente, por mucho que usted se sienta provocado. En ese tipo de situaciones, usted renuncia a los vestigios de control paternal que aún puede tener, y esa no es una situación muy sensata.

(5) Manifieste el amor que siente por su hijo (aunque deteste su comportamiento). Ya mencionamos varias veces este aspecto. Lo fundamental es que su hijo adolescente sepa que si bien usted rechaza o condena su conducta turbulenta, el amor que siente por él es tan firme como siempre.

(6) Determine si su adolescente desearía verlo intervenir en la situación del problema, y cómo.

(7) Anote los modos en que usted desearía intervenir en la situación del problema y compare notas.

(8) Determine cuáles serán las consecuencias posibles si las cosas continúan en la situación actual.

(9) Pregúntese usted mismo qué resultados positivos pueden obtenerse del cambio.

(10) Compruebe cuáles son las fuentes viables de ayuda.

Usted no debe pretender milagros, pero si realiza el esfuerzo necesario para conocer mejor a sus hijos adolescentes, si define los problemas y explora las alternativas, y si puede transmitir amor y comprensión, observará progresos, ya que no la solución total. Siempre que un padre trata de comunicarse con un hijo, aunque éste exhiba un pésimo prontuario criminal, el esfuerzo representa nueve décimas partes de la solución.

14

Asuntos varios

En la vida las cosas pequeñas pueden ser muy importantes. Como el guijarro en el zapato cuando salió a correr, no es probable que provoquen mucho daño, pero ciertamente a la larga pueden ser irritantes.

No contamos con muchas respuestas comunes y corrientes para los problemas formulados en este capítulo. Como en el resto del libro, aportamos temas de reflexión, la oportunidad de examinar ciertos posibles guijarros y de eliminarlos antes de que se conviertan en elementos irritativos. Los aspectos que abordamos aquí son las sustancias de la vida cotidiana de un adolescente, algunos de los factores que ponen a prueba la paciencia y la sensatez de un padre.

El manejo de vehículos

Pocos son los adolescentes que después de cumplir los dieciséis años no consagran casi todos los elementos libres a planear, preparar y solicitar la licencia de conductor y un automóvil. "Necesito medios de movilidad", reveló un jöven amigo, "o me dejarán atrás". Por supuesto, se refería al grupo de pares, que lo obligaba a contar con medios de movilidad. Una licencia de conductor y la posesión de un automóvil son signos de status para el adolescente, símbolos de independencia y autonomía, la posibilidad de empuñar el volante para enfilar el vehículo hacia la puesta del sol.

Insista en que estos guerreros del camino concurran al curso de conducción de automóviles dictado por organismos responsables, y que lo aprueben. Los automóviles usados en este tipo de entrenamiento son más seguros que el que usted posee (el profesor tiene un conjunto de controles que anulan los del alumno en caso urgente), y los profesores probablemente se sienten más tranquilos con sus alumnos de lo que usted se sentiría con su hijo. Después de todo, ellos enseñan manejo para ganarse la vida. El padre común y corriente enseña a manejar dos o tres veces en el curso de su vida.

Fije normas concretas en relación con el uso del automóvil. ¿Cuándo está disponible? ¿Cuándo puede usarlo el adolescente? ¿Quién carga nafta? ¿Quién lo lava? ¿Quién lo mantiene? La mayoría de los adolescentes, de buena gana lava y lustra el auto de la familia, carga nafta y verifica el nivel del aceite, si pueden usarlo la noche del viernes. También muéstrese concreto cuando explique cuáles son los abusos que provocarán la suspensión del privilegio de manejar, aunque quizá usted no se preocupe por la multa a causa del mal estacionamiento (si su adolescente la paga); el exceso de velocidad es otra cuestión. Una precaución de seguridad que, según creemos, debería ser obligatoria (y en ella deben insistir los instructores que enseñan al conductor) es el uso del cinturón de seguridad. Los padres pueden dar el ejemplo, utilizando siempre los cinturones de seguridad e insistiendo en que sus hijos hagan lo mismo, tanto si son conductores como si viajan en la condición de pasajeros. De hecho, la mejor política consiste en exigir que *todos* los pasajeros que acompañan al joven conductor ajusten el cinturón de seguridad antes de que el pie toque el pedal del acelerador.

Cuando el adolescente alcanza la edad mínima reglamentaria, no sólo manejará sino que viajará con amigos que también manejan. Usted no podrá ejercer mucho control sobre la competencia o la sobriedad de estos choferes, de modo que explique claramente a sus hijos que deben llamarlo cuando crean que el viaje de regreso a casa puede ser inseguro, y que usted no tendrá inconveniente en recogerlo o pagar el taxi. Ningún padre desea que su adolescente arriesgue la vida viajando en un automóvil con un conductor poco confiable (o tratando de manejar bajo la influencia del alcohol o las drogas) sólo porque el adolescente temió molestar a mamá o a papá.

El manejo de los adolescentes también tiene su parte positiva. El conductor adolescente suele alegrarse de hacer diligencias, recoger a la abuela, llevar a Tony a la asamblea de boy scouts o aprovechar todas las excusas posibles para salir a la calle. Los adolescentes también son una ayuda porque permiten dividir mejor la pesada tarea de un viaje largo, por ejemplo, durante las vacaciones de la familia.

Uso y abuso del teléfono

Un buen amigo nuestro prácticamente había llegado al cabo de su paciencia telefónica en el intento de imponer a sus dos adolescentes unas pocas normas básicas de uso del teléfono. Durante horas enteras bloqueaban las líneas telefónicas manteniendo conversaciones con amigos que vivían a pocos centenares de metros. Realizaban muchas llamadas fuera del área local, de modo que la factura mensual casi se duplicaba. Invitaban a los amigos a llamar bien entrada la noche, porque de ese modo evitaban que los padres se quejasen del monopolio del teléfono (pero los padres despertaban después de medianoche a causa de las llamadas). Finalmente, Suzanne presentó un ultimátum a sus adolescentes: o se atenían a las normas o pedían su propio número y su teléfono particular.

Los jovencitos ni siquiera contemplaron la posibilidad de atenerse a las reglas, la oportunidad de contar con su propia línea telefónica era demasiado seductora. De modo que Suzanne fue con ellos a la central telefónica para hablar del precio. Las fantasías de los jovencitos acerca de dos teléfonos de diseño especial (uno en cada dormitorio) y una línea privada con llamadas sin límite se vieron pronto sacudidas cuando descubrieron el costo. Había gastos de conexión y la tarifa de alquiler del teléfono, y el recargo por el número de llamadas, y el impuesto. Los empleos de dedicación parcial que ellos tenían en un restaurante apenas si lograrían cubrir la erogación. Pronto aceptaron un teléfono negro común, con una línea de servicio medido utilizable por los dos. Suzanne se sintió muy complacida cuando comprobó que comenzaban a formular sus propias normas de uso, con el fin de reducir todo lo posible la cuenta del teléfono.

Si esta madre no hubiese estado dispuesta a permitir que las jóvenes pagasen su propio servicio, le restaba una alternativa, restringir o eliminar el uso del teléfono. Algunos padres agregan un reloj al teléfono, y limitan las llamadas que llegan o las que se realizan desde la casa a un número fijo de minutos. Otros padres imponen a sus hijos una limitación de horarios para utilizar el teléfono: de 7 a 9 de la noche los días hábiles, y hasta las 10 de la noche los fines de semana. Otra alternativa consiste en prohibir el uso del teléfono hasta que se hayan completado las tareas escolares para la casa. En los casos más difíciles, se dispone de cerraduras de combinación o de llaves aplicadas a los teléfonos, con el fin de limitar el uso y permitir que los padres supervisen todas las llamadas que se inician en el hogar.

Es cada vez más acentuada la tendencia de los adolescentes modernos a utilizar el teléfono de un modo que crea problemas. Por ejemplo, usted puede descubrir que su hija estuvo realizando llamadas traviesas a los condiscípulos, a horas desusadas, y que al comunicarse corta sin hablar. Tampoco han pasado de moda las llamadas en que se formulan frases obscenas u ofensivas.

No se trata meramente de molestias leves, porque esta inconducta mediante el teléfono puede agravarse y estallar. Aunque en el colegio no existe nada parecido a un "curso de educación del usuario del teléfono", uno debe advertir a sus hijos acerca de lo que es el uso adecuado del teléfono y lo que no lo es, y debe mostrarse dispuesto a adoptar medidas firmes apenas haya indicios de que las normas formuladas no se cumplan.

La apariencia personal

¿Recuerda los años '60? ¿Esa época famosa en que nadie se bañaba o lavaba o cortaba los cabellos, cuando la calidad de un par de vaqueros guardaba relación directa con el número de parches y roturas? ¿Cuando los varones universitarios ya no se preocupaban por el acné, porque todos los jóvenes tenían abundante vello facial? De acuerdo con las normas de los años '60, los jeans y las camisas de polo presentadas hoy por los diseñadores casi son tan pulcros como los guardapolvos de los médicos en la sala de operaciones, y la tarea de higienizar al joven moderno de ningún modo es tan gravosa. Un padre incluso se quejó de que sus hijos se mostraban demasiado pulcros. "Envían todos sus jeans a la tintorería, y se cambian de camisa casi tres veces por día. La cuenta del lavadero y la tintorería están comiéndome vivo. Y mi hija necesita cortarse el cabello una vez por mes, porque de lo contrario no se siente cómoda. ¿Qué sucedió con los pantalones abolsados y las colas de caballo?"

Como se señaló en otras secciones de este libro, la pubertad origina muchos cambios corporales, entre ellos el aumento del olor y el vello corporales. Tal vez usted desee mencionar en este momento la necesidad del desodorante, y comente con los hijos y las hijas los detalles de la afeitada. También aumenta la producción de grasa, de manera que los cabellos necesitan del champú con más frecuencia y es necesario lavarse la cara varias veces por día. Los adolescentes a veces están tan absortos en la aparición de otros cambios –el colegio, la vida social, o las entidades deportivas– que no prestan a la apariencia personal o el vestido toda la atención que deberían. Otros adolescentes no cesan de pensar en ello, y parecen contar con dos apéndices suplementarios, el peine y el espejo.

Los padres pueden ser otro tipo de espejo para los adolescentes, y así les muestran cómo aparecen a los ojos del resto del mundo. Sin apelar al insulto o el sarcasmo, un padre puede describir la apariencia del adolescente con frases como ésta: "Esta noche te vestiste de manera muy descuidada y cómoda, pero iremos a un restaurante bastante formal. Creo que sería más conveniente que usaras chaqueta y pantalón de vestir". Este tipo de formulaciones tiene menos probabilidades de distanciar o herir al adolescente, pues usted no menosprecia su gusto, sólo lo orienta de manera que siga un camino más adecuado. Si usted dice a su hijo que es un desaliñado o un idiota porque se viste de determinado modo, sólo conseguirá fortalecer su decisión de insistir en los hábitos y las pautas rebeldes.

Trate de tener en cuenta que muchos adolescentes jóvenes necesitan que se les enseñe ciertas reglas fundamentales acerca del cuidado y las prendas personales. La mayoría no ha tenido mucha experiencia en la formulación de sus propias decisiones hasta la adolescencia misma; mamá o papá generalmente se encargaban de las prendas adecuadas, y les decían cuándo debían bañarse y limpiarse los dientes. Dedique cierto tiempo a explicar que se juzga a la gente por su apariencia. Quizá sus palabras agraven el pensamiento idealista del joven en el sentido de que debe apreciarse a la gente por lo que es, no por lo que usa; y usted puede coincidir en teoría con ese concepto. Pero en realidad, las ropas y el aspecto personal son a menudo las primeras impresiones que recogemos de una persona. Si estas impresiones son desfavorables, tal vez no dispongamos de tiempo para conocerlas en un plano menos superficial. Algunos adolescentes no escuchan razones (por lo menos si provienen de los adultos) y a pesar de las protestas que usted formula se niegan a mantener una apariencia pulcra y a vestir como corresponde. Usted no puede obligar a sus hijos a hacer ninguna de las dos cosas, de modo que tiene que explicarles las alternativas (que pueden ser las que usted considere eficaces). Por ejemplo, tal vez no se permita al adolescente asistir a la función con la familia si él o ella no están vestidos como corresponde. O no recibirán la asignación esa semana. En general, es mejor evitar una actitud demasiado rigurosa con los adolescentes, y permitirles que aprendan lo que significa una apariencia personal apropiada en diferentes situaciones mediante el método de la prueba y el error. También es posible que usted no se sienta muy complacido por el estilo de prendas que ahora es popular, pero a menos que los adolescentes se vistan para asistir a un acontecimiento importante –por ejemplo una entrevista de trabajo o una reunión familiar– concédales cierta libertad para manifestar sus propios gustos y realizar experimentos con la moda. Las chaquetas de cuero y las camisas blancas abiertas al cuello de las generaciones anteriores tampoco eran precisamente una expresión de refinado gusto, pero los usuarios consiguieron pasar a los trajes y la ropa de calle cuando llegó el momento conveniente.

La pulcritud

No es desusado que el adolescente se muestre fanático en la esfera de la limpieza personal, y sin embargo descanse en un dormitorio que parecería atractivo a los cerdos. Un consejo infalible a los padres de los adolescentes que no desean mantener limpias sus habitaciones es que cierren la puerta y que se las arreglen solos. Pero el método no es eficaz si su hijo comparte la habitación con otros hermanos, o si su desaliño se extiende a otros cuartos de la casa. Ofrecemos unas pocas sugerencias acerca del modo de mejorar un tanto la situación:

(1) Imponga la norma de que el adolescente debe recibir en su habitación a los miembros del mismo sexo. Por lo menos, de ese modo tendrán que arreglar la cama con el fin de dejar espacio para que se sienten dos personas.

(2) (Sólo para los padres de corazón fuerte.) Advierta a los adolescentes que los padres no son esclavos o lacayos o criados personales que limpian todo lo que sus hijos ensucian. Después, aténgase a esta estrategia. Si los adolescentes arrojan sus prendas sobre el sillón del comedor, limítese a recoger la pila y a arrojarla en el cuarto del jovencito. Si dejan una cocina repleta de platos sucios y envases de soda vacíos, recoja los desechos y deposítelos primorosamente sobre el escritorio de los culpables. Cuanto más atestado y maloliente parezca el dormitorio, más los adolescentes se sentirán motivados para modificar sus descuidadas prácticas.

(3) Aplique un sistema de recompensas para premiar la pulcritud en la casa. (Este sistema generalmente es más eficaz que castigar a los adolescentes para conseguir que cooperen.) Por ejemplo, el orden y la limpieza exhibidos durante una semana puede reflejarse en un incremento monetario de la asignación, la suspensión de otras tareas poco gratas (por ejemplo, retirar la basura), o la fijación de un número dado de puntos que se acumulan y acercan el momento de una compra importante deseada por ellos. ¡Es un soborno, pero eficaz!

(4) Cuando dos jovencitos comparten un dormitorio, los detalles del orden y la limpieza tienen que ser negociados, a menudo con fórmulas puestas por escrito. De este modo se consigue que la responsabilidad del arreglo de las habitaciones comunes sea compartido con justicia, y que la persona que tiene menos tolerancia para la suciedad y el desorden no se convierta automáticamente en la criada.

El lenguaje

"Ayer, mi hijo de dieciséis años me dijo que yo parecía 'muy perra', y le di una bofetada. ¿Cómo podía saber que 'perra' significa buena?" Quizá cuando usted era adolescente los jovencitos usaban diferentes palabras. Hoy las cosas que son buenas son "malas", comer demasiado se expresa con diferentes términos, y en general los jóvenes salpican gran parte de su habla con diferentes palabras grue-

245

sas, que pueden ser reconocidas fácilmente incluso por el más anticuado de los padres.

Cada generación crea su propia barrera lingüística, un método original de comunicación que mantiene alejados a los adultos y une a los adolescentes con otros jóvenes que comprenden el lenguaje. Esto de ningún modo es perjudicial, y puede ayudar a los adolescentes a adquirir su sentido inicial de identidad específica. Pero, ¿hasta dónde los padres tienen que tolerar en su propio hogar este idioma particular?

Todos los padres tienen el derecho de exigir que en sus hogares no se usen cierto tipo de lenguaje. Tal vez usted considere irrespetuosas las malas palabras, o quizá no desee que los hermanos menores las escuchen. Sea cual fuere la razón, aclare a su adolescente qué palabras serán toleradas y cuáles no, y especifique el castigo que se aplicará a quienes no obedezcan. Los adolescentes ya tienen excesiva edad, y por lo tanto no es posible lavarles la boca con jabón; pero probablemente reaccionarán aun mejor si se los obliga a lavar el cuarto de baño o no se les facilita el automóvil la noche del sábado. Recuerde que su adolescente tendrá más probabilidades de respetar las normas si puede imitar el ejemplo que usted ofrece. Las palabras fuertes en la conversación con los adolescentes no deben ser una parte importante de su propio repertorio verbal, a menos que usted desee que se lo juzgue hipócrita, y con razón.

Más allá del vocabulario definidamente inaceptable que usted no tolerará, enumere las palabras de la jerga que no lo irritan pero tampoco lo complacen. Una respuesta sencilla y eficaz cuando el jovencito usa excesivamente una jerga incomprensible es: "No comprendo lo que dices, de manera que no puedo considerar tu pedido. Cuando puedas traducir eso a un lenguaje comprensible, hablaremos del asunto." Los adolescentes tienen que aprender a adaptar su lenguaje al público, no para estorbar la comunicación, sino para facilitarla. Usted no usaría palabras de muchas sílabas para conversar con un niño de cuatro años. Su adolescente tampoco debe usar la germanía de su medio para conversar con usted, si él o ella desean que usted reaccione favorablemente.

El uso del lenguaje, incluso los amaneramientos verbales, por ejemplo las palabras destinadas sólo a llenar espacio, prontamente pueden convertirse en costumbre. Usted tiene las responsabilidad de señalar a sus hijos los gestos que pueden ser irritantes, porque quizás ellos no tienen conciencia del asunto, y estas rarezas desconcertantes pueden disminuir sus posibilidades en el ambiente educacional o laboral. Se nos juzga no solo por lo que decimos sino por el modo de decirlo. La persona que llena las pausas naturales de la conversación con la repetición de palabras de relleno, o que equivoca constantemente la sintaxis o los verbos, suscita la opinión (de acuerdo con varias encuestas psicológicas) de que ejerce menos control y tiene menos madurez y autoestima que la persona que puede formular sus ideas con claridad y concisión y sin errores.

Los adolescentes que afrontan problemas del lenguaje y la comunicación no imputables a impedimentos físicos (por ejemplo, defectos de la audición, el paladar hendido) y que no necesitan terapia del habla (por ejemplo, para corregir el tartamudeo) a menudo mejoran cuando se incorporan al club de debates del colegio o dirigen la palabras a los alumnos de un curso de dicción. Escuche atentamente a su hijo para determinar si los métodos de comunicación que él o ella usan son tan mediocres que requieren ayuda. La mayoría de los adolescentes supera su relación de amor con la jerga del momento, pero algunos experimentan profunda ansiedad cuando deben hablar, y quizá disimulen sus temores tras un muro de términos específicos, las formas de lenguaje que están de moda o el uso constante de las malas palabras.

El dinero es importante

Oh, sí, lo es, y cuanto antes sus hijos adolescentes aprendan que el dinero es importante, más responsables se mostrarán con sus propias finanzas y las de los padres. Pero aquí hay un problema, pues los adolescentes no pueden aprender a administrar el dinero a menos que tengan algo que administrar. Los padres a menudo realizan la primera inversión en este tipo de educación suministrando cierta suma a los hijos, generalmente el pago por tareas realizadas en la casa. Otros padres no otorgan una asignación que depende de algo; sea cual fuere su conducta, el hijo recibe semanalmente una suma fija de dinero. La asignación a los hijos de dinero para gastos les ayuda a aprender su valor desde el ángulo del consumidor –qué puede comprarse, cuánto cuestan las cosas– pero no en el papel de individuos capaces de ganar dicho dinero.

En términos ideales, el hijo *gana* la asignación. La dificultad de las tareas exigidas para obtener la asignación debe armonizar con la edad y la capacidad del hijo. Cuando un niño llega a la adolescencia, el monto de la asignación habrá crecido, de acuerdo con la magnitud de las tareas que se le exigen para recibirla. Así, los adolescentes aprenden el valor del trabajo, perciben que el dinero no se entrega sin motivo, y que ganarlo lleva tiempo y esfuerzo. Las complicaciones y las negociaciones alrededor de la asignación constituyen un excelente campo de entrenamiento para la primera tarea del adolescente, y generalmente le ayudan a apreciar los gastos en que incurrren los padres para mantener a la familia.

Y también puede compartirse directamente la información acerca de los gastos de la familia. Comente con su adolescente rubros del presupuesto como el pago de la hipoteca, la factura del teléfono, los costos de los servicios públicos, los gastos de atención médica y odontológica. No es necesario que usted realice una auditoría interna con su hijo o su hija para lograr que tengan un sentido general de los costos de vida. Varios adolescentes con quienes conversamos manifestaron la impresión que les produjo el costo de los artículos de primera necesidad cuando se alejaron del hogar. Muchos no siquiera habían hecho compras en la tienda de comestibles, y no tenían modo de comparar los precios de los alimentos, la vivienda y el vestido. "Jamás miré los rótulos de los precios cuando salía de compras con mi madre. Ella se limitaba a decirme si podíamos comprar o no lo que yo deseaba. ¡Pero cuando alquilé mi propio departamento descubrí que no podía pagar nada!", nos dijo una joven de diecinueve años.

Corresponde mencionar otro aspecto de las cuestiones relacionadas con el dinero. Los hábitos financieros que sus hijos adolescentes adquieran los acompañarán toda la vida, de modo que conviene inducirlos a ahorrar y a planear desde edad temprana. Permita que sus adolescentes abran sus propias cuentas de ahorro; ayúdeles a calcular un presupuesto semanal; y ofrézcales la oportunidad de comprar cosas por sí mismos. Si están enamorados de un estéreo costoso, no lo compre usted mismo; que ahorren y lo compren con su propio dinero. Y no se muestre excesivamente liberal con el uso por parte de sus adolescentes de las tarjetas de crédito. Las tarjetas pueden crearles la impresión de que el dinero crece en los árboles.

Los empleos

¿Trabajar o no trabajar? Por una parte, un empleo de dedicación puede desorganizar los estudios, la vida social y la participación en las actividades extracurriculares. Por otra, un empleo enseña al adolescente el valor del dinero, y la responsabilidad y el compromiso con el empleador. El dilema trabajar versus no trabajar debe resolverse mediante la evaluación atenta de los rasgos originales de cada adolescente. Formule las siguientes preguntas:

(1) ¿El adolescente puede disponer del tiempo y la energía suplementarios exigidos por el empleo? ¿Sus calificaciones son buenas? ¿Su tiempo ya está bien distribuido?

(2) ¿Su vida y su desarrollo social se verán estorbados?

(3) ¿Con qué urgencia el adolescente (o su familia) necesitan el dinero aportado? ¿A qué está destinado el dinero? ¿A una mudanza, la compra de un automóvil, un anillo de compromiso, las drogas, los gastos de educación?

(4) Cuando trate de decidir el mejor tipo de empleo para el joven, considere la edad, la madurez y los planes futuros. Los adolescentes que buscan iniciarse en el mundo del trabajo, generalmente tienen que aceptar lo que les dan, pero después que han adquirido un poco de experiencia laboral pueden mostrarse más selectivos en la búsqueda de un empleo que contribuya a su valor comercial y a su experiencia futura.

(5) Explique al adolescente el tema de las recomendaciones y las referencias, su importancia, el efecto del desarrollo a partir de la experiencia temprana para ampliar las cualidades laborales e incrementar el salario. Todos los empleos, desde la preparación de hamburguesas hasta el periodismo, deben ser tomados en serio, porque todos son parte de los antecedentes laborales del adolescente y ayudan a los futuros empleadores a adoptar decisiones cuando consideran la posibilidad de emplear al joven.

(6) Fije cuántas horas se trabajarán y cuándo, incluyendo las actividades que usted ha decidido que *no* se verán perturbadas por

el empleo (por ejemplo, ciertas tareas domésticas, la educación, la iglesia). Estas preferencias pueden ser examinadas *antes* de que el adolescente salga a buscar trabajo, de manera que él o ella puedan armonizar la búsqueda con lo que usted exige. Sin embargo, es necesario mostrarse flexible, y permitir excepciones en las cosas que están fuera del control del jovencito.

En general, la mayoría de los adolescentes comprueba que sus experiencias laborales son informativas, entretenidas, interesantes y provechosas. En un momento importante del proceso que le permite adquirir cada vez más independencia respecto de los padres, el adolescente que trabaja puede sentir mayor responsabilidad financiera por su propia persona, y demostrar más autoestima y una confianza más firme. También obtiene los beneficios de una forma no científica de educación, lo que no es poco decir.

Fiestas

Usted ya vio a sus hijos pasar de las reuniones informales a las salidas al campo, de los encuentros en la pizzería a las fiestas que reúnen a jóvenes de ambos sexos. Pero la adolescencia es el momento en que la diversión comienza realmente. Por una parte, las fiestas adquieren un más alto grado de importancia social; por otra, incluyen muchas posibilidades de provocar problemas: las drogas, el alcohol, el sexo, los accidentes, y quizás, incluso, el robo o la violencia. ¿Qué puede hacer un padre?

En el caso de los adolescentes más jóvenes, los padres tienen que preguntar qué tipo de fiesta será (¿Cuántas personas? ¿Chicos y chicas? ¿Hasta entrada la noche?), quién los acompañará, las horas que durará, y las opiniones del acompañante acerca de la bebida y las drogas.

¿Usted permitirá que su adolescente asista a una fiesta que se celebra durante las horas que corresponden a un curso nocturno? ¿La asistencia a la fiesta será considerada una recompensa y, en ese caso, qué debe hacer previamente el jovencito para lograr que se le permita la concurrencia?

Los mismos problemas deben ser contemplados cuando se organiza una fiesta en su propia casa. ¿Usted permitirá que los jovencitos fumen? ¿Beban licores? ¿Consuman drogas? ¿Provoquen escándalo? ¿Usen un estéreo estridente? ¿Apaguen las luces? ¿Cierren las puertas? ¿Cómo se propone controlar estas situaciones? Explique a su hijo adolescente (antes de la noche de la fiesta) que usted proyecta pasar a supervisar, quizá cada hora, y que (después de cierto número de advertencias) llamará a la policía si el comportamiento no se suspende o no se expulsa al invitado infractor. Sugerimos firmemente que se informe a todos los asistentes a la fiesta que las drogas o el alcohol introducidos en la casa, o la conducta destructiva, determinarán la finalización inmediata de la reunión. A nuestro juicio, es mejor que se nos vea como padres rigurosos y no como promotores del escándalo.

Es más difícil interrogar a los adolescentes de mayor edad acerca de sus festejos. A menudo tienen vehículo propio y pueden olvidar (muy convenientemente) que deben informar acerca de la fiesta a la que asistirán en tal casa mientras los dueños están ausentes. Como se mencionó en la sección referida al manejo de automóviles, conviene inducir a los adolescentes a que nos llamen si se sienten atrapados en una fiesta donde se desarrollan actividades en las que ellos no desean participar. Quizá su hijo no previó que se distribuirían cigarrillos de marihuana en tal fiesta, pero cree que debe continuar allí hasta que su grupo esté dispuesto a salir. Usted puede salvarlo de una situación incómoda si está dispuesto a retirarlo para llevarlo a casa (incluso si para lograrlo es necesario encontrarse a una calle de distancia, de modo que los amigos no vean que los padres vienen a buscarlo).

Límites de horario

El límite de horario ideal enseña a los adolescentes cuáles son las horas razonables y responsables de actividad fuera del hogar, pero no se lo aplicará con tanta rigidez que invite a infringirlo. El adolescente que regresa ocasionalmente a casa cinco o diez minutos después del límite no tiene por qué ser reprendido. Un mero recordatorio del límite establecido generalmente produce el resultado que uno busca. Pero los adolescentes que de manera constante sobrepasan en una hora o más el límite (con o sin excusas), sin duda están demostrando que aún no poseen madurez suficiente para permanecer fuera de casa hasta esa hora, y que necesitan un límite más temprano hasta que puedan demostrar comprensión y capacidad de cumplimiento del límite fijado. Un padre irritado solía limitarse a sumar los minutos de retraso de su hija durante el último mes, y estrechaba el límite precisamente en esa proporción.

Al comentar el límite de horario con los adolescentes y los padres, comprobamos que esos límites parecen ser más eficaces cuando:

(1) Se explica claramente a los adolescentes el propósito de la fijación de un límite. Los límites no son una forma de castigo; constituyen un control sobre la seguridad y la confiabilidad de su hijo adolescente. Si usted reclamó que su hijo regrese a casa a las 23 horas, y a las 23.30 él todavía no apareció, puede afirmarse que hay una razón legítima para comenzar a preocuparse e iniciar las llamadas telefónicas destinadas a localizarlo. Los adolescentes que respetan consecuentemente el límite de horario demuestran, por eso mismo, que son dignos de confianza, y que merecen otras libertades, así como el trato que corresponde a un adulto.

(2) Cuando el adolescente percibe la posibilidad de incumplimiento del límite, debe llamar a su casa para informar de la situación a los padres. Es mejor llamar a las 22.30 de la noche para explicar por qué no se llegará a las 23 (o solicitar una ampliación), que tratar de deslizarse inadvertido a medianoche frente a la habitación de los padres, que ya estuvieron preocupándose durante una hora y se irritaron por la tardanza.

(3) Los límites flexibles son más eficaces que los rígidos. El sistema más eficaz parece ser la fijación de un límite general para actividades no específicas, por ejemplo las 21.30 los días hábiles y la medianoche los fines de semana. Después, se agrega a esto cierta flexibilidad y un poco de espacio para la negociación en el caso de acontecimientos especiales. Si una fiesta no comienza hasta las 21.30 y la dueña de casa vive a media hora de distancia, sería ridículo insistir en que el adolescente retorne a las 23. Los límites razonables y flexibles a menudo son más respetados por los adolescentes, y además tienen la ventaja de que enseñan el arte de la negociación y el

compromiso. Trate a su hijo adolescente como a un individuo, y él lo retribuirá con el mismo respeto.

Vacaciones

La familia ya no se alegra vivamente cuando se anuncia el viaje anual de vacaciones. Sally desea salir a navegar los ríos en canoa con su club. Jeff teme perder una semana de entrenamiento del equipo de fútbol. Usted oyó hablar de cónyuges que prefieren las vacaciones separadas, pero ¿familias enteras con vacaciones separadas?

Una variación de este tema es la familia que coincide en las fechas y el lugar de las vacaciones, pero una vez en el sitio discute acerca de las actividades. Jack desea oír música de jazz. Tracy prefiere las giras para visitar monumentos arquitectónicos. Y mamá solamente desea seis horas ininterrumpidas todos los días en la playa.

Veamos las alternativas posibles:

(1) Permita que los hijos organicen sus propias vacaciones: (a) con otras familias; (b) con parientes; (c) con una organización; (d) si tienen edad suficiente, con un grupo de pares.

(2) Permita que los hijos permanezcan en la casa: (a) con parientes o amigos; (b) solos, si tienen edad suficiente.

(3) Cuando planee las vacaciones tenga en cuenta los diferentes intereses: (a) elija un lugar que ofrezca algo a cada uno; (b) invite a los amigos del adolescente, de modo que éste se encuentre acompañado; (c) concierte un compromiso – "Tú sales con nosotros esta noche, y nosotros te llevamos mañana al lugar que tú elijas."

Las vacaciones deben ser un período de aflojamiento y placer, la oportunidad especial de reunirse con la familia en actividades gratas. Es necesario evitar los roces, de modo que no vacile en aplicar cualquiera de las alternativas mencionadas si cree que aportarán paz mental a todos los interesados. Los padres tienden a renunciar de mala gana al período de vacaciones, pues recuerdan con calidez las grandes vacaciones que la familia pasaba cuando los hijos tenían menos edad. Usted no puede obligar a sus hijos a pasarla bien con usted mismo, y el intento de obligarlos sólo origina resentimiento. El dolor puede aliviarse si recuerda que estas "vacaciones separadas" constituyen una fase temporaria, que será remplazada muy pronto por las vacaciones de la familia amplia, la cual incluye a los yernos, las nueras y los nietos.

Las tareas domésticas de la familia

La expresión misma connota imágenes de una sucesión interminable de fatigosas tareas que abarcan todos los aspectos de la casa. Como si se tratara de una explotación agrícola: ¿Quién ordeñará las vacas todas las mañanas al amanecer? ¿Quién enfardará las toneladas de heno? ¿Quién alimentará las gallinas?

Incluso en el hogar suburbano medio o en el apartamento de la ciudad puede haber docenas de obligaciones y tareas menores necesarias para mantener la organización y el buen funcionamiento de las cosas. Y que las tareas sean físicamente menos gravosas no significan que requieran menos atención o menos organización para garantizar su cumplimiento. Como las tareas de una gran propiedad agrícola, las de una casa de dos pisos de la clase media deben dividirse equitativamente, ser objeto de una supervisión atenta, y mantenerse en un nivel de adecuada flexibilidad, de modo que no inspiren tanto rechazo que nadie las ejecute.

Cada miembro de la familia debe asumir la responsabilidad de cierto aspecto del funcionamiento del hogar. Si Chris, de diecisiete años, debe cortar el pasto los sábados, David, de trece años, tiene que asumir una tarea apropiada para su edad y cualidades (por ejemplo, limpiar con la manguera la casilla del perro). Los adolescentes son sumamente sensibles a la distribución injusta de obligaciones, y mostrarán hostilidad frente a los padres, al hermano "mimado" o a la tarea misma, si creen que recibieron un trato injusto.

La actitud que usted adopta frente a las tareas domésticas tiene que ser flexible, hasta cierto punto. Los adolescentes parecen sentirse más cómodos con las tareas si se les concede cierta libertad en la ejecución. En lugar de imponer el lavado de la ropa los lunes, la limpieza del garaje los martes, el lavado del automóvil los sábados, explique sencillamente los detalles de la tarea a su hijo adolescente, cuántas veces por semana es necesario ejecutarla, y permítale acomodarla lo mejor posible en su propio horario. Todos han observado que ciertos días él o ella se sienten inclinados más que otros días a realizar determinados tipos de labores. Los adolescentes no son distintos. Si se les concede un plazo para la ejecución de las tareas, aprenderán a distribuir en concordancia el tiempo y las restantes actividades, y al hacerlo se sentirán más independientes y responsables.

Es importante definir concretamente qué desean incluir en cada tarea, por lo menos hasta que las descripciones de la labor dada arraiguen firmemente. No se limite a decir: "Lava el automóvil", y después se enoje cuando no se lo enceró y no se pasó la aspiradora sobre la alfombra. Una lista escrita ayudará a asegurar que el adolescente cubra todas las áreas requeridas. Este método también contribuye a enseñar a los adolescentes más jóvenes la importancia del cumplimiento de las instrucciones.

Algunas familias trabajan mejor si todos atacan las tareas de la casa simultáneamente, por ejemplo, el sábado por la mañana, en una versión del síndrome "mal de muchos consuelo de tontos". Este método no otorga mucha flexibilidad a los miembros individuales, de manera que trabajen según su propio ritmo, pero aporta a la familia el sentido del trabajo en equipo. Sin embargo, los problemas de horarios pueden determinar que este enfoque sea engorroso, de modo que si sus hijos adolescentes se ven obligados consecuentemente a descuidar actividades con sus amigos para ayudar a los padres en ese tipo de limpieza y ordenamiento de la casa, tal vez sea conveniente reconsiderar la sensatez del método.

En beneficio de la igualdad tal vez usted quiera rotar las tareas entre distintos miembros de la familia. De este modo, todos tienen la oportunidad de hacer lo que no les desagrada (por ejemplo, quitar el polvo de los muebles), tanto como las cosas que detestan (limpiar el cuarto de baño). Pero si un adolescente trabaja fuera de la casa y utiliza parte o la totalidad de su sueldo para pagar artículos normalmente adquiridos por los padres, dispondrá de menos tiempo para las tareas domésticas, y estas deben armonizar con el tiempo y la energía disponibles. Explique su enfoque del asunto a todos los ayudantes, de modo que no haya resentimientos ni hostilidad.

Finalmente, trate de que la ejecución de las tareas domésticas sea divertida. Esto puede parecer imposible o improbable, pero si los padres exhiben una actitud positiva frente al trabajo en la casa, las tareas no parecerán tan agobiadoras a los hijos. Recuerde a cada miembro de la familia que él o ella no están solos. El cuidado de la casa es un esfuerzo colectivo y una responsabilidad que ellos pueden y deben aceptar con orgullo.

La atención de los niños pequeños

Los padres a menudo se sorprenden al comprobar que el adolescente que despreciaba cuidar del hermano o la hermana pequeños está encantado de aceptar la misma tarea si se trata de los vecinos y los amigos de la familia. La diferencia es sencilla; en el segundo caso se trata de un *empleo* que aporta cierto status, una retribución, la oportunidad de conocer una casa distinta, y el respeto especial que los niños a menudo demuestran hacia un extraño, y que ni soñando concederían a un hermano. Pero antes de que usted permita que el adolescente desempeñe esta función, debe asegurarse de que está preparado para afrontar las responsabilidades implícitas.

Veamos algunos aspectos que usted necesitará considerar con sus adolescentes antes que ellos salgan de la casa para atender niños:

(1) Siempre deben indicar el nombre, la dirección y el número telefónico de la familia que los empleó, y la hora estimada en que los dueños de casa regresarán.

(2) Cuando están en el lugar de trabajo, el adolescente debe obtener información (por escrito) acerca del lugar de destino de los padres que lo contrataron (incluso un número telefónico), así como una lista de direcciones y números utilizables en situaciones urgentes (por ejemplo, médicos, policía, departamento de bomberos, parientes o amigos).

(3) Es indispensable recibir instrucciones concretas acerca de las obligaciones implícitas: ¿Es necesario que bañen o alimenten a los niños? ¿Hay animalitos domésticos que requieren cuidados es-

peciales? ¿A qué hora se acuestan los niños? ¿Es necesario respetar rutinas especiales, por ejemplo una dosis de medicina a la hora de acostarse, o contar un cuento cuando los niños ya están en la cama?

(4) El adolescente que cuida a los niños también debe recordar algunas "prohibiciones". No debe hablar constantemente por teléfono mientras trabaja, ni siquiera después que los niños se acostaron. No debe permitir la visita de amigos. Tampoco abrirá la puerta a desconocidos. Y no dejará la casa convertida en un lodazal; tendrá que limpiar lo que él y los niños ensuciaron.

(5) Lo último, pero no lo menos importante, el cuidador de niños pequeños −novicio o experimentado− debe comprender que es perfectamente apropiado llamar a sus propios padres si se necesita consejo o ayuda. Después de todo, ¿para qué están los padres?

Juegos electrónicos (y adictos a la computadora)

Usted probablemente ya vio cómo es. En las recovas, los salones de juego, los centros comerciales y otros lugares, los adolescentes están inclinados en silencio sobre las pantallas de video, las manos cerradas sobre las perillas de control, destruyendo implacables a hordas invasoras de criaturas del espacio. Docenas y docenas de juegos de este tipo se han convertido en parte del paisaje nacional. Los modernos juegos de video muestran un apetito voraz de monedas.

Los adultos han reaccionado con previsible ambivalencia ante la manía de los juegos de video. Algunos se han unido a sus hijos, y se convirtieron en hábiles jugadores que apoyan de todo corazón el pasatiempo. Otros se oponen con vehemencia, y creen que estos juegos provocan efectos negativos en los adolescentes. Un padre describió del siguiente modo su inquietud: "Estos juegos son engañosos. Parecen una diversión buena y limpia, pero en realidad crean adicción, son caros y provocan pérdida de tiempo. Mi hijo pasaba tres horas todas las tardes en la sala de video, y el resultado fue el descenso de sus calificaciones. También consiguió gastar en esa máquinas la totalidad de lo que había ganado durante el verano."

Algunos psicólogos se han hecho eco de la preocupación de este padre, y han señalado que los juegos electrónicos pueden tener un efecto tan hipnótico sobre los adolescentes que lleguen a excluir al resto del mundo, desviando las energías y la atención de los adolescentes de las tareas de desarrollo más importantes. Y los médicos han observado que las partidas maratónicas con estos juegos pueden conducir a la tensión ocular, las jaquecas, las ampollas y los callos.

Otros expertos ven un aspecto beneficioso de la revolución del video. Por una parte, mencionan los estudios que demuestran que estos juegos mejoran la coordinación entre el ojo y la mano (en realidad, fueron utilizados con este fin por las fuerzas armadas). También hay pruebas cada vez más evidentes de que la complejidad de los juegos de video promueve el razonamiento inductivo y el procesamiento por analogía (la evaluación simultánea de muchas variables). Otros observan que los juegos alientan el espíritu de competencia y aportan a los jovencitos un sentido de catarsis, la oportunidad de desembarazarse de las frustraciones y las tensiones cotidianas para refugiarse en un mundo fantástico de luces, programado musicalmente. Y otros adultos se sienten aliviados ante el hecho de que los adolescentes, absortos en los juegos de video, generalmente evitan las drogas y el alcohol, que deterioran las cualidades que necesitan para manejar estos juegos.

Es más difícil competir por la atención con las computadoras. Las revistas especializadas en computadoras han publicado varios artículos que informan acerca de la aparición de una especie de relación de amor entre la computadora y su programador/operador. También abundan las relaciones de tipo amo/esclavo.

Los adolescentes que ejercieron autoridad o control escasos sobre alguien o algo, o no los tuvieron en absoluto, de pronto reciben un equipo perfeccionado al que pueden impartir órdenes a voluntad, decirle qué debe hacer y observar que responde con eficacia y sin quejas. El sentimiento de poder puede ser sobrecogedor y tremendo, análogo al que experimentan otros adolescentes después de comprar el primer automóvil.

Como la tecnología de las computadoras representa un desafío para los adolescentes, quienes poseen un conocimiento más avanzado de estas máquinas quizá traten de demostrar su maestría irrumpiendo (en términos eléctricos) en los grandes sistemas de computadoras de las empresas, los hospitales, las universidades, los laboratorios o incluso los organismos oficiales. En estas situaciones pueden provocarse graves perjuicios, por referencia tanto al costo económico de la reparación de tales sistemas después de haber sido deteriorados, como a la destrucción de registros insustituibles. Los adolescentes que dedican mucho tiempo a la consola de la computadora deben entender que el abuso de estos sistemas mediante el ingreso no autorizado en otra computadora es una forma de intromisión que representa un acto delictivo, y puede tener repercusiones que sobrepasan de lejos lo que ellos imaginan.

No sabemos cuál es exactamente la orientación que seguirá la nueva tecnología de las computadoras, pero podemos tener la certeza razonable de que un número cada vez más elevado de adolescentes conocerá la cultura de las computadoras durante los próximos años. Esto significa que el número de adolescentes que se sienten tan fascinados por el poder de las computadoras, que prácticamente parecen soldados al teclado, aumentará, y ello se convertirá en una fuente de inquietud de los padres.

Fuera de repetir: "Es sólo una máquina, sólo una máquina", y recordar constantemente al adolescente que la gente es importante también (aunque no haga lo que le pedimos después de presionar unos pocos botones), no hay mucho que hacer. Vivimos en una nueva era tecnológica, basada en la computadora. Después que el campesino vio las luces de la ciudad, será difícil retenerlo en la finca rural.

Tercera Parte

CRISIS

15

La resolución de las crisis y lo que sigue

Es relativamente fácil ser un padre afectuoso y comprensivo cuando el adolescente se atiene a las normas que uno fijó. La prueba de la paternidad eficaz no es el modo en que uno reacciona cuando los tiempos son buenos, sino cómo responde a los problemas importantes que aparecen súbitamente. La aptitud para pensar con rapidez, subordinando los propios sentimientos al interés de ayudar a su hijo adolescente, y de mantener un curso constante incluso cuando las cosas no se resuelven de manera instantánea es la auténtica prueba del ácido de la paternidad eficaz.

Enfoque general de las cualidades de resolución de las crisis

Cuando se suscita una crisis importante en la vida de su hijo adolescente, usted debe comenzar definiendo sus dimensiones en una serie de aspectos distintos. Ante todo, necesita descubrir si la situación representa una urgencia que constituye una posible amenaza a la vida o la salud. Si su hijo ha tomado una sobredosis de píldoras somníferas, usted no tiene tiempo para sentarse y analizar el significado de este acto, o conversar acerca de las alternativas de procedimiento que se le ofrecen. Sin embargo, en muchas otras situaciones críticas no es imperativo actuar dentro de los primeros minutos que siguen al conocimiento del problema, de modo que es posible adoptar un enfoque muy distinto. Usted debe reconocer que el carácter urgente de una crisis quizá no sea característica exclusiva de su adolescente; compruebe al comienzo si otra persona está comprometida en el asunto, no sea que esta corra cierto peligro, y los padres aún no lo saben.

A partir de este punto, el eje debe desplazarse durante un momento, de manera que se escuche al adolescente para obtener la mayor información posible acerca de la situación. ¿Cuál es el problema? ¿Cuándo y cómo comenzó? ¿Cuál es su gravedad? ¿Quién está comprometido? ¿Cuán ciertos son los hechos suministrados por su hijo adolescente? Las respuestas iniciales que usted formule, determinarán, en medida considerable, el grado de honestidad que su hijo exhibió al relatar la historia completa, de modo que conviene que usted controle sus sentimientos. Asimismo, en la mayoría de las situaciones críticas, el adolescente se acerca a los padres con un sentimiento de temor y angustia; no lo agrave reaccionando con el sermón de estilo: "Yo te lo dije", que distanciará de usted al adolescente, y confirmará su temor de que en realidad no puede pedírsele ayuda. El adolescente que se siente rechazado por los padres en momentos críticos es un jovencito que puede llegar a extremos en un intento desesperado de encontrar una solución, incluso si esta es tan drástica que implica huir o tratar de suicidarse.

Como la mayoría de las situaciones críticas no exigen la movilización inmediata en procura de acción, evite extraer decisiones apresuradas. En cambio, dedique cierto tiempo a reflexionar acerca de las alternativas disponibles, sopesando las ventajas y las desventajas de cada una. En muchos casos, la consulta con un experto adecuado puede ser conveniente (por ejemplo, un abogado, un médico, un docente, un consejero de orientación) pues quizás usted no se encuentre realmente en condiciones de identificar todas las alternativas existentes. Para precaverse de las influencias emocionales indebidas que gravitan sobre su pensamiento, los cónyuges deben discutir entre ellos el problema, y considerar la posibilidad de hablar con un tercero –uno de sus propios padres, un amigo de confianza, un hermano– con el fin de trazar las estrategias que se aplicarán.

Una vez que usted decidió un curso de acción recuerde que es necesario comprometer también a su adolescente. Comente con él las cosas, defina la base de su razonamiento, pero deje la puerta abierta para modificar los planes si su adolescente propone un enfoque en que usted no había pensado. En ciertos casos es posible que exista un solo camino, pero la mayoría de las crisis tienen distintas soluciones, de modo que trate de ofrecer a su adolescente la oportunidad de expresar sus ideas acerca del tema.

Diane, de trece años, se acercó a su madre una noche, bastante tarde, y le dijo que necesitaba hablar. Después de un comienzo vacilante, reveló una historia terrible: su tío Harry había estado abusando sexualmente de ella durante más de un año. Obligada a guardar silencio por las amenazas de que él la mataría si revelaba el hecho a otros, Diane había intentado estoicamente guardar silencio, pero ahora comprobaba que vivía en un estado casi perpetuo de pánico y vergüenza.

Los padres reaccionaron conmovidos y encolerizados ante la noticia. ¿Cómo era posible que Harry, con quien habían mantenido relaciones estrechas, hubiese hecho eso? La reacción inicial desembocó en una colérica confrontación en la casa de Harry, y la negación de Harry rápidamente se convirtió en una confesión lacrimosa y un pedido de comprensión. "Por favor, no denuncien esto", rogó; "aruinará mi vida". Los padres de Diane aceptaron de mala gana, quizá por lealtad a la familia, con la condición de que Harry requiriese ayuda psiquiátrica.

Diane no se sintió satisfecha con este arreglo. Creía que era necesario denunciar a Harry a la policía, y señaló que a su juicio quizás él estuviese importunando a otras menores, además de la propia Diane. Cuando la madre le preguntó si comprendía que la presentación de acusaciones formales obligaría a divulgar lo que había sucedido, de modo que se enterarían los que no eran miembros de la familia, Diane explotó: "Muy bien. De todos modos, me sentiré mejor si puedo sacármelo de encima."

Después de pensarlo mucho, los padres decidieron seguir el curso de acción propuesto por Diane. La conjetura de Diane acerca de la implicación del tío Harry con otros era acertada, y a su tiempo Harry fue sentenciado y condenado a un programa de tratamiento para los delincuentes sexuales. Con la ayuda de un psicólogo, que la atendió semanalmente durante dos meses, Diane superó su difícil situación, curada y con un sentimiento de confianza. Los padres se sorprendieron al ver el autocontrol de su hija cuando la jovencita atestiguó ante el tribunal, y los complació observar que retornaba a la condición de adolescente activa y normal.

Cuando se intenta resolver una crisis, a menudo es difícil reconocer que las soluciones fáciles escasean verdaderamente. Si se afrontan las realidades concretas, quizá también es necesario reconocer que la resolución de la crisis puede ser dolorosa por distintas razones; de hecho, más dolorosa para los padres que para el adolescente. Pero una vez que se ha decidido cierto curso de acción, es necesario aferrarse a él, a menos que nuevas pruebas demuestren que no será eficaz, o aparezca otro plan que sin duda ofrece mejores posibilidades de éxito. Las pruebas y las tribulaciones de las primeras fases del problema pueden ser sobremanera inquietantes, pero tal vez constituyan un camino necesario para llegar a la curación.

Cómo evitar el pánico, la presión y el prejuicio

En muchos vestuarios del colegio secundario hay un descolorido anuncio que dice: "Cuando la situación se hace difícil, es cuando comienza a resolverse la dificultad." Si el atletismo es en muchos aspectos una metáfora de la vida, podemos extraer de este adagio una lección aplicable a crisis como las que estamos examinando aquí. Reaccionar frente a una crisis con pánico es disminuir concretamente nuestras posibilidades de resolver con eficacia la situación. En lugar de pánico, se requiere una decisión firme que aporte al hijo adolescente la confianza indispensable, y también nos ayude a pensar con claridad. Los padres que reaccionan frente a las crisis de los hijos con estallidos coléricos y emotivos han caído en la trampa del pánico, tanto como los padres que alzan las manos y renuncian a intentar algo cuando aparece una situación difícil. Recuerde que usted, de hecho, inició una fundamental misión de rescate, y el pánico puede arruinar incluso la operación de rescate mejor planeada.

A veces, los padres reaccionan frente a las crisis de la vida de sus hijos adolescentes con la decisión de reafirmar su autoridad con el mismo carácter autocrático que ella tenía cuando el adolescente era un niño pequeño. Al caer en esta pauta, que en cierto modo tiene carácter de reflejo, los padres tienden a presionar a su adolescente para inducirlo a ver las cosas como ellos quieren, sin advertir que esta actitud no representa una solución real, aunque de manera provisoria pueda aportar una falsa sensación de seguridad. La jovencita embarazada de quince años difícilmente retornará al comportamiento de años anteriores, incluso si acepta sin protestar, como forma de autocastigo, las decisiones de los padres. El adolescente de dieciséis años sorprendido mientras robaba autos no cambiará de pronto a causa del sermón severo pronunciado por papá. La presión de los padres no es un modo óptimo de afrontar las crisis, del mismo modo que el pánico no es muy eficaz.

En algunos capítulos anteriores hemos destacado repetidamente que los principales problemas de conducta de la adolescencia deben ser evaluados en el contexto, para concebir eficaces estrategias que conduzcan a la solución. Un enfoque eficaz con un adolescente no siempre lo será con otro, pues uno está tratando con diferentes personalidades, diferentes circunstancias y distintas influencias que se ejercen sobre la vida del adolescente. Un jovencito de trece años puede considerar que ser suspendido en el colegio es la peor catástrofe del mundo, y en cambio para otro quizá sea la gran oportunidad de callejear, robar un poco de dinero del bolsillo y divertirse. Una joven de dieciséis años se siente mortificada cuando descubre que se embarazó, y a otra le parece inconveniente, pero no tan grave. Por lo tanto, es evidente que el enfoque de las situaciones críticas debe tener un carácter individualizado, para ajustarse a las necesidades de cada persona. Mientras se adoptan medidas para controlar la situación de un modo o de otro, evite que en su interacción con el hijo adolescente se manifieste cierto prejuicio originado en la crisis. Si usted permite que la crisis proyecte sobre las relaciones con su hijo una nube tan sombría que él o ella se sientan rechazados o indignos, está disminuyendo gravemente las posibilidades de obtener una solución permanente. Resolver un problema, pero a costa de levantar una barrera entre usted y su hijo, es casi la garantía de que pronto surgirá otro problema o estallará una nueva crisis. No proponemos la fórmula "perdonar y olvidar" como la mejor salida (la mayoría somos demasiado humanos, de modo que ese método no funciona), pero sí exhortamos a adoptar una actitud de perdón. La recriminación constante puede determinar que su adolescente se sienta marcado de manera indeleble, y que por lo tanto tienda a pensar: "Bien, puedo mandar todo al diablo, porque en definitiva es lo que esperan de mí." El perdón y el amor pueden obtener maravillas en la resolución de las crisis, incluso si nadie olvida lo que sucedió. De hecho, cuando olvidamos lo que pasó, fácilmente podemos caer otra vez en la misma trampa. Recordar lo que sucedió y lo que se sintió es un modo apropiado de garantizar que no se desecharán fácilmente las lecciones importantes originadas en la crisis.

El sentimiento de culpa no es la solución

Es enormemente tentador utilizar cualquiera de los errores que los hijos adolescentes cometen como grano para el molino cuando uno intenta lograr que ellos opinen lo mismo que nosotros. Cuando sobreviene una crisis importante, la magnitud del yerro del adolescente está a enorme distancia de los errores cotidianos, y por eso mismo es todavía mayor la tentación de recordarles cuán estúpidos (o irreflexivos o inmaduros o temerarios) fueron, con el propósito de conseguir la atención y la obediencia completa de los jóvenes. Pero la técnica de provocar el sentimiento de culpa del adolescente, recordándole constantemente cómo se metió en dificultades, y cómo usted lo salvó, probablemente determinará a la larga resultados contraproducentes. De hecho, aunque la obediencia total de su hijo a usted puede parecerle provisionalmente reconfortante, en la práctica desembocará en una situación insostenible en la cual su hijo será el perdedor.

Pese a este hecho, muchos padres utilizan el sentimiento de culpa de sus adolescentes como un arma poderosa que les permite afirmar su control después que se suscitó una crisis. Con el propósito de maximizar su autoridad, estos padres alimentan concretamente el sentimiento de culpa, porque ansían que el mismo se desarrolle y afirme en la mente de los hijos. Es una forma insidiosa de venganza que equivale a abusar del adolescente. Nadie gana cuando un adolescente se siente inepto e indigno, y las consecuencias de gran alcance por referencia al maltratado ego de la víctima pueden ser importantes. Es posible que sea necesario apelar a la terapia de familia para quebrar este esquema de promoción de la culpa por parte de los padres, si el fenómeno se desarrolla a lo largo de un período prolongado.

¿Qué puede hacerse para tener la certeza de que la crisis no reaparecerá en diferentes formas? Si bien no existen garantías o métodos infalibles, la mejor posibilidad consiste en tratar al adolescente con amor y respeto más que con desconfianza y burla. Todos hemos cometido errores en nuestra vida y hemos vivido crisis de diferente carácter; a menudo, lo que recordamos más claramente de estos episodios es la compasión y la comprensión que nos mostró otra persona, que nos ayudó a superar ese momento difícil. Es conveniente que los padres se acostumbren a decir cosas como estas a sus hijos adolescentes, una vez superada la crisis:

(1) "¿Recuerdas cómo era antes de que aprendiésemos a hablar de nuestros problemas? Yo lo recuerdo, y abrigo la esperanza de que nunca nos sintamos tentados a aislarnos uno del otro."

(2) "Los padres a veces olvidan cómo es la condición de adolescente. Por favor, tienes que recordarnos eso de tanto en tanto."

(3) "¿Te molestaría que de tanto en tanto te pidiéramos consejo u opinión?"

La relación de los padres con el adolescente durante la crisis y después puede ser un catalítico que permita a los adolescentes aprender algo específico de sí mismos y del padre; la conducta que usted desarrolle durante este período también puede suministrar un soberbio modelo de las cualidades que permiten afrontar una situación difícil, y esa puede ser una de las lecciones más valiosas que su hijo aprenda en el período del crecimiento.

"Quedé embarazada cuando tenía quince años", nos dijo Cindy. "Mi actitud fue estúpida e irreflexiva. Pero lo que aprendí de la experiencia —además de la lección evidente del uso de anticonceptivos— fue que mis padres estaban de mi parte cuando los necesité. Me sorprendió que nunca se encolerizaran conmigo, que jamás me echasen en cara el error; sencillamente, me ayudaron a sobrellevar la situación y hallar una solución apropiada para mí. Jamás olvidaré lo que eso significó, y sé que me ayudará a ser una madre mejor cuando tenga mis propios hijos."

Restablecimiento del equilibrio de la familia

A semejanza de una piedra arrojada a un estanque, una crisis importante que compromete a su adolescente origina una serie de ondas en el sistema de la familia. En el movimiento inicial, cuando los padres se movilizan para afrontar la crisis, es posible que se susciten muchas tensiones que no se manifiestan. Cuando se percibe que la crisis ya no representa una amenaza aguda (se adoptaron medidas para aliviar en la medida de lo posible los problemas), estas tensiones contenidas pueden comenzar a manifestarse e influir sobre las relaciones corrientes entre los miembros de la familia.

Las consecuencias de la crisis pueden incluir la aparición de relaciones tensas entre los cónyuges o el comportamiento rebelde de un hermano menor, que ansía recibir su parte de la atención concentrada de los padres. Otra situación usual es la condenación general del adolescente que fue protagonista de la crisis; y así, otros miembros de la familia achacan al joven la culpa de todo lo que sale mal, y evitan el contacto con el culpable, como si la distancia representase un factor de protección. Sin embargo, el reconocimiento realista de la dinámica de lo que está sucediendo, y el esfuerzo realizado para corregir la situación pueden restablecer en poco tiempo una medida razonable de equilibrio de la familia.

En general, el primer paso consiste en mostrarse sincero cuando se habla con los restantes hijos acerca de lo que sucedió y de lo que está haciéndose al respecto. El secreto puede ser necesario cuando el problema es el embarazo de una adolescente o un intento de suicidio, pero en muchos casos los hermanos advertirán prontamente que sucede algo, y querrán saber de qué se trata. A menos que sean muy jóvenes y se muestren totalmente incapaces de comprender la naturaleza del problema, la sinceridad (no necesariamente hasta el último e ingrato detalle) será mejor que permitir que se desboque la imaginación de los menores. Al mismo tiempo, los padres pueden explicar que se trata de un asunto de familia íntimo, y no de un tema que pueda ser comentado en el colegio o con los amigos.

El restablecimiento del equilibrio suele obtenerse más fácilmente si todos los miembros de la familia gozan de la oportunidad de manifestarse, es decir, de comentar sus propios sentimientos en relación con la crisis y con el modo de resolverla. No es necesario un informe final detallado, pero limitarse a fingir que la vida continúa su idílico curso, sin reconocer la perturbación, probablemente no será realista ni útil. Al mismo tiempo, los padres deben evitar que la familia convierta en víctima propiciatoria al adolescente que provocó el problema.

El restablecimiento del equilibrio de la familia es, en último análisis, un proceso curativo, del mismo modo que la propia resolución de la crisis es un proceso reparador dinámico más que la consecuencia de un acto único. La maniobra consiste en reconocer que el tiempo mismo es un gran factor terapéutico, y que a veces funciona mejor que todas las medicinas del mundo. Permitir que la familia cure gradualmente sus heridas en lugar de obligar a todos a comportarse de cierto modo *ahora mismo* es un método sensato.

Aprender de la experiencia

Desde el punto de vista de su hijo adolescente, los únicos beneficios que él obtiene de una crisis son las lecciones que aprende. Una de las principales lecciones que recibe el adolescente es que puede contar con la ayuda de los padres, por graves que puedan parecer las cosas. Otra lección importante debería desprenderse de la comprensión de las circunstancias que condujeron a la crisis, qué sucedió, por qué las cosas se dieron así y qué hubiera debido hacerse para evitar que sucedieran. Es posible que en este aspecto el adolescente necesite que se lo ayude a armar las piezas del rompecabezas, porque por mucho que lo intenten, no todos los adolescentes poseen capacidad analítica suficiente o son tan maduros que adviertan cómo se originó un problema, o cómo hubiera podido manejarse la situación de distinto modo en diferentes puntos del camino, para evitar que se convirtiese en una crisis de gran magnitud. Aquí se trata, no de obligar al adolescente a ver las cosas con el mismo criterio que uno aplica, sino de ayudarle a percibir más claramente los resultados de su propio comportamiento. Esta percepción no siempre se extenderá a otras áreas de la vida del jovencito, y tampoco garantizará que él no repita el error (pues ciertos adolescentes recaerán en la misma falta, por obstinación, estupidez o una actitud intencionadamente destructiva); pero los que no aprenden del pasado sin duda están condenados a repetirlo.

Los padres también pueden aprender algo acerca del modo de afrontar la crisis. ¿Usted se sintió por completo satisfecho con su propio desempeño, o hubiera deseado actuar mejor en ciertos aspectos? ¿Reaccionó ante la crisis con serenidad y dominio de sí mismo, o explotó impulsado por la cólera y el resentimiento orientados hacia su hijo? ¿Escuchó el punto de vista de su hijo, y tuvo en cuenta los sentimientos que él o ella expresaron en la formulación de una solución, o impuso arbitrariamente su juicio porque imaginó que sabía mejor que nadie lo que era más conveniente? ¿Evitó descargar toda la culpa sobre las espaldas de su adolescente? ¿Lo sermoneó sin descanso o le concedió espacio para expresar sus sentimientos? En resumen, ¿trató a su adolescente como hubiera deseado que lo tratasen a usted mismo en una situación crítica? Si la respuesta es negativa, examine atentamente lo que sucedió y trate de determinar dónde hubo problemas, y de concebir estrategias enderezadas a mejorar su propio papel en vista de una futura necesidad.

El planeamiento de gran alcance

Sea cual fuere la intensidad del sufrimiento que usted experimente cuando está en el centro de la crisis, con el tiempo la crisis misma pasará y el dolor se convertirá en un recuerdo impreciso. En sí mismo, este efecto no es necesariamente bueno o malo; es sencillamente el modo en que funciona la mente humana, para permitirnos la resolución de las vicisitudes de la vida cotidiana. Pero en lugar de limitarse a esperar el paso del tiempo que curará sus heridas y aliviará los sufrimientos de su hijo adolescente, usted puede asumir un papel más activo trazando ciertos planes de gran alcance que reduzcan al mínimo la posibilidad de que el mismo tipo de crisis se repita en el curso de la existencia de la familia.

Un buen comienzo consiste en realizar una estimación precisa de la naturaleza de la crisis que usted acaba de superar. Quizá fue un hecho aislado y tiene pocas probabilidades de repetirse, o bien fue un fenómeno tipo "punta del témpano", lo que indicaría que tal vez otros problemas subyacen y reclaman atención. Ciertos tipos de problemas de los adolescentes, por ejemplo la depresión o la dependencia respecto de las drogas, generalmente no desaparecerán sólo porque los padres hayan ayudado al hijo a superar una de las crisis provocadas por ellos. En otros casos –por ejemplo, el adolescente a quien se sorprendió copiando un trabajo de inglés– la crisis puede ser parte de su propia resolución, pues la angustia de ser descubierto se convierte en un enérgico disuasivo opuesto a los intentos ulteriores de engañar al sistema.

Este problema origina un interesante tema de discusión. ¿Qué tipo de castigo –en el supuesto de que deba imponerse alguno– se aplicará al adolescente que ha afrontado una situación crítica? Si su hijo de diecisiete años provocó un accidente mientras manejaba bajo la influencia de drogas, sin duda es necesario prohibirle por un tiempo que maneje solo, pero, ¿también habrá que retirarle las llaves del automóvil e impedirle que lleve a la tía Sarah al centro comercial, donde ella hace las compras semanales? Si su hija de catorce años quedó embarazada y se sometió a un aborto, ¿conviene mantenerla en casa un tiempo e impedirle las salidas? Gracias a estos ejemplos, usted puede advertir fácilmente que los castigos no siempre son adecuados para las situaciones críticas. En ciertos casos, los castigos son modos útiles de imponer límites, porque implican suspender privilegios hasta que el adolescente vuelve a merecerlos. En otros casos, el castigo puede tener cierto valor disuasivo propio. Pero a menudo es mejor resistir el impulso de imponer un castigo severo al adolescente –"Yo le mostraré quién manda"– pues los traumas propios de la crisis posiblemente ya cumplieron más o menos el mismo papel que los castigos.

Otras cuestiones deberían ser mucho más importantes para usted y su hijo adolescente por referencia a la resolución general de la crisis. En primer lugar, usted tiene que evaluar la influencia de la crisis sobre su hijo, y reconocer que las reacciones inmediatas del adolescente no siempre indican cuáles son los efectos más permanentes. En ciertos casos, el adolescente pasará por una fase de negación, en que él o ella pretenderán que la crisis nunca existió. No es un intento de conferir carácter de ficción a la vida, sino un mecanismo muy usual de defensa psicológica, que permite que la gente afronte las circunstancias ingratas, inquietantes o amenazadoras. De hecho, los padres a veces se aferran a ese mecanismo de negación más tenazmente que el propio adolescente, sobre todo cuando el tipo de crisis ha sido sobremanera embarazoso o turbador. Otra reacción común frente a una crisis es un período de depresión o melancolía, que comienza apenas parece que el problema está resuelto. Puede ser una forma de duelo por las ilusiones destruidas a causa de la crisis o tratarse de un sencillo caso de renunciamiento ("La vida es demasiado difícil"), y de ulterior retraimiento. A veces hay una tercera pauta, es decir una fase de cólera y frustración que se manifiesta cuando parece que la crisis ha terminado. Puede ser la consecuencia de la represión de muchos sentimientos mientras la crisis tenía carácter agudo. Después de superada la crisis, las reacciones contenidas pueden manifestarse exageradamente.

En cada pauta de reacción descrita más arriba, es importante advertir lo que sucede y superarlo para integrar mejor la crisis en nuestra propia vida. Tanto los padres como el adolescente necesitan continuar viviendo, pero también necesitan modificar sus expectativas, sus movimientos precautorios, y sus esquemas de interacción, sobre la base de todo lo que sucedió. A decir verdad, la meta está formada por dos partes: impedir la recurrencia de las situaciones críticas y reducir al mínimo las posibilidades de que las crisis que uno afrontó dejen cicatrices permanentes. El mejor modo de realizar las dos partes de esta meta de largo alcance de la resolución de la crisis es intensificar las comunicaciones con el adolescente, lo cual es el primer paso, y el más eficaz, para llegar a la prevención de los problemas.

16

Reglas básicas para los padres que se divorcian: Cómo salvar a los hijos

> Si podemos comparar a una pareja que está divorciándose con dos naciones en guerra, en esta analogía los hijos del divorcio ocupan el mismo lugar que las poblaciones civiles, expuestas a los padecimientos de una guerra de cuyo estallido no son en absoluto responsables.
>
> Joseph Epstein,
> *Divorced in America*

No es necesario leer las estadísticas inquietantes para saber que el número de parejas que se divorcian es más elevado que nunca. Un rápido recuento de los vecinos, los compañeros de trabajo, los parientes y los amigos suministra un cuadro bastante exacto del índice de divorcio en cualquier país moderno. Casi uno de cada dos matrimonios está destinado a terminar así si persiste la tendencia actual. Gran cantidad de niños se ven afectados anualmente por el divorcio. Aunque es difícil cuantificar el sufrimiento y el dolor de estos hijos del divorcio, los investigadores coinciden en que la desorganización de la familia suele crear una atmósfera grávida de posibles problemas.

Si en su futuro aparece la perspectiva del divorcio, pero usted se estremece ante sus posibles efectos en el hijo adolescente, no se desaliente. No es inevitable que el divorcio sea un abismo abierto a los pies de su hijo. Todos los adolescentes sentirán algunos temblores, pero unas pocas técnicas fundamentales de prevención los ayudarán a evitar los terremotos.

Las tensiones conyugales y su influencia sobre el adolescente

Hace unos diez años, cuando el divorcio comenzó a difundirse, la mayor parte de lo que se escribía acerca de los hijos del divorcio concentraba la atención en el niño en edad preescolar o escolar. Quizá los científicos sociales creían que al llegar a la adolescencia el jovencito podía comprender el concepto "adulto" del divorcio, y que esta comprensión aliviaba el trauma de la separación de los dos padres.

Después de esos primeros estudios, se ha percibido claramente que la edad no alivia automáticamente el sufrimiento de un hijo frente a la separación de los padres. Incluso los hijos que están en la veintena y la treintena (muchos con sus propios hijos) manifiestan cierto trastorno emotivo, y a veces buscan el asesoramiento profesional cuando se enteran de que los padres proyectan terminar su matrimonio.

Pero los efectos negativos originados en los hijos, incluso los adolescentes, no empiezan *después* del divorcio. Las tensiones existentes en un matrimonio —a veces prolongadas durante años— representan una carga para los hijos, y ella asume diferentes formas. En primer lugar, las tensiones conyugales provocan un sentimiento de desgracia e impotencia en todos los hijos. Sobre todo los adolescentes pueden creer que ellos son la causa del problema, pues ven en sus propios conflictos con los padres un factor importante que contribuye a la discordia conyugal. En segundo lugar, los padres que se ven en dificultades para relacionarse uno con el otro suelen dedicar menos energía y menos atención a sus hijos. El adolescente tiende a interpretar esta actitud como una forma de rechazo, una atenuación del interés o el amor de los padres. Tercero, los padres que forman matrimonios inarmónicos, probablemente comunicarán sus sentimientos de hostilidad a los hijos, que son blancos maravillosos (aunque involuntarios) de estas expansiones. Finalmente, una atmósfera de burbujeante tensión conyugal pone una espada de Damocles sobre la cabeza del adolescente: el pensamiento del divorcio se convierte en permanente inquietud. Es posible que el adolescente reaccione intentando mediar en las discusiones o convirtiéndose en consejero matrimonial, y aportando aliento y sugerencias destinadas a preservar la unidad de la familia, y soportando un inmenso sentimiento de fracaso si las cosas no salen bien.

> Una jovencita de catorce años: "Vi que la cosa era inminente, pero no quería aceptarlo. A cada momento pensaba en que me convertiría en la hija de un matrimonio destruido, y en lo que eso significaba. Deseaba hallar el modo de resolver la situación. Siempre que uno de mis padres decía que deseaba hablar conmigo acerca de algo, yo estaba segura de que era el anuncio oficial. Pero pasaron unos seis meses antes de que al fin revelaran claramente sus proyectos de divorcio."

Es imposible ocultar a un adolescente las riñas y las tensiones conyugales, pero tampoco conviene reservarle un asiento preferencial con el fin de que contemple el espectáculo. Si hay excesiva discreción, el hijo o la hija se sentirán aislados y excluidos, y quizás, incluso, engañados; si se manifiesta excesivamente la indecisión de los padres, el adolescente sufre el mismo vaivén doloroso que afecta a sus progenitores, pero sin posibilidad de ejercer control alguno sobre el desenlace.

La palabra *divorcio* intimida a los adolescentes y evoca una docena de interrogantes distintos: "¿Dónde viviré?" "¿A quién frecuentaré más?" "¿Tendremos dinero suficiente para arreglarnos?" "¿Me veré obligado a asistir a un colegio distinto?" "Si mamá o papá se casan nuevamente, ¿cómo me llevaré con un padrastro o una madrastra?" Más tarde, el adolescente puede llegar a comprender que el divorcio fue una solución más sensata que una vida entera de disputa y tensiones, pero la reacción inicial de los hijos ante la noticia de la separación de los padres casi siempre es la conmoción y el rechazo.

Teniendo esto en cuenta es fácil comprender por qué los padres prefieren imponer a sus hijos meses de discusiones y tensiones conyugales, antes que adoptar la decisión definitiva de obtener el divorcio e impulsar las formalidades de carácter legal.

La separación representa tensión, no una solución

Un joven de dieciséis años: "Mis padres se odiaban. Al principio, me sentía humillado cuando se separaron. Pero la separación no terminó con las riñas. Sólo las complicó."

Usted y su cónyuge han venido sufriendo durante semanas enteras acerca de la decisión de pedir el divorcio. Ambos saben que no pueden continuar viviendo así, buscando la oportunidad de herirse, sintiéndose nerviosos cuando tienen que compartir el mismo sector de la casa durante un momento más o menos prolongado. Los nervios de ambos están a flor de piel, y el apetito ha disminuido. La presión enderezada a obtener una decisión es tan intensa que ha paralizado la capacidad de actuar de los dos esposos. Necesitan un respiro, un descanso, y de pronto conciben la idea de separarse de manera provisional, de ganar un poco de tiempo, de liberarse uno del otro el tiempo necesario para hallar una respuesta clara.

Una separación, en la que uno de los cónyuges se muda a un lugar distinto durante un período indefinido o fijo, es sólo la decisión de postergar la decisión. Puede ser sencillamente el tiempo que necesitan los casados que no son padres, pero cuando hay hijos la separación a menudo representa un castigo cruel y excesivo. Los adolescentes necesitan saber qué terreno pisan en relación con sus padres y con el mundo en general. Necesitan límites y fronteras, y normas que les ayuden a navegar en el confuso mar de la madurez. La separación de los padres rara vez aporta normas o límites; remite al limbo problemas que son fundamentales para los adolescentes (por ejemplo la custodia, la residencia durante el año de estudios), y se cierne sobre la vida de los jóvenes como una sombra amenazadora.

Quizá lo que es peor que los interrogantes sin respuesta, la separación a menudo alienta las esperanzas de reconciliación, con frecuencia falsas. "Durante más de un año conspiré y tracé planes para conseguir que volviesen a unirse. Oficialmente no estaban divorciados, y por eso creí que lo único que los mantenía separados era la obstinación", nos dijo un joven de dieciocho años. "Por supuesto, siempre que aplicaba uno de mis planes, y mis padres se reunían en una función del colegio, o un encuentro de fútbol, yo alentaba grandes esperanzas, y mi decepción también era profunda. Hubiera sido mejor que yo no me expusiera a esos altibajos, pero no pude renunciar a mis esfuerzos, hasta que al fin presentaron la demanda ante los tribunales."

Si usted y su cónyuge creen que es absolutamente necesario intentar una separación antes de decidir algo más definitivo como el divorcio, es mejor que primero detallen las condiciones de esa separación. Por ejemplo, pueden convenir en que la separación durará tres meses, en que los hijos permanecerán con el padre durante la semana y con la madre cada fin de semana por medio, en que la madre se mudará de la casa en cierta fecha, pero elegirá nueva residencia dentro de un radio de quince kilómetros del hogar, etcétera. También es necesario negociar el monto del apoyo financiero, así como la frecuencia y las formas de comunicación entre los padres. Por supuesto, si no se afirma un contrato legal, será difícil obligar a uno cualquiera de los cónyuges a cumplir su parte del acuerdo verbal. Pero el intento de realizar una división equitativa de responsabilidades, y de convenir un plazo para decidir acerca del divorcio es muy superior a una separación impulsiva que, como el primer capítulo de una novela de Agatha Christie, deja pendientes una serie de interrogantes fundamentales.

La preparación de los hijos para el divorcio

Usted y su cónyuge han decidido que las diferencias que los separan son irreconciliables; el divorcio es la única solucion. ¿Cómo se lo dice a los hijos? ¿Y cuándo? Los hijos tienen que ser informados tan pronto usted esté seguro del divorcio, y usted y su cónyuge han tenido tiempo para: (1) controlar sus sentimientos en la medida necesaria para exponer serena y racionalmente la noticia; (2) investigar las posibilidades de custodia para explicarlas a los hijos. Si hay más de un hijo, y las edades representan una amplia gama, es mejor explicar la situación a cada uno individualmente. Ambos cónyuges deben participar en cada exposición, pero de este modo puede adaptarse el nivel de la explicación a la edad y la madurez del hijo. Por ejemplo, en el caso de los hijos de edad parecida, digamos entre trece y quince años, hablarles por separado o conjuntamente tiene ventajas y desventajas. La reacción del adolescente a quien se habla a solas puede mostrar menor inhibición que en el caso de que un hermano esté mirando. A otros hermanos les agrada la sensación de apoyo inmediato que experimentan si otros hermanos de edad semejante comparten con ellos la exposición. Esta decisión exige que usted aplique su criterio personal a las necesidades y la personalidad de sus hijos.

Antes de convocar al adolescente, es imperativo que usted y su cónyuge repasen detalladamente lo que se dirá, quién lo dirá, las razones que explican el divorcio y que usted desea comunicar a su hijo, y el modo de tranquilizar al adolescente, en el sentido de que el divorcio no modificará su relación individual con ninguno de los padres. Usted y su cónyuge deben coincidir de antemano en el tratamiento de todos estos puntos. No utilice la explicación del divorcio ofrecida al adolescente como una excusa más para iniciar una discusión. En ese momento, las energías de ambos esposos deben concentrarse en el hijo, y no en el otro cónyuge.

¿Cuál es la reacción probable de un adolescente ante la noticia? Los adolescentes de más corta edad seguramente se echarán a llorar, y mostrarán su temor, la incertidumbre y la decepción. Los adolescentes de más edad tienden más bien a permanecer en silencio, tratando de contener todos los impulsos emotivos (la cólera tanto como la tristeza), hasta que consiguen huir a la intimidad de otra habitación. Algunos adolescentes reaccionan exhibiendo un silencio asombrado; otros formulan mil preguntas. Sea cual fuere la reacción, respete a sus hijos adolescentes en la medida suficiente para permitirles que cada uno se adapte a la novedad a su propio modo. La conversación puede reanudarse pocas horas más tarde.

Algunos adolescentes de temperamento expresivo manifiestan su cólera o su conmoción de un modo vehemente e inmediato. Evite reaccionar de un modo excesivamente personal frente a los insultos y los reniegos, y recuerde que un rápido desborde verbal de sentimientos es mejor que las emociones contenidas, que se concentran lentamente para manifestarse al fin en hirvientes estallidos de abuso de las drogas o el alcohol, en la promiscuidad o la conducta antisocial. Prepárese para el hecho de que su hijo adolescente quizá juzgue la situación y de manera rápida e impulsiva tome partido por uno de los progenitores. Es más probable que esta actitud sea una forma de autodefensa que un indicio fidedigno de sus verdaderos sentimientos hacia los dos padres. También puede ser útil que usted diga algo por el estilo de "Comprendo que te sientes herido y traicionado, y no lo censuro", o "Lamento haberte decepcionado", pues estos mensajes indican al adolescente que uno comprende la profundidad de sus sentimientos, y está dispuesto a hablar del tema, incluso si uno mismo es el blanco de una dosis de hostilidad temporaria.

Entre todos los detalles prácticos del divorcio que deben ser comentados con un adolescente, el hecho más importante que los dos padres tienen que comunicar es el afecto permanente por los hijos. Un divorcio no destruye el amor ni corta los vínculos entre los padres y sus hijos; la relación progenitor-hijo nunca puede ser anulada por un fallo legal. La reacción de un varón de diecisiete años resume muy bien este aspecto:

"Recuerdo que mi papá me dijo varias veces: 'No importa lo que suceda entre tu madre y yo, continúo siendo tu padre y continúas siendo mi hijo. Nada de lo que haga nadie puede modificarlo o impedirlo. Mi amor por ti continúa aún más firme que antes'. Aunque en mi fuero íntimo sentía esas cosas, necesitaba oírlas de labios de mis padres. Comencé a comprender que para mis padres la situación era tan difícil como para mí. También a ellos les dolía."

La custodia y otros embrollos

Cuando un adolescente se ve afectado por una decisión acerca de la custodia, estamos en una situación complicada y sensible. Por supuesto, es necesario contemplar las preferencias del propio adolescente en este aspecto, pues él o ella tienen edad suficiente para que se les conceda cierta voz en la decisión (el timbre de esa voz varía de un adolescente a otro). El adolescente obligado a vivir con el padre a quien él o ella no pueden tolerar, quizás huya del hogar o exhiba una rebelión tan general que la vida de ambos padres después del divorcio se convierta en un infierno.

Los adolescentes también necesitan explicaciones más o menos detalladas de las decisiones definitivas acerca de la custodia, si el propósito es que todos los implicados se sientan relativamente satisfechos con los arreglos. Examine el pro y el contra de la convivencia con cada uno de los padres. ¿Variarán los distritos escolares y los vecindarios? ¿Uno de los padres dispondrá de más tiempo libre que otro para consagrarlo al adolescente? Los padres que intentan fundar los arreglos acerca de la custodia en razones racionales más que en alegatos emotivos, tienden a idear arreglos que a la larga son más equitativos para todos los interesados.

Un enfoque realista de la vida futura de los miembros de la familia también contribuye a crear un eficaz plan de tenencia de los hijos. Por ejemplo, si uno sabe que Donna, de diecisiete años, dentro de cuatro meses saldrá de casa para ingresar en la universidad, la tenencia durante las vacaciones, las fiestas y los meses estivales será la cuestión principal; y otro tanto podrá afirmarse de la responsabilidad financiera por los diferentes aspectos de su educación. Pero en el caso de Bobby, de trece años, cuyo futuro parece menos claro, las discusiones acerca de la tenencia deben incluir otros aspectos: qué padres atenderán qué funciones educacionales, si los dos padres residirán en el mismo distrito escolar, si ambos padres trabajarán y a qué horas, y cuestiones por el estilo. Cuanto más elevado el número de contingencias que los dos cónyuges revelan y discuten antes que los abogados se incorporen al asunto, menores serán las probabilidades de que después del divorcio haya malentendidos que a veces se convierten en una nueva visita al tribunal.

Los cuatro tipos principales de tenencia son: conjunta, exclusiva, dividida y parcial. La tenencia conjunta, en que el niño vive la mayor parte del año con un progenitor pero los dos padres comparten las decisiones prácticas, filosóficas y financieras acerca de la crianza del niño, es hoy cada vez más popular. La tenencia exclusiva, más tradicional, concede la parte principal de la responsabilidad moral del abrigo y la crianza del niño a uno de los padres (en Estados Unidos, generalmente la madre), y a menudo se exige que el otro padre suministre cierto grado de apoyo financiero, y al mismo tiempo se le concede una serie de privilegios de visita. En la tenencia dividida, el niño vive con un padre determinado período del año, y el resto con el otro padre. La custodia parcial es posible sólo en una familia de dos o más hijos, porque se los divide entre los padres, y por ejemplo el padre asume la tenencia exclusiva de los varones, y la madre la tenencia de las niñas.

La copaternidad, otro término utilizado a menudo durante los últimos años como variación de la tenencia conjunta, amplía la gama del compromiso de los padres, de manera que comparten constantemente la crianza del hijo después del divorcio. Aunque los términos *copaternidad* y *tenencia conjunta* a menudo se usan como expresiones intercambiables, la tenencia conjunta tiende a concentrar la atención en problemas legales como los derechos de visita y el lugar de residencia, y en cambio la copaternidad incluye los aspectos nutricionales y afectivos del hijo, la socialización, la recreación, la religión y otros aspectos socioculturales de su crianza.

Cada tipo de tenencia tiene sus inconvenientes y beneficios. La tenencia exclusiva representa una responsabilidad tan pesada para uno de los progenitores que puede agotarlo, provocando un resentimiento que a menudo se manifiesta ante los hijos. Desde el punto de vista del adolescente, la tenencia exclusiva le niega el beneficio de dos opiniones y dos criterios en decisiones importantes acerca del futuro. Sin embargo, la tenencia exclusiva puede ser necesaria si uno de los padres no muestra interés en la crianza del hijo. Además, en este caso es probable que la adopción de decisiones sea más rápida, pues no se necesita consultar al otro padre.

La tenencia dividida a menudo suscita problemas logísticos que la convierten en una alternativa poco práctica. Si cualquiera de los padres se aleja del distrito escolar original, es posible que el adolescente deba cambiar de colegio; una modificación suplementaria que parece especialmente difícil a los adolescentes orientados hacia sus propios pares. Algunos padres dividen la tenencia entre el período escolar y las vacaciones de verano, pero los adolescentes a menudo se oponen a la propuesta de separarse de sus amigos del colegio durante el verano. Una variación de la tenencia dividida que es menos difícil para el adolescente (pero más problemática para los padres) es el "plan del nido de pájaro", en que el adolescente permanece siempre en la misma casa, pero los padres se alternan para residir allí. Se trata de una solución viable sólo si los dos padres viven y trabajan bastante cerca uno del otro (una situación que muchas parejas recientemente divorciadas tratan de evitar).

La alternativa de la tenencia dividida (más difundida en Europa que en Estados Unidos) obliga a los niños a sufrir no sólo la quiebra del matrimonio de los padres sino también la ruptura de los vínculos con los hermanos. Los hermanos y las hermanas a menudo son unos para otros fuentes de apoyo muy valioso, pues realizan simultáneamente la experiencia de las mismas tensiones emocionales del divorcio. Pero en los casos en que hay mucha distancia entre las edades de los hijos, y ninguno de los padres se siente en condiciones de asumir la custodia de todos, la tenencia parcial puede ser la única alternativa práctica.

Las decisiones son comunes en la tenencia conjunta y la copaternidad, y tienen que ser unánimes, por lo cual la madre y el padre necesitarán ser capaces de comunicarse sin hostilidad, y esto no siempre es fácil después de un divorcio. Si los padres no pueden alcanzar decisiones unánimes, es posible que sea necesario consultar nuevamente a los tribunales, lo cual implica gastos suplementarios de abogados y a menudo retrasos interminables. Pero un divorcio consentido de dos cónyuges maduros y cordiales se presta bien a un eficaz arreglo de tenencia conjunta.

En general, la tenencia conjunta combinada con la copaternidad ofrece la mejor posibilidad de llegar a una división igualitaria de los deberes y las responsabilidades de los padres, al mismo tiempo que preserva la unidad conceptual de la familia, pese a la división física. Quizá más que otro grupo cualquiera, los adolescentes necesitan (y a veces reclaman) decisiones formuladas sensatamente, además de límites razonables impuestos a su comportamiento. Los padres de adolescentes a menudo se quejan de la sensación de que se han establecido líneas de combate desde el momento mismo en que el hijo cumplió los trece años. La tenencia conjunta y la copaternidad permiten que los padres divorciados continúen combinando sus fuerzas en la persecución de los mejores intereses de sus hijos.

Denuncia versus valor

"La discreción es la mejor parte del valor..."

Shakespeare,
(*Enrique IV*, V)

Por amistoso que haya sido el divorcio, es posible que una tranquila tarde el ex cónyuge haga o diga algo tan irresponsable que uno se sienta incapaz de contener la cólera. La primera reacción natural será manifestar esos sentimientos a la persona más próxima, que muy probablemente será su hijo adolescente.

No lo haga.

Apele a todo su vocabulario de malas palabras, vea cómo

puede reducir a fragmentos el juego de porcelana que le regalaron el día de su boda, llore sobre su almohada, pero no obligue al adolescente a convertirse en su público oyente. Lo más probable es que su hijo ya haya asistido a un número suficiente de estallidos emotivos mientras el matrimonio se disolvía, y no necesita que le refresquen la memoria con una representación solista.

Si usted comete el error de obligar a su adolescente a beber jarras enteras del brebaje emotivo que usted fabricó en casa, es probable que resulten una o la totalidad de las siguientes cosas.

(1) Puede parecer que su hijo coincide con usted, aunque en realidad simpatice más con el progenitor a quien se critica. Esto es, en parte, un reflejo del sentido de juego limpio del adolescente, pues el otro cónyuge no puede defenderse y el instinto natural del adolescente es tomar partido por él.

(2) La amargura y la cólera que usted manifiesta pueden ser tan temibles que alejen al adolescente. En otro capítulo analizamos el tema de las fugas, pero lo cierto es que el oleaje provocado por un divorcio motiva a muchos de ellos a dar ese primer paso. No conmueva el universo de su adolescente con su cólera temporaria, por intensa que esta sea.

(3) Quizá su hijo adolescente corra a la casa del ex cónyuge. Es una variación del segundo punto, y a veces aceptarla es más difícil para el padre abandonado.

(4) Tal vez su adolescente se siente incapaz de afrontar la cólera que usted manifiesta, y lo inquieta la salud mental del progenitor. Quizás esta experiencia lo lleve a cuestionar el criterio que usted exhibe en *todos* los asuntos, y así los adolescentes se inclinarán a confiar en sus instintos más que en el consejo o la orientación que usted pueda suministrarles.

(5) Su adolescente tal vez acepte como válidos los juicios sobrecargados de sentimientos que usted le aporta. Esta reacción es la más insidiosa, porque puede separar de manera innecesaria e irreconciliable al padre y al adolescente. Una vez pronunciadas, no es fácil borrar las palabras. El estallido sin control puede incorporarse de manera definitiva al espíritu de su hijo.

Es posible que la cólera y la frustración no sean los únicos sentimientos que usted desee ventilar en relación con su ex cónyuge. Tal vez la soledad lo abruma, el sentimiento de culpa originado en el divorcio lo invade, o se siente dominado por el sentimentalismo cuando una canción transmitida por la radio o un perfume evoca recuerdos de tiempos más felices con su ex cónyuge. Evite compartir con su adolescente estos sentimientos; si son tan fugaces como la mayoría de los que se manifiestan en los divorciados, servirán únicamente para suscitar en su hijo la idea de la reconciliación de los padres. No origine tales ideas en su hijo, a menos que la nueva unión se convierta en una posibilidad muy real. Los adolescentes a menudo se aferran al más mínimo pretexto, sobre todo porque sus conceptos del amor y el romance provienen más de la novelística −con esos finales del tipo "y vivieron felices por siempre jamás"− que de la realidad.

Y puesto que hemos abordado el tema de la manifestación de los sentimientos, señalaremos que usted y su ex cónyuge no son las únicas personas que de tanto en tanto necesitan hallar el modo de abrir la válvula que alivie la presión emocional. También sus hijos tienen sensibilidad. El péndulo secular se desplaza en ambas direcciones, y las sorpresas y las incomodidades de la vida después del divorcio pueden alimentar enjambres de sentimientos parasitarios como la ofensa, la cólera, la depresión y la decepción.

¿Cómo reacciona el padre divorciado cuando un adolescente se queja de que el otro progenitor lo ofendió o lo irritó? Contenga el impulso de abalanzarse sobre su hijo y empuñar las armas contra ese bruto insensible que fue su cónyuge. Es posible que su inocente hijo de trece años esté jugando el juego de Divide y Triunfarás (véase el capítulo 4), con posibilidades mucho mayores de triunfar, ahora que el hacha del divorcio ha separado a mamá de papá. Como en la familia no divorciada, usted puede frustrar el juego manteniendo la comunicación tan abierta y objetiva como sea posible entre usted mismo y su ex cónyuge. El certificado de divorcio no le prohíbe hablar con el otro progenitor para comentar racionalmente la queja de su adolescente.

La secuela del divorcio

Algunas parejas divorciadas creen, erróneamente, que apenas el tribunal declaró concluido el matrimonio, todas sus tribulaciones y pruebas han concluido. Por desgracia, no es el caso. Sucede no sólo que los padres divorciados se encuentran en situaciones de las que no tenían verdadera idea —afrontar la soledad, preocuparse por las cualidades sociales, soportar las dificultades económicas y comprobar que muchos de los amigos casados los abandonan— sino que los niños con frecuencia soportan una situación más difícil después del divorcio que antes.

Para los adolescentes es sobremanera difícil afrontar las tensiones y la inseguridad que son la consecuencia del divorcio. Los adolescentes suelen afirmar su propia independencia y su identidad utilizando a la familia como marco de referencia; cuando se destruye la unidad de la familia, es como destruir el único compás en el momento mismo en que uno trata de encontrar el rumbo en medio del bosque. De ahí que muchos adolescentes protagonicen una regresión temporal, y retornan a formas de conducta y de pensamiento menos maduras y menos "adultas", para tratar de negar la realidad del divorcio. Es casi como si este retorno a la infancia les permitiera atrasar las agujas del reloj. Otros adolescentes necesitan evitar el sufrimiento orientándose hacia la droga y el alcohol. Y otros aún disimulan su sufrimiento íntimo replicando externamente con formas impulsivas e irresponsables de conducta, destinadas a atraer la atención de los padres. Ese tipo de conducta, que implica una "actuación" de los sentimientos, también libera la cólera que el adolescente quizá no puede comunicar de otro modo.

Veamos algunos comentarios de varios adolescentes, formulados durante el período que siguió inmediatamente al divorcio:

Un joven de dieciséis años: "Creo que mi papá es un auténtico hijo de perra. Ni siquiera intentó salvar el matrimonio; fue como si deseara liberarse. No sé si realmente podré confiar otra vez en él."

Una jovencita de catorce años: "Creo que jamás me casaré. No merece el sufrimiento que todos hemos soportado. Y lo peor del caso es que creo que mis padres jamás se preocupasen por *mis* sentimientos – todo fue un gran juego egoísta."

Un varón de trece años: "Lo que me dolió más es que mi papá ni siquiera quiso que viviese con él. Dijo que yo estaría mejor con mi mamá, pero sé que no deseaba tenerme cerca."

Como lo demuestran estos comentarios, muchos adolescentes se sienten profundamente angustiados a causa del divorcio, y alientan resentimientos hacia uno o los dos padres, y estas actitudes se prolongan en lugar de desaparecer prontamente. Los adolescentes no son inmunes a los sentimientos de rechazo personal; estos pueden orientarse hacia el progenitor con quien viven tanto como hacia el que abandonó la casa. Los adolescentes a menudo se sienten manipulados, sobornados o coaccionados por sus padres durante el período de adaptación que sigue al divorcio. Un padre formula preguntas "inocentes" – "¿Tu madre ahora sale mucho?" – y el adolescente siente que se lo maneja como si fuese un espía. Un padre ofrece comprar ropa nueva al hijo, y él o ella piensan: "De este modo no podrás comprar mi amor." Uno de los progenitores dice irritado: "¡Quizá prefieras vivir con tu padre! Hago todo lo que puedo", y el adolescente se siente culpable. Es un período complejo, y escasean las respuestas sencillas.

Los investigadores coinciden en que uno de los efectos más destacados del divorcio en los adolescentes consiste en que muchos de ellos manifiestan un temor intenso a su propio fracaso conyugal en el futuro. Si bien las razones de este fenómeno no son del todo claras, tal vez refleje la idea del adolescente en el sentido de que si sus padres pudieron fracasar en el matrimonio, prácticamente todos pueden fallar del mismo modo. Fuera de esto, si bien la mayoría de los adolescentes adopta una actitud comprensiva acerca de los divorcios que sobrevienen en una etapa temprana del matrimonio, enfocan la cuestión de distinto modo cuando una pareja que estuvo casada quince o veinte años de pronto descubre que la unión no es viable. "¿Por qué tuvieron que esperar hasta *ahora* para pensar en eso?", preguntó quejosa una joven de dieciséis años. "Planeaba comprar mi propio auto este año, y me proponía ingresar en una buena universidad. ¿Por qué no pudieron arreglar las cosas? Sin duda, antes ya pasaron momentos difíciles." Un jovencito de catorce años, formula un comentario análogo: "No comprendo por qué permitieron que sucediese esto. Jamás utilizaron el asesoramiento matrimonial o nada por el estilo; se limitaron a hablar con los abogados. Qué modo de arruinar cuatro vidas."

Felizmente, es posible que esté manifestándose una nueva tendencia en el ámbito de los divorcios actuales. En un número cada vez más elevados de casos, los ex cónyuges alientan sentimientos amistosos, practican interacciones de cooperación, y mantienen abiertas las líneas de comunicación, de manera que pueden criar a sus hijos en una atmósfera menos destructiva. La responsabilidad compartida por la crianza de los hijos y la existencia de relaciones amistosas entre los ex cónyuges parecen traducirse en una medida mucho menor de trauma para los adolescentes; y de esta manera la recuperación después del divorcio es más rápida que en las familias en que la cólera, el resentimiento o las luchas por el poder continúan después de la terminación del matrimonio. Los "divorcios amistosos" pueden representar una solución importante, porque reducen al mínimo los problemas que la separación provoca en el adolescente.

Estrategias específicas de la paternidad positiva

(1) Cobre conciencia de que los problemas conyugales inevitablemente originan efectos de eco que se reflejarán en sus adolescentes. Haga todo lo posible para asegurarse de que las dificultades que usted y su cónyuge están afrontando no distraen su atención de las necesidades de sus hijos.

(2) No suministre indicios acerca del divorcio antes de la decisión definitiva; espere a que usted y su cónyuge hayan resuelto inequívocamente el problema antes de comunicar la noticia a los hijos. ¿Para qué provocar inquietud y ansiedad en el adolescente? Este no necesita ni debe participar de todas las dudas de sus padres.

(3) Afronte su situación con realismo. Planee los detalles del divorcio y de la relación que mantendrá después de él con su cónyuge, aplicando la lógica y un espíritu de negociación conjunta. El divorcio amistoso contribuirá mucho a aliviar la influencia negativa que ese episodio ejerce sobre sus hijos.

(4) Trate de comprometer con usted a su ex cónyuge en alguna forma de cooperación mutua para la crianza de los hijos. Esta actitud reducirá al mínimo el temor de su adolescente al rechazo, y aportará un sentido razonable de estabilidad mientras se viven otros cambios.

(5) Elogie, si hay un mínimo de posibilidades, el valor de su ex cónyuge como progenitor. Los comentarios negativos acerca de su ex cónyuge sólo consiguen herir a sus hijos adolescentes o inducirlos a tomar partido.

(6) No convierta a su adolescente en cónyuge sustituto. A veces usted tendrá la sensación de que un océano de sentimientos lo arrojó a una playa solitaria, y sentirá la tentación de aliviarse con su adolescente. Las espaldas de ese Jasón de diecisiete años quizá parezcan sólidas, pero no podrán sostener mucho tiempo a uno de los padres sin sufrir daño.

(7) Evite competir con su ex cónyuge por el amor y la lealtad de sus hijos.

(8) Durante el período que sigue al divorcio observe atentamente a su hijo, en busca de indicios de perturbación. El decaimiento, la negación y la hostilidad son reacciones comunes que pueden convertirse en la depresión lisa y llana, la fuga, los intentos de suicidio o el abuso de las drogas. Si es necesario consiga ayuda profesional, o contemple la posibilidad de que su adolescente participe en un grupo de apoyo formado por otros hijos de padres divorciados. (Generalmente es posible identificar a tales grupos mediante los organismos locales que se ocupan de los hijos y la familia.)

El proceso del divorcio no es fácil para nadie. Pero gracias al planeamiento cuidadoso y la atención de los detalles, usted puede adoptar medidas precautorias que aliviarán las tensiones que sienten sus hijos, y les ayudarán a sobrellevar esa fase difícil de su vida.

17

Problemas de la alimentación:
La obesidad, la anorexia y los festines

Algunos expertos sugieren que hemos llegado a equiparar el engrosamiento con la decadencia y la pérdida del autocontrol. Esto crea una doble norma: deseamos comer y en efecto comemos, porque de ese modo no sólo mantenemos la vida sino que gozamos, pero nos sentimos culpables de nuestros excesos y lamentamos nuestra autocomplacencia, o avanzamos un paso más y hacemos dieta (o fingimos hacerla).

Los adolescentes son sobremanera vulnerables a las tendencias culturales, y reflejan los modos de comer y hacer dieta de los adultos. Algunos adolescentes, los afortunados, comen normalmente y no prestan mucha atención al alimento, fuera de que tiene buen o mal sabor, y les agrada o no les agrada: saben cuándo tienen apetito y cuándo no lo tienen. Otros adolescentes llegan un poco más lejos; como equiparan la concurrencia a los lugares donde sirven comidas rápidas con la aceptación social, utilizan la comida como una forma de entretenimiento. Pero para un número cada vez más elevado de adolescentes, la búsqueda de la delgadez tiene precedencia, pues creen que una persona delgada cuenta con la garantía de una vida sin problemas. Por desgracia, no atinan a ver que tales conceptos son fantasiosos. Y como intentan alcanzar la meta a través de un uso equivocado de los alimentos, adquieren costumbres extrañas y enfermizas, y pierden el control a tal punto que aparecen desórdenes como la anorexia nerviosa o la bulimia, y parecen dominar la vida de los afectados. Otros adolescentes utilizan la comida como una pantalla detrás de la cual ocultarse cuando las presiones de la vida real son excesivas. Pueden convertirse en personas excedidas de peso, incluso obesas, y aunque parezca irónico, ellos mismos provocan más acentuadas presiones sociales. En el caso de muchos de los adolescentes modernos, se ha deformado el significado de los alimentos y de su ingestión. Es posible que los padres reaccionen con sentimientos de cólera, frustración o desesperación, pero esta no es la actitud más apropiada.

Acerca de los alimentos sin valor, los hábitos de alimentación y la buena nutrición

Un estudio reciente comprobó que los alumnos del último año del colegio secundario no saben acerca de la nutrición mucho más que los alumnos de escuela primaria. Los hábitos de alimentación de los adolescentes a menudo son erráticos, y están adaptados casi por completo a la ingestión de alimentos ocasionales, en lugar del consumo de comidas programadas regularmente, con la inclusión de alimentos pertenecientes a los cuatro principales grupos. Esta afirmación, sin duda, no constituye una noticia impresionante para la mayoría de los padres de adolescentes, pero en todo caso destaca una tendencia alarmante: los adolescente no solo no conocen las cosas más elementales acerca de los hábitos apropiados de alimentación; además, parece que el tema no les importa.

Existe una masa enorme de propaganda acerca de los alimentos, destinada a los adolescentes, porque estos son individuos muy impresionables que todavía no conocen bien los productos que compran, y también porque gastan mucho dinero en comida. Los adolescentes reaccionan de un modo más o menos previsible frente a las campañas de publicidad, y por lo tanto los anuncios comerciales referidos a los alimentos y las bebidas sin alcohol exhiben imágenes de nivel superficial. Invitamos al lector a situarse un momento en el lugar del adolescente. Está mirando el anuncio de determinada marca de hamburguesa. Los actores y las actrices adolescentes tienen todos cutis perfectos, cuerpos atléticos, y pertenecen al tipo de los que acaudillan a los grupos de partidarios del equipo de nuestro colegio. Están sentados alrededor de una mesa, comiendo hamburguesas y papas fritas, y consumiendo bebidas sin alcohol. El mensaje, la imagen, es que las personas populares y atractivas consumen estos alimentos, y uno debería hacerlo también. O considere uno cualquiera de los anuncios de bebidas sin alcohol; también en este caso los modelos adolescentes son todos personas inteligentes, de aspecto *sexy*, ¡y además bailan y cantan maravillosamente! El observador comienza a internalizar estas imágenes. En efecto, uno empieza a equiparar los productos con la popularidad, la sensualidad y el talento representados en los anuncios televisivos de medio minuto, y acepta el mensaje de que si utiliza los productos puede llegar a ser como las personas que aparecen en la pantalla. Se adquiere impulsivamente un artículo, porque le agradó el tipo de producto, y porque se identifica con los mensajes no del todo subliminales.

A pesar de todo, los adolescentes rara vez ponen en riesgo su salud a causa del consumo de alimentos sin valor. Si pretendemos mostrarnos racionales en todo esto, debemos reconocer nuestro propio aporte como modelos: si tenemos mediocres hábitos de alimentación, en verdad no podemos pretender que nuestros hijos aparezcan como por arte de magia, durante los años de la adolescencia, prefiriendo el pan integral y los alimentos no procesados. Asimismo, debemos tratar de mantener cierta distancia emocional frente al tema de la alimentación: no nos agradaría mucho que un tercero supervise cada bocado que ingerimos; por eso mismo, no es probable que a nuestros hijos adolescentes les agrade ese tipo de atención. Si podemos mostrar una actitud racional y esclarecida frente a la nutrición, estaremos en condiciones de admitir que si bien una dieta regular de salsa de tomate, papas fritas y bebidas sin alcohol no es sobremanera saludable, muchos alimentos a los cuales consideramos desprovistos de calorías o sin valor desde el punto de vista de la nutrición después de todo, no son, tan inferiores como suponemos. Por ejemplo, incluso la pizza tiene cierto valor nutritivo: tres porciones de pizza contienen 54 gramos de hidratos de carbono, 25 gramos de proteínas y 15 gramos de grasa, es decir, 50 calorías, el equivalente nutritivo aproximado de una chuleta de cordero, un plato de habas y una pequeña patata asada.

Las cuestiones relacionadas con la alimentación no tienen por qué convertirse en batallas entre las generaciones o provocar la falta de armonía de la familia. La comida debe ser un placer, no un problema con P mayúscula. Los padres tienen que comprender y tratar de aceptar el hecho de que todos los adolescentes modernos ingieren hasta cierto punto alimentos sin valor nutritivo. Para fijar el límite es necesario determinar si el jovencito goza de buena salud, y si sus hábitos de alimentación permiten un estilo de vida normal o bien interfieren en la vida cotidiana, hasta el extremo de ser perjudiciales. Quizá debamos recordar los libros referidos al cuidado de los infantes y los niños que muchos de nosotros leímos cuando nos iniciamos en la función de padres. Esas obras solían destacar que los niños más tarde o más temprano eligen una dieta equilibrada si se les deja elegir libremente los alimentos, porque el cuerpo de una persona reclama ciertos nutrientes y ansía los alimentos que lo contienen. Si el niño pequeño puede obtenerlos, en definitiva consume los alimentos apropiados, pero quizá no en la secuencia que puede parecer aceptable para el adulto. Si excluimos la presencia de un desorden de la alimentación, esta afirmación es válida también para los adolescentes.

La obesidad en la perspectiva del adolescente

No existe ley alguna que afirme que los adolescentes tienen que ser delgados, estar bien vestidos y ser "atractivos" para que se conviertan en participantes totalmente aceptados. Sin embargo, la mayoría de los adolescentes se comportan como si estas fuesen normas que es necesario aplicar rígidamente. Para muchos, el exceso de peso equivale a la maldición definitiva, la condición de proscrito social; y así utilizan la dieta para evitar ese destino imaginario. Si la dieta no aporta los resultados deseados y no se convierten en Cenicientas o Príncipes Encantados, viven una adolescencia agobiada por el sufrimiento y los traumas. Otros adolescentes utilizan el exceso de peso para evitar la interacción social con los pares, y achacan muchos o la totalidad de sus problemas a la obesidad que padecen, y nuncan aprenden a afrontar de manera constructiva los desafíos de la adolescencia. Tratan de consolarse comiendo más que tratando con los amigos o la familia, y de hecho utilizan el exceso de peso para aislarse del resto.

Es posible que los adolescentes se sientan inseguros acerca del funcionamiento y la apariencia de su cuerpo, y que se preocupen constantemente por el modo en que otros los perciben. De esta manera, los adolescentes son especialmente vulnerables a los sentimientos de menor valía, e incluso a la depresión cuando su cuerpo no se convierte en una réplica de los jóvenes y las muchachas perfectamente formados a quienes ven desde hace tanto tiempo en las revistas destinadas a la juventud y en la televisión. Se diría que no es suficiente que los adolescente se inquieten por el estado de su piel, su propia anatomía sexual y su capacidad para atraer a otros miembros del sexo opuesto; cuando aparece el problema del peso se agrega otro problema a la lista de inquietudes adolescentes que no ceden fácilmente al escalpelo de la lógica. El padre que dice: "No te preocupes, todos tuvimos momentos desagradables cuando éramos jóvenes", no facilita las cosas a la jovencita de quince años a quien nunca invitaron a la fiesta del colegio, o al joven de dieciséis años elegido siempre en último término cuando llega el momento de formar los equipos en el gimnasio.

La inequívoca oposición de nuestra cultura a las personas excedidas de peso se ve perpetuada por una serie de mitos que consideran a la obesidad como el signo de cierta falla del carácter, de la pereza o el descuido, una condición autoinducida caprichosamente y que puede modificarse con facilidad gracias a la fuerza de voluntad. Los adolescentes, que de todos modos ya tienen escasa confianza en ellos mismos, adoptan esta tendencia y a menudo no saben cómo reaccionar frente a sus pares obesos que no se ajustan a las normas aceptables. Un modo de afrontar lo que uno no conoce bien es evitar la relación con eso, y muchos jóvenes de peso mediano proceden así en sus reacciones frente a los adolescentes excedidos de peso. Pueden mostrarse intencionadamente crueles e insensibles, y rechazar totalmente a los que no se atienen a las mismas normas físicas. Quizás intenten mostrarse cordiales, pero acaban adoptando una actitud de superioridad. Es interesante el hecho de que si se establecen relaciones amistosas, las dimensiones corporales ya no dominan el vínculo.

Ciertamente, no todos los adolescentes excedidos de peso son objeto de rechazo. Algunos son individuos que muestran confianza en su propia personalidad, que están satisfechos de su modo de ser, y se muestran participantes activos y eficaces en todos los aspectos del típico colegio de adolescentes y de los medios sociales. A esta categoría corresponden los adolescentes que han sido corpulentos desde la niñez, y cuyos padres y otros miembros de la familia están excedidos de peso; y también los varones tienden a pertenecer a esta categoría. Por desgracia, las muchachas y los que han aumentado de peso hace poco no tienen la misma suerte.

Uno de los principales problemas que la obesidad origina en el caso de los adolescentes es la salida con miembros del sexo opuesto, una situación que puede ser realmente temible. Las jóvenes y los varones excedidos de peso pueden temer que su apariencia llegue a convertirlos en individuos tan indeseables que nadie quiera salir con ellos. Además de este miedo al rechazo, muchos temen también que en la salida resulten ridiculizados a causa de sus abundantes proporciones. Otro temor aún más grave es la posibilidad de que sus compañeros de salida se alejen si comienza a establecerse alguna forma de intimidad. Así, las oportunidades de relación interpersonal y sexual, que en la práctica deberían preparar a los adolescentes para papeles adultos, pueden verse anuladas por completo a causa de la obesidad. A la larga, estos adolescentes pueden convertirse en adultos que prefieren abstenerse por completo de la socialización.

Por otra parte, hay muchos adolescentes que no son objeto de la discriminación ejercida por sus pares como resultado del problema del peso. En general, los varones soportan la obesidad mejor que las muchachas, porque para la cultura es más aceptable que los hombres sean corpulentos. Consideremos un momento el número de varones robustos que tienen un papel destacado: los levantadores de pesas, los luchadores de la categoría máxima, y las figuras deportivas que son macizas pero musculosas: jugadores de fútbol, profesionales de la cultura física, todos muy visibles en las exhibiciones deportivas que la televisión transmite los fines de semana. No puede extrañar que los pediatras y los médicos especializados en medicina de la adolescencia informen que pocos muchachos solicitan dieta que les ayude a perder peso; en cambio, prefieren modificar las proporciones de su cuerpo apelando al ejercicio. Asimismo, los padres rara vez critican a los varones cuando aumentan de peso. Pero los padres de las jóvenes se preocupan por las figuras de sus hijas y por las consecuencias si no son esbeltas o bonitas, y por su parte los padres de los muchachos tienden más bien a afirmar que sus hijos tienen el cuerpo "sólido" o "desarrollado". Los padres de las jóvenes con frecuencia tratan de proteger a sus hijas, y quizás inconscientemente las inducen a evitar la resolución de los problemas fundamentales, y a remplazar el análisis de ellos por la costumbre de utilizar el alimento como panacea. Los varones o las muchachas que son populares y tienen éxito social o intelectual a pesar del considerable exceso de peso son, precisamente, los adolescentes que han aprendido a abstenerse de utilizar el peso como un escudo o un revestimiento que, en definitiva, debilita sus sentimientos positivos; son los mismos que no permiten que el peso sea interpretado negativamente por otro. Son los jóvenes que integran su apariencia, su personalidad y sus cualidades en una unidad que se convierte en imagen total; un aspecto no tiene por qué dominar a los restantes, o funcionar a expensas de los otros.

La dieta: los médicos y las drogas

En general, los libros que ofrecen dietas son siempre obras de gran venta. Se envasan y venden los alimentos de bajas calorías como si fueran verdaderas especialidades gastronómicas. Como hacer dieta es intrínsecamente desagradable, una enorme red industrial (que incluye la publicidad, los alimentos mismos, la televisión y el autoservicio) se ocupa de envasar el producto y convertirlo en un proceso grato al paladar.

Aunque las motivaciones que inducen a los adultos a hacer dieta son variadas, y van desde la prevención o la eliminación de los problemas de salud a la búsqueda del cuerpo perfecto, los adolescentes se someten a una dieta por razones un tanto distintas, y persiguen metas hasta cierto punto diferentes. Algunos lo hacen como una suerte de deporte, un juego en que las normas son tan arbitrarias como el plan dietético elegido. Otros afirman que están sometiéndose a dieta cuando, en realidad, no es el caso: en lugar de modificar sus esquemas de alimentación y reducir las calorías apelan a píldoras que ellos mismos eligen para disminuir el apetito, o utilizan laxantes para eliminar literalmente el alimento del cuerpo, o diuréticos para desembarazarse de la maldición del adolescente, el exceso de agua. Estos métodos químicos están muy difundidos en el caso de los atletas (por ejemplo los luchadores) que deben ajustarse a determinadas categorías de peso para competir. Los adolescentes utilizan la dieta como emplean los cosméticos o las fragancias, con el propósito de ser más atractivos para otros, y cambian de "marca" (es decir modifican el método dietético) de acuerdo con lo que hacen los amigos. Los adolescentes tienden a creerse imperfectos pese a lo que digan en contrario otros, y muchos aplican dietas para obtener lo que erróneamente creen es *la* panacea destinada a resolver todos los problemas que, según imaginan, derivan de unos pocos kilogramos de más. Los adolescentes que necesitan cumplir una dieta por razones de salud, o porque realmente son obesos no lo hacen, y en cambio los jóvenes que tienen un peso medio o incluso menor que el normal aplican obsesivamente alguna dieta. En todo caso, el mero hecho de someterse a una dieta rara vez aporta soluciones fundamentales a la angustia del adolescente, y es más probable que en su caso represente una fuente de frustración. La dieta de los adolescentes es más que una moda; se ha convertido en una conducta colectiva ritualizada.

¿Por qué procedemos así? Hasta cierto punto, la aplicación de una dieta nos absuelve de otros sentimientos de culpa; si nos sometemos a dieta, podemos tener víctimas propiciatorias seguras, pues como dicen William Bennett y Joel Guerin, autores de *The Dieter's Dilemma: Eating Less Weinghing More:* "Si las personas obesas no existieran, la sociedad tendría que inventarlas. Se han convertido prácticamente en el último blanco de la discriminación sin culpa." La dieta nos permite olvidar otros problemas y concentrarnos en el cuerpo, que tiene que ser disciplinado como si fuera un niñito desobediente.

La dieta nos induce a concentrar la atención en nosotros mismos, de un modo que parece productivo, pero en realidad es muy superficial. Nos ofrece un tema de conversación, cuando no hay mucho más que decir.

Los sistemas de dieta son un culto que tiene sus propias figuras y sus libros. De acuerdo con el plan que uno prefiera puede utilizarse la obra de Richard Simmons titulada *Never Say Diet*, o cualquiera de las obras de Jean Nidetch, referidas a la Vigilancia del Peso; la dieta hídrica del doctor Stillman; la Dieta Scardale del doctor Tarnower; la Dieta Beverly Hills de Judy Mazel; la dieta de arroz, o la de pomelos, el Plan Dietético Cambridge, la Dieta Southampton, la Dieta Plan-F, la Dieta Sin Alernativa, la Dieta Maravillosa de Nueve Días, y así por el estilo. Como muchas de estas obras proponen medidas contradictorias acerca de qué, cuándo y cómo comer, ¿a cuál de estos "expertos" debe creer el adolescente? Tampoco los adultos parecen saberlo. Por consiguiente, es importante que los padres conozcan algunos hechos concretos acerca de las dietas, con el fin de ayudar a sus hijos adolescentes a elegir con conocimiento de causa.

(1) *No existe el peso perfecto para una persona de determinada estatura.* Las tablas de peso y estatura no son más que estadísticas, no metas absolutas. Una persona puede pesar más que otra y tener la misma estatura, pero esta diferencia quizá tenga que ver menos con la adiposidad que con la musculatura del individuo (el músculo pesa más que la grasa), o con la estructura de una persona (un es-

queleto grande sin duda pesa más que uno pequeño). Los adolescentes muy atléticos dotados de buena musculatura casi siempre son muy delgados, pero pueden pesar más que los pares menos activos de la misma estatura.

(2) *Diferentes dietas originan efectos distintos en el cuerpo de un adolescente.* Debe recabarse la siguiente información acerca de una dieta: En primer término, ¿eliminará los depósitos de grasa, y después atacará las fibras musculares (lo cual puede ser peligroso para la salud, en vista de los períodos de rápido crecimiento de los adolescentes)? ¿Afectará su metabolismo, de manera que el cuerpo se verá privado de ciertos minerales esenciales y de la humedad necesaria para el mantenimiento de la buena salud y el crecimiento? ¿La dieta les debilitará tanto que no podrán concentrar la atención en las tareas deductivas ni participar en deportes, o los excitará de tal modo que se depriman tan pronto se interrumpe la dieta? Es obligación de los padres suministrar dicha información, porque es improbable que los adolescentes la consigan por su cuenta. A los adolescentes les agradaría creer que una dieta determinará inmediatamente que se transformen en la persona que aparece en la tapa del libro que ellos están consultando, pero rara vez se interesan en los efectos generales del plan. Por desgracia, precisamente a la larga las dietas pueden llegar a ser peligrosas para los adolescentes. Por consiguiente, sostenemos con la mayor firmeza que un adolescente no debe iniciar una dieta prolongada sin previa consulta con un médico y/o especialista en nutrición. De todos modos, reconocemos con espíritu realista que lo anterior no siempre parece práctico, y que por lo tanto aumenta la importancia de que los padres transmitan información válida a los adolescentes.

(3) *Durante la adolescencia, la configuración del cuerpo y la distribución de la grasa corporal sufren muchos cambios, y por eso mismo es difícil evaluar los problemas relacionados con el peso.*

Por consiguiente, la aplicación de dietas puede ser innecesaria o incluso contraria a los procesos biológicos naturales.

Un hecho: el porcentaje medio de la grasa corporal disminuye del 16 al 10 por ciento en los varones durante el desarrollo adolescente.

Un hecho: el porcentaje medio de la grasa corporal aumenta del 16 a un nivel que está entre el 20 y el 24 por ciento en las jóvenes durante la adolescencia.

Un hecho: las adolescentes no comienzan a menstruar hasta que han alcanzado un mínimo de grasa corporal del 20 por ciento. Si una adolescente hace dieta para eliminar sus depósitos de grasa, no empieza a menstruar o bien, si sus períodos ya comenzaron, quizá se interrumpan.

Un hecho: los cuerpos de los varones y las muchachas no están destinados a parecerse una vez que comenzó la adolescencia. Que una mujer intente una dieta que destruye sus formas es lo mismo que tratar de oponerse a su propio sexo.

(4) *La mayoría de los planes de dieta no son eficaces.* Que como consecuencia de una dieta no se pierda peso, no siempre indica la falta de voluntad o que el individuo "trampea". Una teoría afirma que nuestros cuerpos tienen niveles fijos que son naturales –el peso que mantenemos (con unos pocos kilogramos de más o de menos) sin prestar mucha atención al asunto– y que la dieta intenta desentenderse de dichos puntos fijos. La razón por la cual algunos aumentan de peso después de una dieta, o pasan por una sucesión de pérdidas y aumentos de peso en repetidas ocasiones, es que no consiguieron promover el descenso de estos puntos fijos (mediante una combinación de niveles razonables de ejercicio y alimentación), y por lo tanto el peso no puede estabilizarse. Otra razón por la cual fracasan las dietas es que los adolescentes eligen planes de alimentación que no tienen en cuenta las necesidades de su propia nutrición (olvidan que aún están creciendo) y por lo tanto no pueden aplicar dichos planes durante períodos de tiempo prolongados sin sentirse muy mal.

(5) *Hay un modo razonable de hacer dieta.* Los dietólogos y los médicos coinciden en que si se quiere que la dieta que un adolescente practica sea eficaz, es necesario que posea un carácter individual, de modo que tenga en cuenta el ritmo de crecimiento del adolescente en cuestión, la etapa de desarrollo y el gasto medio de energías. La meta debe ser la pérdida gradual de peso, con el fin de impedir la fatiga excesiva.

Si la reducción moderada del consumo de calorías se combina con un plan de entrenamiento físico, las posibilidades de éxito son todavía mejores. Con este tipo de régimen, es más probable que el adolescente queme sobre todo las grasas y al mismo tiempo desarrolle músculos. Para proceder así no es necesario ser un fanático del ejercicio; algo tan sencillo como un programa consecuente de caminatas o carreras, aplicado por lo menos tres veces por semana durante unos treinta minutos cada vez (para pasar después a cuatro o cinco veces semanales) producirá los resultados deseados.

(6) *Las drogas, las dietas y los adolescentes no armonizan bien.* No debe permitirse que los adolescentes consuman drogas para suprimir el apetito o modifiquen el metabolismo del cuerpo, tanto porque es peligroso como también porque es ineficaz.

Los auxiliares dietéticos de consumo libre aparecen en la mayoría de las farmacias y las grandes tiendas, y se los exhibe junto a las pastas dentífricas y a otros productos de uso personal. Como son artículos que no necesitan receta, no están reglamentados. La mayoría de estas píldoras dietéticas y los caramelos para bajar de peso contienen una sustancia llamada *fenilpropanolamina*, que es un descongestionante hallado también en muchos remedios destinados a combatir la sinusitis, y que desde el punto de vista químico tiene relación con las anfetaminas. La fenilpropanolamina difiere de las anfetaminas ahora sometidas a estrictas normas (las píldoras dietéticas preferidas entre los años '30 y '60) sólo en un átomo de oxígeno, y a menudo se dice de ellas que son la droga del pobre. La fenilpropanolamina es un estimulante, y por cierto no benigno. Puede provocar el aumento de la presión sanguínea en personas que la tienen normal; se han conocido casos en que provocó ansiedad y agitación, además de aturdimiento; a veces origina disturbios gástricos y en raras ocasiones alucinaciones. La fenilpropanolamina es peligrosa, y nada tiene que hacer en el plan de disminución de peso de un adolescente.

Es necesario que digamos algo acerca de los médicos y su papel en el tratamiento de la obesidad del adolescente. Debemos elegir muy cuidadosamente al médico que atenderá a nuestro hijo, porque es fundamental que este profesional tenga en cuenta el estado emotivo y físico del jovencito, y que adopte una actitud de simpatía hacia lo que el adolescente está sintiendo, y el modo en que reacciona con la ingestión excesiva de alimentos (si ese es el caso), lo que hace la familia en vista del problema, y así por el estilo. Un pediatra que consagra la mayoría de su práctica a la atención de niños pequeños, tal vez no sepa comunicarse en el nivel apropiado con un adolescente excedido de peso que necesita ayuda; un clínico que ha tenido escaso contacto con adolescentes puede mostrar una actitud excesi

vamente amenazadora y aplicar un enfoque muy elevado del tratamiento. El ideal es un médico que se especialice en medicina de los
adolescentes, aunque este tipo de profesional no abunda. A veces,
un psiquiatra de niños se especializa en ayudar a los que padecen
desórdenes de la alimentación, y si este profesional coopera con un
dietólogo, puede ser la persona más apta para ayudar a su hijo adolescente. La relación del médico con el paciente es fundamental para
el éxito o el fracaso de un tratamiento; si no hay apropiada empatía
entre el médico y su adolescente, busque la salida más próxima y solicite ayuda profesional en otro lugar.

Si el médico sugiere que usted aplique a su adolescente un régimen de píldoras o inyecciones, como parte de una dieta destinada
a eliminar la grasa, aléjese inmediatamente. Esa persona es un
charlatán o un individuo que desea enriquecerse de prisa y aprovecha su sentimiento de ansiedad. Estos profesionales –que a menudo
tienen centenares de pacientes sometidos a tales "tratamientos"–
carecen de ética, y de hecho dirigen fábricas de píldoras dietéticas.

Un buen médico dedicará cierto tiempo a conocer al adolescente, y durante este lapso explorará las razones físicas y psicológicas que determinaron los excesos alimenticios o la ingestión de alimentos inapropiados. Un médico de este género deberá aplicar un
enfoque integral a la salud del adolescente, pues sabrá que la vida
de un adolescente se desenvuelve en muchos planos: el colegio, el
hogar, las actividades extracurriculares, la fantasía, es decir, un conjunto de influencias interactuantes. Un buen médico no aceptará la
responsabilidad total del éxito o el fracaso del adolescente a quien se
aplica un programa de alimentación y ejercicios, y en cambio acla-
rará los límites de lo que el profesional puede hacer para ayudar, y
de lo que el adolescente debe hacer por sí mismo. Un buen médico
ofrecerá apoyo pero no será una muleta; será un recurso, en espera
de que el adolescente asuma el control del resultado definitivo. La
relación entre el médico y el paciente debe determinar que el adolescente sometido a dieta alcance con facilidad mucho mayor la
meta deseada, es decir, cierto nivel de peso, de salud y aptitud.

La angustia anoréxica

Se trata de un desorden de la alimentación que comienza con una suerte de dieta compulsiva y avanza a través de diferentes etapas, con formas de conductas cada vez más obsesivas, para llegar a un estado de virtual agotamiento. La anorexia puede llevar a la muerte de sus víctimas tanto como pueden hacerlo el cáncer o las enfermedades cardíacas, e incluso en los casos no fatales es un grave riesgo para la salud física y psicológica.

La anorexia nerviosa no es una enfermedad "nueva". Los médicos conocían el síndrome y escribían acerca de él ya en el año 1500. En 1874 la denominación anorexia nerviosa fue acuñada por Sir William Gull, que creía que era la negativa a comer acompañada por la repugnancia que inspiraba el alimento, y que se manifestaba tanto en los varones como en las mujeres. Los primeros informes de la anorexia en los niños fueron publicados en 1894. A través de los años se la ha considerado un desorden físico, una dolencia psicológica, una combinación de los dos (denominada a veces un desorden psicofisiológico), y más recientemente, un desorden de la alimentación. Cualquiera sea el modo de clasificar esta afección, debe señalarse que se trata de una dolencia grave.

El número de casos de anorexia en la población femenina adolescente ha aumentado de manera dramática durante la última década, y las estimaciones actuales sugieren que aproximadamente una de cada 175 muchachas adolescentes padecen de la enfermedad. (En los varones, la condición es quince veces menos usual.) Recientemente, los medios de difusión se han trepado al carro de los desórdenes de la alimentación, y el resultado ha sido una serie de artículos llamativos acerca de la anorexia: programas nuevos, diferentes artículos de revista, y un número enorme de obras de ficción y no ficción publicados acerca de la anorexia, los anoréxicos y las obsesiones con los alimentos. En la actualidad, muchos padres consideran que los desórdenes de la alimentación representan un problema importante, al mismo nivel que el sexo, el alcohol y las drogas, como posibles amenazas al bienestar de sus adolescentes.

No siempre es fácil, sobre todo cuando el asunto está en sus etapas iniciales, advertir que el adolescente ha contraído anorexia. Como desconocemos la causa de la enfermedad resulta difícil adoptar medidas para impedirla. A juicio de los padres, parte del problema está en los desordenados hábitos de alimentación que son la norma de muchos adolescentes; otra dificultad es el hecho de que no siempre los miembros de la familia comen juntos, y por lo tanto no es posible supervisar el consumo de alimentos de los hijos. Y otra cuestión es el hecho de que tantos padres admiten la búsqueda de la delgadez. Lo que comienza como un recorte bien intencionado del consumo de calorías para afinar la figura, puede descontrolarse y convertirse en una obsesión lisa y llana; sin embargo, resulta difícil determinar *cuándo* sobreviene esa transición. Es importante que los padres sepan que la anorexia afecta a la persona total, y que constituye un factor muy grave de destrucción de la armonía de la familia. Los padres deben comprender también que los sentimientos de cólera y frustración son reacciones comunes en ellos mismos, ante la impotencia que experimentan cuando el adolescente no acepta la ayuda que se le ofrece para mejorarlo. Si se permite el desarrollo de la anorexia, puede parecer que la víctima está sometida al control de una fuerza exterior que destruye su lógica, su personalidad y sus cualidades, y que está convirtiendo al adolescente en un desconocido, aislado y retraído. Lo que sucede realmente es que si el adolescente, en efecto, pasa hambre, comienza una serie de procesos físicos que de hecho afectan el funcionamiento psicológico. Mientras el jovencito no reciba una nutrición adecuada, ningún terapeuta podrá ayudarlo mucho. En los casos de anorexia severa, debe restablecerse parcialmente el peso antes de que pueda iniciarse una terapia realmente útil.

Cobrar conciencia de los signos y los síntomas de la anorexia es algo que todos los padres pueden hacer. Constituyen una constelación de formas de conducta, más que una sola cosa; sin embargo, no existen dos víctimas que exhiban síntomas y formas de conducta exactamente iguales.

(1) El adolescente expresa (con palabras y/o actos) *un temor intenso a la adiposidad.* Esta actitud se manifestará, incluso, cuando ha desaparecido una proporción importante del peso, y ni siquiera el observador más severo podría considerar obeso al adolescente.

(2) *El adolescente es muy delgado, y sin embargo insiste en su propia obesidad.* Esta actitud refleja una *imagen deformada del cuerpo*, que es uno de los efectos colaterales que el autodebilitamiento origina en la salud psicológica de la persona. Muchos anoréxicos de hecho ven grasa donde no existe, y experimentan sensaciones de hinchazón en las áreas abdominales. Son numerosos los que usan prendas de tamaño exagerado, muy sueltas, para ocultar la obesidad imaginaria.

(3) El autodebilitamiento determina la *hiperactividad.* Muchos anoréxicos se ejercitan frenéticamente, y a menudo realizan 600 flexiones en una sesión, corren ocho kilómetros en lugar de tres, nadan diariamente kilómetros y kilómetros, aunque no sean miembros de un equipo.

(4) Muchos anoréxicos *ya no interpretan exactamente las señales internas del cuerpo acerca del apetito,* e insisten en que no tienen apetito, aunque en realidad pasan hambre. Se obsesionan con el alimento, llevan un diario de lo que consumieron y cuentan las calorías de cada bocado, ofrecen realizar las compras de alimentos de la familia y preparar la comida, aunque se niegan a compartir lo que ellos mismos crearon. Practican ritos acerca de los alimentos y la alimentación, a menudo dividen en piezas minúsculas sus magras porciones, y las distribuyen formando figuras definidas sobre el plato, y utilizando los utensilios de un modo extraño, por ejemplo de manera que las puntas del tenedor no les toquen los labios. La preocupación con los alimentos y los ritos pueden representar una defensa psicológica destinada a disimular la intensa ansia física a la que no se dispensa atención.

(5) Las mujeres anoréxicas a menudo *dejan de menstruar* como resultado directo del debilitamiento. Las jovencitas que son anoréxicas antes del comienzo de sus períodos, tal vez comprueben que sus ciclos se retrasan indefinidamente. Este es un signo diagnóstico fidedigno de la anorexia cuando no pueden hallarse otras causas físicas básicas que expliquen la falta de la menstruación.

(6) Las *variaciones de la conducta* que no pueden explicarse apelando a otra condición física son usuales. Los adolescentes anoréxicos ansían la intimidad, se separan de los amigos, se niegan a compartir actividades que antes les agradaban, tal vez se atengan a ritos en una serie de cuestiones cotidianas, además de la alimentación (por ejemplo, tocar ciertos objetos en cada cuarto, disponer las cosas en cierto orden). Todas estas actitudes pueden alejar a los amigos y a los seres amados, y provocar un nivel considerable de turbulencia emotiva.

(7) *Cuando la anorexia es un proceso avanzado (es decir, cuando una persona ha perdido el 25 por ciento o más de su peso original) aparecen otros síntomas físicos:* el adolescente tiene el cuerpo siempre frío, a veces disminuye el ritmo cardíaco, siente dolores

cuando se sienta o se acuesta porque las capas adiposas que normalmente acolchan los huesos están muy disminuidas, tal vez presente una fina capa de vello en todo el cuerpo al mismo tiempo que pierde los cabellos de la cabeza, sufre insomnio, y quizás exhiba cierta incapacidad para concentrar la atención. Todos estos síntomas son subproductos del debilitamiento.

Un adolescente no contrae anorexia en un vacío. Los desórdenes de la alimentación generalmente reflejan problemas del sistema de la familia que necesitan ser abordados, y cabe suponer que corregidos. Como señalamos antes, nadie sabe en realidad cuál es la causa de la anorexia, pero muchos terapeutas sospechan que ciertos esquemas de comunicación de la familia, combinados con cierto tipo de personalidad del hijo, determinan la aparición de la anorexia. Se ha dicho de este tipo de niño o de jovencito que es un perfeccionista, a veces un individuo compulsivo que de acuerdo con las versiones de la familia jamás ha ofrecido motivos de queja o de preocupación. Un comentarista ha aludido a "la mejor niñita del mundo", y es una denominación apropiada. El alumno excelente en el colegio, que siempre acató el consejo de los padres y jamás mostró signos de rebelión es un candidato especial a este desorden. Los esquemas de comunicación de la familia a menudo incluyen estos aspectos: (1) se pronuncian pocas palabras elogiosas ante las realizaciones del niño "bueno"; (2) los miembros de la familia tienden a adivinar cada uno lo que piensan los demás cuando se trata de las necesidades y los deseos individuales, de modo que actúan sobre la base de supuestos más que de hechos; (3) hay escasa comunicación entre los padres y los hijos en todos los planos, y así los hijos buscan modos drásticos de atraer la atención de los padres. La anorexia es un modo muy eficaz de afirmar el control del cuerpo del individuo, de su ambiente y su familia.

Durante los últimos años ciertos enfoques terapéuticos cada vez más perfeccionados han sido útiles para ayudar a los anoréxicos y a sus familias. Creemos que el método más conveniente es un esfuerzo de equipo entre los miembros de la familia y los terapeutas, y que debe incluir un ingrediente importante de autoayuda. En la actualidad, muchos hospitales cuentan con unidades especializadas en los desórdenes de la nutrición, y preparadas para afrontar las necesidades tanto psicológicas como fisiológicas de sus pacientes. Ahora, la mayoría de los médicos comprende que el aumento de peso debe ser gradual para beneficiar al anoréxico, y así mantienen hospitalizado al paciente sólo hasta el momento en que se obtiene un aumento de peso mínimo preestablecido, necesario para revertir el estado autoinducido de debilitamiento. Los padres de los anoréxicos deben cuidarse de los médicos que se inclinan por la alimentación forzada o por la sobrealimentación, o que equiparan sólo el aumento de peso con la "curación". Hace poco, los médicos han descubierto que inmediatamente después de recuperar peso, el corazón del anoréxico es el órgano que soporta la carga principal, si la recuperación del peso ha sido excesivamente rápida. La supervisión cuidadosa durante el largo plazo es esencial. La recuperación del peso abre la puerta a la terapia psicológica y la autoayuda. Los dietólogos pueden ser muy útiles, porque ayudan al anoréxico a restablecer las pautas normales de alimentación, y pueden sugerir planes de nutrición individualizados que alcancen la meta. El psicólogo, el asistente social o el psiquiatra pueden aportar asesoramiento; lo que importa es que el terapeuta elegido se lleve bien con el adolescente y desee trabajar para promover su restablecimiento. No debe concebirse la terapia como castigo; es un medio de salir del laberinto creado por el desorden de la alimentación.

Ahora se cree que los grupos de autoayuda formados por grupos de personas que padecen distintos tipos de desórdenes de la alimentación son fundamentales para aliviar la anorexia. Estos grupos suministran un ambiente seguro, considerado y no crítico, en el cual las personas pueden expresar sus pensamientos más íntimos y saben que no están solos. Si en su área de residencia no existe ninguno, usted puede fundar un grupo de ese carácter, y comunicarse con la sociedad médica local para recibir sugerencias.

La anorexia es temible y está muy difundida; sin embargo, debemos cuidarnos de calificar de anoréxicos a todos los adolescentes que siguen una dieta, y tampoco debemos caer en la histeria en relación con los posibles peligros, al extremo de crear un monstruo donde no existe. Una carta reciente dirigida al director del *New York Times Book* dice:

Mi hija de diecisiete años, una joven levemente excedida de peso, reconoció hace poco que sus costumbres de ingestión excesiva de alimentos no responden al apetito o al placer, sino a una nueva y extraña enfermedad que ella denomina "anorexofobia". Mi hija, que es una ávida lectora de las revistas femeninas, contrajo sus hábitos de incursión en el refrigerador como respuesta a la profunda necesidad de comprobar que ella no es anoréxica.

Por lo tanto, es imperativo que los padres sepan cuándo las formas de ingestión de alimentos se convierten en actitudes que implican mala adaptación y originan problemas, en contraposición a las que solamente reflejan las excentricidades normales de los adolescentes.

Los festines, la bulimia y otros problemas

Distintas personas pueden definir de distinto modo una comida copiosa, y eso depende de que ejerzan el control del festín o que este las controle. Los que sabemos cuándo tenemos apetito y cuándo estamos saciados, y podemos dejar de comer una vez satisfechos, tal vez digamos que una comida elegante con vino, entremeses, sopa, un plato principal y postre es un festín, un placer incomparable, una ocasión que compartimos con determinada persona. En otros casos, es posible que el festín consista en saborear un alimento del que se vieron privados mucho tiempo. Para algunos, un festín es una decisión inmediata y momentánea, que lo lleva a zambullirse en la heladería y pedir un postre con todos los adornos. Ese festín es diversión pura, un placer del paladar, y no acarrea sentimientos de culpa. En el caso de muchos adolescentes, estos episodios se repiten con cierta regularidad. Consumen enormes cantidades de comida: a veces en un contexto social (por ejemplo, en una reunión nocturna en que la fraternidad se dedica a beber cerveza), y otras por hastío, para aliviar las tensiones, o como modo de resolver los puntos dolorosos o las frustraciones. Ciertos jovencitos pueden engrosar o convertirse en individuos obesos, y padecen las consecuencias emocionales y sociales de su obesidad (ya hemos examinado este aspecto) como resultado de la costumbre de participar en los festines. Algunos jóvenes comen en exceso un día, ayunan al siguiente, y después se alimentan normalmente durante varias semanas, hasta que de nuevo cometen excesos y ayunan.

Pero para algunos, comer en exceso implica perder el control. En el caso de estas personas, la comida no es un afrodisíaco, ni un placer, ni el sustento de la vida, y en cambio se convierte en un narcótico, una droga o un veneno. El pensamiento, la visión y el olor de la comida puede convertir en esclavos a estos individuos, y en su caso la comida es el amo. El festín se convierte en el punto focal de la existencia, en un fin en sí mismo.

Cuando la existencia de una persona está dominada por la idea de la comida, y las actividades cotidianas están perturbadas como resultado de esta obsesión, cuando una persona se preocupa en extremo por el control del peso, y la costumbre de comer en exceso va seguida por el esfuerzo destinado a eliminar del cuerpo el alimento ingerido (mediante el abuso de laxantes, el vómito autoinducido, el abuso de la ipecacuana), ese individuo probablemente padece otra forma de desorden de la alimentación denominado bulimia (bulimia nerviosa, bulimarexia).

La bulimia está difundiéndose en los varones y las mujeres adolescentes, y aunque aún no ha podido determinarse la proporción de afectados, se sabe que predominan las mujeres. Durante los últimos tiempos la bulimia ha merecido, asimismo, mucha atención de parte de los medios de difusión, y como personas del tipo de Jane Fonda han reconocido públicamente que también ellas lidiaron con la bulimia, otros están reconociendo que padecen este desorden de la alimentación. La bulimia no es un descubrimiento de la década de 1980. Los romanos solían comer desaforadamente y después se purgaban en masa, utilizando al efecto los vomitorios públicos. Pero la diferencia entre la cultura romana y la nuestra es la aceptación pública. Lo que antiguamente era aceptado, ahora aparece como una conducta aberrante a los ojos de la mayoría.

Se ha dicho de la bulimia y la anorexia que son las hermanastras de Cenicienta, dos caras de la misma moneda. De hecho, muchos anoréxicos son a veces bulímicos, y algunos bulímicos devienen anoréxicos. Ambos desórdenes de la alimentación implican ritos definidos: es probable que un bulímico reserve una parte del día al festín, y generalmente dispone de tiempo libre para ocuparse del asunto (usualmente, alrededor de dos horas o menos). Con frecuencia, la intensidad de un festín será tan notable que parecerá que un bulímico se encuentra en trance cuando está comiendo, y quizá no preste atención a ninguna de las actividades que se desarrollan alrededor de su persona, y que incluso se encolerice si lo molestan. Mientras el anoréxico se abstiene de la mayoría de los alimentos, pero consume grandes cantidades de artículos con escasa proporción de calorías, es decir, los que son "seguros" y gozan de preferencia, el bulímico también tiende a manifestar preferencias alimenticias: a menudo se trata de productos de elevadas calorías, del tipo de los bocados rápidos, que necesitan escasa preparación, o quizá ninguna (aunque hay excepciones: una persona ingirió tantas zanahorias durante tantos días que la piel se le tiñó de naranja, a causa del caroteno incorporado a su sistema). Los bulímicos también pierden la capacidad de interpretar acertadamente los indicios de su cuerpo que le indican que han llegado al punto de saciedad, y pueden atiborrarse, al parecer sometidos al control de la comida, y a veces sin saborear lo que están consumiendo, hasta que (1) se les acaba la comida; (2) el dolor provocado por la dilatación del estómago llega a ser insoportable; (3) los sentimientos de culpa los abruman y los obligan a interrumpir; (4) un factor externo interrumpe el festín, una llamada telefónica, un pariente que entra en la habitación, un perro que ladra.

Los bulímicos se autoinfligen un grave daño físico cuando habitualmente comen en exceso y se purgan. El vómito puede trastornar el equilibrio electrolítico (originando la deficiencia de potasio), gastar el esmalte de los dientes, y dañar le esófago. La ipecacuana, un emético que debe usarse sólo cuando el vómito es necesario como resultado del envenenamiento accidental (y aun así sólo en minúsculas cantidades) ha sido utilizada en proporciones enormes por muchos bulímicos, sin atender al hecho de que es tóxico. Los bulímicos son notorios abusadores de los laxantes, y muchos consumen de 60 a 100 diarios, y así dañan, a menudo de manera permanente, sus intestinos y las funciones intestinales. Las glándulas salivales a veces se agrandan cuando una persona vomita regularmente, y este ensanchamiento confiere a la cara del bulímico una apariencia hinchada y redondeada. Las personas que provocan el vómito introduciendo los dedos (o incluso todo el puño) en la garganta pueden tener callos en los nudillos. Cuando estas medidas no les permiten controlar el peso o perder kilogramos, los bulímicos a menudo apelan a las píldoras para adelgazar y abusan de ellas tanto como de los laxantes. Por consiguiente, los bulímicos, lo mismo que los anoréxicos, afrontan graves riesgos de salud.

Los bulímicos, asimismo, se ven enfrentados a riesgos emocionales. A veces se aíslan de los amigos, porque temen lo que podría suceder si tienen que compartir una comida con ellos. En ocasiones roban alimentos o dinero para comprar comida a la gente con la cual conviven, y si los descubren sufren las consecuencias de la hostilidad y el rechazo. A diferencia de los anoréxicos, los bulímicos rara vez *parecen* enfermos, de modo que cuando afrontan las consecuencias colaterales de los festines, las cuentas por alimentos, las sesiones de vómitos en los cuartos de baño, y el atesoramiento de comida, es menos probable que conciten la más mínima simpatía de sus acusadores. Los padres deben reconocer que en los bulímicos existe una proporción considerable de cólera y frustración contenidas, y comprender que la conducta de estos jóvenes es tan temible para ellos como para las personas que forman el entorno. Es improbable que las acusaciones o los regaños resuelvan nada.

Un adolescente no se convierte en bulímico de la noche a la mañana. Como en el caso del anoréxico, puede afirmarse que el comportamiento del bulímico suele ser la expresión de problemas del ámbito de la familia que exigen resolución. No siempre es posible determinar cuál fue el factor que desencadenó la bulimia, pero muchos terapeutas afirman que los adolescentes bulímicos se muestran más sensibles a las cuestiones relacionadas con la autoestima y la autoimagen, y que son particularmente vulnerables a la presión social −un factor relativamente nuevo− que les exige que se comporten como un individuo "total", capaz de desarrollar una actuación eficaz en el colegio, el empleo, la vida social y los compromisos de familia, y todo exhibiendo las mismas cualidades e idéntica intensidad. Se ha formulado la teoría de que muchas mujeres bulímicas sienten hostilidad frente al hecho de que sus propias madres se vieron obligadas a elegir la vida de esposa y madre en lugar de la actividad profesional; como no se sienten seguras de que ellas mismas podrán afrontar tantas responsabilidades, encuentran su panacea en la comida, y de ese modo esquivan los interrogantes y las realidades de la vida. Muchos bulímicos son personas expansivas que pueden disimular bastante bien estos sentimientos de ansiedad, y a menudo son capaces de realizar lo que equivale a una vida doble: mantener una rutina cotidiana aparentemente normal, que enmascara los ritos secretos e íntimos del festín, y la eliminación del alimento. Las exigencias de esta doble vida son tremendas, y se cobran su precio psíquico y físico.

Después de un tiempo, la bulimia se convierte en un hábito arraigado. Pero como todos los hábitos, es posible superarlo. Un período de setenta y dos horas de abstinencia durante el cual se suspenden los festines y las purgas para permitir que el cuerpo comience a recomponerse debería ser el primer paso en la interrupción del ciclo festines-purgas. Algunos terapeutas han comprobado que tres semanas "fuera del ciclo" bastan para quebrar completamente el dominio de la bulimia y devolver el centro del control al individuo más que al alimento, y para echar las bases de un retorno a las pautas normales de alimentación.

La terapia de apoyo es fundamental, y análoga a la que se aplica en el caso de un anoréxico, aunque aquí no se practica la hospitalización. A diferencia del paciente debilitado, el bulímico no necesita un complemento alimenticio, y la única razón para ordenar la internación sería el aporte de un ambiente en el cual resulte imposible el exceso de alimentación. El enfoque terapéutico de equipo incluye el aporte de psiquiatras, asistentes sociales, psicólogos y la autoayuda; esta última a menudo es el ingrediente más fundamental del esfuerzo. Cuando un bulímico oye hablar a otros bulímicos acerca de los modos de evitar el ansia de comer en exceso; el modo de retirar de la casa los alimentos tentadores; el modo de crear una red de personas a quienes pedir ayuda cuando se manifiesta la necesidad de comer, y por qué este sistema es eficaz; las alternativas eficaces destinadas a remplazar a la comida; y el modo de interrumpir un festín y recobrar el control, es probable que les crea, pues los otros han realizado la misma experiencia. Un bulímico que cuenta con información acerca del desorden y los modos de afrontarlo y combatirlo ha ganado nueve décimas partes de la batalla. Los padres, los amigos y los parientes se benefician con la autoayuda, porque el hecho mismo de saber que no están solos les infunde fuerza para afrontar los desórdenes de la alimentación. Una palabra de advertencia: obligar a una persona a someterse al tratamiento generalmente no aporta beneficios duraderos; el bulímico necesita desear la ayuda para quebrar el hábito, antes de que la terapia pueda contribuir a la solución del problema. Sin embargo, este hecho se ve compensado por otro, a saber, que un terapeuta hábil puede ayudar a una persona afectada de bulimia a hallar su propia motivación para resolver el problema.

Hay muchos adolescentes que no son anoréxicos ni bulímicos, que se caracterizan por hábitos de alimentación y por preferencias alimenticias que irritan profundamente a los padres. A los adolescentes les encanta seguir las modas, y así pueden decidir que un mes aplicarán la rutina de los alimentos naturales, y al siguiente el método Zen. Algunos insistirán en que se utilice en todo el trigo integral, y otros no abandonarán la casa hasta haber recibido su ración cotidiana de determinado producto. Mientras los hábitos de alimentación no sean obsesivos, la salud de los jovencitos no se deteriore, y el adolescente controle lo que come en lugar de la situación inversa, los padres pueden limitarse a contemplar tranquilamente el espectáculo.

18

El embarazo no deseado en la adolescencia

Un millón de adolescentes norteamericanas quedan embarazadas anualmente. Esta cifra equivale a 2.740 concepciones diarias, o 114 embarazos por hora, o un embarazo de una adolescente que comienza cada 35 segundos. De hecho, Estados Unidos tiene la dudosa distinción de poseer la más elevada incidencia de madres adolescentes en el conjunto de naciones del Hemisferio Occidental. Puesto que 52 de cada millar (aproximadamente una de cada veinte adolescentes) tienen hijos cada año, el índice de natalidad de las adolescentes norteamericanas es casi el 60 por ciento más elevado que en Gran Bretaña, el doble que en Suecia, y 17 veces mayor que en Japón.

Es inútil afirmar que los embarazos no deseados de adolescentes no son un problema de graves proporciones en la sociedad moderna. También es inútil pretender que no pueda sucederle a su hija. Sea cual fuere la opinión que a usted le merezca la así llamada nueva modalidad de los adolescentes, el hecho es que las adolescentes embarazadas y los futuros padres forman un grupo de individuos vulnerables, que deben afrontar algunas de las decisiones éticas, emocionales e intelectuales más difíciles de su vida cuando deciden qué harán con respecto a ese embarazo indeseado. Los padres pueden y deben ayudarles en este proceso. Para prestar ayuda eficaz, usted debe conocer hechos exactos, mantener el control de sus sentimientos, y mostrarse dispuesto a adoptar una actitud flexible.

Algunos hechos reveladores acerca de la epidemia de embarazos de las adolescentes

–Anualmente hay 30.000 embarazos de adolescentes menores de quince años.

–Seis de cada diez adolescentes que dan a luz antes de cumplir los diecisiete años quedarán embarazadas por segunda vez antes de cumplir los diecinueve.

–Aunque las adolescentes representan sólo el 18 por ciento de las mujeres sexualmente activas del grupo de edad con capacidad reproductora, representan el 46 por ciento de todos los nacimientos de madres solteras.

–La mitad de los embarazos preconyugales de las adolescentes sobrevienen dentro de los seis meses siguientes al primer episodio de relación sexual.

–Los niños nacidos de madres adolescentes tienen doble probabilidad de fallecer en la infancia, comparados con los que nacen de mujeres que están en la veintena.

¿Por qué el embarazo de las adolescentes es hoy un problema tan gigantesco? Un estudio reciente de la Fundación Ford resumió brevemente muchos de los factores básicos pertinentes:

> Las madres [adolescentes] suelen recibir menos atención médica durante el embarazo y el parto, pertenecen a familias más numerosas y de escasa estabilidad, poseen una educación y un entrenamiento vocacional inadecuados, están desocupadas o cuentan con ocupación intermitente en tareas de bajo salario y escasa movilidad, y dependen de los servicios y el apoyo oficiales. Los hijos de padres adolescentes tienden a ser menos saludables y menos eficaces como padres, a obtener resultados inferiores en sus estudios, y a repetir los esquemas de los padres.

A la luz de estos hechos, no es sorprendente que 400.000 adolescentes embarazadas opten por el aborto todos los años, y que representen el 35 por ciento de todos los abortos practicados en Estados Unidos. Pero esta es sólo la punta del témpano, pues otras 600.000 adolescentes dan a luz anualmente, y la gran mayoría de estos niños nacen de madre soltera. Nueve de cada diez madres adolescentes desean conservar a sus hijos.

De las adolescentes en quienes el embarazo llega a término, siete de cada diez no reciben atención prenatal durante los tres primeros meses de embarazo. En conjunto, afrontan un elevado riesgo representado por las posibilidades del aborto, la toxemia, las hemorragias, las complicaciones durante el parto y la anemia posnatal. El desarrollo de la madre misma puede verse detenido, pues la estatura óptima en general se alcanza cuatro o cinco años después de las primeras menstruaciones; en algunas adolescentes embarazadas, el proceso de soldadura de huesos aún no es completo. Los hijos con frecuencia padecen las complicaciones que sobrevienen como resultado del escaso peso al nacer. El riesgo de muerte de la madre es un 60 por ciento más elevado en las embarazadas menores de quince años que en las muchachas de más edad; en el grupo de dieciséis a diecinueve años, los riesgos son un 13 por ciento más elevados que en las que esperan hasta la veintena para concebir.

La mayoría de las madres adolescentes que conservan a sus hijos abandonan la escuela y jamás retornan. Como grupo, tienden a estar excesivamente representadas en las estadísticas de la pobreza. Los niños nacidos de madres solteras tienen más que doble probabilidad de soportar abusos físicos comparados con los niños de parejas casadas. Pero si los padres adolescentes, menores de diecisiete años, en efecto contraen matrimonio, la relación tiene tres veces más probabilidades de concluir en divorcio de lo que sería el caso si esperasen hasta el principio de la veintena para casarse.

¿Qué podemos decir de los jóvenes que embarazan a estas adolescentes? El estereotipo alude a un grupo de muchachos egoístas, irresponsables, de excesiva actividad sexual, que generalmente se aprovechan de las jóvenes y que no muestran la más mínima inclinación a contemplar las consecuencias de sus actos. Una revisión reciente de la literatura acerca de los padres adolescentes ha demostrado que este estereotipo es injusto y erróneo. En realidad, muchos padres adolescentes desearían representar un papel en las decisiones acerca del embarazo, pero sus esfuerzos tienden a ser bloqueados por los padres de las muchachas, o ignorados por los organismos de servicio social. Los padres adolescentes afrontan riesgos económicos, sociales y emocionales tanto como las madres adolescentes; y también ellos tienden a suspender su educación, buscar empleo como obreros de jerarquía inferior, e ingresar en la fuerza de trabajo antes que sus pares, que no afrontan la responsabilidad de la paternidad y el matrimonio tempranos. Otro aspecto olvidado a menudo es el efecto de un aborto sobre el presunto padre; en ciertos casos, el varón siente la pérdida más agudamente que la joven, la cual quizá se sienta aliviada al suspender el embarazo y continuar viviendo su vida.

Cuál es la causa de los embarazos de adolescentes

De acuerdo con la mayoría de las autoridades, la información errónea (o en ciertos casos la falta total de información) es la causa principal de los embarazos indeseados de las adolescentes. Aunque los estudios realizados revelan constantemente que los adolescentes desean obtener información detallada y exacta acerca del sexo, pocos padres y pocos colegios la suministran realmente, los cursos dictados a menudo son lamentablemente incompletos. De acuerdo con una encuesta reciente realizada por el Consejo de Información y Educación Sexual de Estados Unidos, ¡sólo el 39 por ciento de dichos cursos examina el tema de los anticonceptivos! Como sólo alrededor del 10 por ciento de los padres comentan los temas sexuales con sus adolescentes, más allá de decir: "No hagas esto o aquello", no es sorprendente que los adolescentes traten de llenar los huecos apelando a sus propios pares. Por desgracia, la información suministrada por los pares generalmente perpetúa los mitos y las percepciones erróneas acerca del sexo, y estos contribuyen al aumento de los embarazos indeseados en los adolescentes. Lo más lamentable es el hecho de que habrían podido impedirse muchos de estos embarazos si los adolescentes hubieran estado en condiciones de apelar a sus familias y de recibir información y apoyo.

Otra razón principal que explica la epidemia de embarazos de las adolescentes es que muchos jovencitos se aferran a sistemas de ideas que son incompatibles con una conducta razonable destinada a impedir la concepción. Por ejemplo, algunos adolescentes creen que el control de la natalidad es innecesario porque es improbable o imposible que haya embarazo. Las siguientes explicaciones son típicas de esta categoría:

– "Ella es demasiado joven para embarazarse."

– "No puede embarazarse porque acaba de tener el período."

– "No creí que pudiera embarazarme, porque nunca había tenido orgasmos."

– "No puedo embarazarme porque nunca nos besamos mucho."

Otros adolescentes no utilizan métodos anticonceptivos porque los consideran inmorales (por razones religiosas o de otro tipo); serían un signo de promiscuidad o de laxitud de la moral. Una joven sexualmente activa de quince años dijo: "Si utilizara alguna forma de control de la natalidad, sería como planear de antemano la relación sexual, y eso me rebajaría." Los adolescentes también evitan el uso de anticonceptivos porque creen que disminuirá el placer sexual, limitará la espontaneidad sexual o provocará problemas que pueden amenazar la salud.

A algunas adolescentes sencillamente no les importa quedar o no embarazadas. Para estas jóvenes, el embarazo puede ser una aventura que demostrará su femineidad, convalidará su status de adultas, y atraerá sobre ellas la atención de sus padres y de los pares. Están también las que utilizan el sexo como modo de resolver problemas, un método que permite castigar a los padres, y a veces un modo de complicarlos en los problemas de la propia adolescente, y finalmente hacer algo en común: ¡el sufrimiento compartido! Por extraño que parezca, muchas de estas jóvenes, en realidad, tienen actitudes sexuales conservadoras, y creen en los roles tradicionales de la mujer y en el doble patrón moral.

Otro factor que contribuye a los embarazos no planeados se relaciona con el hecho de que muchos varones y muchachas adolescentes confunden los conceptos de sexualidad, amor e intimidad. Se ha comprobado que los adolescentes más jóvenes creen que el sexo es un modo muy eficaz de conocerse, y en cambio los adolescentes mayores tienden a reservar el acto sexual para las relaciones en las cuales hay sentimientos definidos de compromiso y consideración. Asimismo, un número excesivo de adolescentes ignora o desecha la probabilidad de que un acto sexual dado provoque el embarazo, y muchos suponen que el otro se ocupa de adoptar precauciones, cuando en realidad ninguno lo hace. También aquí se manifiesta el problema de la comunicación. Los adolescentes no tienen mucha aptitud para comunicarse sus sentimientos sexuales a causa del sentimiento de vergüenza, porque no encuentran las palabras apropiadas para expresarlos, porque desconocen cuáles son las preguntas más convenientes, y porque suponen impropiamente que todos saben más que ellos, y así no desean parecer ingenuos. Los embarazos no planeados pueden ser el resultado de estas oportunidades de hablar que no fueron aprovechadas. Por ejemplo, Carole jamás había visto un preservativo y no tenía modo de saber si su compañero estaba usándolo. Se inclinó por la afirmativa, y decidió realizar el acto sexual, y quedó embarazada como resultado de una sola experiencia. Supuso demasiado y no preguntó lo suficiente.

Cuando los adolescentes sexualmente activos ignoran o sobreentienden los métodos anticonceptivos, es probable que sobrevenga el embarazo, y en efecto eso sucede con cierta frecuencia. La decisión de usar o no anticonceptivos tropieza con los obstáculos representados por muchas cuestiones colaterales: religiosas, estéticas, sociales y originadas en los padres. Ya hemos sugerido que si deseamos contener la explosión de los embarazos indeseados de las adolescentes, es necesario enseñar el empleo de anticonceptivos como una alternativa viable, incluso en el caso de nuestros adolescentes de menor edad. Es interesante señalar que hay una relación muy firme entre la edad del adolescente cuando realiza por primera vez el acto sexual y el empleo de un método de control de la natalidad: cuanto más tiempo la mujer posterga el primer acto sexual, más probable es que se encuentre protegida. Asimismo, los adolescentes cuyos padres comentan con ellos las cuestiones sexuales, por lo general postergan el primer acto sexual más que los adolescentes cuyos padres guardan silencio acerca del tema. Se ha comprobado que los adolescentes que prefieren no usar anticonceptivos se consideran ellos mismos individuos que *no* desarrollan actividad sexual (muchos dijeron que sus primeros encuentros sexuales fueron accidentes, y que no era probable que se repitiesen); otros parecen tener menos autoestima y un concepto inferior de su propia persona que los adolescentes que se protegen conscientemente para evitar el embarazo.

En realidad, no hay mucho misterio acerca de las causas de los embarazos no planeados de los adolescentes. Nuestros hijos son seres sexuales, y realizarán experimentos con el sexo pese a nuestras admoniciones y a los deseos de protegerlos. En todo caso, la mejor actitud frente a nuestros adolescentes consiste en concederles el derecho de mostrarse responsables en sus propias actividades sexuales, y para lograrlo debemos contribuir a su educación, compartiendo con ellos nuestros valores, el saber que poseemos, nuestras actitudes y creencias. Como sabemos por qué las adolescentes llegan al embarazo, disponemos de los recursos necesarios para evitar este estado.

La recepción de la novedad

Las palabras: "Estoy embarazada", o bien: "Tengo una hija embarazada", se cuentan entre las revelaciones más temidas que la joven hace o los padres escuchan. Tanto los adolescentes como los padres tienden a reaccionar de un modo más o menos previsible si el asunto no fue planeado. Por el lado de los padres tenemos la negación, –el síndrome: "No puede ser" parece ser el primero, seguido por la conmoción y la cólera: "¿Cómo pudiste llegar a eso?" "Te mataré", a menudo con el acompañamiento de un sentido de culpa: "Mira lo que me hiciste, lo que le hiciste a nuestra familia. ¿Qué dirán los vecinos?" Después, quizá siga el castigo: "Sal de esta casa, no mantendré a una prostituta", o "Te encerraré en casa por el resto de tu vida"– todo lo cual indica que los padres han perdido el control y por el momento son incapaces de afrontar la tensión de la situación. Las adolescentes reaccionan avergonzadas ("No quise hacerlo") y con sentimientos de culpa ("No quise lastimarte"), y a menudo se pasean de un extremo al otro de la habitación, en un estado de conmoción ("Esto no puede sucederme".) o de temor ("¿Qué haré ahora, a quién pediré ayuda?").

La recepción de la noticia no necesita ser tan dolorosa si intentamos comprender de manera objetiva la situación. La adolescente está en dificultades y necesita ayuda. El tipo de ayuda que podemos suministrar como padres corresponde a varias categorías: amor y apoyo emocional, atención médica, y normas prácticas destinadas a aportar una solución al problema del embarazo.

En lugar de arrojar epítetos a los presuntos padres adolescentes, siéntese y *demuestre que está disponible*. Trate de escuchar lo que tienen que decir sin juzgar inmediatamente donde está la verdad y dónde la mentira, y si tropieza con dificultades para aceptar la información, reconózcalo, pero sin rencor. La cólera y el castigo aportan poco bien y provocan mucho daño. Pueden inducir a los adolescentes a huir, a pedir el aborto a profesionales de sórdida reputación, a intentar el aborto autoprovocado que puede originar la muerte del feto y de la madre, e incluso a probar el suicidio. Las reacciones de los padres ejercen una influencia mucho mayor de lo que puede imaginarse, y si se comprende esto se habrá avanzado mucho hacia la meta perseguida: que todos mantengan el control de sus sentimientos.

Ante todo, compruebe que existe realmente el embarazo. Pregunte a sus adolescentes si consultaron a un médico, fueron a una clínica, o hablaron con un consejero. Verifique si se realizó la prueba del embarazo, en qué momento después del primer período cuya ausencia fue observada por la jovencita, y si estuvo a cargo de un laboratorio o de un material de comprobación del embarazo de los que se utilizan en casa. Admita que todas las pruebas del embarazo a veces originan alarmas falsas, y que la falta de un período (o incluso de varios sucesivos) *no* es un signo irrefutable de embarazo en la adolescencia. Verifique que las adolescentes tengan acceso a la atención médica competente. Esto también es importante para las jóvenes, del mismo modo que es conveniente que se las examine para comprobar la existencia de enfermedades transmitidas sexualmente que pueden amenazar el embarazo.

Pregunte a los adolescentes qué quieren hacer. Es muy probable que las únicas reacciones sean de temor, y que contesten: "Haremos lo que usted nos diga." Los adolescentes necesitan comenzar a asumir la responsabilidad de las consecuencias de su comportamiento sexual; no se deje seducir ni halagar por el interés que demuestran en los deseos que usted manifiesta como padre. El eje de la cuestión es que los adolescentes necesitan explorar el pro y el contra de la continuación o la terminación de un embarazo, y usted tiene que ayudarles a definir los parámetros de sus decisiones. Es posible que debe aportarles hechos que usted omitió compartir antes con ellos; ahora, tendrá que hacerlo. Las decisiones que adopten los adolescentes que son futuros padres también afectarán la vida de los padres de estos jovencitos, y por lo tanto, usted debe manifestar su opinión, aunque quizá no espere decir la última palabra.

Pregunte a sus adolescentes qué puede hacer para ayudarlos. Quizás adoptar esta actitud sea especialmente difícil para los padres, y también puede suceder que los adolescentes reaccionen con incredulidad al oír estas palabras de sus progenitores. Sin embargo, esta postura puede obligar a los adolescentes a afrontar su relación con los padres, y puede llevar la comunicación a un nivel serio, que ha faltado desde hace un tiempo. Tal vez los adolescentes solamente desean saber que usted continúa amándolos, y también es posible que esperen que usted les ayude a arreglar un aborto; no hay modo de anticipar la respuesta. El eje de la cuestión es que tiene importancia mucho mayor apoyar a los adolescentes que abandonarlos.

Si usted no puede tolerar la novedad, pida ayuda profesional. Es mejor reconocer que usted necesita un mediador para afrontar la situación, que adoptar actitudes intemperantes, como insultar a los hijos o expulsarlos de la casa. Muchos organismos asumen la tarea de colaborar con los adolescentes y sus familias en estado crítico; aprovéchelos si los necesita.

El examen de las alternativas

Podemos considerarnos afortunados porque vivimos en una época en la cual es posible que las adolescentes embarazadas tengan alternativas, las cuales superan holgadamente las que son muy obvias: decidir si abortarán (aproximadamente 400.000 adolescentes eligen anualmente esta solución en los casos de embarazos indeseados), o tener el hijo (la decisión de unas 600.000 adolescentes embarazadas en un año). Las alternativas que se ofrecen a nuestras adolescentes incluyen arreglos relacionados con la forma de vida y la educación que les facilitan tener y conservar a sus hijos, y sistemas de atención de la salud y apoyo suministrados por hospitales u organismos de servicio social, que determinan que sea innecesario que las adolescentes afronten solas y sin ayuda la perspectiva del embarazo o el aborto.

El examen de las alternativas puede hacerse del modo más racional que sea humanamente posible. Al principio, los padres deben explicar a sus adolescentes si creen que se trata de una situación claramente definida, o si perciben que hay espacio para la negociación. Es evidente que para ciertos padres y adolescentes, la gama de alternativas es limitada; los valores religiosos, éticos y emocionales determinan que el aborto no sea admisible. El matrimonio puede o no ser una alternativa viable para muchos adolescentes. En caso negativo, las alternativas que deben ser analizadas incluirán la posibilidad de que la joven embarazada permanezca en el hogar y en el colegio durante el embarazo, o asista a un colegio que ofrece un programa especial destinado a prepararla para la maternidad y el período siguiente. Los interrogantes más difíciles se relacionan con las alternativas disponibles una vez nacidos los hijos. Los adolescentes pueden conservar a sus hijos y criarlos con o sin la ayuda de la familia; pueden dar a luz a los niños y entregarlos en adopción; pueden tener a los hijos y arreglar la atención de padres adoptivos, hasta un momento futuro en que se encontrarán en condiciones de asumir personalmente la responsabilidad de los niños. Aunque puede parecer prematuro examinar en este momento los arreglos para la atención diurna del niño, no es fácil conseguir guarderías de este tipo. Otras alternativas que deben ser consideradas son la amplitud del compromiso del padre adolescente y su familia en el sostén y la atención del hijo. Como muchos adolescentes no se casan, pese a que deciden tener y conservar al hijo, este es un asunto fundamental que debe ser explorado antes de adoptar la decisión definitiva. Ciertamente, para la madre adolescente es mucho más fácil continuar estudiando o trabajando si no tiene que afrontar sola la responsabilidad del hijo.

Cuando se analizan estas alternativas es muy importante que los padres no *impongan* las decisiones definitivas; en términos ideales, las alternativas deben conservar el carácter de tales, y –para bien o para mal– las decisiones definitivas deben corresponder a los adolescentes. Los padres no deben creer que este período de negociación es una batalla por el control; es mejor que lo perciban como una actividad de comprobación de hechos, en la cual ellos representan el papel de consejeros y guías, que actúan en defensa de los mejores intereses de los adolescentes que son futuros padres, explorando las alternativas e identificando recursos para garantizar que, en definitiva, se adopte la decisión más apropiada.

En el extremo opuesto del continuo de alternativas está la decisión de provocar el aborto. Al margen de las consideraciones morales, sin duda es una alternativa segura (si está a cargo de personal médico autorizado, dentro del primer trimestre), en lugar de la continuación hasta el final del embarazo, sobre todo en el caso de las adolescentes más jóvenes, cuyas posibilidades de tener embarazos sin graves problemas de salud, que afecten tanto a la madre como al hijo, son inferiores al promedio. El aborto puede ser viable si el embarazo es consecuencia de la violación, el incesto u otras experiencias sexuales impuestas por la fuerza, las que traumatizan tan gravemente a la madre que ella no está en condiciones psicológicas de afrontar su condición. El aborto está claramente indicado si el embarazo amenaza la vida de la madre adolescente, o si esta padece deficiencias mentales y no puede cuidar de sí misma (y muchos menos de un infante). El aborto debe ser contemplado si el futuro de los adolescentes se ve gravemente amenazado por el embarazo llevado a término, como puede ser el caso de la joven que tiene que ingresar en la universidad con el beneficio de una beca ganada gracias a sus méritos, o del joven que se dispone a iniciar su servicio militar, y así por el estilo. La alternativa del aborto puede ser contemplada a causa de la necesidad económica. También en estos casos la decisión corresponde a los adolescentes, aunque el aporte de los padres es valioso y necesario. El aborto es definitivo; una vez interrumpido el embarazo, no es posible cambiar de idea, y el adolescente debe tener cabal conciencia de la gravedad de esta alternativa.

Sean cuales fueren las alternativas examinadas, es fundamental que ellas aporten a los adolescentes la idea de que los embarazos indeseados tienen soluciones que serán eficaces en el marco del estilo de vida y las posibles metas de cada individuo.

El momento de la decisión

El momento de la decisión puede ser dolorosamente difícil para algunos adolescentes y sus familias, y relativamente fácil para otros. La exploración de las alternativas antes de la decisión determina el marco de una decisión lógica y tolerable, y debe facilitar las medidas rápidas, de modo que los adolescentes puedan continuar viviendo su propia vida.

Desde el punto de vista legal, un padre no puede impedir que una adolescente se someta al aborto si ella se inclina a favor de esa alternativa. Una adolescente embarazada (o para el caso, una adolescente cualquiera) tiene el derecho de adoptar todas las decisiones fundamentales relacionadas con la atención de su propia salud, y no se le puede negar el acceso a esta atención médica. Después de veinticuatro semanas de gestación, el aborto está prohibido, excepto en el caso en que la salud de la madre se encuentre amenazada.

La decisión de interrumpir un embarazo debe ser adoptada con conciencia de que pueden aparecer secuelas emocionales. Los adolescentes tienen que saber que es posible que experimenten una gama de sentimientos, de la euforia y el alivio a la culpa, la depresión y el dolor. También debe explicárseles que un aborto no impide tener un embarazo planeado en determinado momento del futuro. Puede suscitarse animosidad entre las familias de la madre y el padre adolescentes, sobre todo si el varón desea el hijo y la joven quiere abortar.

Cabe abrigar la esperanza de que los adolescentes que deciden casarse como consecuencia del embarazo no planeado lo harán con cabal conciencia de las dificultades que pueden afrontar en el curso de la convivencia. La decisión debe basarse en los hechos relacionados con los riesgos previstos, cuáles son las posibilidades de que puedan completar su educación, de que solventen sus gastos, cómo atenderán al hijo, cuáles son los recursos disponibles en caso de urgencia, y así por el estilo. Es aún más importante el problema del afecto y la compatibilidad personal, pues un matrimonio sin amor, impuesto por las circunstancias, está condenado a afrontar más tarde diferentes problemas.

Es necesario preguntar a la joven que permanece soltera, pero desea conservar a su hijo, si adopta la decisión a causa de la presión de los padres o porque alienta el concepto romántico de que un hijo es un ser a quien ella podrá amar, y que a su vez la amará absolutamente, con verdadera adoración (es el llamado "síndrome del hijo-muñeca"). Por increíble que parezca, la decisión de una adolescente de tener al hijo a veces está profundamente influida por la presión de los pares: "Mi mejor amiga lo hace, y por lo tanto yo también lo haré." Veamos lo que dijo acerca del tema una joven de dieciséis años:

"Cuando descubrí que estaba embarazada, mi primera reacción fue el pánico. Pero cuando pensé en el asunto, comprendí que en realidad era una bendición. Por ejemplo, mi amiga Mary tiene un niño de seis meses, que es muy bonito y afectuoso, y ella es una excelente madre. Ahora, este hijo me pertenecerá, y yo también seré una buena madre. Mary y yo podemos llevar al parque a nuestros hijos, y mirarlos mientras juegan."

Si una adolescente desea tener y conservar al hijo, es necesario formular una serie de difíciles interrogantes. ¿Sabe realmente lo que significa cuidar a un niño? ¿Imagina cuáles serán las responsabilidades a largo plazo? ¿Prevé el apoyo de la familia, o tendrá que depender de las guarderías o de otros arreglos parecidos? ¿Cómo reacciona frente a la idea de la ayuda pública? ¿Ha tenido experiencia de lo que significa disciplinar a un niño, y cómo espera reaccionar si es difícil encarrilar al niño, o este sufre perturbaciones emocionales y necesita atención especial? ¿Qué hará si el niño nace retardado o disminuido físicamente? ¿Qué hará si el embarazo la deteriora físicamente o la disminuye de manera permanente? Es necesario formular estas incómodas preguntas exploratorias, y hay que contestarlas antes de adoptar la decisión definitiva, porque imponen un sentido de la realidad y la responsabilidad en una cuestión que a menudo aparece desdibujada por efectos de la fantasía.

La decisión cerca de la retención del hijo es bastante distinta en el caso de una adolescente de más edad que en el de una más joven. Pocas jovencitas de quince años o menos son capaces de exhibir una maternidad responsable, y es menor aún el número de las que tienen un cónyuge que colabore con ellas. En general, eso significa que ustedes, los abuelos del niño, tendrán que cumplir la función de padres sustitutos, un papel que quizá no deseen asumir, por una serie de razones, incluso las de carácter económico. En tales circunstancias, a menos que pueda trazarse un plan realista en relación con el cuidado del recién nacido, es posible que la nueva situación determine el profundo malestar de varios seres humanos.

La decisión de tener el hijo y entregarlo en adopción puede ser contemplada sólo después que los padres adolescentes han examinado la posibilidad de que quizá deseen ver al niño en una fecha ulterior. Deben conocer sus derechos como padres naturales, así como los derechos del niño, y tendrán que decidir si para ellos es importante que el destino del niño quede sellado al nacer, o si prefieren la situación de acceso mutuo, e incluso el contacto con los padres adoptivos. También tienen que considerar si es realista suponer que el hijo será adoptado prontamente, o si existe la posibilidad real de que el niño languidezca en el marco de un sistema de padres adoptivos, ¡y eso durante varios años, quizás hasta la edad adulta!

En relación con el proceso de adopción existen otras alternativas. Aunque la mayoría de las adopciones se organizan a través de los organismos de servicio social, también existe la oportunidad de realizar un arreglo privado. (Pero como esta práctica no está legalizada universalmente, usted debe comprobar la situación en su área geográfica específica.) El médico, el abogado o el sacerdote puede realizar los arreglos necesarios para concertar una adopción privada que incluya el pago de los gastos de mantenimiento de la madre, la atención prenatal y posnatal, los gastos de hospital relacionados con el parto, y los honorarios legales. Además, puede arreglarse que su hija conozca a los futuros padres adoptivos antes de decidir lo que hará, y a veces puede concertarse un acuerdo que le otorgue el derecho de visitar después al hijo. Por otra parte, las adopciones privadas pueden ser más problemáticas en ciertos sentidos que la adopción a través de un organismo –por ejemplo, el acuerdo firmado tal vez no otorgue a su hijo el derecho de cambiar de idea– y por lo tanto es necesario que todos los arreglos sean examinados detenidamente por su propio abogado.

Otro factor que debe contemplarse en el momento de la decisión es la reacción de los pares frente al desenlace del embarazo, trátese del aborto o el parto. Los adolescentes deben decidir si podrán convivir cómodamente con su propia decisión, sea cual fuere la posible desaprobacion de sus pares. Los adolescentes a menudo adoptan decisiones precipitadas sobre la base de lo que creen que pensarán de ellos sus pares, y se desilusionan amargamente cuando la realidad y la expectativa no coinciden. Las decisiones deben ser adoptadas con independencia de las normas grupales, y contradecir a los pares puede ser más difícil que afrontar la desaprobación o la cólera de los padres.

Deben adoptarse las decisiones sólo después que se ha disipado la impresión inicial provocada por la noticia del embarazo no deseado, y después que se han explorado las diferencias alternativas, y formulado y contestado las preguntas exploratorias. El proceso que conduce a la decisión definitiva puede representar una catarsis tanto educativa como emocional, y es imperativo ayudar a los adolescentes a desarrollar actitudes realistas acerca de la influencia que ejercen la presencia y la crianza de los hijos en el estilo de vida y las alternativas de vida de cada uno.

Mirar el futuro de una manera razonable

El embarazo indeseado no tiene por qué significar el fin del mundo para los adolescentes afectados y sus familias. Como hay diferentes alternativas, muchos adolescentes pueden continuar realizando una vida eficaz y productiva, a pesar o incluso a causa del nacimiento de los hijos. Lo que deben hacer tanto los padres como los adolescentes es evaluar los hechos que llevaron al embarazo y las posibles razones de él, y modificar lo que pudo haber sido disfuncional en su vida, para impedir las repeticiones. Por lo tanto, mirar hacia el futuro implica mirar hacia atrás, con una percepción más clara. Mirar hacia el futuro también significa abandonar nuestras ilusiones y fantasías; en nuestra condición de padres, debemos abandonar la pretensión de que podemos proteger a nuestros hijos inhibiendo su desarrollo sexual, y no debemos censurarlos si cometen errores sexuales. Debe permitirse que los adolescentes asuman la responsabilidad de su sexualidad, y que lo hagan con los hechos y el aporte suministrado por los padres.

Por lo tanto, mirar razonablemente el futuro significa planear el futuro. Significa que los padres están disponibles como recursos utilizados por los adolescentes, como sistemas de apoyo, y como defensores. Implica comprender que los padres pueden necesitar ayuda para afrontar el trauma del embarazo indeseado, y saber que no es vergonzoso solicitar consejo a todos los miembros de la familia. Contemplar razonablemente el futuro significa aprovechar los recursos de la comunidad, de los programas de educación y autoayuda o los grupos de asesoramiento formados por los pares, de manera que nadie, ni los padres ni los adolescentes, se sienta solo en presencia de problemas insuperables. El episodio del embarazo de la adolescente no tiene por qué repetirse si se adoptan medidas adecuadas de protección, y en ese sentido los padres pueden ser colaboradores importantes de la prevención. La palabra fundamental es *razonablemente*; las alternativas existen.

19

Fugas

Los ejemplos literarios más famosos –Tom Sawyer y Huck Finn, de Mark Twain– son epítomes de un concepto romántico de la experiencia de huir del hogar. Durante la Gran Crisis de los años '30, los jovencitos abandonaban el hogar en elevado número para hallar trabajo y comida. Los jóvenes más privilegiados de los años '60 escapaban para descubrir estilos de vida que fueran, desde el punto de vista estético y moral, superiores a los de sus padres. No hay romance ni idealismo que motive la mayoría de las fugas de los años '80. Los peligros desconocidos de la fuga a menudo son menos temibles o debilitadores que las situaciones de la familia de las cuales se alejan. No todos los jóvenes que se marchan del hogar lo hacen por propia voluntad. Los cálculos recientes sugieren que aproximadamente un tercio de ellos son "expulsados" o "echados", adolescentes cuyos padres los expulsaron del hogar por delitos como la inconducta, comer demasiado, o el embarazo. El número real de estos jovencitos quizá sea más elevado que los cálculos oficiales, pues tales padres rara vez informan acerca de la desaparición de sus hijos.

La edad en que los hijos abandonan el hogar es menor que en otro período cualquiera. Los refugios destinados a ellos informan la presencia de niños de once y doce años que solicitan ayuda, aunque la edad promedio es de 14,9 años. Las encuestas nacionales realizadas en estos refugios revelan que el 64 por ciento de los adolescentes procesados está formado por jovencitas. Generalmente huyen, no para buscar "diversiones" y "aventuras", sino porque sus alternativas parecen gravemente limitadas, y huir se convierte en el modo de afrontar la situación, de hallar alternativas a un statu quo intolerable.

Por qué los adolescentes abandonan el hogar

Se observan cinco factores principales, aislados o combinados, en muchas de las familias de los adolescentes que huyen:

(1) mala comunicación con los padres;

(2) existencia o temor de los abusos, descuido, o aprovechamiento sexual por los padres o los parientes;

(3) exigencias o restricciones irrazonables, excesivamente duras, impuestas por los padres a los adolescentes;

(4) problemas o estados de desorganización del sistema de la familia (como entidad distinta de los conflictos con los adolescentes);

(5) problemas relacionados con la escuela y el colegio.

Los esquemas de mala comunicación en el seno de las familias ocupan el lugar principal en la lista de razones importantes que explican la fuga —se los observa en más de la mitad de las familias— y el hecho no es sorprendente. A nadie le agrada ser interpretado mal, o lo que es peor, ignorado o sobrentendido. Muchos padres utilizan un rígido enfoque del tipo "o esto o aquello" para aplicar la disciplina, lo cual en términos generales equivale al siguiente mensaje: "O haces lo que digo, cuando y como lo digo, o serás castigado, perderás privilegios, te expulsaremos de casa)"; pero no reconocen que este estilo aplicado al control del adolescente es un modo seguro de deteriorar la comunicación. La combinación de las restricciones en apariencia injustas (desde el punto de vista del adolescente) y la incapacidad para hablar sobre los problemas crea ambientes maduros para el comportamiento de fuga. Los adolescentes no son autómatas de quienes pueda esperarse que siempre saltarán apenas reciban la orden de los padres, y tampoco son adivinos que pueden determinar si lo que los padres esperan de ellos es lo mismo que les dicen o reclaman. En las familias que producen fugados, a menudo hay muchos mensajes contradictorios que van y vienen de modo que, exactamente como en *Alicia en el País de las Maravillas*, nada es exactamente lo que parece. El adolescente intentará complacer hasta cierto punto a los padres y —si fracasa siempre— probablemente huirá, cuando no haya espacio para negociar y aclarar los reclamos de los padres y las necesidades del propio adolescente.

Algunos padres creen que sus adolescentes son individuos insensibles y egoístas, que se preocupan únicamente de ellos mismos y sus amigos, y que no tienen conciencia de las tensiones que los padres quizás están sufriendo. Esto rara vez es cierto, pero es una creencia que lleva a los padres a desatender muchos de los signos de un episodio inminente de fuga. El hecho es que los adolescentes se muestran exquisitamente sensibles a todo lo que los rodea, pero a menudo son incapaces de expresar lo que sienten y ven. Las cuestiones muy concretas de la estabilidad en el empleo, de dónde saldrá el dinero para pagar las cuentas, cómo afrontar la inflación, cómo defenderse de la insolvencia, son problemas que afectan mucho a los adolescentes. Ellos son barómetros sensibles, que miden y reflejan las presiones existentes en sus respectivas familias. Cuando ven que poco pueden hacer para ayudar, o que se los excluye de las principales decisiones de la familia porque los padres suponen, erróneamente, que los hijos no se interesan en esos asuntos, algunos adolescentes reaccionan del modo que, según creen, es el mejor para resolver sus problemas: huyen. A menudo, la huida es un gesto altruista. Consideremos la motivación del adolescente que huyó, de manera que su familia tuviese que alimentar una boca menos, y compáresela con la motivación del padre que expulsó de la casa a sus dos mellizos de trece años porque comían demasiado, y que dijo al asistente del servicio de ayuda a los jóvenes que se ocupaba de los niños:

"¿Para qué tener hijos si allí afuera no hay nadie que los reciba y los cuide cuando las cosas se ponen difíciles? No debo nada a mis hijos, jamás hicieron nada por mí y no los mantendré en mi casa."

A los ojos de los padres que han olvidado cómo era cursar los últimos años del colegio secundario, los problemas que allí se incuban quizá no parezcan una razón válida para desencadenar un episodio de fuga. Pero si consideramos el punto de vista del adolescente, la cosa puede llegar a ser comprensible. El colegio es el hogar del adolescente al margen del hogar, un área de la vida en la cual el control se encuentra ostensiblemente en manos del adolescente, no de los padres. Cuando las cosas se descarrilan, en el plano social o académico, la sensación del adolescente en el sentido de que él ejerce el control de lo que está realizando, puede verse totalmente refutada, pues fracasar en el colegio es fracasar como adolescente, y eso puede ser intolerable. Como los adolescentes son notorios actores y reactores, huir puede parecer una alternativa más viable que quedarse para afrontar el embrollo y resolver los problemas que provocan las dificultades en el colegio. Los padres que presionan impropiamente a sus adolescentes en relación con el rendimiento académico (por ejemplo, exigiendo a un estudiante común y corriente un trabajo de muy elevada calidad), o que incursionan sin descanso en las actividades sociales cotidianas de su hijo, o los padres que siempre suponen que los profesores tienen razón y que nada de lo que el adolescente relata acerca del colegio (sobre todo si es desfavorable) se ajusta a la verdad, sin quererlo pueden estar creando situaciones de fuga.

El abandono del hogar rara vez es una decisión instantánea. Generalmente es la respuesta a antiguos esquemas de conflicto, en relación con los cuales los adolescentes se sienten impotentes. En general, los jovencitos tratarán de resolver por sí mismos los problemas de la familia, alegando frente a los padres, adoptando formas originales de conducta para atraer la atención sobre ellos mismos, y así desactivando lo que según creen es la causa de la disensión en la familia, y a veces incluso asumiendo roles adultos en un intento de aliviar la carga de los padres. Si estas tácticas no son eficaces, si carecen de otros recursos hacia los cuales volverse en busca de ayuda, es posible que los adolescentes huyan, como un esfuerzo final para promover cambios. El impulso que nos lleva a afirmar que dichas fugas son "formas desviadas" es injusto, pues los fugados (más o menos como los adolescentes que contemplan e intentan el suicidio) están buscando soluciones a los problemas, aunque lo hagan apelando a formas socialmente inaceptables. Los padres deben tratar de recordar esta distinción: Los métodos son desviados, los hijos no.

Algunos adolescentes *necesitan* huir de los ambientes inseguros. En tales casos, el acto de la fuga puede ser en realidad un signo de salud, pues cumple la función de una válvula de seguridad y permite descargar tensiones e impedir otros daños al propio individuo o a otros. Es interesante señalar que los fugados más jóvenes y los que escapan por primera vez tienden a conferir un carácter trivial a las razones que los movieron a huir, porque se sienten temerosos o avergonzados, o quizá deseen proteger la reputación de su familia. Afrontar todas las consecuencias de sus decisiones a menudo resulta excesivamente traumático, y así muchos de estos adolescentes exhiben una falsa temeridad o una apariencia ruda para enmascarar su verdadero sufrimiento. No debe confundírselos con otra categoría de adolescente fugado que exhibe una actitud atrevida, el fugado casual cuya pauta consiste en alejarse un día o dos del hogar, a menudo para vivir con amigos, pero sin informar a los miembros de la familia. Estos adolescentes utilizan la fuga casual como respuesta a la legítima fijación de límites por los padres, o a las riñas de la familia, y desaparecen pero no tienen la intención de mantenerse siempre alejados. En su caso, la fuga es un modo de afirmar la independencia, de señalar su capacidad de funcionar como adultos en el mundo "real". El noventa por ciento de estos adolescentes regresa al hogar pocos días después de desaparecer, y tales episodios pueden sobrevenir incluso en familias muy unidas y psicológicamente sanas.

Es evidente que los fugados casuales provienen de situaciones hogareñas que son muy distintas de las que afrontan los adolescentes que necesitan realmente huir por razones de seguridad personal. En tal caso, ¿por qué a menudo se manifiesta cierta sorpresa cuando un adolescente abandona el hogar y no regresa? ¿Por qué las personas entrevistadas por la policía o los asistentes sociales participantes en la búsqueda de un adolescente desaparecido pueden decir: "Resulta impresionante, es una familia tan agradable." La razón reside en que tales familias proyectan una atmósfera de tranquilidad, percibida por los extraños; por ejemplo, el padre satisface con su trabajo las necesidades de la familia, la madre y los hijos están bien vestidos y se muestran discretos, es un hogar pulcro. Dicha tranquilidad a menudo es una máscara. Oculta el conflicto, la tensión y la discordia que son en realidad las corrientes principales en las interacciones de esta familia. Cuando la imagen y la respetabilidad de la familia se mantienen intactas, el marido y la mujer pueden ignorar fácilmente los problemas interpersonales, porque todos perciben que "nada está mal". La negación de que exista conflicto responde a varios propósitos: al grabarse firmemente el sistema de creencias de una familia, puede permitir el florecimiento de la incomunicación, o disimular repulsivos abusos cometidos en perjuicio de los hijos (especialmente el aprovechamiento sexual o el abuso psicológico). Cómo funciona este sistema lo ilustra el caso de Carol, una fugada de quince años:

> "Mi padrastro constantemente se me insinuaba, y una noche se deslizó en mi cuarto después que mamá se había dormido. Dijo que solamente deseaba enseñarme lo que era el sexo, de manera que los muchachos no me lastimasen. Después que me violó, amenazó matarme si se lo decía a mamá."

Cuando fueron atendidos por un terapeuta de familia, unos meses después que Carol había fugado y fue devuelta al hogar por orden del tribunal, los padres dijeron que no tenían problemas conyugales. La madre de Carol tomó partido por el marido, y rehusó creer en las afirmaciones de su hija. Este rechazo enérgico de las acusaciones y el esquema en virtud del cual los cónyuges hacen causa común contra el testimonio de la adolescente, son indicaciones de la capacidad de resistencia al cambio que pueden demostrar tales familias, y de la razón por la cual es tan difícil tratarlas, y también una de las razones que explican por qué la estadística de las fugas continúa siendo tan elevada. Puede preverse que la posibilidad de que los adolescentes como Carol huyan repetidas veces es muy elevada, si no se corrige la razón por la cual intentan escapar.

Los adolescentes huyen por una serie de razones distintas, y a menudo por una combinación de razones. Los adolescentes de todos los grupos étnicos o socioeconómicos tienen posibilidades de convertirse en fugados. Si nosotros, en nuestra condición de padres, queremos contener la marea de las fugas de adolescentes, jamás debemos subestimar la profundidad y la intensidad de los sentimientos de nuestros hijos, ni creer que sus problemas son triviales. Sólo así seremos capaces de demostrar el nivel adecuado de vigilancia para percibir los signos de advertencia.

Signos de advertencia

Un episodio de fuga inminente generalmente está precedido por cambios obvios en el adolescente. La muchacha que altera su imagen, y pasa de la condición de alumna secundaria a la de joven *punk*, o el varón que abandona sus camisas normales para vestir chaquetas de cuero sin mangas de la pandilla de motociclistas, están intentando comunicar un mensaje sin palabras a sus padres y a todos los demás miembros de su entorno. A veces, los adolescentes están dispuestos a comentar ese "algo", pero en otras ocasiones es posible que ni siquiera ellos mismos perciban claramente sus propios motivos, excepto para decir que "todos los muchachos lo hacen". Algunos adolescentes sobrepasan la etapa del "cambio de imagen", y quizás adopten una conducta cuyos ejes son totalmente distintos: el adolescente estudioso puede convertirse en ausentista crónico, el niño responsable que siempre respetó las instrucciones puede adoptar hábitos de trabajo descuidados, y "olvidar" convenientemente sus tareas. Otros aún pueden modificar la composición de sus propios grupos de pares, y comenzar a salir con jovencitos que no les interesaban demasiado anteriormente.

"Pero", puede decir el lector, "todos los adolescentes cambian así en el transcurso del tiempo; es parte de la comprobación de los papeles a desempeñar y del intento de adaptarse al mundo de los adultos". Esta afirmación es acertada técnicamente, por referencia a las generalizaciones más amplias que realizamos acerca del espectro total de la conducta adolescente. Pero las mismas cosas que podemos considerar normales en la mayoría de los adolescentes, tal vez resulten signos de advertencia que prenuncian un episodio de fuga en el caso de ciertas familias, aquellas en las cuales existen una o la totalidad de las cinco razones principales para fugar. Algunos de los signos de advertencia señalados por los profesionales que aconsejan a dichos adolescentes son precisamente los elementos que los llevaron a diagnosticar, en otros jovencitos, la depresión o la tendencia al suicidio. Por lo tanto, los signos de advertencia no son absolutos, y en cambio indican la posibilidad de una crisis en la vida del adolescente, una crisis que bien puede resolverse en un episodio de fuga. Aquí tenemos un compendio de los signos más fidedignos y obvios de que alguien se prepara para huir:

(1) *La conducta impulsiva.* El adolescente que comienza a rebelarse, a "representar", y se resiste a hablar de nada con nadie. Este es también un signo de la existencia de tendencias suicidas. Los padres también deben tener conciencia de la medida en que la impulsividad del adolescente se aparta de las pautas de comportamiento usual del hijo, lo cual significa que primero deben tener una idea y

una comprensión claras de la norma en el caso particular. Por desgracia, muchos padres no poseen información suficiente para realizar una evaluación inteligente.

(2) *Incapacidad para tolerar sus frustraciones.* En la jerga de los terapeutas se denomina a ese estado una incapacidad para postergar la gratificación; en realidad, significa que el individuo lo desea todo aquí y ahora, en este mismo momento, respuestas instantáneas, placeres instantáneos y resultados instantáneos. La incapacidad para tolerar las frustraciones se traduce en la incapacidad para convivir con otros, y puede determinar que el adolescente parezca petulante, egoísta, y a veces incluso violento. Debilita eficazmente la posibilidad de resolver los problemas, y a veces logra que el adolescente se distancie de su familia y los pares.

(3) *Cambios extremos en las relaciones con los padres.* El adolescente que otrora mantenía relaciones gratas con una serie de personas —la familia, los docentes y los pares— de pronto quizá rechaza tanto a la familia como a los docentes, formula afirmaciones negativas acerca de ellos, y tal vez corte todos los vínculos significativos con ellos, para concentrar en cambio las energías en un reducido grupo de amigos. Inversamente, el adolescente que se retrae por completo de los pares y prácticamente se encierra en el hogar, está indicando que algo anda mal, y que es candidato a un episodio de fuga.

(4) *Repentina desconfianza frente a los adultos.* Este rasgo puede aparecer como una forma de resistencia a las normas impuestas por los adultos, como enunciados verbales en el sentido de que no es posible contar con los adultos o confiar en ellos, o como renuencia a hacer confidencias a los adultos. Aunque estas reacciones pueden parecer repentinas a los padres, probablemente estuvieron incubándose un tiempo, pero no se les prestó atención por entender que eran una forma típica del comportamiento del adolescente. La máxima que dice: "No confíes en nadie mayor de treinta años", en realidad no es aplicable a los adolescentes de los años '80, de modo que si usted percibe un comportamiento que indica que su adolescente adopta esa actitud, es tiempo de prestar atención y de afrontar los problemas subyacentes.

(5) *Los enunciados verbales referidos a la fuga* aparecen a menudo en labios de los adolescentes que están contemplando seria-

mente esa posibilidad. Los padres quizá desechen esos mensajes, pues recuerdan las amenazas proferidas cuando el hijo era más joven, y que concluyeron en la preparación de una mochila con el almuerzo, un paseo por las calles vecinas y el regreso a casa una vez consumidas todas las galletitas. El adolescente que se siente dolorido o está en problemas, cuya familia no le suministra los elementos emocionales, o incluso físicos, necesarios para mantener sanos y fuertes los vínculos que lo unen a los restantes miembros, no es un individuo tímido, probablemente no está haciendo una broma, y no debe confundírselo con el simpático "fugado" de la época en que tenía siete años. El adolescente candidato a la fuga puede formular muchas veces esa declaración y no pasar a los hechos, pero si no se presta atención al mensaje puede llegarse al punto de ruptura, en que el mensaje se convierte en realidad.

Hay otras formas de conducta que son avisos de fuga, pero también pueden ser advertencias que anuncian la depresión y la tendencia suicida del adolescente. Por desgracia, muchos fugados son jovencitos deprimidos, que utilizan la huida como una forma de afrontar riesgos, un gesto suicida; y muchos terminan muertos. Los signos de la depresión son:

(6) *Sentir y afirmar que uno no tiene remedio, carece de valor, es un cero.*

(7) *Abusar de las drogas y el alcohol.*

(8) *Problemas académicos* que no existían antes.

(9) *El pensamiento mágico.* La idea de que si uno oprime los botones apropiados todo se arreglará perfectamente, y todos los problemas desaparecerán. Esta actitud indica claramente una ruptura con la realidad, la incapacidad de afrontar la presión, y la necesidad de creer en un poder ajeno al propio yo y capaz de aportar soluciones. No debe equipararse esta actitud con la creencia religiosa.

No todos los fugados se han visto carenciados o fueron víctimas del abuso, o tuvieron padres que no los deseaban o que los abandonaron. Algunos padres de adolescentes fugados los amaban y trataron de suministrar a sus hijos todos los elementos necesarios; y por otra parte, el conocimiento de los signos premonitorios nunca es garantía de que se podrá impedir el episodio de fuga. Los padres que se preocupan y desean ayudar a sus adolescentes deben tratar de hacer algo más que limitarse a *saber*. Necesitan comprender la naturaleza acumulativa de la tensión y su influencia sobre los hijos, deben reconocer la existencia de problemas cuando estos aparecen, tienen que afrontarlos, explorar las alternativas de solución, y conseguir ayuda cuando sea necesario. El eje del proceso está en incluir en él al adolescente, escuchar y conversar, absteniéndose de polemizar, y no permitir que los problemas que desencadenan los episodios de fuga se multipliquen y descontrolen.

Qué hacer ante el episodio de la fuga

Así como es posible formular generalizaciones acerca de las fugas de los adolescentes, podemos generalizar acerca de los padres. La mayoría de los adultos reacciona frente a la desaparición de un hijo con una serie previsible de actitudes: temor, cólera, negación, vergüenza, incredulidad. Algunos se sienten aliviados porque la principal fuente de tensión en su vida ha desaparecido, y otros experimentan un intenso sentimiento de culpa (sobre todo si alguna vez respondieron a la declaración del adolescente: "Me marcharé de casa porque en realidad no te importo", con la frase: "Adelante, te desafío a que lo hagas"). Algunos pueden sentirse por completo rechazados por un adolescente que los abandonó personalmente, y que dio la espalda a los valores y las creencias de la familia. Casi todos los padres experimentan un sentimiento de desorganización, la sensación de que no saben qué hacer primero o a quién pedir ayuda.

Es posible sobrevivir a la influencia de la crisis inmediata y maximizar las posibilidades de localizar al adolescente aplicando un plan de acción prudente y claramente perfilado. *Ante todo, los padres deben dominar sus sentimientos de pánico*. Reconozca cómo se siente, comente sus propias emociones, incluso anótelas aunque sólo sea para aclararlas en su propia mente. Esto puede ser difícil si su familia no está acostumbrada a comunicarse, salvo en un nivel superficial. Es importante comprometer en este proceso a todos los miembros de la familia que continúan en el hogar, aunque sea únicamente para desmistificar lo que usted está sintiendo en ese momento.

Usted debe determinar si su adolescente realmente ha fugado. Su reacción instantánea frente a la desaparición de un hijo puede cegarlo temporariamente a la posibilidad de que haya olvidado un paseo nocturno programado hace varios días, o un proyecto de la clase que exige la presencia de su hijo en el hogar de un amigo durante el fin de semana. Llame a los amigos de su hijo, a los padres de los amigos, a los docentes, a los miembros del clero –a todas las personas con quienes su hijo mantuvo contacto regular– en un esfuerzo por descubrir el paradero del adolescente. Si no descubre nada, o si alguien vio a su hijo en el camino más próximo haciendo *auto-stop*, tiene motivos para sospechar lo peor. De todos modos, usted no carece de recursos, y no debe creer que la situación es desesperada.

Notifique a las autoridades acerca de la desaparición de su hijo adolescente. Será necesario avisar a las autoridades del colegio (si su hijo concurría a clase), a los posibles empleadores, y quizás a la policía. La razón por la cual decimos "quizá" cuando nos referimos a la policía es que no existen garantías de que la policía podrá localizar al jovencito fugado. La mayoría de los departamentos de policía exige una espera de cuarenta y ocho horas antes de que usted pueda presentar una denuncia por desaparición de persona, tiempo suficiente para permitir que su hijo se aleje del hogar y se incorpore a una red clandestina de fugados que, probablemente, le ofrecerá protección, y logrará que él o ella sean prácticamente invisibles.

Si los padres deciden realizar la denuncia de desaparición, también deben decidir si están dispuestos a firmar una declaración que permite a la policía detener al adolescente una vez localizado. Las situaciones de detención pueden desembocar en audiencias judiciales que exigen la presencia de un abogado. Sucede lo siguiente: si el padre sabe cuál es el lugar al que su hijo se dirigió, puede presentar una petición en el tribunal de asuntos juveniles. Se envían órdenes de custodia a ese lugar, y si se localiza al desaparecido, la policía lo detiene. Sigue una audiencia judicial, y el juez decide si conviene devolverlo al hogar, traspasarlo a un tribunal del Estado de origen para celebrar nuevas audiencias, o a un hogar adoptivo. La fuga es técnicamente un "delito de status", un acto que los adultos pueden realizar legalmente, pero está prohibido a los menores. Los estados rotulan de distintos modos a los menores fugados: personas que necesitan supervisión; menores que necesitan supervisión; juveniles que necesitan supervisión; niños que necesitan supervisión. Legalmente, cada localidad puede decidir si los infractores de status tienen derecho a la misma protección que los delincuentes; los tribunales pueden imponer limitaciones, por ejemplo de horario, y sentencias que se cumplen en las escuelas-reformatorios, si se detiene al adolescente y se lo obliga a comparecer ante el juez. Todas estas consecuencias configuran un auténtico laberinto para los padres de los fugados.

Llame a las diferentes líneas telefónicas de urgencia que atienden los problemas relativos a los fugados. Estas líneas telefónicas nacionales de urgencia actúan como cámaras de compensación de las líneas locales de urgencia, y también suministran servicios de referencia relacionados con la ayuda legal, las clínicas gratuitas, la vivienda, los centros de refugiados, los albergues locales para fugados, y los servicios del Ejército de Salvación. Algunas pueden organizar llamadas que permiten que los padres conversen con sus hijos, y todas representan el papel de terceros neutrales que negocian entre los padres y los adolescentes que huyeron de la casa. Muchas de estas líneas para llamadas urgentes son gratuitas, y operan veinticuatro horas diarias, los siete días de la semana. Los padres y los jovencitos fugados pueden dejar mensajes que tienen un carácter absolutamente confidencial.

Sea realista acerca de lo que pueda sucederle a su adolescente, y esté preparado para afrontar lo peor. Los jovencitos fugados son presa fácil de los delincuentes, y sobre todo de los tratantes de drogas y los rufianes que buscan prostitutas para incorporarlos a su elenco de compañeros sexuales masculinos y femeninos negociables. Los adolescentes harán casi todo para sentir que *pertenecen* a algo, y convertirse en prostituta es un modo de pertenecer a un grupo identificable y de sobrevivir. Por desgracia, muchos de estos adolescentes son agredidos y brutalizados por sus clientes tanto como por los rufianes, y acaban como estadísticas de la lista de cadáveres no identificados.

Los adolescentes fugados que no se relacionan con rufianes o vendedores de drogas tienen que encontrar otros modos de sobrevivir, y tienden a aprender lo que Anna Kosof denomina "las habilidades del nómade urbano": cómo hurtar en las tiendas, robar, asaltar a la gente y estafar pidiendo crédito en las tiendas del vecindario. La mayoría de los fugados carece de papeles (que requieren el consentimiento de los padres) para trabajar, y legalmente no puede empleárselos si tienen menos de dieciocho años. Durante la última década, la estadística de los delitos cometidos por menores ha aumentado, al compás del número cada vez más elevado de adolescentes fugados;

es sabido que los adolescentes que han huido del hogar cometen muchos de los delitos, no siempre con intención maliciosa, sino para sobrevivir.

Si usted cree que su adolescente no puede realizar ninguna de estas actividades, piénselo otra vez. Las calles endurecen de prisa a un individuo, y la necesidad de comer y tener un techo son motivadores enérgicos para actuar, por terribles que puedan ser los actos cometidos.

Muéstrese dispuesto a contemplar la posibilidad del asesoramiento destinado a usted y a su familia. Usted tendrá que determinar las razones por las cuales su adolescente abandonó el hogar, y un terapeuta o un tercero que tiene una actitud objetiva pueden ayudar a neutralizar y desactivar la situación emocionalmente explosiva. El asesoramiento le ayudará a entender qué cambios pueden introducirse en el sistema de la familia para impedir que otros hijos escapen, o para impedir que el fugado vuelva a huir de la casa. Pedir asesoramiento no implica, ni mucho menos, reconocer la culpa o aceptar la responsabilidad por la conducta de su hijo adolescente. Debe interpretárselo como una tarea de recolección de hechos, en la que usted tiene todo que ganar y nada que perder, un paso positivo hacia el crecimiento, y un seguro que acrecienta la posibilidad de que se obtenga la armonía y la felicidad de la familia.

Prepárese para la primera llamada telefónica, el primer contacto con su adolescente fugado. Si usted se toma el tiempo que necesita para prever sus propias reacciones, será menos probable que responda coléricamente o con afirmaciones que provocan el sentimiento de culpa. Si es necesario, escriba su discurso, y manténgalo cerca del teléfono, y asegúrese de que incluya las palabras: "Te amo". Trate de imaginar los sentimientos de su adolescente cuando inicia esa llamada, y comprenda que un jovencito fugado a menudo llama al hogar obedeciendo a un impulso. Si la respuesta de un padre es negativa, vengativa o incluso demasiado inquisitiva, es probable que el adolescente corte la comunicación y no llame otra vez. En cambio, si el padre y otros miembros de la familia están preparados para el primer contacto y pueden reaccionar con amor y comprensión, las posibilidades de que el adolescente regrese a casa mejoran de manera dramática.

Cuando se acepta el retorno del adolescente fugado (y después)

Los sentimientos que usted experimentará cuando vuelva a reunirse con el hijo que huyó de la casa probablemente serán tan intensos y confusos como los que tuvo cuando descubrió que el jovencito había desaparecido, o cuando recibió la primera llamada telefónica. Usted tiene derecho a experimentar sus propios sentimientos, y no debe tratar de negarlos o aminorarlos. Pero tampoco permitirá que lo abrumen o dominen de tal modo el reencuentro que usted pierda el control.

El adolescente que retorna a usted puede parecer un extraño, endurecido, conocedor de la vida de la calle, cínico, agotado emocional y físicamente. La medida de cada una de estas características depende, en gran parte, del lapso durante el cual el adolescente se ausentó, y de las personas con quienes él o ella se asociaron. Su hijo puede percibirlo a usted como un adversario, una persona cuyo interés principal es sujetar firmemente las riendas y destruir la libertad del hijo. O bien puede verlo como un representante de las autoridades, un enemigo que lo enredó en el sistema de la justicia aplicada a los delincuentes juveniles. Si usted tiene suerte, su adolescente se sentirá feliz de verlo y aliviado porque ahora alguien volverá a adoptar las decisiones necesarias. Sean cuales fueren las reacciones, de hecho es seguro que habrá tensión. Sean cuales fueren el lugar o el modo del reencuentro, es aconsejable:

(1) *Arregle la presencia de un tercero neutral en la primera reunión.* Puede ser un consejero, un miembro del clero, un profesor favorito, un funcionario policial o judicial, es decir, alguien que pueda actuar como árbitro de las comunicaciones iniciales entre los padres, el adolescente que huyó y otros miembros de la familia, un desactivador de la tensión, una persona que pueda señalar cuando cualquiera de las partes está saboteando los intentos de discusión sincera, o facilitando los encuentros positivos.

(2) *Prepárese para una "luna de miel" cuando todos regresan a casa.* Puede parecer que todos están caminando sobre huevos, y también que todos exhiben su mejor comportamiento. Eso no puede durar, y no durará.

(3) *Prepárese para una "explosión" después de la "luna de miel"*. No es posible eliminar definitivamente los sentimientos contenidos, y quizás usted descubra que todos se distribuyen de acuerdo con las antiguas líneas de combate, y que las discusiones se ajustan a esquemas cómodos pero disfuncionales. Esto no es saludable. En cambio, usted debe tratar de evitar las acusaciones, expresar sinceramente sus sentimientos y escuchar las verdades inherentes a la evaluación que el adolescente formula acerca de usted y el resto de la familia.

(4) *Trate de creer que algunos problemas cumplen una función realmente positiva*. La crisis de la fuga puede haber sido el catalítico que su familia necesitaba para afrontar ciertos problemas, y comenzar a aprender el modo de abordarlos y resolverlos.

(5) *Obtenga cierto tipo de asesoramiento, que implique a todos los miembros de la familia*. No es necesario concertar un compromiso de largo alcance, pero concédase por lo menos tres meses con un profesional que pueda ayudarle a unificar nuevamente a la familia. Recuerde que si no hay cambios en el modo de desenvolvimiento del sistema de su familia, de hecho usted está garantizando una repetición del episodio de la fuga.

(6) *Si parece que los miembros de la familia son incapaces de modificar sus modos de interacción, quizá sea necesario contemplar otras formas de vida para el adolescente*. Este paso puede incluir un acuerdo informal con algunos parientes, de modo que el jovencito viva con ellos durante un período destinado a calmar las actitudes, o bien puede ser una decisión más drástica, consistente en poner al adolescente al cuidado de una familia adoptiva, o renunciar del todo a la tenencia. Cualquiera de estas alternativas es preferible a mantener un ambiente de familia que es destructivo y disfuncional.

20

Los cultos

...la perversión religiosa es la peor forma del mal, porque
adopta el disfraz de una forma social que hemos llegado
a asociar con todo lo bueno, decente y noble.

Ronald Enroth,
The Lure of the Cults, 1979

Los cultos atraen a decenas de millares de adeptos todos los
años. Se admite generalmente que florecen en los períodos de incertidumbre económica y social, y que los adolescentes se vuelven hacia
ellos cuando la distancia entre las metas idealistas de la adolescencia
y las realidades de la vida son tan grandes que los propios adolescentes no pueden concebir la posibilidad de un futuro fecundo. La gente
que se incorpora a los cultos busca respuestas a los problemas que
ella misma afronta en la sociedad, así como en su vida personal. A
menudo sienten un deseo tan intenso de aceptación y pertenencia
que no perciben las falacias de las enseñanzas de los cultos, y ciertamente no reconocen que la vida de los cultos se basa en aplicacio-
nes prácticas de la idea de que el fin justifica los medios.

Veamos unos pocos hechos que pueden abrirnos los ojos:

(1) *Los cultos son potencialmente peligrosos.* El 18 de noviembre de 1978, el reverendo Jim Jones, del Templo del Pueblo, convenció en Guayana a más de novecientos de sus partidarios (la mayoría proveniente de Estados Unidos) de que se suicidaran bebiendo un líquido mezclado con veneno. Los miembros de El Camino Internacional tienen que entrenarse en el uso de las armas como parte de su afiliación al culto. La Iglesia de la Cientología aplica métodos paramilitares de disciplina; la ISKCON (Sociedad Internacional para la Conciencia de Krishna), según se afirma deposita rifles semiautomáticos M-14, municiones y armas de puño por lo menos en una de sus propiedades agrícolas.

(2) *Los cultos que poseen riqueza.* La Iglesia de la Unificación del reverendo Sun Myung Moon recauda más de 100 millones de dólares anuales nada más que de los pedidos que realizan sus miembros en la calle. Esta cifra es sólo una fracción del imperio económico de Moon, que incluye también extensas propiedades inmobiliarias y la posesión de una flota pesquera en Massachusetts. La ISKCON obtiene 20 millones de dólares anuales de las colectas callejeras, las actividades de los restaurantes, y las ventas de libros y revistas.

(3) *Los cultos son antidemocráticos.* El místico indio Bhagwan Shree Rajneesh, según el último recuento, era dueño de veintidós automóviles Rolls Royce, una riqueza no compartida con los adeptos. Los miembros residentes de El Camino Internacional, según se sabe, a veces viven sobre la base de dietas de arroz y patatas, y duermen sólo tres horas por noche, un régimen al que no se ajustan sus jefes.

A pesar de estos hechos sorprendentes, los adolescentes se orientan hacia los cultos en número más elevado que en otro período cualquiera de la historia. Cuando intentan conocer las razones de este fenómeno y tratan de comprender las motivaciones, los padres pueden sentirse amargados, frustrados e irritados, y sucede a veces que las comunicaciones entre los miembros de la familia se desintegran fácilmente. La mejor táctica para combatir la seducción de los cultos es el conocimiento y la comprensión. Cuando los padres están preparados, poseen conceptos claros acerca de lo que sus adolescentes probablemente harán y aprenderán en determinado culto, pueden adoptar las decisiones racionales acerca del modo de proceder, es decir, si es mejor tratar de convencer a los adolescentes de que regresen al hogar, para desprogramarlos, o aceptar las decisiones de los hijos acerca de la afiliación al culto.

¿Qué son los cultos y por qué son peligrosos?

Se define a los cultos como grupos que existen en un estado de conflicto o tensión con la sociedad porque se desvían de la "norma" establecida por una cultura. Los que aquí nos interesan nunca se separaron de las religiones existentes o evolucionaron a partir de ellas, y no debe confundírselos con las sectas religiosas del tipo de los amish o los cuáqueros. Los cultos han proliferado tan velozmente que a partir de 1975 aparecieron más de 2.500 solamente en Estados Unidos. Es evidente que no todos alcanzaron el mismo éxito económico que los partidarios de Moon o los de la ISKCON, ni son tan notorios como el Templo del Pueblo, pero tienen varias características en común que los han llevado a que se los denomine "grupos religiosos de elevada demanda", como alusión a sus regímenes espartanos y a los compromisos rigurosos exigidos a los miembros.

Desde el punto de vista histórico, estos cultos son originales a causa de su riqueza. Los jefes a menudo viven espléndidamente, mientras los miembros del culto sufren pobreza. Estos jefes (que a menudo aún viven) son figurones carismáticos y omnipotentes; siempre son hombres, y son los únicos jueces de la intensidad, la profundidad y la calidad de la fe de los miembros.

Los métodos de reclutamiento a menudo son engañosos. Por ejemplo, un grupo pantalla de la secta Moon denominado CARP (College Association for the Research of Principle - Asociación Colegiada para la Investigación del Principio). En diferentes casos ha reclutado miembros sin mencionar la existencia de un vínculo con el reverendo señor Moon. En cambio, invitan a la gente a participar de distintas cenas, y luego siguen los retiros del fin de semana, los seminarios que duran siete días, las sesiones de veintiún días, y finalmente los períodos de instrucción de seis semanas, después de todo lo cual es posible que se adoctrine a la gente para incorporarla a la "familia", y entonces se revela la condición de jefe de Moon. A esta altura de las cosas, es probable que los reclutas estén psicológicamente atrapados y preparados para realizar la experiencia de la vida del culto.

La esencia de la atracción que ejercen los cultos es una visión utópica e idealista que aporta una respuesta a todos los interrogantes acerca de las imperfecciones de nuestro mundo. Aunque cada jefe de un culto afirma tener la clave que permitirá salvar de sí misma a la humanidad, una afirmación que es intrínsecamente atractiva para las mentes adolescentes, atemorizadas por la posibilidad de la destruccion nuclear, la verdad es que pocos cultos patrocinan programas de ayuda comunitaria o gastan dinero en la resolución de los problemas cívicos.

Las personas que deciden incorporarse a los cultos reciben dudosas recompensas relacionadas con la felicidad, la salvación y la paz interior si renuncian a sus vínculos con la familia, los amigos, la escuela o los empleos anteriores. Se enseña a los miembros del culto a sentirse superiores al mundo exterior, y a percibir como formas superficiales la vida religiosa de otros. Los cultos desalientan el pensamiento racional: se equipara a la duda con el sentimiento de culpa, y los temores o los sentimientos de culpa de los miembros son manipulados hábilmente para respaldar los propósitos del grupo. Los cultos a menudo inducen a sus miembros a creer que el destino eterno del individuo se encuentra amenazado si abandona el culto.

Para alcanzar esta meta, se aísla mental y físicamente a los miembros del culto de todos los vínculos precedentes. Muchos cultos organizan residencias en áreas aisladas geográficamente, y vigilan celosamente las instalaciones para impedir que la gente entre o salga con facilidad. El aislamiento mental es más sutil, pero como se induce a los miembros a abandonar todos los vínculos anteriores en momentos de necesidad o conflicto, y a confiar únicamente en el culto, se alcanza la meta, que es la creación de un sistema social completamente cerrado. Los miembros recientemente iniciados se ven sometidos a técnicas muy perfeccionadas cuyo propósito es manipular los procesos del pensamiento, e incluso modificar las formas de conducta. La repetición de la doctrina, la presión ejercida por los pares y la privación del sueño y la comida conducen a un "estallido" psicológico, que según se afirma constituye una importante revelación interior y convierte al recluta en un individuo muy sugestionable. A menudo sigue el empleo de formas verbales especializadas y carentes de sentido, el "bombardeo del amor" durante el cual los iniciados se encuentran rodeados literalmente por personas que les dicen cuánto los aman, y finalmente por la aprobación de los pares. Todo esto contribuye a la creación de límites psíquicos que separan a los miembros del culto del mundo exterior y les ayudan a creer que sólo el culto puede aportarles apoyo emocional y físico, que sólo el grupo puede resolver sus problemas.

Aunque parezca extraño, la mayoría de los cultos se oponen a la mujer, al niño y la familia. Pocas mujeres ocupan cargos importantes, y algunos cultos inducen a las mujeres a utilizar el sexo para reclutar miembros. Se ha informado de actos abusivos en perjuicio de los niños en muchos cultos, y en ciertos casos se apela al abuso sexual como forma de castigo. Algunos utilizan la represión sexual como fuerza destinada a promover el control: los miembros de la secta Moon deben permanecer célibes durante lapsos variables después del matrimonio; los miembros casados de la ISKCON pueden realizar el acto sexual sólo durante el día del mes en que la mujer es más fértil, y sólo con el propósito de concebir.

Los conversos realizan tareas cotidianas que a menudo los rebajan, y entre ellas, actividades constantes como la recaudación de fondos, la presentación de testimonios con fines de propaganda, el adoctrinamiento, y a veces incluso el trabajo forzado. Las mujeres suelen trabajar en las cocinas o en los equipos de limpieza; cuando se asignan tareas, rara vez se tienen en cuenta la educación, la inteligencia, el entrenamiento o los intereses de los miembros del culto. Pueden existir secuelas físicas negativas como consecuencia de la falta de sueño, la desnutrición y el exceso de trabajo que parecen ser un aspecto fundamental del estilo de vida cotidiana de muchos miembros del culto. El ambiente psicológico de los cultos ha sido comparado con los campos de prisioneros de guerra durante la Segunda Guerra Mundial, cuando estaban muy difundidas las técnicas de lavado de cerebro. Los aspectos físicos y psicológicos de la vida del culto están inextricablemente vinculados, y son necesarios si los miembros quieren adherir a las normas grupales de los cultos y alcanzar las metas del grupo.

Se recluta a los afiliados sobre todo en los grupos de edades formados por los adolescentes y adultos jóvenes que han sobrepasado la edad del colegio secundario. Alrededor del 50 por ciento pertenece al grupo de dieciocho a veintidós años en el momento del primer contacto con el culto; sólo el 3 por ciento está formado por individuos de diecisiete años o aun menos. Desde el punto de vista étnico, el 98 por ciento está constituido por personas de raza blanca de los estratos económicos de la clase media y la alta clase media. Afírmase que las personas que tienen educación universitaria son las más vulnerables a la propaganda de los cultos.

¿Por qué estos individuos, que ciertamente no son los que padecen desventajas económicas o sociales más graves, se orientan hacia los cultos? Algunas autoridades en la materia creen que el deterioro de la familia es la razón principal. Otros expertos sugieren la importancia causal de los factores económicos: en vista del nivel actual de la desocupación y de la relativa estrechez económica, los adolescentes comprenden que el buen desempeño académico no es garantía de seguridad financiera, y de hecho puede ser un inconveniente, porque determina que posean calificaciones excesivas para ciertos empleos. Otros afirman que los padres se muestran excesivamente tolerantes, y no comprenden que sus adolescentes desean que se les impongan ciertos límites; y otros aún afirman que la culpa está en los mediocres esquemas de comunicación de la familia.

Sea cual fuere la causa, es evidente que en ciertos aspectos los cultos ofrecen una vida agradable. Aportan en abundancia lo que parece faltar en la experiencia del adolescente —el amor, la atención, la disciplina consecuente y las expectativas, la seguridad psicológica— todo lo cual en la práctica equivale al control, pero al principio aparece como una experiencia emocional positiva. Asimismo, los cultos alivian tareas muy difíciles de los adolescentes, por ejemplo la necesidad de afrontar las expectativas a veces imposibles de las familias y los pares. Los comentaristas han observado que los adolescentes que necesitan una pausa en el proceso de crecimiento se unen a los cultos porque *otros*, y no ellos individualmente, adoptan todas las decisiones necesarias acerca de los empleos, la educación, el comportamiento sexual y el planeamiento de la familia. Los cultos pueden ser una alternativa viable para la vida en las situaciones de familia en las cuales son usuales la tensión y la confrontación, donde la consideración y la comunicación son deficientes o faltan por completo. De hecho, los cultos pueden aportar un estilo de vida positivo a los adolescentes que han meditado largamente acerca de las consecuencias de la afiliación, que han realizado ciertas investigaciones preliminares o incluso "inspeccionaron los lugares", y comentaron el tema con la familia antes de incorporarse. Aunque forman la minoría, estas personas pueden sentirse enriquecidas emocional y espiritualmente por la vida del culto, pues cabe presumir que han adoptado decisiones libres y con conocimiento de causa.

Al mismo tiempo, los cultos son peligrosos porque esquematizan problemas que en realidad no son sencillos, y suministran un conjunto único de respuestas a interrogantes que tienen muchas. Al proceder así, los cultos inducen a sus miembros a modificar sus modos de pensar acerca de las cosas, a comenzar la crítica de asuntos a los cuales inicialmente nunca prestaron mucha atención (por ejemplo, los adolescentes que nunca se ocuparon de las convicciones religiosas de sus padres comienzan a denunciarlos y afirman que son hipócritas y pobres de espíritu), y a mostrarse incapaces de un desempeño racional o eficaz fuera del ambiente del culto.

Los cultos también son peligrosos porque pueden ignorar la curiosidad natural y los deseos de aprender de los adolescentes. Los métodos educativos de los cultos dependen, sobre todo, de la repetición de la doctrina, la censura aplicada a los materiales de lectura que no fueron suministradas por el culto, y el rechazo de las preguntas a favor de la aceptación total de las palabras de un jefe. Este método ha determinado que algunos iniciados informen que realizaron la experiencia de una visión "tipo túnel", análoga a la observada en los adolescentes suicidas. Atrapados en una red de respuestas superficiales, los afiliados no pueden ver el cuadro completo, y nada de lo que está fuera del túnel es aceptable para los miembros del culto. Es como si se hubiese aplicado una técnica de oscurecimiento a sectores enteros de la inteligencia de los individuos.

Como los cultos tratan de remplazar a la familia natural y las redes de sostén del individuo, son peligrosos en la medida en que alteran y destruyen las relaciones previas de los miembros con el "mundo exterior". A menudo desintegran a las familias, crean situaciones de culpabilidad, recriminación e histeria. Ciertamente, en las familias en las cuales las relaciones entre los padres y el adolescente ya eran tensas, la pérdida de un hijo en beneficio de un culto puede ser la gota de agua que desborda el vaso. Como la mayoría de los cultos desalientan las visitas de los miembros de la familia, existe la tensión suplementaria de adivinar qué están haciendo realmente los miembros. La mayor parte del tiempo no se permite a los miembros el contacto con los integrantes de la familia natural, aunque exista una crisis provocada por la enfermedad. Así, los cultos de este tipo difieren mucho de las sectas religiosas, que fomentan la combinación de la unidad de la familia con el apoyo religioso para resolver los problemas principales.

Los peligros representados por los cultos son reales. Las amenazas originadas en los cultos en el caso de determinados individuos y sus respecctivas familias dependen, por supuesto, de las circunstancias que previamente predispusieron a elegir ese tipo de vida, del culto en cuestión, de la edad y el sexo del miembro, y de la reacción de la familia frente al adolescente, después que este rompió con la familia. De todos modos, es importante recordar que los padres también tienen alternativas.

Si su hijo cae en la trampa

Es típico que los padres de los adolescentes que se incorporan a los cultos se sientan, al principio, chocados y desconcertados. Generalmente no pueden explicar las razones de esa decisión, y casi invariablemente la ven como una verdadera bofetada en el rostro, como la forma más profunda del rechazo. En el curso del tiempo, algunos padres se resignan a la idea, pues no saben qué hacer. Otros reaccionan con sentimientos de cólera y amargura, y esperan que llegue el momento en que el hijo reconozca el error de su actitud. Y otros aún reaccionan movilizándose para actuar, planeando modos de rescatar al hijo y de restablecer el equilibrio de la familia.

¿Qué alternativas se ofrecen a los padres si su hijo adolescente ha sido atrapado por un culto? Ante todo, usted debe reconocer que su adolescente no se *siente* atrapado, y creerá que las afirmaciones en contrario que usted realice son palabras vacías, la prueba de su insensibilidad y su crueldad. Segundo, usted debe advertir que la percepción del culto en su adolescente es por completo distinta de la que usted tiene: si los reclutas no creyeron que los dogmas de un culto son justos, profundos y humanos, ante todo no lo adoptarían. Teniendo presente estos hechos, el modo en que usted proceda depende de que su hijo se encuentra todavía en el proceso de reclutamiento o ya se haya incorporado al culto.

Si usted tiene la suerte de comprobar lo que está sucediendo en la etapa del "reclutamiento", examine atentamente las siguientes posibilidades:

(1) Si su adolescente es todavía menor de edad (menor de dieciocho años en la mayoría de las jurisdicciones), quizás usted pueda conseguir una orden judicial que prohíba nuevos contactos con los miembros del culto. Sin duda, tendrá que consultar a un abogado para explorar esta alternativa, pero hágalo de prisa, antes de que las cosas se descontrolen.

(2) Contemple los pasos que usted puede dar para separar geográficamente a su adolescente del contacto con el culto. Quizás esto signifique un largo viaje de la familia, o bien el traslado del adolescente a la casa de un familiar, durante unos meses, o incluso el ingreso del adolescente en un internado, lejos del alcance del culto;

decisiones quizá costosas, pero no si se las compara con la alternativa.

(3) Solicite la ayuda de un experto con el fin de desmistificar la atracción hipnótica del culto. Un docente de confianza, un entrenador, o un íntimo amigo de la familia tal vez esté dispuesto a actuar como intermediario, con el fin de conseguir que su adolescente escuche razones.

Si su adolescente ya se ha consagrado a un culto, aún restan ciertas alternativas. Forman una gama, desde la desaprobación total y el rechazo de la idea (que a menudo desembocan en los intentos de los padres de separar legalmente a los adolescentes de los cultos, o retirarlos por la fuerza para "desprogramarlos"), a la aprobación condicional (el intento de mostrarse al mismo tiempo objetivos y sinceros), o la aprobación total de la decisión. Si se adopta la actitud de aprobación condicional, tal vez los padres no digan nada al principio, y en cambio se preparen para discutir después el problema, o intencionadamente decidan mantenerse en la ignorancia acerca del culto, con la esperanza de que sus hijos cambien de idea y regresen a casa si los progenitores se muestran pacientes, o bien promuevan una situación de negociación en la cual soliciten a los adolescentes que esperen unas semanas antes de partir para unirse al culto, con el propósito de facilitar el acostumbramiento de los miembros de la familia a la idea, y de ayudarles a comprender las razones que explican las decisiones y los problemas del caso.

Los padres cuyos adolescentes se han unido a los cultos no consiguen mucho si chapotean en la cólera y el sentimiento de culpa, o se mantienen en estados catatónicos de shock o confusión. Se ha comprobado que el estilo de comunicación de la familia influye profundamente sobre el resultado del compromiso del adolescente con el culto. Más concretamente, las familias en que los individuos pueden enfrentarse unos a otros y decir francamente lo que piensan, sin criticarse agriamente, al parecer tienen más éxito cuando llega el momento de controlar el influjo de los cultos sobre sus adolescentes, comparadas con las que no conversan en absoluto, o donde cada uno habla sin escuchar al otro.

Cuando el problema de la afiliación a un culto enturbia la relación de la familia con el adolescente, para los padres puede ser sumamente difícil expresar sentimientos de amor y consideración por el joven. Pero los ex miembros de los cultos, los "desprogramadores", los padres que han pasado por este proceso y los profesionales que escriben acerca de los problemas de los cultos sugieren, todos, que es fundamental que usted no rechace directamente al miembro del culto. Es conveniente preparar el terreno con el fin de que el adolescente se sienta aceptado por la familia pese al problema del culto. Más concretamente:

(1) No interrumpa la comunicación a causa de la cólera, el temor, la frustración o los sentimientos de rechazo.

(2) Aliente al adolescente a regresar al hogar de tanto en tanto, aunque lo haga acompañado por otro miembro del culto.

(3) Si el adolescente visita el hogar, no se zambulla en una polémica acerca del culto. Trate de relacionarse con su adolescente como su hijo, el ser con quien usted ha compartido momentos buenos y malos, *no* como miembro del culto.

(4) Cuando están reunidos, no intente ofrecer otras alternativas religiosas.

Es posible que, en su condición de padres, ustedes deseen preguntarse si sus definiciones del éxito, la espiritualidad y la felicidad coinciden con las de sus hijos adolescentes. Si no es así, trate de determinar por qué y cuándo comenzaron a discrepar. Comprueben si realmente saben lo que ha sido importante para el adolescente, ahora miembro de un culto, durante los años que precedieron a la decisión de afiliarse a él. En caso negativo, ¿por qué ustedes no lo supieron, y qué pueden hacer para modificar esta situación de ahora en más? Trate de contemplar las posibilidades que tiene su adolescente de realizar una vida fecunda y de éxitos en el ámbito de un culto. ¿Usted sabe realmente a qué atenerse, o basa sus reacciones en lo que oyó decir o el mito? ¿El adolescente comprende que puede haber alternativas diferentes de las que el culto representa? ¿De qué modo todos pueden compartir esta información?

Si después de explorar estos interrogantes, su adolescente se mantiene inconmovible en el deseo de ser miembro del culto, y como padres ustedes no pueden conceder de buena fe la aprobación total o condicional, todavía restan varias posibilidades.

Los aspectos legales y los derechos de los padres

Los padres tienen diferentes derechos en relación con la vida de sus hijos. Ellos incluyen los derechos de tenencia (que abarcan la determinación del lugar en que el hijo vivirá), el derecho de disciplinar al hijo, de determinar la formación y la educación religiosa, de recibir los ingresos del hijo, y de determinar su estilo general de vida (incluso cierto control sobre el tipo de amigos con los cuales se relaciona, las clases de entretenimiento que les interesan, y aun el modo de vestirse). Pero históricamente los tribunales en general se han abstenido de intervenir en las disputas entre los padres y los hijos. Aunque los tribunales tienden muy gradualmente a conceder derechos más liberales de autodeterminación a los hijos que todavía no alcanzaron la mayoría, esta tendencia no parece aplicarse a las cuestiones relacionadas con los cultos y la afiliación a ellos.

Si el adolescente es menor de edad cuando se suscita el problema del culto, y puesto que los padres poseen el derecho legal de influir sobre las decisiones de sus hijos en relación con el estilo de vida, parecería que los padres son capaces de enfrentar sin rodeos a los cultos. Pero rara vez es el caso. A los tribunales no les agrada ventilar disputas entre los padres y los hijos acerca de los problemas relacionados con el estilo de vida, y a veces se incluye en esta categoría la afiliación al culto; además, a menudo resulta difícil demostrar que un culto ha perjudicado al adolescente, sobre todo si el jovencito atestigua en el sentido de que se siente sumamente feliz y está bien atendido.

¿Qué pueden hacer los padres? Los comentaristas especializados en el tema coinciden casi unánimemente en que los padres deben considerar las alternativas no legales antes de apelar a la ley para salvar de los cultos a sus hijos (no legales no significa ilegales). Aquí tenemos algunos ejemplos de medidas que pueden adoptarse antes de acudir a los tribunales, pues estos pueden ser el último recurso de los padres que solicitan ayuda.

(1) *Organice una nueva evaluación.* En este procedimiento, los padres contratan los servicios de un tercero que conoce las características del culto, y que se reúne con los padres y el adolescente para comentar el estilo de vida actual del miembro del culto. Es como un debate en que dicho tercero actúa como moderador. El revaluador desactiva la intensidad emocional de una situación, y quizá consiga

que el miembro del culto comience a escuchar no solo la doctrina en cuestión. Estas revaluaciones tienen éxito sólo cuando todas las partes aceptan el proceso, y cuando hay un planeamiento previo y cuidadoso, cuando los padres y los terceros en cuestión están exactamente informados, y cuando se excluye del procedimiento la acrimonia y las recriminaciones. Las revaluaciones no determinan la participación de los tribunales.

(2) *Organice una curaduría legal.* Un joven menor de edad puede ser apartado del culto mediante una orden del tribunal. Antes de emitir el fallo, el juez debe decidir que el bienestar mental y físico del adolescente está amenazado. Se otorga entonces una *curaduría* durante un lapso limitado, y en ese intervalo los padres se comprometen a pedir la ayuda de profesionales como los consejeros, los psicólogos e incluso los "desprogramadores". Lo que consigue la curaduría es restablecer los derechos de los padres sobre el estilo de vida y el bienestar del adolescente. La obtención de una curaduría legal puede ser un procedimiento muy caro, y se lo aplica con escasa frecuencia y rara vez se lo concede.

El éxito o el fracaso de cualquiera de estos esfuerzos depende, asimismo, del lapso durante el cual el adolescente estuvo sometido a la influencia de un culto. Los adolescentes que han pertenecido a los cultos más de un año exhiben elevada resistencia a los esfuerzos de "desprogramación" o reevaluación, y es probable que retornen a sus cultos a pesar de los esfuerzos en contrario de los padres. Los resultados son más favorables para los padres si los adolescentes han pertenecido a los cultos durante períodos inferiores a un año.

Dónde encontrar ayuda

No es inevitable que la experiencia del culto y sus secuelas provoquen el aislamiento social o emocional de los padres o los adolescentes. Al margen de que el adolesclente abandone voluntaria o involuntariamente el culto, ciertos esquemas de conducta reclamarán el apoyo de terceros.

Los ex miembros de los cultos casi siempre viven una experiencia denominada "flotación", que alude a la vacilación entre los estilos de vida, y que se complica por el hecho de que poco después de abandonar el culto la mayoría de los ex miembros inicia un período de duelo por la vida anterior de consagración total. Estas personas afirman, a menudo, que nada parece tan significativo como lo que dejaron atrás. Además, cuando comienzan a reconocer que en la experiencia del culto había cierta dosis de engaño, es posible que padezcan problemas de autoestima, y se pregunten cómo permitieron que esa propaganda los convenciese.

Los ex miembros de un culto pueden afrontar problemas relacionados con las cuestiones sociales y sexuales. Muchos afrontan las mismas presiones sexuales con las cuales se debatían antes de incorporarse al culto, y otros pueden soportar más problemas que antes de la experiencia con el culto, sobre todo si este tuvo perfiles abusivos y restrictivos en el área sexual. Quizá necesiten que se les ayude a aprender el modo de mantener relaciones sociales y organizar salidas con miembros del sexo opuesto, y también es posible que se sientan culpables si comprueban que las interacciones sociales normales los complacen.

Los grupos de autoayuda y los grupos de acción comunitaria que colaboran con los ex miembros de los cultos y sus familias para prever y resolver estos problemas típicos pueden ser aprovechados, además del asesoramiento profesional o en lugar de él. Las mejores posibilidades incluirán la mayoría o la totalidad de los siguientes aspectos:

(1) asesoramiento de los pares, a cargo de personas de edad similar, y que han superado con éxito la experiencia del culto;

(2) asesoramiento informal y remisión a consejeros profesionales que tienen buenos antecedentes, porque ayudaron con éxito a ex miembros del culto y a sus respectivas familias;

(3) la terapia de familia para explorar la razón que determinó la relación con el culto, cuáles eran las necesidades que no se satisfacían entonces en el hogar, y cuáles continúan en esa condición, y qué se obtuvo realmente con la separación del adolescente y la familia;

(4) sugerencias de técnicas que permitan resolver los sentimientos naturales y previsibles de culpabilidad que experimentan tanto el adolescente como los padres;

(5) el comentario acerca del modo de afrontar el reingreso en un estilo de vida que no está orientado grupalmente.

Estos aspectos pueden estar incluidos en los programas residenciales o en ambientes menos formales asociados con los organismos de servicio a la familia, las iglesias, los colegios, las clínicas de salud mental, y así por el estilo. No es inevitable que los padres estén solos cuando tienen que enfrentarse con un culto.

21

El suicidio

...y si uno no tiene pasado ni futuro, los cuales, después de todo, son la sustancia del presente, entonces, uno bien puede prescindir de la cáscara vacía del presente y suicidarse.

Silvia Plath, 1950,
alumna de primer año del Smith College

SUICIDIO. La palabra se destaca bruscamente sobre la página y nos desafía a prestarle atención. Los adolescentes que tienen inclinaciones suicidas también nos están desafiando a que les prestemos atención. Por desgracia, las formas de conducta que anuncian al posible suicida a menudo son ignoradas por los miembros de la familia, los amigos y otros (por ejemplo, los docentes, los empleadores), que quizás interpreten mal estas señales, y creen que son ejemplos típicos de las variaciones del humor o la rebelión de la adolescencia. La estadística del suicidio durante los últimos veinticinco años revela una tendencia alarmante: los adolescentes están suicidándose con ritmo epidémico, y utilizan el suicidio como modo de evitar las presiones, las que consideran insoportables. Durante este lapso, se ha observado un aumento de más del 250 por ciento en los suicidios en las mujeres de quince a veinticuatro años, y de más del 300 por ciento en los varones del mismo grupo de edad. Todos los grupos socioeconómicos se han visto afectados. Hay aproximadamente 27.000 suicidas anuales en Estados Unidos; un quinto de este total está formado por adolescentes.

Identificación de la depresión en la adolescencia

Un hecho: El riesgo de que una persona deprimida se suicide es cincuenta veces mayor que el de una persona que no está deprimida.

Un hecho: El 40 por ciento de los suicidios de adolescentes son imputables a la depresión.

Aunque muchos utilizamos el término *deprimido* como una palabra global para describir nuestro propio estado cuando nos sentimos caídos, conmovidos, irritados, frustrados, coléricos o agotados, la depresión en realidad es una enfermedad. Esta grave perturbación psicológica, reconocida sólo desde hace poco tiempo como una condición usual en los adolescentes, es uno de los primeros signos del posible comportamiento suicida de los adolescentes. Pero es muy frecuente que no se preste atención a los casos graves de depresión, o se los deseche como "una fase transitoria." La razón de esta actitud puede aclararse a partir del examen del siguiente caso.

Roger, de diecisiete años, era alumno del último curso del colegio secundario, y parecía el dueño del mundo. Además de ser popular, formaba parte del grupo de alumnos distinguidos, que habían sido aceptados en Yale, y se proponía ingresar en la facultad de derecho. Era capitán del equipo universitario de béisbol y vicepresidente del consejo de estudiantes. Durante el semestre de primavera del último año pareció que su comportamiento variaba bruscamente. Se mostraba tenso e irritable con los padres, se atrincheraba en su cuarto durante lapsos prolongados, y comenzó a quejarse de que la vida le parecía muy complicada. Por primera vez comenzó a faltar a clase, y obtuvo una calificación baja en un importante trabajo de historia. Rompió con su amiga, evitó al círculo de amigos íntimos, y en general pareció que se desinteresaba de las cosas que solían complacerlo.

Cuando el padre trató de hablar con él acerca de lo que estaba sucediendo, Roger le dijo: "Me siento agotado. Hay demasiado que hacer, y me siento deprimido frente a la vida en general." El señor Harrington se sintió desconcertado y al mismo tiempo irritado ante esa explicación, y dijo a su hijo: "¿Cómo demonios puedes sentirte deprimido? Tienes todo lo que uno puede desear en el mundo. Reacciona y supera ese pésimo humor que te domina." La señora Harrington sugirió que era sencillamente un caso de "melancolía pasajera", que se disiparía durante el verano. Una semana después, la víspera de su graduación, Roger se quitó la vida de un disparo a la cabeza. La nota que dejó sobre la máquina de escribir decía sencillamente: "Ya no deseo continuar. Lo siento."

En un examen retrospectivo, la causa del suicidio de Roger es por demás evidente. Había caído en una depresión profunda que mostró intensidad suficiente para anular su voluntad de vivir y determinó que el suicidio pareciese atractivo, una seductora liberación del sufrimiento psíquico que él estaba experimentando. Aunque Roger no era ciertamente el típico suicida adolescente, ilustra la razón por la cual los padres deben estar atentos al comienzo de la depresión en sus hijos adolescentes.

Si bien no hay un modo infalible de identificar la depresión del adolescente, las autoridades en la materia coinciden en que una combinación de los síntomas incluidos en la lista siguiente sugieren claramente este desorden.

(1) *Perturbaciones del humor.* La depresión suele caracterizarse por un sentimiento destacado y permanente de tristeza, decaimiento, distracción y desesperanza. Incluso si estos aspectos no aparecen, que el adolescente no sienta placer o entusiasmo en todas o casi todas sus actividades puede ser una indicación de que está deprimido.

(2) *Variaciones de las funciones biológicas.* Las perturbaciones del apetito, los cambios súbitos de peso, la fatiga frecuente sin relación con la intensidad de la actividad física, y las perturbaciones del sueño constituyen, a menudo, indicios presentes, por separado o combinados.

(3) *Variaciones de los esquemas de pensamiento.* La incapacidad para concentrar la atención, las fallas de la memoria, la pérdida de la autoestima, el sentimiento de culpa y la ansiedad anormal son usuales; las alucinaciones (oír voces, ver "visiones") y la paranoia (sentir que "alguien me persigue") son relativamente raras.

(4) *Las variaciones de la conducta.* El aislamiento social, los cambios bruscos de la conducta, el comportamiento rebelde y la manipulación constante y otros signos de hiperactividad son síntomas comunes de la depresión del adolescente. Si su hijo adolescente se abstiene de conversar durante la comida, de pronto suspende el uso del teléfono o modifica drásticamente sus hábitos de estudio, es posible que esté afectado por la depresión.

(5) *Problemas en el colegio.* El cambio brusco del rendimiento en el colegio, los problemas frecuentes con los docentes, o la inasistencia habitual pueden ser signos premonitorios.

(6) *Comentarios o formas de conducta relacionados con el suicidio.* La fascinación o la preocupación por la muerte, los moribundos o el suicidio es un rasgo usual de depresión en la adolescencia, y no debe tomárselo a la ligera.

Sin embargo, como lo demuestra el caso de Roger, estos signos y síntomas no son anuncios infalibles; de hecho, a menudo se los desecha como aspectos temporarios y sin significado de la vida de un adolescente. No cabe duda de que esta actitud es consecuencia de la dificultad para distinguir entre esas pautas y los caprichos cotidianos de la adolescencia, en otras palabras, la distinción entre lo normal y lo anormal es esencialmente cuestión de grados. Así, los padres deben considerar ciertos factores esenciales –la duración, la intensidad y la gravedad– cuando juzgan la posibilidad de la depresión. Como regla práctica general, señalemos que si aparecen síntomas de tres de las categorías mencionadas más arriba, y duran más de unas pocas semanas, o si la conversación relacionada con el tema del suicidio se combina con uno cualquiera de los restantes síntomas enunciados, es el momento de obtener la ayuda de un profesional.

Los adolescentes que se deprimen quizás estén viviendo algunas o la totalidad de las situaciones "desencadenantes" que inclinan la balanza, de modo que pasa de la gama normal a la que corresponde a la depresión. La comunicación mediocre entre los miembros de la familia, los conflictos en la familia o los problemas conyugales, las expectativas poco realistas de los padres en relación con las cualidades y las metas del adolescente, la muerte o el alejamiento de los seres amados, la enfermedad o las lesiones, los cambios importantes del estilo de vida o de las metas, y la depresión de los padres pueden originar un efecto perjudicial en un adolescente vulnerable. Por consiguiente, es imperativo que los padres comprendan que cuando un adolescente exhibe los cambios indicados más arriba, en el contexto de tales situaciones desencadenantes, es posible que él o ella estén experimentando un sufrimiento emocional considerable, y emitan señales pidiendo ayuda o incluso suministren indicios acerca del suicidio. Con mucha frecuencia se interpretan mal estas señales, y no se aporta ayuda.

Advertencias acerca del suicidio y lo que corresponde hacer

Muchos adolescentes conciertan pactos de suicidio, y por desgracia, la consecuencia es la muerte de muchos de ellos. La historia de una pareja de este tipo atrajo la atención nacional cuando la revista *People* informó el caso en su número del 30 de junio de 1980. Como es un ejemplo clásico de los tipos de advertencia que los adolescentes suministran durante períodos prolongados, y de lo que sucede cuando se interpretan mal o se ignoran esos anuncios, examinaremos detalladamente el caso.

Jason tenía dieciséis años, y Dawn quince cuando se conocieron y "se enamoraron". Llegaron a la conclusión de que deseaban alquilar un departamento y vivir juntos, y ambos abandonaron el colegio y consiguieron empleos en un restaurante local, que se encontraba en la misma próspera comunidad suburbana. El padre de Dawn (un profesional bien pagado) se negó a permitir a su hija que conviviese con Jason, y amenazó enviar a la jovencita a residir con un pariente, a kilómetros de distancia. No sabía que Jason había vivido de tanto en tanto en el desván de la familia de Dawn. Tampoco sabían esto los padres de Jason. Las dos parejas de padres afrontaban cada una sus propios traumas personales. Los padres de Jason tenían problemas conyugales, y los de Dawn estaban separados. La noche de la confrontación acerca del problema de los lugares de residencia, los adolescentes tomaron prestado el automóvil de la hermana de Dawn, y a la velocidad de 170 kilómetros por hora perforaron una pared de bloques de veinte centímetros de espesor, y aterrizaron 10 metros más lejos, en el interior del colegio secundario local. Jason se mató; Dawn sobrevivió.

¿Fue un pacto del suicidio impulsivo y romántico, motivado por lo que los psiquiatras denominan el "factor Romeo y Julieta", o las motivaciones fundamentales no eran impulsivas, ni mucho menos? El análisis atento de los detalles de esta pareja, indica que habían suministrado señales de aviso del suicidio inminente durante un prolongado período, y que aquellas fueron desechadas o ignoradas.

(1) Jason tenía problemas en el colegio y a menudo faltaba, antes de su deserción.

(2) Jason usaba un pedazo de alambre como cinturón, y con frecuencia decía a Dawn que lo tenía a mano para estrangularse. El alambre era un signo *visible*, y unido al enunciado verbal acerca del autoestrangulamiento, podemos considerarlo un "grito pidiendo ayuda". Pero Dawn jamás habló del asunto con los padres de Jason.

(3) Afírmase que Jason estaba conmovido por la situación de los rehenes norteamericanos retenidos en ese momento en Irán, y por la amenaza de la guerra nuclear. Algunos "suicidólogos" aluden a las "constancias probadas" que pueden afectar la incidencia de los suicidios en un país dado. Una de ellas es "determinado episodio dramático que parece amenazar la felicidad o el futuro de la nación del individuo en cuestión". La situación de los rehenes y la amenaza muy real de la guerra nuclear como consecuencia de la intervención

norteamericana, en el caso de que esta se saliera de cauce, sin duda afectaron a Jason.

(4) Jason y Dawn, con otros amigos del colegio secundario, habían formado un grupo que fantaseaba acerca del suicidio, y que antes del choque con el automóvil se reunió durante dos meses. Este tipo de fantasía es un aspecto más o menos usual de los esquemas de pensamiento del adolescente suicida, y puede incluir lo que los expertos denominan "el pensamiento mágico", cuando se cree que el suicidio es un modo de adquirir poder absoluto, el control total, de modo que el suicida individual llega a ser *omnipotente*. Los amigos de la pareja dijeron más tarde que creían que las fantasías suicidas eran una broma –la reacción común de la gente frente a los adolescentes suicidas– y racionalizaron el hecho de que no intentaron detener a Dawn y Jason afirmando que si hubieran procedido así, Dawn y Jason se habrían sentido traicionados.

(5) Se señaló que la próspera área suburbana en que vivían suscitaba un sentimiento de vacío, y que ofrecía a los adolescentes muy poco que hacer en sus horas libres. El Proyecto Menninger de Investigación acerca del Suicidio, ha descubierto que durante los últimos veinte años, los adolescentes que parecen gozar de todas las ventajas económicas y sociales de hecho se han convertido en un grupo de suicidas de elevado riesgo. Dicho del modo más sencillo posible, Dawn y Jason estaban hastiados y alienados. La vida de sus propios padres estaba desorganizada. Los mensajes que Dawn y Jason estaban recibiendo se asemejaban a los que a juicio de la Asociación Norteamericana de Suicidología son un factor importante en los adolescentes suicidas: "Si asistes al colegio, eso no significa que conseguirás empleo; si consigues empleo, quizá carezca de importancia; si te casas, es posible que el matrimono no dure."

(6) Jason y Dawn redactaron testamento antes del choque. Después, Dawn observó que le había agradado muchísimo dejar cosas a la gente. La redacción del testamento es uno de los avisos más visibles del posible suicidio, y es especialmente obvio cuando el firmante es una persona más joven. El intento del adolescente de "adoptar las disposiciones definitivas" puede aparecer como una diversión, o ser un modo totalmente serio de manipular a los amigos y parientes con el fin de que se sientan culpables, o para castigarlos. A veces, la decisión de entregar las pertenencias a los amigos y la familia puede estar acompañada por una aureola de serenidad que los

profesionales de la salud denominan la *calma ominosa*. Aunque ese comportamiento parece trasuntar confianza, y contrasta acentuadamente con las formas más usuales de rebeldía del deprimido, es decir el adolescente presuicida, se trata de una señal *esencial de peligro*.

Es necesario identificar los signos que anuncian el suicidio, y actuar en consecuencia. Los síntomas de la depresión, los signos francos como la conversación acerca del suicidio, las fantasías suicidas extrañas, la automutilación, la entrega de posesiones muy preciadas, la preocupación por el tema de la muerte en la música, el arte, la poesía o en los diarios personales que escriben los propios adolescentes, la expresión de sentimientos de indignidad, la afirmación de que la familia estará mejor sin ellos, tales son los signos de suicidio que difícilmente podrían pasar ignorados, y de los cuales sin embargo a menudo no se hace caso.

Además, si se quiere impedir el suicidio es esencial comprender otro signo rara vez advertido por los padres. Es la desaparición aparente de la depresión del joven. Precisamente en ese momento es probable que haya muchos intentos de suicidio. En general, se formulan dos teorías para explicar esta paradoja: (1) Sólo cuando el adolescente ya no se siente deprimido, él o ella poseen la fuerza psicológica para urdir y/o ejecutar un suicidio y; (2) la decisión de suicidarse implica la de ejercer cierto control sobre nuestra propia vida. Como el control (o la falta de él) a menudo es un problema de los adolescentes suicidas, la decisión justifica un renovado optimismo y el consiguiente alivio de los síntomas depresivos.

No es tarea fácil prestar tan refinada atención a la vida de un adolescente que uno pueda evaluar con exactitud el sentido de cada forma de conducta, el matiz que se manifiesta en cada enunciado. No sugerimos que usted deba hacerlo; incluso los profesionales de la salud pueden omitir dichas claves. Pero algunos datos son muy útiles, y el conocimiento puede permitir que usted intervenga en el momento crítico y salve la vida de su hijo.

Cuando los padres toman conciencia de los impulsos suicidas de su adolescente, a veces los domina el pánico, y disimulan su propio temor negándose a discutir las observaciones que ellos mismos realizan acerca del comportamiento del hijo. Es una actitud totalmente equivocada. Es esencial que usted abra las líneas de comunicación con su adolescente y le revele lo que siente. No adopte un actitud muy enérgica, no trate de demostrar a su hijo que no hay motivos para preocuparse, cuando en realidad existen. Trate de escuchar a su adolescente con la mente abierta; después, reflexione y reformule lo que según usted cree que él o ella están diciendo y pensando, para tener la certeza de que ha entendido exactamente. Si usted decide hablar francamente acerca del ansia de suicidio de su adolescente, es posible que su franqueza avergüence al jovencito, y por lo tanto usted tiene que sopesar el pro y el contra de un enfoque tan directo. Los adolescentes que manifiestan inclinaciones suicidas necesitan saber que son amados por los padres, de modo que dígalo, incluso si se siente compelido a agregar que no siempre le agrada todas las cosas que estuvieron sucediendo últimamente. Quizá convenga que usted informe a su hijo de que existe el llamado "fracaso positivo" (un concepto utilizado por muchos psicoterapeutas, que afirman que el esfuerzo de hacer algo es positivo, al margen del resultado), y que en realidad usted no espera que todo sea siempre perfecto. Si usted teme que el acto suicida sea inminente y su hijo vive en casa, es necesario que elimine del hogar todo lo que pueda ser un arma letal, por ejemplo, las navajas, los líquidos utilizados en la limpieza, otros venenos empleados en el hogar (insecticidas, fertilizantes para el jardín, venenos para los ratones y las ratas, y así por el estilo), así como las cuerdas, las píldoras, las llaves del automóvil, los utensilios de cocina con filo. No deje solo en la casa a su hijo. Trate de comunicarse con los amigos, los docentes, los funcionarios de la escuela, los entrenadores, para recabarles opinión acerca de la situación, y compartir la información que permitirá obtener una imagen más clara de lo que está sucediendo realmente. Lo que es más importante, consiga ayuda profesional. Al margen de que usted se comunique primero con un centro de prevención del suicidio, un centro comunitario de salud mental, una sala de primeros auxilios, un organismo de atención de la familia, un servicio sanitario para estudiantes, o un médico privado, no permita que el pánico lo domine; actúe. Los suicidólogos subrayan la importancia de aferrarse a la voluntad de vivir del hijo. No intente polemizar u ofrecer consejo directo, y en cambio trate de identificar el "desencadenante", concentre en él la atención, aporte sostén, y sugiera alternativas viables para remplazar los impulsos suicidas del adolescente. Cuando los padres aprenden a identificar los signos que anuncian el suicidio, y saben, por lo menos teóricamente, qué hacer al respecto, están desarrollando un comportamiento muy positivo: están informando al hijo que es posible hablar de las inquietudes y los problemas, y que no es necesario apelar a la amenaza o el acto del suicidio como medio de comunicarse.

Modo de afrontar los intentos de suicidio

Un hecho: Más de cuatrocientos mil adolescentes norteamericanos intentan suicidarse cada año; alrededor de uno de cada cien lo consigue.

Cuando el adolescente realizó un intento de suicidio ya no es posible que los padres y otros miembros de la familia o los amigos ignoren la advertencia. Si la amenaza del suicidio se ha convertido en intento real, el adolescente alcanzó el punto en que el sufrimiento es intolerable y (aunque el jovencito tal vez no sepa expresarlo) vivir la vida, si significa continuar sufriendo, sencillamente ya no es deseable.

Los adolescentes que realizan intentos de suicidio están emitiendo señales, denominadas pedidos de ayuda por los terapeutas. Estos jovencitos generalmente han fracasado en sus intentos de comunicarse siguiendo los caminos denominados normales. Es probable que sus anuncios hayan sido ignorados o pasaran inadvertidos para la familia y los amigos. Este hecho infortunado se revela claramente en la siguiente conversación entre una madre y su hija de dieciséis años, que había ingerido una sobredosis masiva de aspirinas (estas observaciones provienen de la primera sesión terapéutica celebrada por la familia):

La madre *(acusadora)*: Jamás confiaste en mí... nunca permitiste que te ayudase.

La hija: ¿Estás loca? Estabas tan atareada preocupándote por mis salidas, que nunca viste lo evidente.

La madre: ¿Evidente? Lo único que deseabas de mí era que te preparase la ropa para el fin de semana, y que anotara las llamadas telefónicas.

La hija *(con tristeza)*: Mamá, ¿sabes cuántas veces fui a hablarte y me dijiste que estabas muy atareada, cocinando o planchando o haciendo algo por el estilo? *(Ahora se encoleriza)*. Oh, ¿de qué sirve esto? Me marcho de este consultorio... ¡No oirás hablar más de mí!

Como sucede en este ejemplo, los intentos de comunicación verbal, quizá no tuvieron éxito porque la actuación, la conducta rebelde de los adolescentes distanció precisamente a las personas con quienes intentaba relacionarse. Cuando deciden intentar el suicidio, estos adolescentes probablemente se sienten aislados, solos, y abandonados por las familias que deberían aportarles amor y sostén. Además, los mitos del tipo cuentos de hadas, en los cuales muchos adolescentes creen, por ejemplo que la felicidad es la posesión de las cosas, que la felicidad proviene de la ausencia de problemas más que de aprender a afrontar y superar los problemas, y que la felicidad proviene de la sujeción a un "ideal" más que de la capacidad de desarrollar nuestras cualidades y nuestro talento, tienden a disminuir al adolescente presuicida, porque es imposible vivir ajustándose a un mito.

Los padres de los adolescentes que han intentado el suicidio deben tratar de entender que esta forma de conducta no siempre es perversa. Muchos terapeutas creen que el suicidio no es una "fuga", sino una forma muy retorcida de "lucha", un modo de contragolpear al mundo y de castigar a quienes uno cree que nos lastimaron. El intento de suicidio de un adolescente incluso puede compararse con la actitud de un niño pequeño que contiene la respiración hasta que la cara se le tiñe de azul: a decir verdad, no desea matarse, pero ciertamente reclama un poco de atención, y asusta a los padres con el fin de que lo tengan en cuenta.

Por lo tanto, un intento de suicidio no es un acto absurdo y desequilibrado; por extraño que parezca, es una actitud defensiva y una técnica de resolución de problemas. Incluso puede ser terapéutico, pues el intento a veces quiebra el ciclo de la depresión, y lleva al adolescente a una comprensión más clara de lo que está sucediendo en su vida. Los padres de los adolescentes suicidas deben decirse que todas las personas que presuntamente desean morir también quieren vivir. Este hecho puede ayudar al padre a socorrer a su adolescente de manera de lidiar con la secuela, es decir el shock, que a menudo es consecuencia de un intento de suicidio.

La persona que intenta suicidarse sin duda está muy conmovida, y quizá padece un estado de irracionalidad. Sin embargo, en el momento mismo del intento, cree que el acto es racional. A menudo, después de un intento del suicidio, el adolescente puede sentir que no valió la pena llegar a eso, e incluso decir que fue un error total. Y un rato después quizá se vea en la imposibilidad de creer que intentó siquiera suicidarse. A veces puede afirmarse realmente que en medio de la tormenta se enciende una luz de esperanza, pues el intento es, tal vez, el catalítico que ayude al adolescente a reconstruir una vida basada en metas realistas más que en mitos, y en métodos de resolución de problemas que son fecundos más que destructivos. Para llegar a esto, es necesario que el adolescente cuente con el apoyo de otros.

Si el adolescente niega que necesita ayuda, toca al padre decidir si conviene hospitalizarlo, para iniciar un período que permita recuperar la calma a todas las personas comprometidas en el problema. La hospitalización puede ser el momento en que el adolescente supere los peores aspectos de los sentimientos y los impulsos autodestructivos, y comience a reunir los hilos de una vida que estaba desintegrándose, para obtener una trama más sólida con la ayuda de terapeutas profesionales. Quizás el adolescente no crea que a sus padres les importa realmente lo que sucede; pero en el ambiente del hospital es más difícil negar el hecho de que otros se preocupan realmente, para decirlo con sencillez, la hospitalización inunda al paciente con personas que se ocupan de cuidarlo.

Si la hospitalización no es posible, o no se la desea, los centros de prevención del suicidio son lugares excelentes para afrontar los intentos de suicidio. Estos centros funcionan como salas de primeros auxilios, limitan sus servicios a los casos urgentes y, en general, atienden sólo las crisis inmediatas. Aunque habitualmente no suministran atención de largo plazo, suelen contar con listas de terapeutas y organismos acreditados que están en condiciones de aportar ayuda general.

La ayuda al adolescente suicida, después de realizado el intento, a menudo incluye tres ingredientes esenciales: la psicoterapia, preferiblemente con inclusión de la familia; la medicación antidepresiva para mejorar la condición del adolescente durante el sombrío período posts suicidio; y un plan de intervención en momentos críticos, de modo que no se realice otro intento y/o no tenga éxito. Los terapeutas profesionales pueden ayudar a los adolescentes a descubrir qué estaban haciendo que en realidad no deseaban hacer, cuáles son los obstáculos que les impidieron realizar las metas, qué sucedió y desencadenó la depresión. Los terapeutas también pueden ayudar a los adolescentes a descubrir el modo de evitar estos problemas concentrando la atención en modos más productivos de resolución, sobre la base de las cualidades y las virtudes individuales. Este proceso puede insumir muchos meses, y los padres no deben esperar una transformación milagrosa de la noche a la mañana. Después de todo, no es fácil "externalizar" los problemas y mirarlos objetivamente. Tanto los padres como los adolescentes deben llegar a creer que si una persona tiene el valor necesario para vivir, también debe tener el coraje requerido para vivir de acuerdo con su propia preferencia. El adolescente necesita del amor y el apoyo de la familia con el fin de desarrollar el coraje que es indispensable para adoptar decisiones en la vida.

La pérdida de un hijo es uno de los hechos más traumáticos que los padres pueden afrontar en el curso de su vida. Cuando esa pérdida es imputable al suicidio, se manifiesta una serie de sentimientos que complican el proceso normal del duelo. Los sobrevivientes de un suicidio exitoso a menudo se sienten avergonzados, y pueden creer que la familia está deshonrada o mancillada por el acto mismo del suicidio. La vergüenza generalmente aparece acompañada por el sentimiento de confusión y la intensa autorrecriminación. Los padres casi siempre se culpan, y a su vez otros también los culpan. En Estados Unidos las familias de los suicidas tienden a aislarse, y de ese modo tropiezan con dificultades todavía más graves para afrontar la realidad y el sufrimiento del suicidio del adolescente. Los suicidólogos explican que la razón de ese aislamiento guarda relación con nuestra cultura: como el único motivo culturalmente aceptable del suicidio parece ser el altruismo (por ejemplo, ayunar hasta la muerte por una causa política) y como la mayoría de los suicidios no está motivada por el altruismo, los miembros sobrevivientes de la familia reciben escaso apoyo, o quizá ninguno en absoluto, cuando llega el momento de afrontar su dolor. Por eso mismo, se agotan en la incesante búsqueda de explicaciones de lo que ha sucedido, y en el intento de superar el sentimiento de culpa.

El proceso del sufrimiento en los sobrevivientes del suicida se caracteriza ante todo por el shock, la incredulidad y el horror, porque la muerte aparece como una vicisitud autoimpuesta. Después, los padres y otros parientes pueden comenzar a sentir irritación y resentimientos contra el jovencito que eligió ese modo de salir del cuadro. La culpa es el sentimiento que prevalece inmediatamente: culpa por la cólera que ellos mismos están sintiendo, y culpa por el acto suicida. Hay situaciones en que, al culminar una discusión, un padre puede haber deseado la muerte de su hijo, en una confrontación especialmente inquietante. Si el joven en efecto se suicida, este padre puede sentir más culpa y remordimiento que lo previsible, y tal vez necesite terapia para superar dichos sentimientos. Por desgracia, el dolor no siempre se resuelve en las familias de los adolescentes suicidas. A causa de la fundamental desaprobación de la sociedad ante el suicidio, y de la falta de apoyo externo a los sobrevivientes, es posible que en el curso del tiempo el dolor se acentúe en lugar de disiparse.

Cuando un adolescente se suicida, los sobrevivientes ocupan el centro de la escena, y el suicida pasa a segundo plano. Los hermanos pueden verse afectados por la tragedia tan negativamente como los padres: los hermanos quizá se vean tironeados entre el sentimiento de fidelidad al hermano o la hermana desaparecido y el deseo de suavizar la situación de sus padres, de compensar mejor o peor el dolor y el sufrimiento de la familia. Si no se provee de ayuda, si el aislamiento social continúa agobiando a la familia, existe la posibilidad real de que los sobrevivientes a su vez se conviertan en suicidas.

Es interesante aclarar si en efecto "el suicidio engendra suicidio". Es verdad que los sobrevivientes del suicida exhiben un riesgo estadísticamente más elevado de morir a su vez por propia mano; por lo tanto, quizás en la dinámica de la familia hay factores que convalidan esta afirmación. Un grupo de investigadores sugiere que existe un nexo genético y otro sugiere que el suicidio es una conducta aprendida, una suerte de costumbre mortal que puede ser copiada de los parientes próximos. Otros sugieren que las formas de conducta de la persona que se suicida se graban, en definitiva, en la mente de otros miembros de la familia, y esperan el momento apropiado para adueñarse del terreno. Algunas personas sugieren que las familias emplean una suerte de mecanismo en virtud del cual utilizan víctimas propiciatorias, y lo hacen consciente o inconscientemente, de modo que sustituyen al suicida con una nueva "víctima", a quien se achacará la culpa de la muerte del suicida, y que por eso mismo tiende a utilizar el mismo recurso. Sean cuales fueren las causas reales del suicidio, es necesario ayudar a la familia, y darle acceso a lo que un terapeuta denomina "posvención". Este método implica la posibilidad de manifestar los sentimientos que uno experimenta, y reconciliarse con la tragedia, haciéndolo *francamente* en un medio que no asume actitudes de censura. Es un paso esencial si se quiere preservar la vida de otros miembros de la familia y lograr que esta se conserve intacta. Es necesario ayudar a los padres a comprender que ellos no siempre son los villanos en el drama del suicidio; pero, al mismo tiempo, debe ayudárseles a evaluar con realismo los papeles que representaron en ese drama.

El tipo de tratamiento que será más eficaz para resolver la secuela del suicidio es un problema que no tiene una solución única. El tratamiento puede ser complicado porque el dolor exhibe un movimiento de flujo y reflujo en el curso del tiempo. Además, muchos terapeutas han comprobado que los sobrevivientes del suicidio pueden ofrecer considerable resistencia al tratamiento, incluso hasta un año después de la muerte del ser amado. En ciertos casos, los grupos de autoayuda han sido muy eficaces en la tarea de auxiliar a la gente a expresar su dolor. La terapia de familia y la terapia individual son otras alternativas útiles para algunos. El eje de la cuestión es que si un suicidio ha tocado nuestra vida, debemos recordar que no tenemos que ocultar nuestro dolor o sentirnos solos con él. Uno tiene que concederse el derecho de sentir, sentir cólera, miedo, sufrimiento, alivio. Es necesario sentir antes de que sea posible curar. Uno puede formular los interrogantes: "¿Por qué?" o "¿Qué habría sucedido si...?", pero no permitirá que ellos dominen su vida. Un suicida adolescente es una persona manipuladora; no permita que su muerte continúe manipulando la vida que usted realiza. Requiera la ayuda de cualquiera de las fuentes propuestas más arriba. Si en el lugar en que usted vive no existen grupos de autoayuda y usted cree que ese es el vehículo apropiado para obtener su curación, organice uno. Puede conseguir ayuda para emprender esa tarea de los organismos del servicio social, e incluso de su propio clérigo. Aprenda todo lo posible acerca del suicidio: el conocimiento es un instrumento poderoso de prevención. Quizá compruebe que lo reconforta vincularse con la comunidad y compartir sus experiencias, y de ese modo enseñar a otros lo que usted sabe acerca del suicidio de los adolescentes. Tal vez desee comenzar hablando en el colegio al que asistía su hijo, por doloroso que esto pueda parecer al principio.

Lo que importa es que usted pueda convertir el suicidio, el dolor y la culpa en algo positivo para usted mismo, para otros y para la memoria de su hijo. No es inevitable que esa memoria se vea manchada por el carácter de su muerte. En definitiva, usted no fue responsable del episodio, y no debe permitir que el suicidio sea una cruz que deba soportar por el resto de su vida.

22

Cómo hallar ayuda profesional competente
(y coexistir con ella)

En ciertas ocasiones los padres deben afrontar el hecho de que los problemas de un adolescente son tan inquietantes o tan graves que ellos nada pueden hacer. Esto no es un signo del fracaso de los padres, sino un signo de la necesidad del adolescente. De todos modos, algunos padres se avergüenzan de reconocer que existe una dificultad que ellos no pudieron resolver, y evitan solicitar ayuda profesional hasta el momento en que el problema alcanza la jerarquía de una situación de crisis total. Otros evitan buscar ayuda para sus adolescentes porque temen, erróneamente, que un consejero o un terapeuta usurpurán la autoridad de los progenitores e intentarán curiosear en la vida de estos. Pero a veces los padres se sienten aliviados al pedir la ayuda de un tercero. Como dijo una madre: "Apenas adoptamos la decisión de buscar un terapeuta, sentí que me quitaba de los hombros un peso enorme."

Una vez adoptada la decisión de obtener ayuda profesional para el joven o la familia que afrontan los problemas del adolescente, no es fácil saber cómo corresponde actuar. Este capítulo es una guía destinada a facilitar la búsqueda de un consejero profesional o un terapeuta, y la evaluación de las credenciales y la competencia de dicha persona, así como a suministrar indicios útiles acerca de lo que la terapia puede o no puede hacer. Finalmente, se ofrecen algunas sugerencias acerca del modo de tratar al adolescente mientras él o ella reciben ayuda.

Saber cuándo se necesita ayuda externa

Ellen, de catorce años, estaba provocando conflictos permanentes con sus padres. Hablaba por teléfono varias horas seguidas. Obtenía malas notas en el colegio. Estaba loca por los varones y revelaba escaso interés por nada que no fuera su colección de discos de rock and roll. Hace poco había confesado a sus padres que fumaba marihuana desde hacía casi un año, y dijo entonces que no tenía intención de suspender dicho hábito.

Harold, de quince años, era un modelo de conducta obediente. Obtenía elevadas calificaciones, y era uno de los mejores jugadores de tenis del equipo de su colegio. Harold rara vez desobedecía a sus padres o les contestaba. Su manía más extraña era que prefería comer solo, de modo que todas las noches subía la cena a su cuarto, para estudiar mientras comía.

Los padres de Ellen se sentían confundidos e irritados por la conducta de la hija, y consideraron que ella necesitaba ayuda para "enderezarse". Pero cuando consultaron al médico de la familia, este les dijo que los "problemas" de la jovencita, aunque inquietantes, eran un parte muy normal del crecimiento. En cambio, los padres de Harold no percibían el grave problema que afrontaba su hijo. Durante meses había utilizado el ardid de "llevar la cena a su habitación" para practicar una dieta de sólo 200 calorías diarias, que estaba debilitándolo profundamente. Atrapado por la anorexia nerviosa, en definitiva Harold tuvo que ser hospitalizado y sometido a terapia intensiva.

Como lo demuestran estos dos ejemplos, no siempre es fácil decir cuándo se requiere ayuda externa, o incluso cuándo existe un problema grave. Las cosas no son siempre lo que parecen, y los estallidos rebeldes y emocionales de la adolescencia pueden ser hitos normales del desarrollo, o signos de perturbación. De todos modos, *hay* formas de determinar cuándo el adolescente afronta un problema grave que exige ayuda exterior. Dichos modos pueden resumirse así:

(1) Tendencia persistente a la reclusión.

(2) Conducta autodestructiva (por ejemplo, intentos de suicidio, consumo de drogas peligrosas, dietas excesivamente severas).

(3) Cambios bruscos de la personalidad.

(4) Acentuado deterioro del desempeño académico.

(5) Conducta compulsiva que interfiere en la actividad cotidiana.

(6) Temores o sentimientos de ansiedad paralizadores.

(7) Estallidos reiterados de violencia o comportamiento sádico.

(8) Falta de contacto con la realidad.

(9) Autoestima muy escasa.

Además de estos signos primarios, los padres también deben tener conciencia de otros indicios en el sentido de que están incubándose dificultades. ¿Su hijo adolescente está atrapado en un ciclo de fracasos repetidos? Eso puede ser un signo del síndrome del "renunciamiento", en que los adolescentes ya no se esfuerzan porque creen que, de todos modos, están condenados al fracaso; entonces, ¿para qué esforzarse? ¿La impulsividad es característica del adolescente, hasta el extremo de que desecha constantemente las consecuencias de su conducta? La impulsividad desenfrenada puede tener lamentables consecuencias –del embarazo de la adolescente a los actos ilegales y autodestructivos– de modo que es necesario sofrenarla. ¿La comprobación de los "límites" en el adolescente adopta matices maliciosos? Debe permitirse la rebelión y la reacción contra la autoridad de los padres sólo hasta el momento en que uno decide actuar. Pero a veces se ignora totalmente la acción de los padres; el adolescente actúa como si los padres no existieran. Tolerar este tipo de situación no es bueno ni para el equilibrio mental del padre ni para el bienestar del adolescente.

Hay otro conjunto de circunstancias que significan un aviso a los padres, en el sentido de que necesitan ayuda externa: es la situación en que ya no pueden comunicarse con el adolescente sin adoptar una actitud excesivamente emocional y punitiva. Por muy justificado que uno se sienta cuando se encoleriza –y los padres de los adolescentes a veces pueden tener mucha razón para irritarse– no podrán resolver eficazmente los problemas en esa situación. Cuando las cosas se han deteriorado en las relaciones con el hijo hasta el extremo de que uno es incapaz de actuar objetivamente, es necesario acudir a un tercero con el fin de que medie y alivie la tensión.

Los padres nunca se muestran totalmente objetivos respecto de su familia, pero no hay motivo para avergonzarse de ese hecho natural. Cuando usted se formula interrogantes acerca de la posibilidad de que su adolescente necesite cierto tipo de asesoramiento, puede dar dos pasos que ayudarán a adoptar una decisión. El primero es tan evidente que a menudo se lo omite: hable con su hijo para comprobar lo que él o ella sienten, y si desearían ayuda externa. Un padre se sobresaltó cuando oyó decir a su hijo: "Ah, papá, necesitaba consultar a alguien, pero no sabía si podíamos pagarlo." La segunda alternativa posible es solicitar una consulta con fines de evaluación. De este modo se obtiene el beneficio de la percepción de un tercero acerca de la situación del hijo adolescente, y la responsabilidad de la decisión ya no recae totalmente sobre los hombros de los padres.

Elección y utilización de una fuente de referencias

Una vez que se adoptó la decisión de solicitar ayuda profesional, es necesario acometer ciertas tareas de exploración. En general, no es aceptable limitarse a elegir al azar el nombre de un terapeuta; en cambio, será mucho más eficaz buscar la consulta con un profesional competente y atento, que posea conocimientos especiales en el área de las dificultades de su hijo. Las referencias pueden obtenerse informalmente –hablando con los amigos, los colegas en el trabajo, o los parientes– o apelando a una base más formal. Las posibles referencias de este último tipo pueden obtenerse del médico de la familia, del médico de su hijo, de un consejero de orientación escolar (o del psicólogo del colegio), del sacerdote de la congregación, o incluso del abogado. Además, a veces hay fuentes comunitarias que suministran una red de referencias. De acuerdo con la naturaleza del problema de su adolescente, puede ser útil relacionarse con una línea telefónica de urgencia para suicidas, un programa de educación acerca de las drogas o diferentes grupos de autoayuda.

Sea cual fuere la fuente de referencia que utilice, prepárese para describir la situación, según usted la ve, en términos más o menos detallados. ¿El problema afecta la vida entera de su hijo, o sólo determinada área? ¿Es un episodio relativamente reciente o se manifiesta desde hace mucho? ¿Cómo influye este asunto sobre su familia? ¿Por qué cree que el asesoramiento o la terapia son necesarios precisamente ahora?

Además, no acepte la referencia que se le ofrece sin formular algunas preguntas. Estos son tres aspectos que tal vez usted desee aclarar más específicamente.

(1) ¿Conoce únicamente por su reputación a la persona a quien recomienda o ha trabajado con ella antes?

(2) ¿Ha remitido antes otros pacientes a esa persona? En caso afirmativo, ¿qué sucedió?

(3) ¿Cuáles son las calificaciones especiales de esta persona que determinan la conveniencia de elegirla con el fin de que trabaje con el adolescente?

Modo de evaluar las credenciales y la competencia del profesional

Los certificados y los diplomas no demuestran por sí mismos que estamos ante un terapeuta eficaz, y en cambio la comprobación de los antecedentes de un profesional puede impedir que usted envíe a su hijo a una persona que no está calificada. Si lo remiten a alguien que se niega a comentar con usted sus credenciales profesionales, no importa cuáles sean las razones formuladas, apresúrese a salir y a empezar de nuevo la búsqueda. En cambio, si el profesional con quien usted conversa le suministra un resumen de sus credenciales, usted tendrá que tener en cuenta unos pocos aspectos.

(1) *¿Cuáles son los títulos obtenidos por esta persona, y cuál es la institución que los otorgó?* La educación especializada es sin duda una ventaja en el caso del consejero o el terapeuta, pero asegúrese de que la recibió en un área pertinente. Algunos diplomas que indican especialización en economía no constituyen una preparación muy apropiada para aconsejar a los adolescentes. Asimismo, prevéngase de los diplomas provenientes de instituciones de las cuales usted jamás oyó hablar. Aunque *pueden* ser universidades legítimas (verifíquelo si lo desea), hay muchas fábricas de diplomas que suministran títulos falsos por un precio.

(2) *¿Qué instrucción especializada recibió la persona en cuestión?* Muchos centros académicos suministran una educación fundada principalmente en la teoría. La formación práctica se obtiene a menudo después que la persona en cuestión se diplomó. Cuando evalúe las credenciales que indican la especialización, evite dejarse engañar por certificados fantasiosos que quizá demuestran la asistencia a un seminario que duró dos días. En verdad, esta no es, ni mucho menos, la formación más rigurosa que una persona puede obtener.

(3) *¿La persona tiene diploma o autorización como consejero o terapeuta?* Si bien este tipo de credenciales no garantiza la competencia, constituye un indicio de que existen por lo menos calificaciones mínimas relacionadas con la formación académica y la instrucción.

(4) *¿Cuál es el nivel de experiencia que tiene esta persona en el trabajo con adolescentes y en el tratamiento del tipo particular de problema que afecta a nuestro hijo?* En general, conviene mostrarse escéptico frente a una persona que acaba de completar su entrenamiento o que rara vez trabaja con adolescentes, salvo que haya pruebas muy fundadas de su competencia (por ejemplo, un encendido elogio de nuestro médico). Los consejeros o los terapeutas que se especializan en el trabajo con adolescentes representan, generalmente, alternativas mucho más apropiadas que los profesionales que trabajan sobre todo con adultos.

(5) *Cuídese de los consejeros o los terapeutas que garantizan la eficacia de sus métodos.* Un profesional serio no ofrece ningún tipo de garantía, porque tal cosa no existe. Puede haber motivos para alentar cierto optimismo – de hecho, si un caso parece desesperado,

la mayoría de los terapeutas se mostrará optimista – pero las pretensiones exageradas referidas a éxitos anteriores ("Nunca coseché un sólo fracaso en mi práctica") deben despertar las sospechas de los padres.

(6) *Preste atención a su juicio intuitivo.* Si usted no recoge una buena impresión de la conducta del consejero o el terapeuta, si él o ella se muestran bruscos o poco interesados, o si usted no siente confianza acerca del método aplicado por el profesional, piénselo mucho antes de utilizar los servicios de esta persona para ayudar a su hijo. Estos juicios intuitivos a menudo son válidos.

Tal vez convenga que usted recuerde una serie de diferentes consideraciones que aunque no se relacionen directamente con la competencia del consejero o el terapeuta, tienen mucho que ver con el tipo de ayuda que su adolescente recibirá. Por ejemplo, el sistema de valores abrazado por el profesional puede influir sobre el comportamiento de su adolescente. ¿Qué tipo de consejo suministrará respecto de áreas que pueden ser problemáticas, como las drogas o el sexo? En un sentido más práctico, ¿qué disposiciones aseguran que el profesional podrá ayudar a los padres o a los adolescentes en situaciones urgentes? ¿Con cuánta frecuencia se celebrarán las sesiones de asesoramiento? ¿Qué política se seguirá con respecto al carácter confidencial del asunto?

En último análisis, no existe un método infalible para elegir el consejero o el terapeuta que armonice perfectamente con su hijo. Hay consejeros talentosos y abnegados que carecen de diplomas formales de graduación, así como hay profesionales con credenciales impecables que, en definitiva, se muestran ineptos. Hay consejeros y terapeutas cuya personalidad puede adaptarse perfectamente a los padres, pero son inaceptables para el hijo, y otros que irritan a los padres pero son una fuente perfecta de identificación para el adolescente. En todo caso, recuerde que al elegir consejero o terapeuta para su hijo, nada impide que usted realice diligencias y comparaciones antes de decidir.

Corresponde formular una última observación. Como el propósito global de la elección de un profesional competente es beneficiar al jovencito, es necesario comprometerlo en la búsqueda de un consejero o terapeuta. Aunque los adolescentes pueden oponerse inicialmente a la idea de buscar a una persona de este carácter –sobre todo si el asunto adopta la forma de un castigo o si temen que el profesional les diga que están "locos" – de ningún modo conviene desaprovechar la oportunidad de que representen un papel en la elección de su propio terapeuta.

Guía de las fuentes de ayuda para beneficio del lego

Incluimos aquí un breve repaso de las categorías de profesionales que probablemente hallarán los padres y el adolescente que buscan consejero o terapeuta.

El *psiquiatra* posee diploma médico y después de cursar la facultad de medicina ha recibido formación especializada gracias a una residencia de tres o cuatro años. Los psiquiatras poseen dos ventajas especiales, comparados con otros tipos de terapeutas, y las mismas pueden o no ser valiosas para su hijo. Como son médicos, están autorizados a recetar drogas (las cuales pueden ser útiles en el tratamiento de la depresión o de otros desórdenes emocionales graves) y pueden realizar exámenes físicos y pruebas médicas, los que permiten descubrir problemas fundamentales de salud que a veces no se manifiestan de manera ostensible. Además, cuando es necesario, los psiquiatras pueden hospitalizar a los adolescentes, una atribución que no está al alcance de la mayoría de los restantes terapeutas.

El *psicólogo* tiene una licenciatura, y además se ha sometido a supervisión en la condición de posgraduado. Algunos psicólogos están formados especialmente en el asesoramiento o la terapia; otros poseen cualidades especiales en las pruebas de carácter diagnóstico (psicométricas), las cuales pueden ser útiles para evaluar la personalidad y la salud mental del adolescente.

El *asistente social* generalmente ha realizado una experiencia clínica supervisada. Los asistentes sociales poseen la formación necesaria para analizar los problemas emocionales y trabajar con ellos en un contexto social, de modo que poseen un conocimiento especial de la dinámica de la familia y las interacciones del grupo de pares.

Los *terapeutas del matrimonio y la familia* están educados para tratar los problemas de la familia, y en general concentran la atención en las comunicaciones y el carácter de las relaciones en el seno de la familia.

Además de estas categorías, hay otros tipos de colaboradores, y quizá valga la pena tenerlos en cuenta. Los *consejeros pastorales* son miembros del clero formados especialmente en las técnicas del asesoramiento. Los *consejeros especializados en el abuso del alcohol y las drogas* pueden o no estar diplomados, pero están adiestrados especialmente para abordar los problemas originados en el abuso de estas sustancias. Algunos –pero no todos– son ex adictos o ex alcohólicos. Las *enfermeras psiquiátricas* poseen experiencia supervisada en el trabajo con los individuos que padecen perturbaciones emocionales.

En la mayoría de los casos, la categoría en la cual uno elige consejero o terapeuta es menos importante que la competencia o la capacidad de la persona para relacionarse con el adolescente.

Qué puede esperarse de un terapeuta

Los padres tienen derecho de esperar las siguientes cosas del consejero o el terapeuta que atiende al adolescente:

(1) Una evaluación inicial que será comentada con los propios padres.

(2) Un plan general de tratamiento, incluso un calendario provisional y los objetivos perseguidos.

(3) Recomendaciones a los padres acerca del modo de afrontar los problemas con el adolescente mientras se desarrolla la terapia.

(4) Informes periódicos acerca de los progresos o ausencia de progresos del adolescente.

(5) Un enunciado claro de los honorarios y los gastos.

Pero los padres *no* deben esperar lo siguiente:

(1) Una cura mágica e instantánea.

(2) Comentarios acerca del contenido de las sesiones con el adolescente, que impliquen divulgar información confidencial.

(3) Convertir al terapeuta en una persona que escuche los problemas y los sentimientos de ansiedad de los *propios padres*, y que sugieran lo que uno debe hacer.

(4) Convertir a la terapia en sustituto de la responsabilidad de los padres.

Diez modos de complicar la terapia
(Más diez modos de facilitarla)

(1) Discrepar con todo lo que dice el terapeuta de su hijo.

(2) Condenar al terapeuta del adolescente porque es demasiado benigno, demasiado riguroso o demasiado neutro.

(3) Acusar al adolescente de malgastar en la terapia el dinero que uno gana.

(4) Adoptar una actitud de secreto respecto de las conversaciones que uno mantiene con el terapeuta. Suscitar en el hijo la idea de que el padre y el terapeuta están tramando una conspiración.

(5) Competir con el terapeuta por la fidelidad y la admiración del hijo.

(6) Delegar en el terapeuta toda la responsabilidad de los padres.

(7) Alentar en el adolescente una actitud de dependencia frente al terapeuta; frustrar todos los intentos de pensar por cuenta propia.

(8) Reclamar un informe preciso acerca de lo que se dijo en cada sesión terapéutica (después de todo uno las paga).

(9) Poner constantemente a prueba al adolescente para comprobar si exhibe estabilidad emocional.

(10) Amenazar con la interrupción de la terapia si no aparecen resultados más rápidos.

Si estos modos de complicar la terapia de su hijo adolescente parecen poco atractivos, quizá convendrá que usted se asome en cambio a la lista siguiente. Está destinada a facilitar las cosas más que a provocar interferencia.

(1) Respete el criterio del terapeuta, aunque discrepe con el que usted formula.

(2) En lugar de condenar al terapeuta, aprecie el hecho de que un adulto responsable está tratando de ayudar a su hijo.

(3) Muéstrese franco y sincero cuando explica a su hijo adolescente las charlas que usted ha mantenido con el terapeuta, a menos que se haya prohibido específicamente proceder así.

(4) No intente competir con el terapeuta por la respuesta de su hijo; en cambio, advierta que ambos ocupan posiciones muy distintas en la vida del jovencito.

(5) Conviértase en un modelo de roles positivos que demuestra un comportamiento apropiado y responsable frente al adolescente; no diga una cosa y haga otra.

(6) Cobre conciencia del hecho de que no ha renunciado a su papel como padre cuando su hijo se somete a terapia.

(7) Siempre que sea posible, promueva la independencia responsable de su hijo.

(8) No curiosee en el contenido de la terapia. Si su hijo desea que usted sepa lo que se dijo, se lo explicará.

(9) No provoque a su hijo, enredándolo en riñas o induciéndolo a actitudes rebeldes. Trate de mantener relaciones cordiales y estables.

(10) No amenace suspender la terapia como una especie de castigo. Tanto usted como su hijo pueden pasar a la condición de perdedores.

Si bien el asesoramiento y la terapia no son panaceas, suministran consuelo, apoyo y orientación, factores que pueden tener una importancia fundamental en la resolución de las inquietudes de un adolescente. Los padres deben considerar un aliado al consejero o el terapeuta, y esforzarse por alcanzar la meta común de un adolescente estable y más feliz, que puede convertirse en un adulto sin problemas.

23

Cuándo hay que llamar a la policía

La imagen usual de la policía como un conjunto de crueles defensores de la ley no es una descripción exacta de la relación que mantienen con los padres que solicitan ayuda a causa de los problemas que afrontan con sus hijos adolescentes. La policía puede ser una aliada, pues suministra la estructura en cuyo marco es posible comenzar a resolver un problema, por ejemplo, cuando un adolescente ha desaparecido y la policía da los pasos iniciales para encontrar al jovencito. La policía puede desempeñarse como consejera, por ejemplo, cuando se la llama en el calor de una discusión de la familia, y ayuda a desactivar la tensión inmediata actuando como mediadora en el debate. La policía también puede suministrar primeros auxilios, si un adolescente que amenaza con suicidarse no puede ser disuadido por los padres, y quizá ya se infligió heridas. Por lo tanto, el hecho de llamar a la policía no siempre indica que un adolescente cometió un delito. En cambio, refleja una situación crítica, en la cual los padres tal vez en ese momento se sienten impotentes para adoptar una actitud racional y eficaz. Ciertamente, no es vergonzoso solicitar ayuda con el fin de impedir que a partir de la situación actual se desarrolle una crisis todavía más grave.

El análisis de una situación difícil
(y de sus consecuencias)

Los padres llaman a la policía, en relación con sus adolescentes, en dos tipos diferentes de situaciones. En ciertos casos no hay otra alternativa, como sucede cuando existe una situación que implica peligro de muerte (un adolescente está gravemente drogado, ha robado un arma de fuego y amenaza matar a su hermana, porque cree que es una bruja). En otros casos, los padres que estuvieron lidiando un tiempo con la inconducta de un adolescente, finalmente llegan a un punto de ebullición aparentemente sin salida, como en el ejemplo siguiente. En repetidas ocasiones se ha advertido a un joven que se abstuviese de continuar molestando a una ex amiga; pero insiste en su actitud, y ahora suma la intimidación física a la campaña de cartas y llamadas telefónicas. Nada de lo que sus padres han hecho consiguió modificar su conducta, y este matrimonio no puede pagar la ayuda psiquiátrica. Solicitar la intervención de la policía es una decisión difícil para los padres de un adolescente, al margen de que el joven sea un individuo incorregible que carece de criterio y de un sentido razonable de lo justo o lo injusto, o de que en realidad esté cometiendo actos delictivos.

Con el fin de facilitar la decisión acerca de la conveniencia de la intervención policial, y para prever las consecuencias si se llama (o no se llama) a la policía, los padres deben contemplar los siguientes aspectos:

(1) *¿Cuál es el carácter de la falta?* Hay una gran diferencia entre una amenaza verbal y la agresión física concreta. La travesura que el adolescente realiza una vez no es lo mismo que la destrucción caprichosa y repetida de la propiedad. Beber unas botellas de cerveza no es tan grave como consumir un frasco de píldoras somníferas.

(2) *¿Puede afirmarse que alguien o algo corre peligro como resultado de esta actividad?* La respuesta debe incluir la evaluación del grado de peligro, y la posibilidad de que el adolescente está amenazando su propia seguridad y su bienestar.

(3) *Las normas que aplico para juzgar la gravedad de la conducta, ¿son razonables, o quizá podamos considerarlas excesivamente*

rigurosas? La policía no intervendrá si el "delito" del adolescente consiste en que viola los límites de horario impuestos por la familia durante dos fines de semana consecutivos. Tal vez necesite actuar si el adolescente exhibe un esquema de violaciones de los horarios nocturnos acompañado de embriaguez y destrucción de la propiedad.

(4) *¿Cuál es la peor eventualidad que mi hijo y mi familia tendrán que afrontar si llamo a la policía?* Algunas de las consecuencias pueden ser el arresto del adolescente, el envío a un correccional, la imposición de la libertad vigilada, o la reclusión en una cárcel para adultos. Es posible que la familia se sienta avergonzada a causa de la publicidad negativa. Otros miembros de la familia y los amigos tal vez consigan que nos sintamos culpables e infieles a nuestra propia sangre, o que nos acusen de delatores. En otras ocasiones el adolescente tal vez llegue a odiar a los padres y se niegue a hablarles. Es posible que uno provoque una división permanente en la familia. O que la gente juzgue a los padres por los actos del hijo y suponga que aquellos son ineficaces. O que la gente a la que uno creía amiga se distancie permanentemente. También es factible que la policía investigue a los propios padres.

(5) *¿Puede haber resultados positivos si llamo a la policía?* Estas pueden ser algunas de las consecuencias: la familia y los amigos lo admiran por el valor demostrado al afrontar el problema y hacer algo constructivo para resolverlo. Su hijo lo respeta (quizá de mala gana) en vista de que supo afrontar la situación. El adolescente suspende la actividad objetada porque ahora comprende claramente que usted habla en serio, es decir, al llamar a la policía usted impresionó al adolescente, obligándolo a reconocer la necesidad de modificar la conducta y las consecuencias de ella. Los amigos nos manifiestan su adhesión y nos ayudan a afrontar la crisis. De hecho, la policía ayudará a resolver el problema. Es posible que se ponga al adolescente bajo la custodia del juez, pero en todo caso lo beneficiará el contacto con un funcionario designado por el tribunal, o con un programa de rehabilitación establecido por el juez. Usted también tendrá acceso a ciertas fuentes de colaboración, de las que antes nada sabía. Quizá conozca a otros padres de adolescentes con problemas, y se sienta más fortalecido y apoyado al comentar experiencias y compartir soluciones. Y es posible, incluso, que salve la vida de su hijo o la suya propia.

Este tipo de análisis aclara cuáles son las ocasiones en que los posibles beneficios del contacto con la policía son mayores que las consecuencias negativas de su actitud. Si usted agotó las restantes alternativas, y cree que adopta una actitud realista respecto de lo que la policía puede hacer, además de saber lo que la policía puede hacer a su hijo, decídase y llame.

Afrontar la realidad

En todas las situaciones críticas llega el momento en que los padres deben afrontar la realidad de que ya no pueden hacer nada más, de que el adolescente es incontrolable o incorregible, o peor aún, es un delincuente. Se trata de un momento doloroso, porque en cierto sentido define la relación entre los padres y el hijo, tanto como la dirección que seguirá en adelante, del mismo modo que el momento en que el hijo adolescente se sienta frente al volante del automóvil para dirigirse a la universidad señala una transición inminente acerca del modo en que uno se relacionará con el hijo. Hasta cierto punto, la policía asume las funciones de los padres —más o menos como hace la universidad— convirtiéndose provisionalmente en la principal fuente de orientación y normas del jovencito.

Afrontar la realidad puede ser una experiencia diferente para diferentes familias. En algunos casos, la capacidad para reconocer finalmente que el problema exige la intervención policial puede ser un fenómeno catártico, la liberación de temores y tensiones antes implícitos, acompañados ahora por un sentimiento de esperanza. En otros casos, la realidad puede ser mucho más sombría, con el acompañamiento del miedo y la vergüenza, sobre todo si el adolescente ha cometido un acto criminal que, de hecho, garantiza cierta forma de encarcelamiento si se llama a la policía. Y en otros casos representa nada más que otro problema que debe resolverse en la vida de la familia, y que no origina una impresión emotiva muy profunda.

Además, los padres deben afrontar la realidad de que lo que la policía podrá hacer por sus adolescentes tiene límites. Los representantes de la ley no son terapeutas ni milagreros. La intervención policial —si bien puede recuperar a un adolescente fugado y organizar el asesoramiento en beneficio de la familia— no revertirá el daño físico infligido al cuerpo de la joven por cuatro abortos autoinducidos que impuso el rufián que la prostituyó. Tampoco puede suponerse que la intervención policial anulará mágicamente los años de discusiones y riñas provocadas en una familia por las actividades maliciosas de un adolescente incorregible.

Con el fin de suavizar los traumas que afectan a todos los miembros de la familia –incluso al adolescente en cuestión– cuando llega ese momento de la realidad y es evidente que se requiere convocar a la policía, los padres deben tener conciencia de que pueden suceder las siguientes cosas:

(1) *Los padres pueden experimentar un sentimiento de pánico.* Como no se relacionan rutinariamente con la policía, es posible que teman lo que ella pueda hacerles, olvidando por un momento los derechos que asisten a los ciudadanos, y también que la policía acude como resultado del pedido que ellos mismos formularon.

(2) *Pueden sentirse culpables y arrepentirse de haber llamado.* Siempre existe la tentación de proteger al hijo y ofrecerle una oportunidad más. Ese sentimiento es especialmente intenso después de realizar la llamada a la policía. Tal vez los padres sientan que son los culpables. Rechace la tentación de autoinculparse. Si la policía viene y usted cambió de idea, siempre puede afirmar que fue un error, agradecer la presencia de los representantes de la ley, y continuar como antes. Pero recuerde que es posible que usted necesite en otra ocasión a la policía, y tal vez no respondan con prontitud suficiente si usted repite con excesiva frecuencia esta actitud de rechazo.

(3) *El adolescente le ruega que no llame, o trata de convencerlo de que modifique su actitud.* Usted es el adulto que controla la situación. Tal vez sea la primera vez que usted demostró a su adolescente que es capaz de adoptar una decisión y llevarla hasta el fin. Si el joven está acostumbrado a tener padres débiles a quienes puede intimidar, esta manifestación de una decisión diferente puede asustarlo, y es posible que él o ella intenten desesperadamente recuperar el control. La llamada a la policía puede ser la actitud más importante que usted adopte para mejorar la realidad de la situación. No retroceda en el momento mismo en que está mostrando fuerza y exhibe el coraje de sus propias convicciones.

(4) *Es posible que usted experimente un increíble sentimiento de calma.* La conciencia de que uno se dispone a convocar a una fuente

de autoridad identificable puede ser inmediatamente muy reconfortante.

Afrontar la realidad de que uno tiene un hijo cuyo comportamiento es intolerable y una situación familiar muy dolorosa puede ser sumamente difícil. No pretenda sentirse eufórico a causa de su decisión, pero atribúyase el mérito de la iniciativa. Cuando afronta la realidad, usted suministra a su adolescente un modelo positivo, y lo induce a proceder del mismo modo. La policía acudirá para ayudarle en esa tarea.

El robo

Muchos padres toleran que sus hijos cometan pequeños hurtos y sin advertirlo quizás incluso alienten ese tipo de inclinación. El padre que dice a su hijo que está bien arrancar flores de los canteros de la plaza cuando ambos están recorriéndola durante un paseo, o la madre que induce a su hija a guardar en el bolso algunos clips para el cabello en el salón de belleza, porque "no podemos conseguirlos en la tienda y de todos modos pagamos mucho por este corte de cabello", el padre que lleva a casa papel y cintas para la máquina, retirados de la oficina, "pues el depósito está atestado y nadie advertirá la falta", los padres que regresan con toallas usadas como recuerdos, y sustraídas al lujoso hotel de Boston, son todos parcialmente responsables de la conducta del hijo adolescente cuando el robo se convierte en problema.

Como las restantes formas de inconducta del adolescente, el robo exhibe distintos grados de gravedad, al margen de las consideraciones morales acerca del bien o el mal. El ingreso subrepticio en el cine o la introducción de una ficha sin valor en el molinete del subterráneo son ejemplo de las formas más modestas de robo. Los casos aislados de robo en tiendas ocupan también un lugar relativamente bajo en la escala de la gravedad, y pueden representar una forma de fanfarronería del adolescente más que un propósito delictivo. A menudo, un grupo de adolescentes que merodea alrededor de un centro comercial durante una tarde, decide jugar una versión perversa del juego del "vigilante y ladrón", y trata de ver quién es capaz de sustraer el número más elevado de artículos durante un lapso dado, sin asustarse y ser descubierto. Esta actividad no significa, necesariamente, que su adolescente es un delincuente, pero sí que él o ella es vulnerable a la presión de los pares y posee muy escaso criterio. También puede ser el primer paso de un proceso de debilitamiento del autocontrol, que se manifiesta en los adolescentes predispuestos a robar cosas más importantes en situaciones más peligrosas. Los padres rara vez llaman a la policía cuando se trata del robo en tiendas; a menudo desconocen estos episodios, si los conocen no les atribuyen gravedad, o el personal de seguridad de la tienda se ocupa de corregir al adolescente y los padres no necesitan llamar a la policía, pues el hijo de todos modos ya está en dificultades.

Si los padres, en efecto, creen que es necesario llamar a la policía –porque ha aumentado la frecuencia del robo en tiendas del adolescente, o esa práctica lo pone en situaciones peligrosas, o al llevar mercaderías robadas al hogar el hijo está amenazando el bienestar de otros miembros de la familia– deben poseer pruebas que demuestren la culpabilidad del adolescente, y saber exactamente qué quieren obtener con el aviso a la policía. ¿Desean atemorizar al hijo, o quieren incorporarlo a un programa de rehabilitación? ¿Temen solicitar ayuda a otras fuentes, por ejemplo los consejeros psicológicos, porque recelan que el consejero descubra el papel que corresponde a los propios padres en la conducta del hijo? ¿Saben que el adolescente puede acabar con un prontuario policial permanente, que afectará negativamente el futuro del joven? ¿O temen que si la policía no interviene en ese momento, el adolescente carecerá de futuro? Estas cuestiones deben ser meditadas antes de convocar a las autoridades.

Hay formas más graves de robo, las que implican actos premeditados con fractura y violación de domicilio, violación de los derechos de terceros (por ejemplo, la agresión física y el robo a mano armada), y la amenaza de violencia o el ejercicio de ella. Los adolescentes que cometen estos delitos a menudo necesitan dinero para pagar el hábito de la droga o saldar deudas de juego, y no les preocupa en absoluto el carácter de las mercancías que roban, salvo en tanto son modos de conseguir rápidamente dinero en efectivo.

Los padres de estos adolescentes deben actuar con prudencia si están contemplando la posibilidad de avisar a la policía. Estos jovencitos son peligrosos, y si sospechan lo que sus padres se proponen hacer es posible que huyan, o lo que es peor, que se vuelvan contra los padres. También en este caso es necesario tener pruebas, prueba absoluta de que el adolescente cometió un delito. A veces, el hecho mismo de notificar a la policía y suministrarle información acerca de las costumbres, las relaciones y los paraderos del adolescente aportará indicios suficientes para identificar cuál será probablemente el objetivo próximo del adolescente. Y si el propósito que anima a los padres es ayudar al adolescente a romper el ciclo del delito mediante la intervención policial, es necesario que comprendan que quizás el intento no sea eficaz, a menos que los propios padres hagan también su parte.

¿Qué sucede si el adolescente roba a la propia familia? Este tipo de cosas sucede constantemente, y algunos padres consideran que son faltas bastante graves para justificar la intervención policial. Sin embargo, se trata de un sector en que la llamada a la policía puede ser ineficaz, pues los representantes de la ley consideran que las discusiones domésticas de este carácter son asuntos de familia, y que es mejor que se resuelvan sin la participación policial.

El robo no es broma. Es necesario que el adolescente sea responsable de sus actos, al margen de que el hecho ocupe un lugar inferior o destacado en la escala de la gravedad. A veces, el hecho mismo de llamar a la policía puede quebrar el ciclo incipiente del delito, pero no resolverá los problemas que son la base de la necesidad de robar que se manifiesta en el joven.

Los padres agredidos físicamente

Los hijos agredidos físicamente se han convertido en el centro de un intenso esfuerzo nacional tendiente a acentuar la conciencia acerca del asunto. Las esposas castigadas físicamente obtienen ayuda de los jueces, que demuestran una simpatía cada vez más firme en relación con este problema, y en todo el país están creándose refugios destinados a suministrar vivienda provisional y asesoramiento a estas mujeres y a sus hijos. Sin embargo, no sabemos que existan programas destinados a ayudar a los padres agredidos físicamente. Pero la realidad es que los adolescentes, en efecto, abusan de sus propios padres – a veces con frecuencia y salvajemente – y sin embargo este problema importante es algo que todavía está envuelto en el silencio y la vergüenza.

¿Quiénes son los padres castigados físicamente? ¿Qué tipos de familias producen hijos que amenazan físicamente a sus padres? Por lo general, los hijos que abusan de sus padres suelen provenir de familias en las cuales se observa un nivel considerable de agresión verbal, además de otras formas de agresión física, a menudo entre los hermanos o entre los padres. En general, los psicoterapeutas coinciden en que falta amor, o bien este sentimiento se encuentra severamente limitado en la relación entre el progenitor agredido y el adolescente agresor, y en que la frustración que resulta de este vacío emocional puede inducir al adolescente a descargar ataques físicos.

Es frecuente que el ataque a un padre sea provocado por un desacuerdo secundario.

Carolyn se preparaba para salir con un amigo, y preguntó si podía tomar prestados los zapatos de su hermana. Como ésta rehusó, Carolyn empezó a gritarle. Apareció la madre y preguntó qué sucedía. Cuando sugirió que Carolyn usara su propio calzado, la hija arrojó los zapatos a su madre desde poco más de medio metro, alcanzándola en el ojo y provocándole una herida que exigió varias puntadas.

A veces, es posible que el ataque sea provocado por la agresión de uno de los padres.

Jonathan volvió a casa después de pasar por la peluquería, con un mechón anaranjado en la parte delantera del cabello. Orgulloso de su aspecto *punk*, y sintiendo que estaba "en la moda", interrumpió a su padre (que estaba hablando por teléfono) para saber qué pensaba. El padre, enfurecido porque lo habían interrumpido, y horrorizado ante la apariencia de su hijo, maldijo y lo abofeteó. El hijo replicó inmediatamente aferrando el teléfono y golpeando en la boca al padre, que perdió uno de los dientes delanteros.

Y a veces suele parecer que un acto no responde a ninguna provocación. Sea cual fuere la razón aparente, un adolescente no puede tener tan escaso autocontrol que él o ella agredan a uno de los padres. Pero, por otra parte, lo mismo puede decirse de los padres. La violencia de este tipo en la familia puede arruinar la vida de todos, y sentar un precedente que se repetirá en las generaciones futuras.

¿Qué recursos tienen los padres? Pueden afrontar la violencia con la violencia si disponen de los recursos físicos necesarios, pero en este tipo de competencia brutal no hay vendedores. Tal vez acepten los golpes, de modo que los adolescentes pueden actuar irresponsablemente, sin control. O pueden fijar límites y aplicarlos, no permitirán que el adolescente continúe en la casa, y tratarán de internarlo en una institución para enfermos mentales, tratarán de que la familia entera se someta a terapia y llamarán a la policía.

Como en el caso del robo, la violencia en el seno de la familia es un área en que la policía generalmente no desea comprometerse ni presentar acusaciones. Por supuesto, responderán a un llamado urgente si el hijo está golpeando a los padres y otro miembro de la familia lo denuncia. Pero en general, estos asuntos corresponden al rubro de los problemas domésticos. Pero si usted cree realmente que su hijo lo amenaza, realice la denuncia. La policía puede ayudar si usted se muestra persistente y logra convencerla (y convencerse usted mismo) de que no tiene otras alternativas.

El tráfico de drogas

Muchos padres cierran los ojos cuando comprueban que sus hijos adolescentes están comprometidos periféricamente con el tema de las drogas; un jovencito fuma marihuana los fines de semana, "toma prestadas" alguna tabletas de Valium para calmarse después de un examen difícil, "investiga" cómo es la cocaína en una fiesta de amigos. Pero no es fácil cerrar los ojos si uno descubre que el hijo es traficante de drogas. Los padres pueden racionalizar el consumo de drogas de su hijo con la afirmación de que el adolescente no hace otra cosa que someterse a la presión de los pares y no perjudica a nadie; pero el tráfico de drogas afecta, evidentemente, a otras personas, puede amenazar la vida de terceros, y proyectar sobre el joven traficante la amenaza de un mundo de delito y violencia. Es difícil racionalizar todo eso. Cuando un adolescente interviene en este tráfico, es posible que los padres se preocupen tanto que decidan comunicarse con la policía. Las razones de esa actitud pueden variar: no desean que haya drogas en su hogar, porque los preocupa su propia reputación así como el bienestar del hijo; creen que como las drogas son ilegales, sólo puede contarse con la policía para descubrir la fuente utilizada por el hijo, e impedir que continúe ese tráfico. Pueden temer por su propia vida, y presumir que aparecerán en la casa algunos pistoleros a exigir el dinero que el hijo debe, y quizás a destruir a todos si el jovencito no alcanzó a vender la totalidad de su cuota de drogas. Pueden temer al adolescente, sobre todo si conocen los efectos acumulativos que algunas drogas tienen en la capacidad de la persona para controlar los impulsos.

Si los padres llaman a la policía, deben estar dispuestos a decirle lo que saben. La policía no podrá acudir a la casa de una persona y confiscar drogas, a menos que consiga una orden de allanamiento, y la prueba no será aceptada en el tribunal sin dicha orden.

En los temas criminales como el tráfico de drogas, no es probable que la policía muestre frente al adolescente una actitud de apoyo semejante a la que manifiesta si se le pide que ayude a localizar a un joven que fugó de la casa. Si su hijo adolescente está traficando con drogas y usted lo denuncia, de hecho está garantizando su arresto y la iniciación de un prontuario criminal. Los padres deben mostrarse dispuestos a afrontar estas duras realidades si deciden avisar a las autoridades; pero a veces no hay otras alternativas.

Cuando su adolescente está en dificultades con la ley

¿Qué hace usted si un viernes por la noche está sentado en su casa mirando televisión y recibe una llamada de la policía para informarle que detuvieron a su hijo y lo retienen en la comisaría? Ante todo, no se deje dominar por el pánico. Averigüe qué sucedió y por qué detienen a su hijo. ¿Un accidente? ¿Un delito? ¿Su hijo está comprometido directamente o lo retienen como testigo o como cómplice? ¿La policía ha decidido presentar acusación formal? Después, usted tiene que decidir si se necesita la presencia de un abogado. A menos que esté absolutamente seguro de que su adolescente no está en dificultades o no corre peligro de ser acusado de un delito, consiga inmediatamente un abogado, quien puede aconsejarle y aconsejar inmediatamente a su hijo, y adoptar medidas directas para proteger los derechos del joven. Si es necesario, un abogado puede arreglar la fianza con la mayor prontitud posible. No es un asunto de escasa importancia, porque hay docenas de ejemplos anuales de que un adolescente que antes no tuvo problemas con la policía se suicida por desesperación durante las primeras horas que siguen al arresto. Además, los adolescentes enviados a la cárcel –aunque sea brevemente– pueden ser violados o golpeados por otros internos. Los abogados también facilitan la comunicación con la policía o el tribunal, y pueden ayudar a la familia a comprender el complicado funcionamiento del sistema legal.

Partiendo del supuesto de que una persona es inocente hasta que se demuestra su culpabilidad, usted debería mostrarse dispuesto a adoptar también esta actitud, a menos que las pruebas contra su hijo sean abrumadoras. Por impresionado o decepcionado que pueda sentirse –o pese a su frustración, si ya preveía algo parecido– este no es el momento para abandonar a su hijo. Resulta indispensable que se manifieste la solidaridad de la familia. Pero es natural que las circunstancias que rodean los problemas de su hijo tiñan su reacción; robar un automóvil es una cosa, el asesinato es otra muy distinta. Si el carácter del presunto delito lo abruma, puede ser necesario que usted mismo solicite ayuda, y que consulte a su médico o a un consejero especializado en situaciones críticas, que está entrenado para afrontar coyunturas urgentes.

Lo que suceda después dependerá en parte del sistema de la justicia penal, la edad de su adolescente, la gravedad del delito, y los antecedentes del joven. El abogado puede ayudar a los padres a afrontar esta situación complicada apelando a recursos que el espacio disponible aquí no nos permite examinar. Pero después de llegar a cierto tipo de resolución –se retiran las acusaciones, se comprueba que el joven es inocente, o se lo declara culpable, pero la justicia lo libera y lo pone al cuidado de los padres, o el adolescente queda en libertad vigilada o se lo encarcela– usted de todos modos debe trazar un plan para el período siguiente. Felizmente, el contacto con la ley puede atemorizar al adolescente, de modo que en adelante se comporte bien. Una madre asombrada lo expresó así: "Ahora, todo lo que puedo decir es que deseo que lo hubiesen arrestado cuando tenía menos años. De la noche a la mañana se convirtió en una persona diferente." Pero con mucha frecuencia la mejora –si existe– es a lo sumo provisional, y el adolescente se convierte en infractor o delincuente reincidente. Sin embargo, los siguientes pasos pueden ayudar a minimizar esta posibilidad:

(1) Obtenga ayuda profesional para analizar por qué su adolescente tuvo dificultades con la ley. Esta ayuda puede incluir el asesoramiento legal, la consulta con personal del colegio, y la evaluación psiquiátrica o psicológica.

394

(2) Consiga que su adolescente se someta a asesoramiento o terapia. (Es sorprendente lo que un buen terapeuta puede lograr cuando se propone ayudar a adolescentes perturbados, para conseguir que modifiquen su estilo de vida.)

(3) Sea un padre tolerante, no una persona que condena constantemente. Pero establezca límites fijos y aplíquelos rigurosamente.

(4) Si su adolescente está sometido a libertad vigilada, compruebe que él o ella satisfacen los requerimientos necesarios. Hable a menudo con el funcionario encargado de la vigilancia, para comprobar qué sucede exactamente.

(5) Insista en que su hijo adolescente rompa con los amigos que tienen antecedentes delictivos. Este aspecto no es negociable, y por lo tanto es necesario que usted le demuestre que las consecuencias del incumplimiento de esta norma son graves, por ejemplo, retirarle la licencia de conductor, o confinar al hijo en el hogar los fines de semana.

(6) Ayude a su hijo a formular metas claras en su vida, y aliéntelo a trabajar en ese sentido.

(7) Provea de una atmósfera familiar de amor, aceptación y cooperación, más que de discrepancia y rechazo.

Incluso si usted trata de atenerse a estas recomendaciones, quizá no consiga rehabilitar a su hijo. No debe sentirse excesivamente culpable por ello, si en realidad hizo todos los esfuerzos necesarios. Llega un momento en que es necesario reconocer que los mejores esfuerzos de los padres tal vez no bastan cuando su hijo adolescente eligió un modo de vida que desborda las posibilidades de control de sus progenitores, y que, incluso, sobrepasa su capacidad de comprensión.

Cuarta Parte

REPASO DE LA PATERNIDAD POSITIVA

24

Dar apoyo a los hijos

Dar apoyo es algo que todos los padres hacen en distinta medida a lo largo de la vida de sus hijos. Cuando uno impide que otro pequeño arroje arena al hijo de tres años en el campo de juegos, está apoyándolo; cuando se ofrece para entrenar a un equipo cuyo entrenador titular está enfermo, de modo que su hijo y otros puedan competir en el campeonato, también está apoyando, y cuando acepta pagar las lecciones de música de una adolescente que desea desesperadamente ser pianista profesional (aunque uno quisiera que ella fuese médica), se dispone a prestar ayuda.

Pero durante la adolescencia hay otras situaciones que reclaman un tipo distinto de compromiso de los padres. Estas situaciones de "apoyo" pueden dividirse en dos categorías más o menos generales, las que implican una injusticia que hiere al adolescente y las que implican tipos especiales de oportunidad. En ambos casos, el acto de "apoyar" describe la disposición y la capacidad de los padres de actuar en defensa del hijo en situaciones que en general él o ella no pueden controlar.

Los padres como defensores y representantes

Los padres actúan como defensores de sus adolescentes haciendo cosas que preservan y protegen los derechos de sus hijos. Este papel del padre se parece al de un abogado, en cuanto implica defender al adolescente contra las acusaciones injustas o protestar cuando se discrimina en perjuicio del joven. Felizmente, la defensa activa no suele ser muy necesaria durante la vida cotidiana de la mayoría de los adolescentes.

Actuar como representante del adolescente es un tanto distinto. En este caso, los padres intentan actuar en defensa del hijo, con el fin de crear una oportunidad especial que de lo contrario no existiría. Por ejemplo:

El doctor Larsen sabe que su hija, alumna avanzada, está interesada en la ciencia, y llama al director del laboratorio de un hospital local con el fin de obtener que se le asigne un cargo honorario durante el verano, de modo que ella pueda aprender la realización de análisis químicos básicos de carácter clínico. Si ella hubiese solicitado personalmente el cargo, la hubiesen rechazado sin más trámites.

El hijo de la señora Golden está tratando de organizar una cena con el fin de recaudar fondos destinados a comprar elementos nuevos para el equipo de gimnasia del colegio. La madre se comunica con un amigo que trabaja en una estación de radio local, y éste arregla la presentación de un deportista conocido como expositor invitado, y aporta publicidad gratuita al acontecimiento.

Carol es una joven de diecisiete años que aspira a convertirse en escritora, y cuyos cuentos han sido rechazados en todas las publicaciones a las que fueron enviados. La madre pide a un primo, que es agente literario, que examine los cuentos, y con su ayuda Carol encuentra una pequeña revista literaria que acepta su trabajo y solicita ver otras producciones.

Como demuestran estos ejemplos, los padres que actúan como representantes pueden ayudar de muchos modos a sus adolescentes. Pero no puede afirmarse que la retribución beneficie únicamente al joven; esta tarea de "representación" origina en los padres un sentimiento de satisfacción, y la conciencia de que han contribuido de manera importante al éxito del hijo. Además, los adolescentes tienden a mirar con mayor respeto las cualidades de los padres cuando perciben los efectos de este papel de representación.

Cuándo y cómo ayudar

El acto de ayudar a los adolescentes apoyándolos es un proceso mucho más complicado que prestarles dinero, facilitarles el automóvil de la familia u ofrecerles buenos consejos de viejo estilo. Uno debe comprometerse directamente en los problemas del hijo, y no siempre es fácil saberlo.

Para decidir cuándo corresponde prestar ayuda al adolescente es necesario considerar una serie de cuestiones diferentes. En primer lugar, hay que evaluar la gravedad de la situación. No vale la pena armar un gran escándalo por un asunto trivial, aunque parezca injusto o desagradable para su hijo. Segundo, uno debe tener la certeza de que apoyará sólo con el conocimiento y el acuerdo del adolescente. De lo contrario, puede creerse que uno adopta una actitud manipuladora. Tercero, debe evitarse prestar un apoyo que satisface las necesidades del padre más que las del hijo; ese tipo de ayuda puede ser indeseada. Finalmente, hay que estar seguro de que al apoyar a los hijos adolescentes no se les priva de la oportunidad de obtener por sí mismos los resultados deseados. El propósito de los padres es *ayudar* a los hijos adolescentes, no asumir sus responsabilidades.

Los pedidos de los adolescentes que reclaman la ayuda de los padres para realizar los deberes de casa encomendados por el colegio constituyen un ejemplo perfecto. Nada tiene de malo que uno sea un auxilio de sus hijos. En efecto, hay que enseñarles a usar el catálogo de fichas de la biblioteca, o a organizar una bibliografía para el trabajo de historia. Pero no se preocupe tanto por las calificaciones de sus adolescentes que acabe realizando la tarea que ellos deben ejecutar. Puede ser interesante asimilar ideas acerca del empleo del humor en las novelas de Mark Twain como reflejo de las costumbres sociales norteamericanas del siglo XIX, mientras uno redacta la composición del joven, pero el entusiasmo y la generosidad del padre transmiten al adolescente el mensaje de que es perfectamente justo trampear. Además, el adolescente también aprende, de este modo, que resulta fácil derrotar ál sistema si uno consigue que otro le haga el trabajo. Incluso si uno interviene en tareas que no son las propias del colegio –trátese del trabajo en los distintivos necesarios para agregar al uniforme, o de las maquetas que se exhibirán en la exposición de ciencias, y que su hijo no puede terminar porque le falta tiempo, o de la redacción de un ensayo destinado a la universidad– es al mismo tiempo deshonesto y contraproducente ejecutar la tarea del hijo, y constituye un modo erróneo de ayudar.

¿Qué puede decirse de las situaciones en que el adolescente fue tratado injustamente, y uno de los padres debe desempeñar la función de defensor? Veamos unas pocas pautas que pueden ser útiles:

(1) Converse con su hijo para conocer la situación lo mejor posible.

(2) Determine qué desea hacer su hijo, y por qué.

(3) Determine si la evaluación que su adolescente hace del problema es exacta y realista.

(4) Cuando sea necesario, obtenga más información concreta, e investigue las cuestiones pertinentes, como si estuviese preparando un escrito legal.

(5) Consulte con expertos que puedan aportar hechos y criterios para fortalecer su argumentación.

(6) Elabore estrategias basadas en los casos precedentes, para maximizar la posibilidad de que su defensa sea eficaz. ¿Con quién necesita hablar? ¿Una carta será más persuasiva que una llamada telefónica? ¿Qué hará usted si su primer intento de modificar la situación no obtiene el resultado que desea?

(7) Si la estrategia elegida implica el contacto personal, tómese tiempo para ensayar lo que dirá y cómo lo dirá. Si es posible, pida a una persona a quien usted respeta que represente un papel de la situación con usted, para prever mejor lo que pueda suceder.

(8) Muéstrese diplomático. La defensa realizada bajo el imperio de la cólera suele ser ineficaz y agravar la situación, hasta que las

cosas sean, incluso, peores que antes de su intervención. Si usted no puede controlar sus sentimientos, no servirá de mucha ayuda.

(9) Nunca intervenga de un modo que pueda avergonzar o humillar a su hijo adolescente.

Teniendo presente estos aspectos, iniciaremos la consideración de varios tipos específicos de situaciones en las cuales puede requerirse esta labor de defensa.

El trato con el personal del colegio

Los docentes y los administradores son profesionales, y no les agrada que los traten como si fuesen esclavos o sirvientes. El personal del colegio tiene ideas tan firmes acerca del modo de realizar su trabajo como las que usted aplica acerca del modo de tratar a sus hijos. Como pasan en contacto directo con ellos mucho más tiempo que el que probablemente usted les dedica, su perspectiva no sólo es distinta de la que usted tiene, sino que en realidad puede ser más exacta. El personal del colegio no está formado por personas que poseen idéntico caudal de paciencia, simpatía, competencia o equidad, pero se esfuerzan por hacer lo posible, y aprecian que se los trate como corresponde a profesionales.

Cuando usted decida ayudar a sus hijos y en esa tarea deba tratar con el personal del colegio, es muy importante que posea una visión clara de los hechos. Si su adolescente se queja de que la profesora Rose asigna cincuenta páginas de lectura en la clase de inglés y es imposible seguir ese ritmo, es necesario que primero usted realice su propia labor preparatoria. Tal vez descubra que la clase está abordando una unidad acerca de la literatura infantil, y que la tarea consiste en leer cincuenta páginas (aproximadamente dos libros) de amena lectura todas las noches durante una semana. En cambio, si las cincuenta páginas corresponden a *Ascenso y Decadencia del Imperio Romano*, es posible que su hijo esté formulando una queja legítima.

Las dos quejas más usuales que los adolescentes manifiestan acerca de sus docentes son: "Mi profesor no simpatiza conmigo" y

"Mi profesor es injusto." Si bien estas quejas a veces son exageraciones o coberturas de un mediocre desempeño académico, hay ocasiones en que el jovencito puede estar en lo cierto. Entre las preguntas útiles que debemos contemplar incluiremos: ¿Su hijo está mereciendo una calificación desusadamente baja? ¿Otros alumnos de la clase formulan la misma queja? ¿Hay pruebas objetivas de la existencia de un conflicto con determinado profesor?

> Kyle, un alumno que era miembro del cuadro de honor y que actuaba en varios equipos universitarios, imprevistamente obtuvo una nota baja de su profesora de inglés durante el primer semestre de su tercer año. Cuando los padres fueron a comentar el asunto, la profesora explicó que la nota de Kyle era más baja en vista de que el joven había faltado a varias clases como resultado del programa de viajes del equipo de básquetbol (ausencias legítimas, de acuerdo con la política de la institución). Cuando la profesora se negó a reconsiderar su posición, los padres hablaron con el director del colegio, se organizó una conferencia. Se ordenó a la profesora que elevase la calificación de Kyle, y este fue trasladado a otra sección de inglés para cursar el segundo semestre.

Por desgracia, los docentes infligen a los alumnos diferentes formas de injusticia. En un ejemplo clásico que hemos conocido hace poco, un alumno católico ridiculizado frente al curso de historia por un profesor que lo había visto manifestando frente a una clínica en que se practicaban abortos. De pronto, el alumno comenzó a obtener notas bajas en los trabajos y los exámenes de esta clase, y ese hecho indujo a los padres a reunirse con el consejero de orientación, para hallar una solución. Los padres afrontaron al principio la afirmación del profesor en el sentido de que él no alimentaba ningún tipo de prejuicio, pero aquellos consiguieron exponer una defensa convincente, pues tenían testigos del discurso del profesor en el aula, y lograron demostrar que el descenso de las calificaciones había comenzado inmediatamente después de ese episodio. Por último, presentaron los trabajos mismos, para demostrar que ellos merecían calificaciones más altas de las que habían recibido.

La relación con el personal del colegio puede ser difícil porque los padres rara vez tienen las mismas percepciones que los docentes acerca de la personalidad y la capacidad académica de sus hijos. Es posible que uno crea brillante a su adolescente, pero los profesores tal vez lo vean como un payaso. Quizás usted se desentiende de la falta de interés de su hija en las tareas que ella debe realizar en casa, porque sabe que el colegio no le interesa mucho; en cambio, los profesores creen que es una joven inteligente, pero que no trabaja de acuerdo con sus posibilidades, y se sienten frustrados en sus intentos de conseguir que rinda más. Por consiguiente, cuando usted decide tratar con los docentes o los administradores, vaya dispuesto a compartir las percepciones que tiene de su hijo antes de resolver los problemas acerca de los cuales fue a quejarse.

Cuando usted trata con el personal del colegio, debe estar preparado para encontrar diferencias individuales. No todos los docentes o administradores aprecian del mismo modo la participación de los padres; algunos se sienten amenazados y quizás adopten una actitud defensiva, y otros utilizarán la inquietud que usted demuestra como una forma de autorización que les permite comunicarse con usted cada vez que el alumno cosecha pequeños triunfos o sufre menudos inconvenientes. La mayoría de los docentes y administradores ocupan un lugar a medio camino entre estos extremos. No se intimide ante una personalidad ríspida ni se deje seducir por otra excesivamente amistosa. La meta que usted persigue es ayudar a su adolescente a resolver cierto problema en el colegio, y por lo tanto no debe permitir que los factores de la personalidad de otros lo estorben impropiamente o influyan sobre usted.

Los padres de adolescentes excepcionales –tanto porque padecen impedimentos físicos o mentales, como porque tienen problemas de conducta o poseen dotes o cualidades particulares– tienen más probabilidades de salir en defensa de sus hijos y de mantener un compromiso activo con el personal del colegio que los padres de jóvenes que no tienen necesidades excepcionales. En tales casos, el compromiso es equivalente a la "supervisión"; comprobar que los hijos están recibiendo realmente el tratamiento especial al que tienen derecho (véase el capítulo 11) y mostrarse dispuestos a desarrollar una defensa activa, si no es el caso. En estas circunstancias, los padres no deben inquietarse por la posibilidad de que se los perciba como antagonistas, o de que el personal del colegio mire con hostilidad sus exigencias, porque con mucha frecuencia los alumnos especiales no pueden o no quieren hablar por sí mismos, y los padres tienen que hacerlo por ellos.

Sean cuales fueren los pasos que usted dé, la cooperación y la comprensión realista de lo que los docentes y los administradores pueden y no pueden hacer por sus hijos, constituyen la clave de un resultado positivo.

La relación con otras figuras de autoridad

En el curso de su vida los adolescentes se relacionan con muchas figuras de autoridad distintas de los padres o docentes. Entre las personas de este grupo cabe mencionar a los sacerdotes, los entrenadores, los padres de los amigos, los líderes de los campamentos, los líderes comunitarios, los políticos, los empleadores, la policía y los asistentes sociales voluntarios. Es evidente que algunas de estas figuras de autoridad ocupan cargos que exigen cierto tipo de protocolo. Con razón o sin ella, la realidad es que puede preverse que un adolescente se mostrará más medido o circunspecto en presencia de un sacerdote que en la relación con un entrenador deportivo. Los adolescentes tienden a meterse en dificultades cuando no conocen los modos apropiados de comportarse o de actuar en diferentes situaciones y con diferentes adultos, y por lo tanto pueden tener problemas porque se interpretan mal sus actos.

Gary era cocinero a cargo de la preparación de las papas fritas en un restaurante que servía pollo frito, y fue acusado por el gerente de formular comentarios burlones acerca de su persona. Gary negó que los comentarios fuesen burlones, y dijo al gerente que estaba haciendo una tormenta en un vaso de agua. Trató de regresar al trabajo las dos noches siguientes, pero le impidieron entrar. Finalmente, Gary explicó lo sucedido a sus padres, y aceptó que ellos le ayudasen.

Los padres de Gary se comunicaron con el supervisor de distrito de la concesionaria para recabar información acerca de los derechos de los empleados y la política laboral de la empresa, con el fin de prepararse para asistir a una reunión con el gerente del restaurante. Al trazar un plan y realizar los correspondientes preparativos, los padres se comportaron como defensores responsables, decididos a buscar una solución razonable y equitativa. Durante la reunión, fueron informados de que la conducta de Gary había influido negativamente sobre la moral de otros trabajadores. De todos modos, si al día siguiente llevaba una disculpa por escrito, podría regresar al trabajo con carácter de prueba, hasta que demostrase que era un empleado digno de confianza. Los padres de Gary se sintieron complacidos con el desenlace, y escribieron cartas al gerente y al supervisor para agradecerles la ayuda que habían prestado en la aclaración y solución del problema.

Si no se hubiera conseguido resolver el problema de este modo, los padres de Gary podían haber elegido una postura más agresiva. Tal vez hubieran presentado una queja formal por escrito al supervisor del distrito, o haber llevado el problema a una junta arbitral de relaciones laborales, o contratado un abogado que defendiese el caso de su hijo. Si ninguno de estos métodos hubiese resuelto el problema, y ellos hubieran tenido pruebas en el sentido de que se había negado a Gary la garantía del debido proceso y de que se lo trataba injustamente, incluso podrían haber organizado un boicot local del restaurante, o hablado con los medios de difusión para llamar la atención sobre la situación en que estaban. En general, esas medidas extremas merecen ser contempladas sólo si los problemas que el adolescente afronta implican graves faltas a la ética o a los derechos, o son ejemplos claros de prejuicio o violencia contra los adolescentes. Por desgracia, la defensa agresiva puede ser un modo emocionalmente costoso de ayudar a los hijos, y no hay garantías en el sentido de que se obtengan resultados.

La defensa del hijo adolescente cuando uno trata con otras figuras de autoridad puede verse complicada por varios factores. Un entrenador o un trabajador voluntario probablemente será un lego que carece de entrenamiento o conocimientos especiales acerca del modo de dirigir a los jóvenes, y que posee únicamente el deseo de trabajar con menores. Si se los pone a cargo de grupos numerosos a los que no pueden controlar, o en presencia de los cuales no saben ejercer su autoridad, pueden convertirse en adversarios de los adolescentes a causa de la frustración que sienten ante su propia ineptitud, y no porque los jovencitos sean realmente malos. Por lo tanto, cuando uno intenta intervenir en defensa del adolescente, la situación puede asemejarse a la del ciego que dirige al ciego. A menudo, las figuras de autoridad adulta suponen que los adolescentes con quienes trabajan saben lo que se espera de ellos, cuando en realidad no es el caso. Carole, una jovencita de catorce años que distribuía golosinas y revistas en un hospital, supuso que podría entrar con su carrito en la unidad de terapia intensiva, porque su instructor (también un voluntario) nunca le dijo lo contrario. El escándalo que esta actitud provocó en el personal de enfermeras logró que Carole huyese del edificio llorando. Cuando los padres se quejaron a propósito de la experiencia vivida por su hija, no consiguieron nada, porque el instructor afirmó que todas las distribuidoras de golosinas y revistas debían saber que no podían ingresar en los pisos destinados a los enfermos graves.

Uno puede ayudar al hijo adolescente a tratar con otras figuras de autoridad adulta explicándole la existencia de estos problemas. Los padres y el hijo pueden llegar a la conclusión de que conviene que cooperen en la comprobación de ciertos hechos. Si usted desea que su hija participe de una excursión al campo que puede durar varios días, compruebe que los líderes estén bien entrenados, y saben lo que tienen que hacer. Si tiene dudas, hable personalmente con los líderes o los voluntarios. Si su hijo desea participar en actividades grupales de los jóvenes, verifique que todos sepan cuánto tiempo restarán esas tareas a las responsabilidades propias del colegio o el trabajo, y cuál es la norma aplicada a quienes faltan a las reuniones, o cuál es la importancia que se atribuye a la participación grupal más que a la realización individual. Prepare a su adolescente para resolver los problemas de antemano, en lugar de que se vea obligado a apoyarse en usted como defensor después que se suscitó un problema.

Maximizar las oportunidades de su hijo adolescente

En el concepto mismo de maximización de las oportunidades de su adolescente hay un verdadero círculo infernal. Si hace algo para realzar las oportunidades de éxito de su hijo, sin quererlo puede anular sus posibilidades de aprender y crecer en una actividad independiente de usted mismo. Siempre que intente maximizar las oportunidades de su adolescente, debe demostrar moderación y buen juicio. Es una de las tareas más difíciles de los padres en relación con el adolescente.

Muchos padres tratan de ayudar a sus hijos enseñándoles los temas de la etiqueta, la apariencia, los modos "apropiados" de hablar, y las cosas que deben mencionar con el fin de impresionar a la gente. En el caso de ciertas familias, este tipo de entrenamiento es todo lo que hacen para ayudar a sus hijos a maximizar sus oportunidades. Suponen que una vez suministrada la información básica, corresponden a los jovencitos aprovecharla.

Otros padres tratan de usar sus relaciones con el fin de que se dispense a sus hijos un trato preferencial. Por ejemplo, le consiguen un empleo de verano en la misma oficina del padre, hacen favores a alguien con la esperanza de que más tarde puedan cobrar el favor y utilizarlo en ventaja del hijo; año tras año realizan donaciones en efectivo a su alma mater de manera que el hijo sea aceptado, incluso si su rendimiento académico no es el apropiado: estos son algunos de los modos en que los padres tratan de maximizar las oportunidades de sus hijos.

Pero son más eficaces los modos que fortalecen la confianza y la autoestima de los adolescentes, y que les ofrecen la oportunidad de desarrollar muchas cualidades y refinan algunas hasta alcanzar un estado de casi perfección. Muchos padres realizan importantes sacrificios financieros para ofrecer a sus hijos lecciones de patinaje o baile, con la esperanza de que los preparen para realizar carreras especiales y provechosas. Los padres que permiten que sus hijos se comprometan realmente en una pasión total y absoluta —los caballos, la cocina, la arqueología o las pesas— están ayudando a sus adolescentes a comprobar que es posible alcanzar el más alto nivel en determinada actividad, a coronar totalmente ciertos proyectos, y a establecer relaciones y conquistar una reputación de excelencia en todo este proceso. Enseñar a los jóvenes a escribir un resumen delineando la posición que ellos desean realmente, y a tener la confianza necesaria para imponer su propia personalidad, a la larga es más útil que conseguirles un empleo y abrigar la esperanza de que todo salga bien.

El papel de los padres en el proceso de ingreso en la universidad

Como muchas cosas de la vida, el proceso de ingreso en la universidad exige un cuidadoso planeamiento previo, de modo que no crea que usted puede comenzar el verano que precede al último año de su adolescente en el colegio secundario. Si su hijo cursó un currículo de tres años, que incluye el estudio cuidadoso del tejido de canastos y el arte comercial, pero es deficiente en inglés, matemática e idiomas extranjeros, no podrá remediar fácilmente la situación. De manera que durante el segundo año de su hijo en el colegio secundario comience a familiarizarse con los requerimientos de las universidades a las cuales su adolescente quizá desee asistir.

En segundo lugar, admita que puesto que las mejores universidades desean alumnos que hayan alcanzado elevadas calificaciones, no deben elegirse los cursos del colegio secundario sólo porque son fáciles. Un funcionario a cargo de los ingresos en una universidad tradicional nos dijo: "Preferimos a un estudiante que alcanzó notas medianas en varios cursos voluntarios, que a quien tiene un promedio sobresaliente en las clases regulares, pero no quiso exigirse él mismo." Aunque no debe presionarse a los adolescentes para que asistan a cursos superiores que son excesivamente difíciles en su caso, seguir el camino fácil no suministra a los estudiantes una actitud competitiva en el momento en que se presentan las solicitudes de ingreso en la universidad.

Una táctica útil consiste en inscribirlo en el curso de verano de una universidad próxima. Este tipo de experiencia puede responder a varios propósitos diferentes. Permite al adolescente concentrar la atención en un área académica en la cual no se desempeñó especialmente bien (como no hay otros cursos que lo distraen, es posible que en este caso pueda revelar eficiencia). O bien un curso de verano en la universidad puede ser la oportunidad de desarrollar cierto interés especial, la programación de la computadora, la historia del arte, la arqueología, que no está incluido en el programa del colegio secundario de nuestro adolescente.

Hay modos adecuados e inadecuados de apoyar al hijo adolescente cuando está en juego el proceso de ingreso en la universidad. Es inadecuado elegir en lugar del adolescente. Aunque usted esté seguro de que él o ella se desempeñarían mejor en un curso de ingeniería mecánica del Instituto Tecnológico, no fuerce la situación si el adolescente prefiere los cursos de cinematografía en una de las universidades locales.

Existen dos tipos de apoyo de los padres que pueden ampliar las posibilidades de un adolescente de ser aceptado en determinada universidad, pero en ambos casos se trata de situaciones especiales que no pueden aplicarse de manera general. En primer lugar, la mayoría de las universidades concede, hasta cierto punto, un trato preferencial a los hijos de ex alumnos. Si su hijo desea concurrir a la institución de la cual usted fue alumno, e incluso si se trata sólo de la última posibilidad, aproveche su propio status. Segundo, no se avergüence de convocar a los amigos, los parientes o los conocidos que puedan ejercer cierta influencia y prestar alguna ayuda para facilitar el ingreso en las universidades preferidas por su adolescente. Una recomendación proveniente de una fuente de este tipo, o mejor aún, un grupo de recomendaciones de este género, generalmente pesarán a favor de su hijo. Después de todo, en eso consiste el apoyo.

Finalmente, recuerde que nada es definitivo cuando se trata del ingreso en la universidad. Si el joven no consigue ingresar en la institución que él prefiere la primera vez, puede presentarse al año siguiente. Si un adolescente se ve rechazado en todos los lugares en que se inscribió, un año dedicado al trabajo o a realizar cierta experiencia de la vida puede lograr que al siguiente sea un candidato más seguro. Y créase o no, muchos jóvenes han sobrevivido a la "ignominia" originada en el hecho de que no concurrieron a una de las universidades tradicionales.

La preparación para la universidad es un proceso prolongado en el cual los padres, en efecto, tienen que representar un papel importante. Lo fundamental aquí, como en todo lo que se refiere a la relación con un adolescente que está en la frontera de la edad adulta, es la perspectiva. Conviene no traspasar la línea que separa las responsabilidades de los padres de las que afronta el joven.

25

Compartir y considerar

En nuestra condición de padres, todos aceptamos que somos responsables del bienestar de nuestros hijos. Esta responsabilidad trasciende nuestro doble papel de protectores y proveedores, e incluye un vínculo emocional que es uno de los aspectos más importantes de la condición de padre. En este capítulo examinaremos dos componentes principales de esta interacción con nuestros hijos adolescentes, cómo se expresa la actitud de compartir y considerar, y cómo a veces puede implicar situaciones problemáticas.

Las alegrías de compartir (y sus riesgos)

El afecto profundo hacia otra persona implica el deseo de compartir con ellas desde el punto de vista emocional, espiritual y material, es decir, darnos a otro. Aunque el altruista puro afirmará que el acto de dar es lo que determina que íntimamente nos sintamos bien, la mayoría de nosotros preferirá recibir un poco a cambio. Por consiguiente, compartir es un proceso de doble mano; de lo contrario, se trata sencillamente de una forma de dar.

El acto de compartir con nuestros hijos determina en nosotros una alegría muy especial, y por muchas razones muy diferentes.

411

Ante todo, cuando compartimos estamos más cerca unos de otros. Revelamos a nuestros hijos aspectos de nuestra persona que quizá nunca vieron, y al mismo tiempo obtenemos una imagen especial de lo que son y de lo que piensan y sienten. Esta función de la situación en la que los progenitores y el hijo comparten algo tiene especial importancia durante la adolescencia, porque las percepciones de los jóvenes acerca de nuestra personalidad como padres, inevitablemente se deforma en la lucha que ellos libran por la independencia. Aquí, el propósito no es presentarse uno mismo como una persona perfecta (de todos modos, el adolescente no lo creerá así), sino compensar la tendencia natural a la alienación, permitiendo que el hijo vea la personalidad real de los padres, con defectos y todo, y desde cerca.

El momento en que los padres y el hijo adolescente comparten algo también es un episodio de comunicación en un estilo más perfeccionado que las veces anteriores. Por una parte, uno puede sentir sincero placer en las celebraciones compartidas –el hijo cumple dieciséis años, un aniversario de la boda, una cena de familia en honor del primer puesto conquistado por el joven en una prueba deportiva–, y por otra también pueden compartirse los momentos de sufrimiento, frustración y dolor. Si algo está turbando al adolescente, el acto de compartir el episodio puede aliviar la carga y situar las dificultades en una perspectiva más realista. Aunque el consuelo aportado por los padres quizá no resuelva el problema, el joven puede sorprenderse al saber que los padres afrontaron experiencias análogas y consiguieron sobrevivir ("Caramba, papá, no sabía que te reprobaron cuando te presentaste en la universidad que preferías.") Este mecanismo puede funcionar también a la inversa. Si algo está turbando a los padres, el comentario del tema con el adolescente puede ayudarle a sentirse mejor, y a veces señalar el camino que lleva a una solución.

Otra función importante, pero a menudo descuidada, del acto de compartir son los modelos que aportan al adolescente. La disposición a adoptar uno mismo una actitud abierta, alienta la apertura del adolescente hacia el padre. En efecto, uno puede ayudar al joven a percibir donde la revelación de su propia persona es adecuada y útil, y también donde desnudar el alma es innecesario o incluso peligroso.

Saber compartir es una cualidad que ayudará a los padres y a los adolescentes en todas las esferas sociales. Es probable que mejore la comunicación con los parientes, por ejemplo, el cónyuge y los propios abuelos. La capacidad para compartir no es una cualidad aislada, y por lo contrario se manifiesta en todas las interacciones humanas. En general, la gente reacciona con calidez y agrado a la persona que se muestra dispuesta a compartir adecuadamente su propia persona, y que es capaz de hacerlo. Si usted tiende a compartir, tal vez, incluso, compruebe que los amigos de su hijo adolescente acuden en busca del apoyo o el consejo que puede suministrarles. Aunque esta situación puede parecer un elogio a la sensibilidad que usted demuestra, y un modo grato de mantenerse en contacto con el ambiente y el status de su propio hijo, proceda con cautela, porque también puede originar cierto nivel de celos y resentimiento en el hijo.

El acto de compartir implica otros riesgos. Cuando nos aventuramos a reclamar aceptación y comprensión, también nos exponemos a ser lastimados por la reacción o los actos de las personas comprometidas en este tipo de relación. Sobre todo cuando se comparten inadecuadamente, en un momento inoportuno, o en un lugar impropio, o con una persona que no mantiene con nosotros una relación tan estrecha que se sienta cómoda con las revelaciones que hacemos, el resultado puede ser el engaño, la humillación y la traición. Nuestras palabras pueden ser mal interpretadas, tal vez el interlocutor reaccione con temor o desconfianza, y se sienta forzado a retribuir nuestra actitud antes de estar dispuesto a eso.

El mejor modo de evitar estas reacciones negativas –y en realidad, nunca hay garantías– es acostumbrarse a compartir adecuadamente. Muéstrese prudente con la persona, el momento y el lugar. Si parece que el interlocutor vacila ante la posibilidad de conferir a la relación un carácter más íntimo, la revelación que usted haga provocará una sensación de molestia en él, y estas puede expresarse en la forma de frialdad, descaro, insulto o sarcasmo.

A veces, sobre todo los adolescentes, ven una invasión de su intimidad en el intento mal concebido de compartir situaciones; y en rigor eso es una invasión de nuestro ámbito íntimo y privado. Ofrecemos a continuación algunos síntomas que pueden ayudar a los padres a evaluar la conveniencia de revelar y compartir su propio fuero íntimo:

(1) ¿El lugar tiene carácter privado? Si no hay intimidad, incluso en el caso de que el interlocutor, en efecto, desee compartir con uno cierta información, quizá tema que alguien escuche la conversación. Un lugar tranquilo y aislado (antes que un ámbito ruidoso y atestado, donde probablemente nadie podrá escucharnos o prestar

atención; pocas personas desean expresar a gritos sus pensamientos y sentimientos más íntimos) induce a concentrar el pensamiento y a realizar una revelación sincera.

(2) ¿Cuánto hace que conoce a la persona y, lo que es más importante, cuál fue el período en que la relación se desarrolló en un nivel íntimo, en que se compartieron cosas?

(3) Es más seguro tratar de compartir *un poco* al principio, antes de desnudar frente a alguien el corazón y el alma. De este modo, si el interlocutor no está preparado para escuchar lo que usted dice, habrá menos que lamentar, y se le habrán suministrado menos armas con las cuales herirnos.

Por qué el acercamiento físico no basta

Por sí mismo el contacto físico no es suficiente para comprender o apreciar a otra persona.

Sentarse frente al televisor cuatro horas por noche con la familia no aportará respuestas. El contacto físico es importante (sobre todo si va más allá de la mera presencia), pero también debe haber contacto entre las mentes y los corazones. Muchos adolescentes afirman que se sienten más cerca de los padres mientras están en la universidad que en otro momento cualquiera, y gran parte de esta reacción es atribuible a la modificación que han sufrido los modos de comunicación entre ellos. La comunicación se convierte en un acto más concentrado, personal, reflexivo y revelador. Y cuando se esfuerzan más para comunicarse y compartir cosas, aparece una faceta completamente nueva de los adolescentes y sus padres, como si de ese modo se intentara compensar la falta de contacto físico.

A decir verdad, algunos padres nunca dedican tiempo a sus adolescentes, más allá de los contactos rutinarios de la vida cotidiana. Si las interacciones personales con el hijo se limitan principalmente a un rápido saludo a la hora del desayuno y a la entrega semanal de la asignación, algo ya está funcionando mal. Pese al hecho de que los adolescentes necesitan independencia, permitir que el hijo se convierta prácticamente en un extraño implica arriesgarse a perder el contacto y a ser percibido como una persona desprovista de interés, o que tiende a adoptar una actitud de rechazo.

Para impedir este tipo de distanciamiento, los padres deben estar dispuestos a interactuar con los adolescentes en los términos propios de estos últimos, y no sólo en los que son propios de los padres. Es necesario que los padres muestren cierta disposición a hacer lo que interesa a los jóvenes, aunque sólo sea en beneficio de la mutua compañía. Aunque nadie pretenda que los padres acompañen a los adolescentes al próximo concierto de rock *punk* ofrecido en la ciudad, o que practique surf con el fin de pasar un rato juntos, hay otros métodos menos dolorosos de realizar el mismo objetivo.

Conversar es la forma más sencilla y menos costosa de alcanzar cierta proximidad física. Con mucha frecuencia los padres hablan con sus adolescentes sólo cuando es necesario resolver un problema, encomendar una tarea o echar un sermón. ¿Cuándo fue la última vez que usted solicitó una opinión de su adolescente acerca de una noticia de primera plana o del resultado probable de una competencia deportiva? ¿Cuánto hace que no comenta un libro con él, o habla de filmes que ambos vieron? Naturalmente, si desean que la conversación represente una oportunidad verdaderamente eficaz de acercamiento, el padre o la madre no deben monopolizar la charla, y tienen que estar dispuestos a escuchar con respeto las opiniones de su hijo, en lugar de desecharlas por entender que son conceptos infantiles.

Otro aspecto descuidado de la proximidad física es la oportunidad que se ofrece a los padres de ser espectadores ocasionales de las actividades de sus hijos. Si su hija es miembro del equipo de natación del colegio, o el varón está compitiendo en el campeonato de tenis, o usted tiene a un músico en ciernes en la familia, se le ofrecen magníficas oportunidades de verlos actuar. Aunque quizá su adolescente proteste, y diga: "Me pones nervioso" o "No es nada importante", su presencia en estas actividades es un modo importante de demostrar su interés, y será recordada afectuosamente por ambos. Pero no cometa el error de un padre bien intencionado, que en cumplimiento del deber asistió al último encuentro de básquetbol del equipo de su hijo de diecisiete años (después de haber faltado a todos los restantes) y se limitó a ocupar un asiento en la tribuna, y a revisar el contenido de un portafolio colmado de papeles de trabajo. Los adolescentes perciben certeramente este tipo de conducta como hipocresía, de modo que si usted no es capaz de mostrar cortesía suficiente para interesarse, no asista.

La proximidad física medida únicamente con el reloj no es un modo eficaz de juzgar en qué medida el progenitor es accesible. Para tener real valor, la proximidad tiene que ser un proceso interactivo y compartido. Los adolescentes no siempre se mostrarán dispuestos al acercamiento cuando eso le conviene al padre, pero la disposición de este a mostrarse accesible como resultado de un pedido, y la perspicacia que demuestre para reconocer el momento en que su presencia es necesaria (aunque no se la solicite), contribuirán mucho a consolidar las relaciones entre padres e hijos adolescentes. Pero, sobre todo, es importante la calidad del tiempo que los padres y los adolescentes pasan juntos, es decir, el ingrediente fundamental de la receta de la interacción eficaz.

Los momentos malos

Todos afrontamos momentos tristes en nuestra vida. En nuestra condición de padres, asumimos la responsabilidad especial de enseñar a nuestros hijos el modo de afrontar estos episodios. Fallece un abuelo, el mejor amigo del adolescente enferma de leucemia, un profesor favorito se suicida, ¿qué decimos y hacemos? En primer lugar, el padre debe reconocer que el adolescente probablemente necesita su apoyo y consejo más en el contexto de estos episodios que en los aspectos positivos del crecimiento. En segundo lugar, es necesario mostrarse sincero y franco acerca de nuestros propios sentimientos, en lugar de fingir que todo está muy bien. Los adolescentes tienen que aprender que el dolor y la tristeza son sentimientos aceptables y no un mero signo de debilidad, y la conducta de los padres constituye un importante modelo para ellos. Si al principio no pueden o no quieren hablar de su dolor (una situación muy usual), los padres pueden sugerir que vuelquen sus sentimientos en el papel, como modo de resolver sus emociones. Pero no los apremie, porque a veces los adolescentes necesitan algún tiempo para reflexionar acerca de los sentimientos más intensos que los agobian, con el fin de imponerles cierto control. De ahí que también sea importante, en estas ocasiones, conceder a los hijos adolescentes un nivel considerable de intimidad. Si desean o necesitan la compañía de los padres, ellos mismos lo dirán.

A veces, los adolescentes reaccionan frente a la tragedia en su vida adoptando provisionalmente una actitud hostil, que puede ser el modo en que combaten el sentimiento de impotencia. Al contrario, a veces un hecho sombrío impulsa a los adolescentes a una actitud de dependencia dócil y pasiva, como si hubiesen renunciado a la vida. Aunque ambos tipos de reacciones son usuales y por completo normales, si estas pautas persisten demasiado tiempo pueden resultar perjudiciales. En este caso, la tarea de los padres es identificar la diferencia entre la fase de la reacción aguda –que se prolonga desde unos pocos días hasta unas pocas semanas– y un período de shock más prolongado y más profundo.

Como todos, los adolescentes tratan de aportar explicaciones racionales a los hechos con los cuales se relacionan, y como todos, más tarde o más temprano comprenden que la vida es lógica sólo hasta cierto punto. Los accidentes absurdos, las enfermedades trágicas y otros tipos de tribulaciones y contrastes no siempre son comprensibles, y eso puede ser sobremanera agobiador para el adolescente. Harold Kushner, autor de *When Bad Things Happen to Good People* (Cuando la Gente Buena Soporta Cosas Malas), señala sensatamente: "Cuando una tragedia nos golpea, únicamente podemos ver y sentir la tragedia. Sólo a través del tiempo y la distancia alcanzamos a percibir la tragedia en el contexto de una vida y un mundo integrales."

Preocuparse por el otro no es sólo un estado mental

Preocuparse por el otro es un modo de ser, no sólo una actitud. A menudo, debemos demostrar tangiblemente nuestra preocupación. ¿Cómo convertimos el amor y la inquietud que nuestros hijos nos inspiran en algo tangible que ellos no puedan ignorar? Un modo eficaz consiste en demostrar que prestamos atención recordando lo que se nos dijo. Gary, de dieciséis años, durante el verano tuvo un empleo regular de medio día como mensajero en una oficina de corredores de Bolsa. Siempre comunicaba a sus padres qué días trabajaba y cuál era el horario, que eran siempre los mismos de una semana a la siguiente. De todos modos, los padres nunca conseguían recordar los días y las horas, y a menudo planeaban salidas de la familia los días que el jovencito no podía asistir. Al margen de las razones que los movían a proceder así, a juicio de Gary era evidente que el asunto no les interesaba bastante para recordar el horario de trabajo del hijo. Hubieran podido demostrar su preocupación por Gary sencillamente prestando más atención a los compromisos que él tenía.

Es posible que los actos que trasuntan preocupación no merezcan aplausos y ni siquiera sean percibidos, al menos hasta donde usted puede observarlo; pero en verdad, los adolescentes rara vez elogian a grito pelado las buenas intenciones de sus padres. Si usted cree que ellos no perciben nada, suspenda la nota amable que les deja todas las mañanas antes de salir a trabajar, o no prepare más un plato alternativo que remplaza al soufflé de espinaca, y que responde al hecho de que usted sabe que su hija detesta la espinaca. No vemos las cosas buenas hasta que desaparecen.

Pero también puede exagerarse la manifestación de consideración por los hijos. Por ejemplo, los padres que tienen un millón de atenciones con sus hijos —no por la alegría del hecho mismo, sino para conseguir que los jóvenes se sientan agradecidos, o culpables, u obligados a mostrarse amables con los propios padres— a menudo descubren que sus intenciones aparentemente buenas producen el efecto contrario. A los hijos los irrita el carácter asfixiante de este tipo de bondad. "No hagas nada más por mí", explotó finalmente Cindy frente a su padre. "Basta de preocuparte tanto. Déjame en paz." La cólera fue consecuencia del hecho de que los padres insistían demasiado en compartir y demostrar consideración. Cindy sintió que *se esperaba de ella* que retribuyese todas las amabilidades, y no creía que esas expresiones de amor debían ser forzadas, fruto del deseo de congraciarse. Es injusto tanto para los padres como para los adolescentes tratar de manipular el amor y la consideración. Tal vez sea posible conseguir que el adolescente muestre temporariamente un poco más de consideración, pero su falta de sinceridad pronto será evidente y anulará el valor de esos actos bondadosos.

Otro aspecto de la preocupación por los hijos merece ser examinado. Es muy frecuente que los padres que aman profundamente a sus hijos nunca se atienen a expresar en palabras este sentimiento. Por supuesto, creen que esos sentimientos son interpretados automáticamente por los hijos, pero eso no siempre es cierto. Los adolescentes a menudo perciben a los padres principalmente como críticos y custodios de la disciplina ("¿Dejaste *de nuevo* los platos sucios sobre la mesa?" "Mejorarías tus calificaciones de química si dedicases menos tiempo al teléfono"), y si faltan las palabras de afecto pronunciadas de tanto en tanto, el adolescente tiene la impresión de que se lo ama sólo en el sentido más abstracto de la palabra; o lo que es peor, quizá crea que no se lo ama ni se lo aprecia en absoluto.

Para evitar esta trampa, exprese verbalmente su amor y su afecto, de manera que su hijo adolescente escuche regularmente lo que usted le dice.

Revisión de la coherencia

Los padres necesitan compartir situaciones con la mayor consecuencia posible. Los padres no pueden ser como una ostra, que se abre y se cierra sin razones o anuncios comprensibles. Y tampoco es justo describir un movimiento de vaivén entre una actitud de distanciamiento frente al universo de su hijo adolescente y el súbito deseo de obtener una intimidad instantánea. Con este método solamente se consigue confundir a los hijos (y también a los adultos) acerca del lugar que ocupan en la jerarquía de intimidad de los padres.

Sobre todo los adolescentes, cuyas vidas parecen encontrarse en estado fluido, necesitan elementos previsibles y fidedignos. De ahí que si los padres escuchan con empatía las tribulaciones románticas de su hijo cierto día, y al siguiente se desentienden de la continuación de la saga, no les hacen un favor. Por supuesto, nadie pretende que usted sea el Superpadre, y habrá momentos en que no podrá prestarles toda la atención que ellos necesitan. Esta dificultad a menudo se atenúa si se explica por qué el momento no es apropiado para compartir esas cosas, y se fija otra ocasión (preferiblemente el mismo día) en que pueda examinarse el asunto concentrando en él una atención total. Si los padres se muestran sinceros, el adolescente probablemente comprenderá el dilema en que se encuentran, y aceptará postergar la conversación hasta el momento en que sea posible escucharlo atentamente, en lugar de concederle una atención dividida.

Se suscita un problema distinto cuando los padres tienen que realizar juegos malabares y cumplir una función de apoyo, demostrar simpatía, compartir situaciones y personas y, al mismo tiempo, desempeñar la función de críticos y poner límites a sus hijos adolescentes. En realidad, no puede pretenderse que los adolescentes salten de alegría si se les ofrece la oportunidad de estar con los padres precisamente cuando estos los criticaron a causa de cierto defecto o de una fechoría. Tampoco es realista postergar todas las confrontaciones para promover la proximidad física, pues las confrontaciones más eficaces generalmente necesitan cierta relación temporal con el problema. Por consiguiente, los padres tienen que adoptar decisiones –a veces de hora en hora– de modo que se equilibren los beneficios del acto de compartir situaciones con la necesidad de resolver un problema que quizá los coloque en la actitud del "progenitor como figura de autoridad". En términos ideales, los padres adquirirán capacidad para analizar los problemas, en lugar de discutir a gritos, y ello puede contribuir a mantener la perspectiva de las cosas. De todos modos, con frecuencia el adolescente no sentirá deseos de acercarse a los padres, y mucho menos de compartir situaciones con ellos, y esa actitud es sencillamente un aspecto de la paternidad que usted tendrá que aprender a aceptar.

El rechazo

A veces, sean cuales fueren las buenas intenciones de los padres, el adolescente rechaza los intentos de compartir y de demostrar que les preocupa el bienestar del hijo. Es posible que estén de mal humor, o que intenten lastimar a los padres sólo para probar el poder que ejercen sobre ellos, o quizá ni siquiera advierten el efecto que origina esa actitud de rechazo. Recuerde que ellos todavía están aprendiendo los elementos más delicados de la socialización y la comunicación.

Evite tomar demasiado a pecho ese rechazo. En el momento dado puede parecer que es la actitud más difícil (usted dirá: "¿Acaso puedo interpretarlo de otro modo? *Me* rechazaron personalmente"). Pero el consejo que le ofrecemos es bueno. En su condición de padre, usted está obligado a ofrecer a sus adolescentes el beneficio de la duda. No replique con brutalidad verbal, ni convierta su sentimiento de ofensa en cólera o venganza.

En cambio, aprenda a expresar del modo más conciso y objetivo posible sus sentimientos de rechazo. Los adolescentes también están aprendiendo las consecuencias de sus actos, y este tipo de experiencia puede ser una lección eficaz en el arte de la comunicación. Aquí no se trata de conseguir que su adolescente se sienta mal, sino de demostrarle que la acción fue interpretada como rechazo (al margen de la verdadera intención), y de ayudarles a comprender qué siente la persona rechazada.

A veces, el rechazo puede ser una ventaja, una consecuencia necesaria y saludable del crecimiento de su hijo adolescente. Los jovencitos deben renunciar a sus padres, por lo menos temporariamente, para formar su personalidad y su identidad. Ello tal vez implica el rechazo de la consideración y el afecto de los padres tanto como de los límites y la disciplina que ellos imponen. La conciencia de que esta es una fase natural de la maduración quizás alivie el sentimiento de ofensa de los padres. De todos modos, manténgase atento al rechazo utilizado simplemente como un juego sádico. Los adolescentes deben entender que la intimidad y el sentimiento no son cosas con las cuales pueda jugarse desaprensivamente, a menos que tengan la intención de pasar como ermitaños la mayor parte de su vida.

Es posible que, sin quererlo, los padres también rechacen a sus hijos. Los adolescentes tienden a mostrarse demasiado sensibles, y por lo tanto un comentario casual puede desencadenar una reacción más profunda que la prevista. Una táctica eficaz para resolver un desaire no intencional es conceder primero al adolescente el tiempo que necesita para dominar sus propios sentimientos y calmarse un poco. Después, trate de explicar el asunto desde su propia perspectiva, y aclare de paso la falla de la comunicación. De este modo, no sólo se resuelve el rechazo, sino que se ensaya otra técnica de comunicación (la negociación) para beneficio de todos.

26

La separación

La separación es tan difícil para los adolescentes como para los padres, aunque es improbable que ninguno de los dos grupos lo reconozca frente al otro. Los adolescentes desean separarse de los padres en su esfuerzo por convertirse en adultos, con el fin de reclamar la totalidad de la jerarquía que según imaginan aportarán los años de la posadolescencia. En este proceso, sus necesidades de recursos y atención no desaparecen; solamente cambian de forma, y es posible que los adolescentes se sientan avergonzados si tienen que reconocer cuánto aman y necesitan todavía a su familia. Los padres no desean dejar en libertad a los hijos, en parte porque su propia identidad se ha concentrado durante mucho tiempo en la tarea de criarlos, y por eso puede intimidarlos la imagen de la vida que en adelante no perseguirá la meta bien definida que es formar "hijos buenos". Y tal vez no desean darles libertad si esto significa que los propios padres quedarán solos.

La separación del adolescente implica renunciar a algunas de las comodidades de la vida de familia. Significa que el adolescente tiene que aprender a convertirse en un individuo separado, pese a que quizá todavía desee mantener vínculos estrechos con la familia. Significa aprender a asumir responsabilidades por su propia persona, las mismas que antes estaban a cargo de los padres. Que estos aflojen el control, significa básicamente que autorizan a los adolescentes a ser adolescentes, y a hacer todas las cosas absurdas que nuestra sociedad les permite y fomenta. Significa modificar el modo de relación con ellos y también el modo de apoyarlos (monetaria y emocionalmente). Significa estar disponible –pero discretamente– y revisar de manera constante nuestra propia definición de paternidad a medida que los hijos maduran y tratan de convertirse en adultos considerados, competentes y sanos.

La dinámica de la individualización-separación

La queja típica del adolescente que puede expresarse así: "Mis padres me tratan como si fuese un niño", corresponde a la esencia del proceso de separarse de la familia con el fin de convertirse en una persona por derecho propio. La lucha por la independencia respecto de la familia es universal, y tanto los padres como los adolescentes deben contribuir a la solución del problema.

Una de las tareas fundamentales de la adolescencia consiste en desembarazarse, psicológica y físicamente de los vínculos con la familia. Con el fin de facilitar este proceso, los adolescentes a menudo establecen relaciones con adultos, y estos se convierten de hecho en familias sustitutivas. Un profesor favorito, un entrenador o un vecino pueden convertirse en el modelo de consejero/confesor/adulto del adolescente, que ignora relativamente a los padres. A menudo se admira a los padres de los amigos, y se les confiere el carácter de modelos, y el adolescente desearía que sus propios padres lo emulen, en parte, porque el joven ve a aquellos padres bajo la mejor luz posible, no en los enredos de las disputas y los engaños de familia. También contribuye al proceso de separación el período en que los adolescentes pasan más tiempo en los hogares de otra gente que en el suyo propio, y las actividades que se desarrollan al margen de la familia y que suministran un ambiente en que el joven puede afirmar su propia personalidad. Por ejemplo, un empleo no sólo suministra dinero de bolsillo –un factor esencial para sentirse independiente– sino que además crea una situación en la cual el adolescente no está sometido a la supervisión de los padres.

Muchos padres tropiezan con dificultades para separarse de sus hijos. En ciertos casos, esta situación responde al hecho de que creen que sus adolescentes son niños que todavía necesitan supervisión y atención permanente. En el caso de otros padres que han superado este obstáculo, es difícil admitir la separación a causa de la ansiedad provocada por la vulnerabilidad del adolescente frente al mundo. El padre de una joven de diecisiete años que se desempeñaba como consejera en un campamento para niños de escasos recursos, estaba convencido de que uno de los infantes podía agredir físicamente a su hija. No se avenía a comentar el tema, porque no deseaba reconocer que alentaba prejuicios raciales, un hecho que su hija de todos modos conocía bien. Finalmente, después de dos semanas de intensa ansiedad, el padre enfrentó a la hija, y los dos pudieron hablar de los temores que él tenía, y de las percepciones de la propia joven acerca de su tarea.

Algunos padres se muestran envidiosos o incluso se irritan cuando parece que otras personas mantienen con sus hijos adolescentes mejores relaciones que ellos mismos. No advierten que esas relaciones son atractivas para los jóvenes precisamente porque no están regidas por las "normas" que se aplican a los vínculos entre padres e hijos. El adolescente está en libertad de aceptar o rechazar el consejo por su valor aparente, sin necesidad de soportar mensajes colaterales como "No muscles cuando hablas con tu madre", "No te encorves tanto, se te deformará el cuerpo" o "¿No ves que ahora estoy atareado?" De hecho, esta atmósfera de aceptación es precisamente lo que los adolescentes aprecian más en las relaciones con personas distintas de los padres. Cuando se sienten aceptados, más que juzgados, también se sienten más libres de ser ellos mismos.

Los padres que se ven en dificultades para separarse del hijo quizá también estén tratando de protegerlo de la posibilidad del fracaso. Fue el caso de Joellen Rohan, de diecisiete años, que fue empleada por una gran tienda para vender ropas deportivas de mujer. La madre temía que Joellen no se desempeñara bien, pues la joven nunca había prestado mucha atención a las modas. Incluso antes de que comenzara a desempeñar sus tareas, dijo a Joellen que abrigaba la esperanza de que la hija no la decepcionara. Las primeras semanas de trabajo de su hija, la señora Rohan fue a la tienda todos los días, y solía pasearse por los pasillos del departamento deportivo para ver cómo se desempeñaba. Durante las pausas del trabajo, la señora Rohan trataba de instruir a Joellen, con el fin de que mejorase sus técnicas de venta. Esta actitud provocó tanta vergüenza a la hija que pidió se la trasladase al departamento de ferretería, en vista de que su madre no sabía una palabra de herramientas. La consecuencia fue que hubo que instruir nuevamente a Joellen, y que perdió algunas clientas que ella misma había conquistado.

Este es un ejemplo de progenitor cuyos motivos eran admirables, aunque los métodos fueron terribles. Es importante permitir que los hijos tengan éxito o fracasen por sus propios medios; la interferencia de los padres, incluso bien intencionada, puede debilitar inadvertidamente el proceso de individuación-separación, y eso, a la larga, determina que los adolescentes se vean en peores dificultades para asumir papeles adultos.

La separación no significa renunciar a todos los vínculos con el hijo adolescente. No exige olvidar el pasado y no impide ni debe impedir que los padres ejerzan en el futuro cierta influencia sobre la vida del hijo. Pero los padres tienen que recordar que a veces los adolescentes necesitan despedirse de sus familias antes de que puedan decir "hola". Debe permitirse que desaparezcan los sentimientos de dependencia e inmadurez del adolescente con el fin de que pueda comenzar una relación menos dependiente con la familia. Los padres deben tratar de relacionarse con los hijos adolescentes como son ahora, no como eran hace pocos años. Los investigadores han comprobado que los padres que comparan constantemente lo que sus adolescentes dicen o hacen hoy con las costumbres, las realizaciones y otros aspectos del pasado, pueden lograr que sus hijos sientan que están devolviéndolos a la niñez, infantilizándolos y dificultándoles la tarea de asumir papeles adultos, porque parece que los progenitores no desean que lo hagan.

Los adolescentes deben practicar un tipo análogo de gimnasia mental para modificar su percepción de los adultos. Tienen que empezar a pensar en sus padres como personas y no sólo como padres, y al hacerlo deben tratar de reconocer no sólo los defectos humanos de los padres, sino también sus cualidades como individuos tan multifacéticos como los adolescentes se perciben ellos mismos. Cada adolescente representa a muchas personas fundidas en una, pero otro tanto puede decirse de cada padre. La separación es una suerte de péndulo que va y viene, y cuando el arco trazado entre los padres y el adolescente es bastante amplio, puede darse la individuación. Sin embargo, es grato saber que el péndulo se desplaza en las dos direcciones, porque así se crea la alternativa del retorno de los hijos al hogar y la renovación de los antiguos vínculos de familia, pero sobre una base distinta. Las familias que avanzan por el camino que lleva a la individuación-separación ponen los cimientos del desarrollo ulterior de cierta independencia, en la cual los adolescentes y los padres comparten una visión en que cada uno aprecia con realismo al otro.

Preparación del adolescente para la independencia y el crecimiento

A veces, uno tiene la impresión de que lo único que los adolescentes desean realmente es verse liberados del dominio y la autoridad de los adultos, y estar en condiciones de adoptar sus propias decisiones y proceder en consecuencia. Y los padres, ciertamente, parecen ansiar que llegue el momento mágico en que los roces cotidianos de la relación con la adolescencia sean cosa del pasado, el momento en que los adolescentes se conviertan milagrosamente en personas afectuosas, respetuosas y productivas que no sólo se lleven bien con los padres sino que también simpaticen con ellos. La cuestión es: ¿Cómo llegamos a esta situación?

La preparación del hijo adolescente para la independencia y el crecimiento significa, ante todo, que el propio padre debe prepararse para la partida (física o emocional) del hijo. Muchos padres se sorprenden, después de desear que sus adolescentes se marchen y de ese modo les permitan tener un poco de paz y tranquilidad, porque sienten una tristeza increíble y experimentan pesar en vista del alejamiento real y concreto de los hijos. En ciertos casos, esta tristeza se convierte en una suerte de reacción de pánico, y los padres dificultan mucho a los hijos la tarea de la separación.

¿Qué pueden hacer los padres con el fin de prepararse gradualmente y con inteligencia? Leer este libro es el primer paso. Sugerimos que se analicen los siguientes temas con los miembros de la familia:

(1) *¿Cuál es, a nuestro juicio, la edad apropiada o el momento adecuado referidos al crecimiento y la separación de los hijos?* Es posible que sus hijos y usted acepten el mismo calendario, o que las opiniones sean muy distintas. En este caso puede ser útil la negociación.

(2) *¿Cómo se prepararon nuestros padres, y cómo nos preparamos nosotros mismos para la separación? ¿Estamos aplicando las mismas pautas con nuestros hijos?* Es posible que las ideas de los padres se basen en lo que era adecuado para su generación y no para el adolescente actual. Una ojeada al pasado puede aportar indicios y percepciones importantes, y también agregar un toque de humor a un episodio por lo demás emocionalmente difícil.

(3) *¿Cómo será la vida cuando nuestros hijos adolescentes se independicen?* Si usted tiene una imagen clara de lo que según cree puede ocurrir, y sus hijos tienen sus propias ideas, compare las dos posiciones. Quizás usted cree que sus hijos nunca querrán volver al hogar; pero es posible que ellos estén pensando que volverán a casa los fines de semana, o a cenar dos veces por semana, o que los padres continuarán ocupándose del lavado de la ropa de sus hijos. Aunque las escenas imaginarias rara vez se desarrollan en la vida real como uno las concibió, por lo menos usted podrá reconocer la imagen y adaptarla a la forma concreta de la realidad.

(4) *Prepare una lista de sus prioridades actuales. Asimismo, redacte una lista de las que, según cree, serán sus prioridades a medida que los adolescentes adquieran cada vez más independencia.* ¿Todavía hay aspectos no negociables que usted exige a su hijo? ¿Usted tiene conciencia del modo en que variarán sus propias necesidades como consecuencia de la menor dependencia del adolescente respecto de usted? ¿Se propone permitir que sus vínculos emocionales se aflojen? ¿Qué clase de relación futura considera que mantendrán usted y su adolescente? Guarde en lugar accesible estas listas y verifíquelas de tanto en tanto. Ver las cosas en negro sobre blanco a veces facilita realizar modificaciones cuando son necesarias.

Después de realizada esta labor, los padres deben sentirse más seguros o cómodos cuando permiten que sus adolescentes se conviertan en personas independientes.

Por supuesto, la preparación de los hijos para la independencia y el crecimiento no se realiza en un solo acto. En realidad, es el subproducto del modo en que usted afrontó la totalidad de los triunfos, los traumas y los hechos cotidianos durante la adolescencia de su hijo. Estas son algunas de las cosas que deberían suceder en la familia para fortalecer el proceso de maduración del adolescente:

(1) *Conceda a sus hijos adolescentes un nivel cada vez más elevado de responsabilidad en la atención de sus propios asuntos.* Esta recomendación puede significar que la madre rehúsa continuar planchando las blusas de su hija, o que el padre exige que su hijo consiga empleo de medio día con el fin de contribuir a los gastos de la universidad, o aclare que si maneja el automóvil de la familia debe devolverlo con el tanque lleno, porque de lo contrario no podrá usarlo

nuevamente, pero en todo caso, este tipo de exigencias deposita la responsabilidad de su propia persona directamente sobre las espaldas del adolescente. También puede ser una fuente de tremendo aumento de la confianza en sí mismo cuando el joven satisface los requerimientos; además, demuestra al adolescente que la vida del adulto no es mera diversión.

(2) *Otorgue a sus hijos cada vez más responsabilidad por la administración de su propio dinero.* Otorgar una asignación a los hijos, permitirles que trabajen para otras personas, y permitirles que gasten su propio dinero es muy importante. Los adolescentes necesitan aprender a calcular el valor de las cosas, y a descubrir los límites de su poder adquisitivo.

(3) *Conceda a sus hijos adolescentes posibilidades cada vez más amplias de pensar por sí mismos, incluso si ello implica cuestionar los valores de la familia.* Debe alentarse a los adolescentes a comentar los valores de la familia, las convicciones políticas de los padres y el modo en que se adoptan decisiones y se formulan juicios. Pero compruebe que ellos formulan sus propias opiniones sin que nadie los obligue a callar, porque este aspecto es un ingrediente importante del desarrollo de la confianza en uno mismo. Los adolescentes que elaboran sus propias ideas en lugar de limitarse a reproducir las opiniones de los padres, están mejor equipados para convertirse en adultos tolerantes que admiten que puede haber más de una respuesta acertada frente a muchos problemas o a distintas situaciones.

(4) *Ayude a sus adolescentes a verlo como usted es realmente, de manera que ellos puedan convertirse en las personas que son realmente.* Como hemos dicho tantas veces a lo largo de esta obra, la comunicación con su adolescente es fundamental. Como los adolescentes más jóvenes pueden aferrarse a la necesidad infantil de creer que sus padres son omnipotentes o perfectos, y en cambio los de mayor edad quizá crean que los padres siempre están equivocados, es muy importante que los padres destruyan ambas ilusiones. Cuando se muestran sinceros acerca de su propia persona, y reconocen las imperfecciones o los fracasos ocasionales, y se muestran dispuestos a comentar sus defectos, los padres suministran pruebas concretas de una verdad importante, que los adultos no son perfectos, que la edad adulta no exige perfección y que es posible vivir vidas felices y fecundas a pesar de los contrastes. Esta actitud puede aliviar gran parte de la presión que los hijos sienten, y los autoriza a ensayar

ciertas iniciativas, sin temor al fracaso y como consecuencia de este a la decepción de los padres.

(5) *Autorice a sus hijos a cometer errores.* Todos tienen que comprender que los errores son posibles; lo que importa es desarrollar la capacidad de aprender de lo que salió mal. Si usted se acostumbró a reparar los errores de su hijo adolescente, lo privó de una importante oportunidad de aprendizaje.

(6) *Explique a sus hijos que usted comprende los sentimientos de ansiedad que ellos experimentan, que abandonar el hogar puede parecer temible, y que están autorizados a volcar temporariamente en usted sus propios sentimientos.* Los investigadores han comprobado que el acto de separarse de la familia puede ser más difícil inmediatamente después que el joven egresó del colegio secundario y antes de incorporarse a la universidad o de aceptar empleos que exigen distanciarse físicamente del hogar. Un interesante estudio realizado hace poco en el Instituto Psiquiátrico de Yale reveló que los estudiantes que se preparaban para ingresar en el primer año de la universidad demostraban un elevado nivel de ansiedad ante la perspectiva de abandonar el hogar, y manifestaban sentimientos de cólera hacia los padres. Al parecer, esa cólera ayuda a separarse a los adolescentes, y establece una transición psicológica entre el hogar y la universidad, al mismo tiempo que disimula el temor a la posibilidad de que uno no sea capaz de romper los vínculos con los padres. Aunque los estudiantes que manifestaron más temor en esta situación eran también los más irritados, los mismos jóvenes, entrevistados en un momento ulterior del primer año, después de haberse adaptado a la vida universitaria, manifestaban una adhesión más intensa a sus padres.

Es importante que tanto los padres como los adolescentes comprendan que pueden aparecer sentimientos de irritación y rechazo, pero que ellos son una parte normal del proceso en que el joven se independiza de la familia. No debe creerse que son afrentas personales o invitaciones a provocar riñas. Sin embargo, si tales sentimientos persisten mucho después de la transición a la universidad o el empleo, es posible que indiquen la existencia de problemas más profundos.

Cuando los adolescentes ya se separaron del hogar y viven independientes, se inicia una nueva fase de la paternidad. Acepte que este es el momento de transición en la vida de los jóvenes, y que durante este período usted debe mantener un perfil intencionalmente bajo. Hágale saber que usted está disponible para realizar consultas o prestar ayuda cuando sea necesario, pero no para aportar una supervisión o una dirección constante en la vida de los hijos.

A medida que los adolescentes maduran, las consecuencias de las decisiones que adoptan por sí mismos son cada vez más importantes. "¿En qué curso me inscribiré?" puede convertirse en "¿Cuál es la universidad que prefiero?" y "¿Con quién iré al baile de la promoción?" puede convertirse en "¿Con quién me casaré?" En definitiva, la decisión pertenece a los jóvenes quienes, hacia el final de la adolescencia, de todos modos ya poseen muchos de los derechos legales de los adultos. Por lo tanto, los padres deben tratar de poner los cimientos de la independencia y el crecimiento del adolescente en una etapa temprana de la adolescencia, recompensando a sus hijos con un nivel cada vez más elevado de responsabilidad y autodeterminación cada vez que ellos demuestran la competencia y la capacidad necesaria para vivir responsablemente la vida.

No juzgue equivocadamente las cualidades de su hijo

Las fantasías que los padres tienen acerca de los hijos, incluso antes de que nazcan, persisten con diferentes formas y distinta intensidad a lo largo de la vida. Se diría que nos preguntamos constantemente qué llegarán a ser nuestros hijos, y a menudo, en este proceso, permitimos que los planes imaginarios que les asignamos desdibujen lo que realmente pueden o quieren hacer. En verdad, cuando nuestras fantasías no coinciden con las de nuestro hijo, podemos hacer que la búsqueda de identidad del adolescente sea una tarea muy difícil.

Juzgar erróneamente las cualidades de un hijo significa más que reclamarle altas calificaciones en el colegio cuando él se debate para conseguirlas medianas. En realidad, esta actitud incluye una serie de errores garrafales de los padres, lo cual a veces implica negar los intereses del adolescente, suponer cosas acerca de él o de ella sin discutirlas con el interesado, e incluso imponer a los jóvenes normas irrealizables o imposibles. En ocasiones, implica subestimar las cualidades del joven; otras veces, sobrestimarlas.

Los padres que juzgan erróneamente las cualidades de sus hijos adolescentes a menudo utilizan el rendimiento académico como patrón de medida. Sin embargo, este no siempre es un barómetro preciso de la capacidad. La excelencia académica en un colegio secundario puede ser una preparación mediocre para la universidad, y en todo caso no es garantía del éxito futuro en el mundo intelectual o del trabajo. El adolescente que casi falla en todos sus cursos de matemática del colegio secundario puede ser un programador de computadoras en una etapa ulterior de la vida. El estudiante que no sabe escribir una composición decente en la clase de inglés, y se niega a leer a Shakespeare, acaba ganándose la vida en la redacción de textos publicitarios para los anuncios de la televisión. Uno nunca sabe.

Sólo porque su adolescente se complace en los devaneos sociales, no suponga que él o ella querrán hacer carrera en el mundo del espectáculo, ni siquiera como locutor de la televisión. Y sólo porque su hijo es un individuo silencioso y tímido, o a la inversa un alborotador que ha sido expulsado de varios colegios, no limite en consecuencia sus expectativas. Silvester Stallone, de *Rocky I, II* y *III*, fue prácticamente un adolescente incorregible, y ahora es escritor, productor, director, actor, símbolo del sexo y millonario.

Para evitar juicios erróneos acerca de las cualidades de su hijo, trate de aplicar las siguientes normas:

(1) Pregunte directamente a su hijo cuáles son, a su juicio, sus virtudes y defectos. Tal vez usted se sorprenda en vista de las diferencias de opinión.

(2) Verifique los antecedentes de su hijo en el colegio. Tal vez descubra cualidades de las que nada sabía, reveladas en los comentarios de los docentes, aunque no siempre reflejadas en los promedios de las calificaciones.

(3) Hable con otras personas, fuera del personal del colegio, que conocen a su hijo, y tienen una actitud más objetiva que usted mismo. ¡Quizá llegue a la conclusión de que están hablando de dos adolescentes distintos!

Recuerde que todos los adolescentes tienen su particular idiosincrasia, y muchos se muestran tan testarudos que puede parecer realmente que tienen menos capacidad de lo que es realmente el caso; y que pocos han arañado siquiera la superficie de sus cualidades hacia el fin de la adolescencia. Juzgar equivocadamente las cualidades de los jóvenes equivale a inhibir su desarrollo emocional e intelectual, y a dificultarles la tarea de creer en ellos mismos.

La paternidad en relación con un adolescente de edad universitaria

¿Quién dijo que la vida sería más fácil cuando los hijos ingresaran en la universidad?

Muchos padres parecen creer que el ingreso en la universidad es una gran línea divisoria en sus relaciones con los hijos adolescentes. Una vez que el hijo consiguió un lugar en la clase de primer año, parece manifestarse un cambio sutil en el estilo de paternidad, como si los padres sintieran que el proceso de separación está acercándose al último acto. Comienzan a mirar al estudiante universitario como a una persona que merece más respeto y tiene una jerarquía distinta; tal vez se sienten agradecidos porque el joven ha demostrado capacidad suficiente para llegar tan lejos. Al mismo tiempo, los padres afrontan cierto aspecto de la realidad, sus hijos quedarán fuera de las admoniciones que ellos puedan formular... finalmente serán independientes.

Algunos padres emiten un suspiro de alivio en esta etapa, pero en el caso de otros el proceso de separación es doloroso o provoca ansiedad. Como dijo brevemente un padre: "Sé que es un jovencito inteligente, pero me temo que sufrirá un rudo despertar. Ahora verá cómo es realmente la vida." ¿Qué preocupa más a los padres en relación con la separación de sus hijos adolescentes que ingresan en la universidad? Por extraño que parezca, el rendimiento académico ocupa un lugar bastante inferior en la lista. En cambio, los padres dicen que la vida social, el romance, el contacto con las drogas y las finanzas son las áreas que los inquietan más.

Cuando un adolescente ingresa en la universidad, probablemente realizará una experiencia dolorosa, y en varios sentidos. Los adolescentes que afrontan el cambio que supone el ingreso en la universidad tienden a sentirse inseguros tanto académica como socialmente, y hasta que tienen la oportunidad de asentarse y conocer el sistema pueden comprobar que la experiencia universitaria es desalentadora más que interesante. Es necesario que los padres muestren una actitud de apoyo y comprensión mientras sucede esto, y que ante todo eviten ejercer todavía más presión sobre el hijo. Aquí incluimos una sencilla lista de advertencias que convendrá tener en cuenta:

(1) Acepte el hecho de que su hijo ahora es una persona independiente.

(2) No interfiera en la vida de su hijo.

(3) No curiosee; no es necesario saber todo lo que está haciendo.

(4) No se alarme si los adolescentes suspenden el contacto con usted durante un tiempo. (Es probable que si algo funciona mal le informen.)

(5) No se decepcione si las notas son mediocres durante el primer año.

¿Cuándo el adolescente se convierte en adulto? (O: ¿La vida continúa después de la adolescencia?)

El Estado determina la edad en que uno puede votar e iniciar el servicio militar. Diferentes religiones eligen ciertos cumpleaños como el momento que señala el paso de la niñez al estado adulto. Asimismo, el Estado es el que establece la edad para autorizar el manejo de vehículos o la ingestión de bebidas alcohólicas en el joven. El sistema legal puede declarar que un adolescente es un "menor emancipado" cuando es evidente que el joven desea conquistar su independencia financiera y psicológica frente a la familia, y de ese modo convierte al adolescente –más que a los padres– en el responsable de su propia conducta. Alguna gente cree que el matrimonio confiere la condición de adulto, y otras opinan que dar a luz o tener hijos es el signo de la adultez. Hay quienes piensan que se adquiere ese estado cuando se abandona el hogar de los padres, y otros creen que los adolescentes se convierten en adultos cuando ingresan en el mercado de trabajo y consiguen empleos de medio día o de jornada completa, lo cual les permite independizarse financieramente de la familia, al margen de la edad efectiva.

Sin embargo, los factores externos del tipo de la edad, el lugar de residencia o la independencia financiera, a decir verdad poco aclaran acerca del momento en que el adolescente se convierte en adulto, porque no nos dicen si se ha alcanzado la independencia psicológica.

Consideremos los siguientes casos:

Kristen, que había desertado del colegio secundario, huyó del hogar a los diecisiete años y se dedicó a la prostitución. Reconoció que había tenido por lo menos 800 encuentros sexuales en menos de un año en las calles. Cuando a los dieciocho años quedó embarazada, regresó a su hogar para tener el hijo, y permaneció allí. La madre atiende al niño, y Kristen regresó al colegio.

Carlos, de diecinueve años, después de cursar el colegio secundario firmó contrato con un equipo de fútbol. Se trasladó a un lugar situado a 1.600 kilómetros de la residencia de sus padres, pero los llama todas las noches. Ellos son los que en definitiva aprueban todas las decisiones relacionadas con los contratos del hijo.

Desde los dieciséis años, Irene, que ahora tiene dieciocho, es bailarina en una compañía teatral, con la cual realiza giras. Su madre, que es divorciada, la acompaña en sus viajes, pues a ambas les agrada sinceramente la mutua compañía. Irene paga todas sus cuentas, cuida de su propio guardarropa, y a través de un representante decide todas las cuestiones relacionadas con su propia actividad.

¿Cuál de estos jóvenes es adulto? A los ojos de la ley, todos. Y es evidente que por lo que hace a su experiencia en el mundo, todos lo son. Pero desde el punto de vista psicológico parecería que sólo Irene ha realizado con éxito la transición de la dependencia y la interdependencia. Es responsable de sus propias decisiones, y las adopta sin interferencia de los padres; al mismo tiempo, se relaciona con la madre tanto como amiga cuanto como progenitora. Esta actitud contrasta con la de Carlos, que parece atado al hogar a pesar de la distancia geográfica. También es evidente que Kristen no ha realizado la separación interna, psicológica, frente a su familia, es decir, la separación que es un prerrequisito de la condición de adulto. De acuerdo con el psicoanalista Peter Blos, los jóvenes que fugan remplazan la distancia emocional con la distancia física, pues puede ser más difícil conseguir la primera. El hecho de que Kristen retornara a su hogar y permaneciese en él debe ser considerado la prueba de que no estaba preparada para convertirse en adulta.

Ciertamente, la vida continúa después de la adolescencia, pero no todos elegimos vivirla como adultos. Algunas personas rehúyen las responsabilidades y las decisiones implícitas en la edad adulta, y continúan siendo estudiantes o diletantes perpetuos. Estas personas tropiezan con dificultades para encontrar esa esquiva identidad adulta, y utilizan la educación más o menos como otros usan la terapia, como una salida, un modo de afrontar sus temores. Pero a diferencia de los que eligen la terapia, estas personas rara vez reconocen sus problemas. Muchas se educan en una especialidad, cumplen las condiciones del curso, y cuando llega el momento de comenzar las entrevistas y la búsqueda de empleo, llegan a la conclusión de que no están bastante preparadas para desarrollar un trabajo realmente eficaz. De modo que se inscriben otra vez para educarse mejor, o cambian por completo de orientación, y afirman que lo que antes deseaban hacer no les aportará dinero suficiente o no es muy interesante. Vuelven a iniciar desde cero su educación, y postergan indefinidamente el momento de emplearse, y a menudo se convierten en una terrible sangría financiera para su familia.

Después, tenemos el caso de los adolescentes perpetuos, los adultos cuya vida parece consagrada a la búsqueda eterna de la felicidad adolescente. Consagran más tiempo al grupo de pares que a la familia, prefieren salir a jugar bolos con los muchachos y las jóvenes que atender a sus hijos, se demoran en los bares o en las esquinas, casi como si todavía se sintieran parte de las pandillas de adolescentes, y se comportan impulsivamente, exhibiendo una tendencia general a evitar la responsabilidad.

Como se ve, la conducta adolescente no está limitada al período de los trece a los diecinueve años. La adultez es un estado mental tanto como un conjunto socialmente prescrito de formas de conducta. Los padres necesitan permitir la separación de sus adolescentes, con el fin de que estos se liberen y se conviertan en adultos. Es una separación que obliga a los padres a comprender las cualidades originales de sus hijos, que afloja el control con el fin de permitir que los jóvenes asuman ese control.

INDICE

Tercera Parte
CRISIS

Cuarta Parte
REPASO DE LA PATERNIDAD POSITIVA